知的財産法

小泉直樹
NAOKI KOIZUMI

弘文堂

はしがき

　知的財産法とは、土地や自動車といった有体の財産に関する法制度のコンセプトを借りて、人の頭から生み出された無体の発明や芸術などを無断利用から守る制度である。知的財産法を保護する制度がわが国に作られたのは明治年間に遡るが、学問研究の対象としては長く顧みられることはなかった。ようやく昭和 50 年代頃から東京大学の中山信弘教授（当時）を中心に本格的な研究が始められ、現在では日本中の各大学の法学部に知的財産法の講座が設けられ、司法試験の選択科目の 1 つにも挙げられるなど、学生にも人気のある科目の 1 つとなっている。

　近年、国内外で知的財産をめぐる紛争が頻発し、また、政府も知的財産制度を産業競争力のために活用しようと積極的であり、政策実現のため毎年のように重要な法改正が行われている。知的財産をめぐる動きは激しく、専門家であっても、その最新動向をフォローするだけでも苦労するほどである。

　本書は、そのような激動の中にある知的財産制度の解釈運用の全体像について、私の理解するところをなるべく簡略に説明したものである。解説書という制約上、あえて脚注は省いている。読者のせめてもの便宜のため、各章あるいは各節末に主要な参考文献を記載しているが、必ずしも網羅的なものではない。ご海容を乞う次第である。

　若干自己紹介をさせていただくと、私は大学卒業後これまで 30 年間、大学教員として教壇に立ってきた。さらに、ここ 10 年余りは、500 名に達せんとする弁護士・弁理士を擁するわが国最大規模の法律事務所の客分として、案件のサポートにあたり、また、所内勉強会で知的財産法の最新動向を毎月お話しするという機会に恵まれてきた。同じ法律の話題であっても、異なる「聴衆」に対して話すということには、それなりの工夫が必要であった。本書に、何がしかでもその工夫の一端が表れていることを、ひそかに願っている。

本書の公刊にあたり、助手時代以来変わらず私をお導きいただいている恩師中山信弘東京大学名誉教授、恵まれた研究教育環境を与えていただいている慶應義塾大学法科大学院の同僚学生諸氏（平成27年春に特別研究期間（サバティカル）をいただけたことが本書の執筆に大いに役立った）、そして、学者の私を温かく受け入れ優れた実務家に学ぶチャンスをくださっているTMI総合法律事務所の田中克郎代表パートナー以下所員の方々に感謝したい。

　末尾となったが、弘文堂の北川陽子取締役編集部長には、本書の刊行全般を取り仕切っていただいた。同氏は、私が学者としての駆け出しの頃から折にふれ何かとお声をかけていただき、知財分野の発展のために常に心を砕いてくださっている。この機会に厚くお礼申し上げたい。

平成29年12月30日
雲ひとつない青空に聳える東京タワーを研究室の窓から眺めながら

小 泉 直 樹

目次 ……… contents

はしがき　*i*
目次　*iii*
凡例　*xiv*

第1章……イントロダクション──*1*

Ⅰ▶福澤諭吉と高橋是清──知財法の先覚者──*1*

1　『西洋事情』──*1*
（1）発明の免許（パテント）　（2）蔵版の免許（コピライト）

2　初代特許庁長官高橋是清──*3*

Ⅱ▶知的財産法とは──*4*

Ⅲ▶国境を越える知的財産と各国の利害──*5*

第2章……特許法──*7*

Ⅰ▶特許要件──*7*

1　発明──*7*
（1）自然法則の利用　（2）技術的思想　（3）創作　（4）発明の種類（カテゴリー）

2　産業上の利用可能性──*11*

3　新規性──*12*
（1）新規性喪失事由　（2）新規性喪失の例外

4　進歩性──*16*

5　先願──*18*

6　拡大先願──*19*

7　公序良俗──*20*

8　特許請求の範囲および明細書の記載要件──*21*
（1）実施可能要件　（2）サポート要件　（3）明確性要件

Ⅱ▶権利の主体──*24*

1　発明者──*24*
（1）意義　（2）発明者の認定

2　発明者の権利──*26*
（1）特許を受ける権利　（2）特許を受ける権利の共有　（3）発明者名誉権

3　冒認または共同出願違反に対する救済──*29*
（1）意義　（2）無効審判請求、名義変更等　（3）移転請求

4　職務発明──*32*
（1）職務発明の成立要件　（2）使用者等に認めうれる法定通常実施権
（3）特許を受ける権利の取得等　（4）相当の対価・利益　（5）労働契約法の適用

5　外国人──*41*

Ⅲ▶特許登録手続──*42*

1　特許出願──*42*

2　発明の単一性──*45*

3　国内優先権制度──*45*

iii

目次 ······ c o n t e n t s

4 出願公開——46
5 審査請求——48
6 審査——48
7 補正と分割——49
　(1) 補正　(2) 分割

IV ► 審判・異議・審決取消訴訟——51

1 審判——51
　(1) 拒絶査定不服審判　(2) 訂正審判　(3) 無効審判
2 特許異議——54
3 審決取消訴訟——54
　(1) 審決取消訴訟の意義　(2) 当事者　(3) 審理の対象
　(4) 取消事由と立証責任　(5) 判決の効力
4 特許庁長官等の処分に対する取消訴訟——61

V ► 特許権——63

1 特許権の効力——63
　(1) 業としての実施　(2) 実施　(3) 利用発明
2 特許権の存続期間——66
　(1) 存続期間の原則と延長登録制度　(2) 剤形の異なる医薬品について薬事承認を
　得た場合の延長登録　(3) 延長登録された特許権の効力
3 特許権の消滅事由——69

VI ► 特許権侵害——70

1 技術的範囲の解釈——70
　(1) 特許発明の技術的範囲　(2) 審査経過禁反言　(3) 機能的クレーム
　(4) プロダクト・バイ・プロセス・クレーム
2 均等侵害——73
　(1) 均等の5要件とその趣旨　(2) 主張立証責任　(3) 第1要件　(4) 第5要件
3 間接侵害——77
　(1) 間接侵害規定の趣旨　(2) 専用品型間接侵害（101条1・4号）　(3) 多機能品
　型間接侵害（101条2・5号）　(4) 侵害物品の譲渡等目的での所持行為（101条
　3・6号）　(5) 間接侵害規定の適用範囲　(6) 複数主体の関与　(7) 101条に列挙
　されている以外の態様での教唆・幇助行為に対する差止請求

VII ► 侵害主張に対する抗弁——84

1 特許権侵害差止訴訟の請求原因事実および抗弁事実——84
2 特許権の効力の制限——85
　(1) 試験または研究のためにする実施　(2) 特許出願時から日本国内にある物等
3 消尽——87
　(1) 特許製品が国内で譲渡された場合　(2) 特許製品につき加工や部材の交換がさ
　れた場合　(3) 特許製品の部材が譲渡された場合　(4) 特許製品が国外で譲渡され
　た場合（並行輸入）
4 先使用権——94
　(1) 先使用権の趣旨　(2) 先使用権の要件と成立範囲
5 無効の抗弁（特許権者等の権利行使の制限）——96
　(1) 無効の抗弁の趣旨　(2) 無効の抗弁に対する対抗主張——訂正の再抗弁
　(3) 再審事由に関する主張の制限

目次 ······ contents

　　6　権利濫用の抗弁——100
　Ⅷ▶侵害に対する救済——102
　　1　差止——102
　　　(1)差止請求　(2)侵害組成物廃棄等請求
　　2　損害賠償——104
　　　(1)民法709条の特則としての特許法102条、103条　(2)特許権侵害による損
　　　害額　(3)立証の容易化等に関する特則　(4)信用回復措置請求権
　　　(5)不当利得返還請求権　(6)関税法による水際措置　(7)刑事罰
　Ⅸ▶特許権の利用——115
　　1　移転——115
　　　(1)移転の効力　(2)共有の場合
　　2　実施権——116
　　　(1)通常実施権　(2)専用実施権

第3章······ 実用新案法——123

　Ⅰ▶登録要件——123
　Ⅱ▶実用新案登録手続——123
　Ⅲ▶実用新案技術評価——125
　Ⅳ▶審判・審決取消訴訟——126
　Ⅴ▶侵害——126
　Ⅵ▶侵害に対する救済——127

第4章······ 半導体集積回路法——129

　Ⅰ▶登録要件——129
　Ⅱ▶設定登録手続——130
　Ⅲ▶回路配置利用権——131
　Ⅳ▶侵害——131
　　1　侵害の態様——131
　　2　侵害主張に対する防御——131
　Ⅴ▶侵害に対する救済——132

第5章······ 意匠法——135

　Ⅰ▶登録要件——135
　　1　意匠——135
　　2　工業上の利用可能性——136
　　3　新規性——136
　　4　創作非容易性——136
　　5　新規性喪失の例外——137
　　6　みなし公知——137
　　7　先願——138
　　8　不登録意匠——138

目次　　v

目次 ‥‥‥‥ c o n t e n t s

Ⅱ ► 意匠の類似──138
  1 意匠の類否──138
    (1) 意義 (2) 意匠の類否の判別方法
  2 部分意匠の類否──141
Ⅲ ► 意匠登録出願手続──142
Ⅳ ► 審判・審決取消訴訟──144
  1 審判──144
  2 審決取消訴訟──145
Ⅴ ► 意匠権──145
Ⅵ ► 意匠権侵害──146
  1 侵害──146
  2 侵害主張に対する防御──147
  3 侵害に対する救済──148

第6章‥‥‥ 種苗法──151

Ⅰ ► 登録要件──151
  1 農林水産植物の品種──151
  2 区別性──152
  3 均一性──152
  4 安定性──153
  5 準公知──153
  6 品種名称の適切性──153
  7 未譲渡性──154
  8 先願──155
Ⅱ ► 品種登録出願手続──155
Ⅲ ► 不服申立──156
  1 品種登録出願拒絶処分に対する不服──156
  2 品種登録処分に対する不服──156
Ⅳ ► 育成者権──157
Ⅴ ► 育成者権侵害──158
  1 侵害──158
  2 侵害主張に対する防御──159
  3 侵害に対する救済──161

第7章‥‥‥ 商標法──163

Ⅰ ► 商標と商標の使用──163
  1 商標──163
    (1) 商標の定義 (2) 商品 (3) 役務
  2 商標の使用──166
    (1) 商品についての使用 (2) 役務についての使用
    (3) 商品・役務についての広告的使用 (4) 音商標の使用 (5) その他

目次 ‥‥‥‥ contents

Ⅱ▶登録要件──168

1 自己の業務に係る商品または役務について使用をする商標であること──168

2 自他商品・役務識別力があること──169
(1)普通名称　(2)慣用商標　(3)記述的商標
(4)ありふれた氏・名称のみからなる商標　(5)極めて簡単で、かつ、ありふれた標章のみからなる商標　(6)総括規定

3 不登録事由──176
(1)公共の機関の標章と紛らわしい等公益性に反する商標
(2)他人の登録商標または周知・著名商標等と紛らわしい商標

Ⅲ▶商標の類似、商品・役務の類似──189

1 商標の類似──189
(1)登録要件に関する商標の類否　(2)侵害訴訟における商標の類否

2 商品・役務の類似──192

Ⅳ▶登録出願手続──193

Ⅴ▶異議申立て・審判・審決取消訴訟──194

1 異議申立て──194

2 拒絶査定に対する審判──194

3 無効審判──194

4 不使用取消審判──196
(1)趣旨　(2)継続して3年以上　(3)使用の主体
(4)社会通念上同一の商標　(5)正当な理由

5 不正使用による取消審判──199

6 使用権者による不正使用取消審判──199

7 審決取消訴訟──200

Ⅵ▶商標権──201

Ⅶ▶商標権侵害──202

1 侵害──202

2 侵害主張に対する防御──202
(1)商標登録無効の抗弁　(2)商標権の効力の制限の抗弁　(3)使用権原の抗弁
(4)商標権の濫用の抗弁　(5)商標機能論による違法性阻却

Ⅷ▶救済──210

1 差止請求──210

2 損害賠償請求──211

3 不当利得返還請求──212

Ⅸ▶特殊の商標──213

1 防護標章──213

2 地域団体商標──213

第8章‥‥‥ パブリシティ権──217

Ⅰ▶パブリシティ権の意義──217

1 人格権としてのパブリシティ権──217

2 主体、譲渡性、故人のパブリシティ権──218

目次　*vii*

目次 ‥‥‥ c o n t e n t s

Ⅱ ► 侵害——*221*
Ⅲ ► 侵害に対する救済——*223*

第9章‥‥‥著作権法——*225*

Ⅰ ► 著作物の定義——*225*
1 創作性——*225*
(1) 作成者の個性の表現　(2) ありふれた表現
2 表現性——*227*
3 文芸・学術・美術・音楽の範囲——*228*

Ⅱ ► 著作物の例示——*228*
1 例示の意義——*228*
2 言語の著作物——*229*
3 音楽の著作物——*230*
4 舞踊または無言劇の著作物——*231*
5 絵画、版画、彫刻その他の美術の著作物——*231*
(1) 応用美術　(2) 印刷用書体（タイプフェイス）・デザイン文字
(3) 漫画、アニメ等の視覚的表現をともなう著作物の登場人物のキャラクター
6 建築の著作物——*235*
(1) 建築　(2) 建築芸術　(3) 建築の著作物の特則
7 地図または学術的な性質を有する図面、図表、模型の著作物
——*236*
(1) 地図　(2) 機械の設計図　(3) 建築の設計図
8 映画の著作物——*238*
(1) 意義　(2) 固定　(3) 映画の著作物の創作性
(4) 映画の著作物としての完成
9 写真の著作物——*240*
(1) 意義　(2) 写真の著作物の創作性
10 プログラムの著作物——*242*
(1) 定義　(2) 言語、規約、解法　(3) プログラムの著作物の創作性

Ⅲ ► 二次的著作物——*243*
1 二次的著作物の意義——*243*
2 原著作物と二次的著作物の権利関係——*244*
(1) 二次的著作物に関して当該二次的著作物の著作者が有する権利
(2) 二次的著作物に関して原著作者が有する権利

Ⅳ ► 編集著作物・データベースの著作物——*248*
1 編集著作物——*248*
(1) 定義　(2) 選択・配列の侵害
2 データベースの著作物——*249*

Ⅴ ► 保護を受ける著作物——*250*
(1) わが国の著作権法によって保護される著作物　(2) 一般不法行為による保護

Ⅵ ► 著作者——*253*
1 著作者——*253*

viii

2 共同著作——254
3 共同著作物に関する権利関係——255
   (1) 保護期間の起算　(2) 著作者人格権　(3) 著作権
4 職務著作——257
   (1) 趣旨　(2) 要件
5 映画の著作者、著作権者——261
   (1) 映画の著作者　(2) 映画の著作権の法定帰属　(3) テレビ放送用固定物

VII ▶ 著作者人格権——264
1 著作者の権利——264
2 公表権——265
   (1) 権利の内容　(2) 同意の推定　(3) 情報公開法との調整
3 氏名表示権——267
   (1) 権利の内容　(2) 著作物の原作品または著作物の公衆への提供・提示
   (3) 著作者名としての表示　(4) 実名もしくは変名
   (5) 氏名表示権者の同意を得る必要がない場合
4 同一性保持権——270
   (1) 権利の内容　(2) 同一性保持権の制限
5 みなし著作者人格権侵害——273
6 著作者が存しなくなった後における人格的利益の保護——274
7 著作者人格権不行使特約——275

VIII ▶ 著作権——277
1 複製権——277
   (1) 複製の定義　(2) 依拠　(3) 同一性　(4) 複製による著作物利用の主体
2 上演権および演奏権——283
   (1) 公の上演・演奏　(2) 演奏による著作物利用の主体
3 上映権——287
4 公衆送信権・公衆伝達権——288
   (1) 公衆送信権　(2) 公衆伝達権
5 口述権——293
6 展示権——293
7 頒布権、譲渡権、貸与権——294
   (1) 頒布の定義　(2) 頒布権　(3) 譲渡権　(4) 還流レコードに関するみなし侵害
   (5) 譲渡権と複製権　(6) 貸与権
8 翻案権（二次的著作物の作成に関する権利）——300
   (1) 意義　(2) 翻案権侵害の基準　(3) 江差追分事件判決の射程
   (4) 翻案権侵害の判断例
9 著作権と所有権——304

IX ▶ 著作権の制限——307
1 私的使用のための複製——307
   (1) 私的使用　(2) 30条で許容される複製から除外される場合
   (3) 私的録音録画補償金制度
2 付随的・予備的利用——314
   (1) 付随対象著作物の利用　(2) 検討の過程における利用
   (3) 技術の開発または実用化のための試験の用に供するための利用

目次 ⋯⋯ contents

3 図書館等における複製等——316

4 引用——317

(1) 趣旨　(2) 引用の要件　(3) 官公庁広報資料等の転載

5 教育目的における利用——321

6 視覚障害者等のための利用——322

7 営利を目的としない上演等——323

(1) 非営利の上演等　(2) 非営利の有線放送等　(3) 非営利または家庭用受信装置による伝達　(4) 非営利かつ無料の貸与　(5) 映画著作物に関する非営利・無料の貸与

8 報道・国家活動のための利用——324

(1) 時事問題に関する論説の転載等　(2) 政治上の演説等の利用
(3) 時事の事件の報道のための利用　(4) 裁判手続等における利用
(5) 情報公開法等による開示のための利用　(6) 公文書管理法等による保存等のための利用　(7) 国立国会図書館におけるインターネット資料の保存

9 放送事業者による一時的固定——328

10 所有権との調整——328

(1) 美術の著作物等の原作品の所有者による展示　(2) 公開の美術の著作物等の利用
(3) 美術の著作物等の展示に伴う複製　(4) 美術作品等の販売等に伴う利用
(5) プログラムの著作物の複製物の所有者による複製　(6) 記録媒体の保守・修理

11 情報の処理、送信の過程における蓄積等——332

12 情報検索エンジンにおける複製等——332

X ▶ 保護期間——333

1 保護期間の原則——333

2 保護期間の例外——334

(1) 無名または変名の著作物　(2) 団体名義の著作物
(3) 映画の著作物　(4) 継続的刊行物等の公表の時
(5) 外国を本国とする著作物または外国人の著作物の保護期間

3 著作権の消滅——339

XI ▶ 権利の取引——340

1 権利の譲渡——340

(1) 全部または一部の譲渡　(2) 譲渡契約の解釈　(3) 翻案権の特例

2 利用許諾——342

3 裁定許諾——345

(1) 著作権者等不明の場合　(2) 放送　(3) 商業用レコード

4 出版権——346

(1) 出版権の設定　(2) 出版権の内容　(3) 出版の義務　(4) 著作物の修正増減
(5) 出版権の消滅

XII ▶ 著作隣接権——349

1 著作隣接権の概要——349

2 実演家の権利——350

(1) 実演・実演家　(2) 実演家人格権

3 実演家の財産権とワンチャンス主義による制限——351

(1) 録音・録画権　(2) 放送権・有線放送権　(3) 送信可能化権
(4) 譲渡権・貸与権

目次 ……contents

4 レコード製作者の権利──353
(1) レコード、レコード製作者　(2) 複製権　(3) 送信可能化権
(4) 商業用レコードの二次使用　(5) 譲渡権・貸与権

5 放送事業者の権利──354
(1) 複製権　(2) 再放送権・有線放送権　(3) 送信可能化権
(4) テレビジョン放送の伝達権

6 有線放送事業者の権利──355
(1) 複製権　(2) 放送権・再有線放送権
(3) 送信可能化権
(4) 有線テレビジョン放送の伝達権

XIII ▶ 侵害に対する救済──356

1 差止等──356
(1) 侵害の停止または予防請求　(2) 侵害の行為を組成した物等の廃棄等請求

2 損害賠償──358
(1) 民法の特則としての著作権法　(2) 過失　(3) 損害額に関する特則

3 名誉回復等措置──362

4 みなし侵害──363
(1) 国外で作成された海賊版の輸入行為　(2) 著作権等侵害行為によって作成された
物の頒布等行為　(3) 違法複製プログラム著作物の使用行為
(4) 虚偽の権利管理情報付加行為等

XIV ▶ 著作権侵害罪等──365

1 著作権侵害罪──365

2 著作者・実演家が存しなくなった後における著作者・実演家の人格的利益の侵害罪──366

3 技術的保護手段の回避装置・プログラムの譲渡等の罪および権利情報改ざん等の罪──366

4 商業用レコードの国内還流の罪──367

5 著作者名詐称罪──367

6 外国商業用レコードの無断複製の罪──367

7 出所不明示罪──368

8 秘密保持命令違反の罪──368

9 映画の盗撮の防止に関する法律──368

10 両罰規定──369

第10章 …… 不正競争防止法──371

I ▶ 不正競争防止法の目的──371

II ▶ 混同惹起行為──371

1 他人の商品等表示──372
(1) 他人　(2) 商品・営業　(3) 商品等表示

2 周知性──376
(1) 意義　(2) 保護主体の承継

3 類似性──377

4 使用──378

目次　xi

目次 ······ contents

  5 譲渡、引き渡し、譲渡もしくは引き渡しのために展示等——*378*

  6 混同のおそれ——*378*

  7 適用除外——*379*

   (1) 普通名称等の使用　(2) 自己の氏名の使用　(3) 先使用

  8 請求権者——*381*

Ⅲ▶ 著名表示冒用行為——*382*

  1 著名性——*382*

  2 自己の商品等表示としての使用——*383*

  3 類似性——*383*

  4 適用除外——*384*

  5 請求権者——*384*

Ⅳ▶ 商品形態模倣行為——*384*

  1 商品の形態——*385*

  2 模倣——*386*

  3 譲渡等する行為——*387*

  4 適用除外——*387*

   (1) 当該商品の機能を確保するために不可欠な形態　(2) 保護期間の制限
   (3) 模倣された商品の善意取得者の保護

  5 請求権者——*390*

Ⅴ▶ 営業秘密侵害行為——*391*

  1 営業秘密——*392*

   (1) 秘密管理性　(2) 有用性　(3) 非公知性

  2 営業秘密に関する不正競争行為——*395*

   (1) 不正取得、使用、開示　(2) 不正取得された営業秘密の悪意・重過失による取得、
   使用、開示　(3) 営業秘密の保有者から示された営業秘密の不正使用、開示
   (4) 不正開示された営業秘密の悪意・重過失による取得、使用、開示
   (5) 営業秘密侵害品の譲渡等

  3 技術上の秘密を取得した者の当該技術上の秘密を使用する行為等
   の推定——*399*

  4 差止請求権の消滅時効・除斥期間——*400*

  5 適用除外——*400*

   (1) 事後的悪意重過失の場合の取引権原の範囲内での使用・開示
   (2) 営業秘密侵害品の譲渡等

  6 罰則——*402*

   (1) 処罰の対象　(2) 任意的没収・追徴　(3) 刑事訴訟手続の特例

Ⅵ▶ 技術的制限手段無効化装置等の提供行為——*405*

Ⅶ▶ ドメイン名に係る不正行為——*407*

Ⅷ▶ 誤認惹起行為——*408*

  1 原産地——*409*

  2 品質等——*409*

  3 誤認表示——*410*

Ⅸ▶ 信用毀損行為——*412*

Ⅹ▶ 代理人等の商標無断使用行為——*413*

xii

目次 ……contents

XI▸国際約束に基づく禁止行為——414
  1 外国の国旗等の商業上の利用禁止——414
  2 国際機関の標章の商業上の使用禁止——414
  3 外国公務員等に対する不正の利益の供与等の禁止——414

第11章…… 渉外知的財産法——417

Ⅰ▸属地主義と国際条約——417
  1 属地主義——417
  2 国際条約——417

Ⅱ▸国際裁判管轄——418
  1 知的財産権の取引に関する訴え——418
  2 知的財産権の存否または効力に関する訴え——419
  3 知的財産権の侵害に係る訴え——419

Ⅲ▸準拠法——421
  1 知的財産権の侵害——421
  2 知的財産権の帰属——422
  3 知的財産権の譲渡および許諾——423

Ⅳ▸外国の知的財産に関する保護——423
  1 外国人による特許権の享有——423
  2 外国著作物に対する保護——424

事項索引 *425*
判例索引 *434*

凡　例

1　法令

　法令は、平成 30 年 1 月 1 日現在の内容による。条文番号について、前後の文脈からどの法令のものかがわかる場合には、法令名は原則として省略している。たとえば、各章の解説では、その章で解説される法律名は省略している。それ以外の法令については、以下の略語を用いている。

意匠	意匠法
意匠施規	意匠法施行規則
映画盗撮防止法	映画の盗撮の防止に関する法律
会	会社法
関税	関税法
行審	行政不服審査法
行政機関情報公開法	行政機関の保有する情報の公開に関する法律
行訴	行政事件訴訟法
種苗	種苗法
種苗施規	種苗法施行規則
種苗施令	種苗法施行令
商標	商標法
商標施規	商標法施行規則
商標施令	商標法施行令
新案	実用新案法
知財基	知的財産基本法
知財高裁設置法	知的財産高等裁判所設置法
著	著作権法
著施令	著作権法施行令
地理的表示法	特定農林水産物等の名称の保護に関する法律
通則法	法の適用に関する通則法
特	特許法
特施規	特許法施行規則
特施令	特許法施行令
独禁	独占禁止法
パリ条約	1900 年 12 月 14 日にブラッセルで、1911 年 6 月 2 日にワシントンで、1925 年 11 月 6 日にヘーグで、1934 年 6 月 2 日にロンドンで、1958 年 10 月 31 日にリスボンで及び 1967 年 7 月 14 日にストックホルムで改正され、並びに 1979 年 9 月 28 日に修正された工業所有権の保護に関する 1883 年 3 月 20 日のパリ条約
万国条約特例法	万国著作権条約の実施に伴う著作権法の特例に関する法律

xiv

半導体集積回路法	半導体集積回路の回路配置に関する法律
不競	不正競争防止法
プロバイダ責任制限法	特定電気通信役務提供者の損害賠償責任の制限及び発信者情報の開示に関する法律
ベルヌ条約	文学的及び美術的著作物の保護に関するベルヌ条約
民	民法
民執	民事執行法
民訴	民事訴訟法
薬機法	医薬品、医療機器等の品質、有効性及び安全性の確保等に関する法律
労契	労働契約法

2 判例・裁判例

　本書では、裁判・判例集等を挙げるにあたり、以下の略語を用いている。下記判例集などに掲載されていないものについては、事件番号で示している。

①裁判

最大判	最高裁判所大法廷判決
最判（決）	最高裁判所判決（決定）
高判（決）	高等裁判所判決（決定）
知財高判（決）	知的財産高等裁判所判決（決定）
地判（決）	地方裁判所判決（決定）
支判	支部判決
中間判	中間判決

②判例集・雑誌等

民（刑）集	最高裁判所民（刑）事判例集
下民集	下級裁判所民事判例集
知的裁集	知的財産権関係民事・行政裁判例集
無体裁集	無体財産関係民事・行政裁判例集
行集	行政事件裁判例集
判時	判例時報
判タ	判例タイムズ

第1章　イントロダクション

I ▶ 福澤諭吉と高橋是清──知財法の先覚者

1　『西洋事情』

> 「世に新発明の事あれば之に由て人間の洪益を成すこと挙て云うべからず。
> 故に有益の物を発明したる者へは、官府より国法を以て若干の時限を定め、そ
> の時限の間は発明に由て得る所の利潤を、独りその発明家に附与して、以て人
> 心を鼓舞するの一助と為せり。之を発明の免許（パテント）と名づく。……又
> 書を著述し図を製する者も、之をその人の蔵版と為して、独り利を得るの免許
> を受け、以て私有の産と為せり。之を蔵版の免許（コピライト）と名づく。」
> （福沢諭吉『西洋事情外編巻之三』〔1867年、慶應義塾メディアセンターデジ
> タルコレクション〕）

（1）発明の免許（パテント）

　日本に、特許、著作権という考え方を初めて紹介したのは、福澤諭吉（天
保5年〜明治34年）であるとされる。福澤は、著書『西洋事情』の中で、西
洋には、「発明の免許（パテント）」と「蔵版の免許（コピライト）」、という制
度があると説明している。それぞれ、現在の特許、著作権に当たる制度であ
る。福澤は、わが国における知的財産法の先覚者の一人として、まずあげる
べき人物といえよう。

　新しい発明は国民に利益をもたらすので、発明者の権利を認める法律を制
定し、一定期間、発明者が独占的に利潤を得られるようにすることにより、
「もって人心を鼓舞する一助」とする制度が「発明の免許」である、と福澤
は述べている。

　現行の特許法1条は、「この法律は、発明の保護及び利用を図ることによ

り、発明を奨励し、もって産業の発達に寄与することを目的とする」と規定している。特許制度のコンセプトはすでに幕末に紹介されていた、といえる。

　福澤の生きた幕末から明治初年においては、各藩が独自に技術開発を進める動きが若干見られた程度であり、いまだ、特許制度が機能する前提となる全国レベルでの自由な技術取引の市場は存在しなかった。明治になり、明治4年に最初の特許法である「専売略規則」が公布された。大日本帝国憲法（明治22年）、民法典（明治23年）の制定よりも先んじてのことであった。

　「パテント」という語は、中世の西欧諸国の君主が同業者の団体（ギルド）に対して発した「特許状 letters of patent」に由来する。君主がこの権限を乱発し、生活必需品までも独占の対象としたことにより、物価の高騰を招くようになったため、新規な発明に対してのみ、しかも短期間に限って独占権を与えることができるように、議会が君主の権限を制限したのが現在の特許制度の原型とされる。このような沿革から、イギリスで17世紀に最初に制定された特許法は、「専売条例 Statute of monopolies」と呼ばれる。モノポリー（独占）に関する法律、という意味である。この法律は、後に産業革命を経て、新技術の開発・改良の誘引のために大いに利用され、世界中に広まり、現在にいたっている。

(2) 蔵版の免許（コピライト）

　「蔵版の免許（コピライト）」すなわち著作権について、「福澤屋諭吉」という屋号で出版業を営んでいた福澤は、自身の著作の無許諾複製（「偽作」）が刊行されていることへの対策を訴えた。

　『西洋事情』では、コピライトとは、法律によって、「著述家」に書籍の独占的製版権（現在の著作権法でいう複製権）を与えるものであると紹介されている。福澤が「コピライト」をもとに造語したとされる「版権」という言葉は、現在は法令用語としては姿を消してはいるものの、実務上は、今日でもしばしば著作権を意味するものとして用いられ続けている。外国制度の紹介という形とはいえ、版権制度の存在について語ることは、当時の社会に大きなインパクトを与え、その後の著作権制度の発展にとって大きな先駆的意味をもったといえる。

　ただし、著作権制度確立の道は平坦ではなかった。明治2年には「出版条

例」が制定されたが、その内容は、出版物の取り締まりと、出版社の保護の規定が同居したものであり、明治20年の「版権条例」になり、ようやく、独立した著作権に関する法制の基礎ができあがった。

2 初代特許庁長官高橋是清

「今少しく世の中が進んできて社会に技術家が殖えるとか、あるいは裁判官がこういう訴訟に度々出会って、また判決例なども沢山に出来、裁判官が慣れて来た暁には、勿論特許局の審判は経ずともよかろうと思うけれども、それまでは特許局で審判する方がよいというのが私の議論でありました。すでにドイツでも非常なる議論が起った。ドイツの裁判官はイギリスの裁判官の如くに慣れておらぬからとにかく無理がある。この発明者を保護するという法律を有効ならしむるには、やはりこれに関係する役人にその方の審判を任せた方がその道の知識にも富んでいるからよいというのが殆どドイツの与論になっていった。そういうことも例に引きまして、漸く特許局において審判し、その審判を以て最終にするということに決しました。」（高橋是清「我が国特許制度の起因」知的財産研究所HP）

　もう一人の先覚者が、高橋是清（嘉永7年〜昭和11年）である。高橋は、日本史上、二・二六事件で凶弾に倒れた大蔵大臣として有名であるが、高橋の多彩な経歴の1つとして、初代の特許庁の長官（当時は専売特許所長）がある。

　明治7年頃、文部省のお雇い外国人であったモーレー博士の通訳を務めていた高橋は、博士から、日本には発明、商標を保護する制度がないため、外国人は、日本人が外国品を模倣することを迷惑に思っていること、一方、アメリカでは、発明、商標、版権を「智能的財産 intellectual properties」と称して重視していることを聞き、大英百科事典を頼りに研究を進めたとされる。

　高橋の尽力により、明治17年に商標の保護について初めて定めた「商標条例」が発布された。また、明治4年に制定はされたものの、審査のために外国人に支払う費用がなく、執行停止に追い込まれていた「専売略規則」にかわり、明治18年に新たに「専売特許条例」が制定された。

I. 福澤諭吉と高橋是清　　*3*

明治期に日本政府が特許、著作権等の制度の整備を急いだ理由は、国内産業・文化の振興のためというよりも、安政5年の日米修好通商条約をはじめとするいわゆる不平等条約改正の条件として、わが国が特許、商標などに関する国際条約であるパリ条約、および、著作権に関するベルヌ条約に加盟し、外国人を保護することが含まれていたという事情があった。たとえば、不平等条約改正の第一歩として締結された明治27年の日英通商航海条約には、日本政府は日本国内における英国領事裁判権の廃止に先立って、工業所有権および版権の保護に関する列国同盟条約に加入することを約すると規定されていた（日英通商航海条約付属議定書第3）。

Ⅱ ► 知的財産法とは

　知的財産法は、特許法、著作権法をはじめとする個別の知的財産保護法の総称である。

　平成14年に成立した知的財産基本法は、知的財産とは何か、知的財産の保護、運用にかかわる様々な組織のあり方、国の役割、について規定している。同法は、「知的財産」とは、①発明、考案、植物の新品種、意匠、著作物その他の人間の創造的活動により生み出されるもの（発見または解明がされた自然の法則または現象であって、産業上の利用可能性があるものを含む）、②商標、商号その他事業活動に用いられる商品または役務を表示するもの、および③営業秘密その他の事業活動に有用な技術上または営業上の情報をいうと規定する（知財基2条1項）。

　そして、「知的財産権」とは、特許権、実用新案権、育成者権、意匠権、著作権、商標権その他の知的財産に関して法令により定められた権利または法律上保護される利益に係る権利をいう（知財基2条2項）。特許権は発明、実用新案権は考案、育成者権は植物の新品種、意匠権は意匠、著作権は著作物、商標権は商標について、それぞれ所有権類似の物権的権利を設定し、その権利に物権的な効果を与えることにより保護するものである（このような方式を「権利付与法」と呼ぶこともある）。「その他」の権利としては、半導体回路配置に対する回路配置権、判例上人格権の一種として認められているパ

4　　第1章 イントロダクション

ブリシティの権利がある。

これに対し、知的財産について物権的な権利を付与するのではなく、情報の不当な利用行為等を禁止する方法によるものもある（このような方式を「行為規制法」と呼ぶこともある）。不正競争防止法がこれに当たる。権利付与法も、行為規制法も、侵害行為に対して差止請求、損害賠償請求が認められるという点では同じである。権利の譲渡・ライセンスについては、権利付与法についてのみ可能である。

知的財産という言葉の原語は、明治期に高橋是清が「智能的財産」と訳したintellectual property である。intellectual とは、「人間が頭で考え出したもの一般」といった意味合いである。

Ⅲ ► 国境を越える知的財産と各国の利害

知的財産に関する法律は、各国独立に存在し、基本的には、それぞれの国の領域内で発生する利用行為についてのみ適用される。この結果、たとえば、1つの発明について、日本、アメリカ、中国で特許権を得ようと思えば、3か国の特許法のそれぞれの基準をみたす必要がある。世上、「世界特許取得」といった表現を目にすることがあるが、これは、世界中に効力を有する単一の権利をもっている、という意味ではなく、世界中の相当数の国で別々に特許権をもっているということである。

今日では、国際条約により、各国間の制度間格差は以前よりは相当に是正され、また、手続面でも、まずある一国に出願し、その際、他の国でも権利を得たい場合はその旨の指定をすることにより、手間を省くことができるようにはなっているものの、あくまで、原則として各国ごとの制度であることは、変わりない。なお、EU では域内各国の知的財産を一本化する動きが進行中であるが、あくまで、EU という「一国」の中の統一である。

知的財産に関する法が各国独立であるのは、もともと、発明や著作物に独占権を与えるのは国家主権の行使なので、各国に委ねられているという考え方に由来するといわれている。

国際的な共通ルールに対する志向は強まっているが、他方で、歴史的に先

発組である欧米および日本のルールを、そのまま世界標準とすることについては、文化・経済の状況の異なる国々によって、大きな反発を受ける。WTO（世界貿易機関）加盟国の知的財産保護のスタンダードを定める国際条約である TRIPs（トリップス）協定の成立にいたる交渉では、先進国と発展途上国の利害が激しく対立し、協定が成立した後も、必須医薬品の特許の処遇をめぐり、ルールの一部修正がはかられたところである。

　知的財産の保護が導入され、国内で違法コピーが禁止されるという保証がないと、そもそも、外国から技術、コンテンツが入りやすい環境が生まれないのは事実である。たんなる技術導入の段階から国内のエンジニア、創作者が外国から輸入された成果物を模倣しつつ改良し、次第に自前の技術、作品を生み出していくところまでは、知的財産制度だけで達成できることではなく、基礎となる社会的な前提をいかに整備していくか、ということにかかっていよう。そのような前提としては、技術力の育成、市場の自由化、貧困の解消、言論・表現の自由の確立、といったことを想定できる。

●●●●●●　参考文献　●●●●●●

- 中山信弘『発明者権の研究』（東京大学出版会、1987 年）
- 高田晴仁「福澤諭吉の著作権論」福澤諭吉年鑑 39 号（2012 年）
- 大家重夫『著作権を確立した人々』（成文堂、第 2 版、2004 年）
- 著作権法百年史編集委員会編著『著作権法百年史』（社団法人著作権情報センター、2000 年）
- 高倉成男『知的財産法制と国際政策』（有斐閣、2001 年）
- 山根裕子『知的財産権のグローバル化』（岩波書店、2008 年）

第2章 特許法

I ► 特許要件

1 発明

特許の対象となるのは発明である。発明とは、自然法則を利用した技術的思想の創作のうち高度のものをいう（2条1項）。特許を受けた発明が特許発明である（同条2項）。

（1）自然法則の利用

（a）趣旨　　自然法則とは、自然界において経験的に見出される反復可能で（最判平成12・2・29民集54巻2号709頁〔黄桃の育種増殖法事件〕）、客観化された法則をいう。これに対し、単なる人の精神活動（心理法則等）、意思決定、抽象的な概念（商品の仕入れ方法や陳列方法といったビジネスを行うための単なるアイデア）や人為的な取決め（ゲームやスポーツのルール等）それ自体は、自然法則とはいえない。永久機関（外部からエネルギーを受け取ることなく、仕事を行い続ける装置。エネルギー保存の法則に反するため、実在しない）のように自然法則に反するものも、発明に当たらない。

特許制度は、新しい技術である発明を公開した者に対し、その代償として一定の期間、一定の条件のもとに特許権という独占的な権利を付与し、他方、第三者に対してはこの公開された発明を利用する機会を与えるものである（いわゆる公開代償説）。特許法は、このような発明の保護および利用を図ることにより、発明を奨励し、もって産業の発達に寄与することを目的とする（1条）。このような法目的に照らすと、特許法により保護されるべき発明は、当業者により反復可能な程度に客観化されたものであることを要するというのが自然法則の利用要件の趣旨である。

（b）**自然法則**　　第1に、発明として保護を受けるためには、特許を受けようとする発明が、全体として自然法則を利用していると評価される必要がある。

一般に、発明は、一定の技術的課題の設定、その課題を解決するための技術的手段の採用およびその技術的手段により所期の目的を達成しうるという効果の確認という段階を経て完成される。

特許を受けようとする発明が、2条1項に規定する「発明」といえるか否かは、前提とする技術的課題、その課題を解決するための技術的手段の構成およびその構成から導かれる効果等の技術的意義に照らし、全体として考察した結果、「自然法則を利用した技術的思想の創作」に該当するといえるか否かによって判断される。

その結果、特許を受けようとする発明が、そこに何らかの技術的思想が提示されているとしても、その技術的意義に照らし、全体として考察した結果、その課題解決にあたって、専ら、人の精神活動、意思決定、抽象的な概念や人為的な取決めそれ自体に向けられ、自然法則を利用したものといえない場合には、2条1項所定の「発明」に該当するとはいえない。

たとえば、「省エネ行動シート」なる名称の発明が、①省エネ行動をリストアップして箇条書にした表などを利用する者が、各省エネ行動によってどれくらいの電力量等を節約できるのかを一見して把握することが難しいことや、どの省エネ行動を優先的に行うべきかを把握することが難しいことを「前提とする技術的課題」とし、②「建物内の場所名と、軸方向の長さでその場所での単位時間当たりの電力消費量とを表した第三場所軸」、「時刻を目盛に入れた時間を表す第三時間軸」および「省エネ行動により節約可能な単位時間当たりの電力量を第三場所軸方向の軸方向の長さ、省エネ行動の継続時間を第三時間軸の軸方向の長さとする第三省エネ行動識別領域」を設けた「省エネ行動シート」において、「該当する第三省エネ行動識別領域に示される省エネ行動を取ることで節約できる概略電力量（省エネ行動により節約可能な単位時間当たりの電力量と省エネ行動の継続時間との積算値である面積によって把握可能な電力量）を示すこと」を「課題を解決するための技術的手段の構成」として採用することにより、③利用者が、省エネ行動を取るべき時間

8　　第2章 特許法

と場所を一見して把握することが可能になり、かつ、各省エネ行動を取ることにより節約できる概略電力量等を把握することが可能になるという「技術的手段の構成から導かれる効果」を奏するものである場合、上記発明の技術的意義は、「省エネ行動シート」という媒体に表示された、文字として認識される「第三省エネ行動識別領域に示される省エネ行動」と、面積として認識される「省エネ行動を取ることで節約できる概略電力量」を利用者である人に提示することによって、当該人が、取るべき省エネ行動と節約できる概略電力量等を把握するという、専ら人の精神活動そのものに向けられたものであり、自然法則を利用した技術的思想の創作には当たらないとされた（知財高判平成 28・2・24 判タ 1437 号 130 頁〔省エネ行動シート事件〕）。

これに対し、請求項に記載された特許を受けようとする発明に人の精神活動が含まれていたとしても、全体として考察した結果、自然法則が利用されていると認められる場合には、発明に当たる。

たとえば、知財高判平成 20・8・26 判時 2041 号 124 頁〔対訳辞書事件〕は、「どのような課題解決を目的とした技術的思想の創作であっても、人の精神活動、意思決定又は行動態様と無関係ではな_いため、人の精神活動が含まれていることのみを理由として自然法則利用性を否定すべきではなく、特許請求の範囲の記載全体を考察し、かつ、明細書の記載を参酌して、発明性を判断すべきであるとしたうえで、人間の音声認識能力に着目した発明について、一定の効果を反復継続して実現しているとして、自然法則利用性を肯定している。また、同じく人間の精神活動を含む技術について自然法則利用性を肯定した事例として、知財高判平成 20・6・24 判時 2026 号 123 頁〔双方向歯科治療ネットワーク事件〕は、歯科医師と歯科技工士用に歯科治療計画を作成する方法およびシステムを提供する技術について、「人の精神活動を支援する、又はこれに置き換わる技術的手段を提供するもの」であるとしている。

（c）利用　　第 2 に、発明として保護されるためには、自然法則が「利用」されていることが必要であり、たとえば、万有引力の法則のような自然法則自体は発明として保護されない。

もし仮に自然法則自体を特定人の独占に委ねてしまうと、かえって、当該

法則を利用した様々な分野への応用技術の円滑な出現が妨げられるという理由による。東京高判平成 16・12・21 判時 1891 号 139 頁〔回路シミュレーション事件〕は、数学的課題の解析方法自体や数学的な計算手順を示したにすぎないものは、発明に当たらないと述べている。

(2) 技術的思想

　特許制度は、新しい技術である発明を公開した者に対し、その代償として一定の期間、一定の条件のもとに特許権という独占的な権利を付与し、他方、第三者に対してはこの公開された発明を利用する機会を与えるものであり（いわゆる公開代償説）、特許法は、このような発明の保護および利用を図ることにより、発明を奨励し、もって産業の発達に寄与することを目的とする（1条）。このような法目的に照らすと、特許法により保護されるべき発明は、当業者により再現可能な程度に客観化されたものとして完成されていることを要する。個人の技能に深く依存している技能などについては、技術的思想の創作に当たらない。

　当業者が反復実施可能な程度にまで具体的・客観的に構成されていないものについては、発明未完成として取り扱われる（最判昭和 44・1・28 民集 23 巻 1 号 54 頁〔原子力エネルギー発生装置事件〕、最判昭和 52・10・13 民集 31 巻 6 号 805 頁〔薬物製品事件〕）。ただし、特許庁の審査実務上は、現在、発明未完成を理由とする拒絶査定はほとんど行われず、明細書の記載要件（36 条 4・5 項）の問題として処理されている。

(3) 創作

　創作とは新しく創り出すことを指し、天然物の発見のように、何も創り出さない「発見」は原則として発明とは区別される。天然に存在する藻の一種を錦鯉に与えることで斑紋・色調を顕かにする効果をあげることに関する技術につき、たんなる発見を超えた技術的思想の創作に当たると認められた例がある（東京高判平成 2・2・13 判時 1348 号 139 頁〔錦鯉飼育法事件〕）。

(4) 発明の種類（カテゴリー）

　発明は、物の発明と方法の発明に二分され、方法の発明には、物を生産する方法の発明とその他の方法の発明（単純方法発明）がある（2条3項）。特許権は、特許発明の実施に関する独占権（68条）であり、特許発明の実施の

内容は、発明の種類によって異なる。

物の発明とは、時間的な要素を含まない形での発明の実施態様であり、機械、化学物質、微生物などがその例である。物の発明については、その物を生産し、使用し、譲渡し、貸し渡し（プログラムの場合、電気通信回線を通じた提供を含む）、輸出もしくは輸入し、または譲渡もしくは貸し渡しの申出をする行為を「実施」という（2条3項1号）。

方法の発明とは、たとえば、自動車の燃費向上の方法のように、時間的な流れに沿って行為が組み合わされることから成る発明である。方法の発明については、その方法の使用行為が実施行為となる（2条3項2号）。

物を生産する方法の発明の例としては、化学物質の精製方法がある。物を生産する方法の発明の実施とは、当該方法を使用する行為に加えて、その方法により生産した物の使用、譲渡等、輸出もしくは輸入または譲渡等の申出をする行為をいう（2条3項3号）。

2　産業上の利用可能性

特許を受ける発明は、産業上利用することができる必要がある（29条1項柱書）。

ここでいう「産業」とは、工業に限らず、農林水産業、鉱業、商業等を含む広い概念である。特許庁の審査基準では、①人間を手術、治療、または診断する方法の医療関連発明、②学術的、実験的にのみ利用され、業として実施できない発明、③実際上明らかに実施できない発明（例、「オゾン層の減少に伴う紫外線の増加を防ぐために、地球表面全体を紫外線吸収プラスチックフィルムで覆う方法」）は、原則として産業上利用することができないとしている（「特許・実用新案審査基準」）。

医薬品、医療機器については特許対象とされているのに対して、手術、治療、診断方法に限り産業上の利用可能性を否定する理由は以下のようなものとされる。すなわち、医療行為そのものにも特許性が認められるという制度の下では、現に医療行為に当たる医師にとって、少なくとも観念的には、自らの行おうとしている医療行為が特許の対象とされている可能性が常に存在するということになり、しかも、一般に、ある行為が特許権行使の対象とな

るものであるか否かは、必ずしも直ちに一義的に明確になるとは限らず、結果的には特許権侵害ではないとされる行為に対しても、差止請求などの形で権利主張がなされることも決して少なくない。医師は、常に、これから自分が行おうとしていることが特許の対象になっているのではないか、それを行うことにより特許権侵害の責任を追及されることになるのではないか、どのような責任を追及されることになるのか、などといったことをおそれながら、医療行為に当たらなければならないことになりかねない。医療行為そのものを特許の対象にする制度の下では、それを防ぐための対策が講じられたうえでのことでない限り、医師は、このような状況で医療行為に当たらなければならないことになるのであり、医療行為に当たる医師をこのような状況に追い込む制度は、医療行為という事柄の性質上、著しく不当である（東京高判平成 14・4・11 判時 1828 号 99 頁〔外科手術の光学的表示事件〕）。

ただし、広義の手術、治療、診断方法のうち、「医療機器の作動方法」は、医療機器自体に備わる機能を方法として表現したものであって、特許の対象とされており、また、複数の医薬の組合せや投与間隔・投与量等の治療の態様で特定しようとする医薬発明についても、「物の発明」であるので「産業上利用することができる発明」として扱われている（「特許・実用新案審査基準」）。

3 新規性

(1) 新規性喪失事由

（a）趣旨　特許出願前に日本国内または外国において公然と知られた発明（公知〔29 条 1 項 1 号〕。たとえば、テレビで放送された場合）、特許出願前に日本国内または外国において公然と実施された発明（公用〔同項 2 号〕。たとえば、製造工程を不特定多数の者が見学した場合）、特許出願前に日本国内または外国において、頒布された刊行物に記載された発明や電気通信回線を通じて公衆に利用可能となった発明（刊行物記載等〔同項 3 号〕。たとえば、日本国内または外国において公表された特許公報や研究論文に掲載された発明や、インターネットで公開された発明）については、特許を取得できない（新規性要件）。29 条 1 項 1 号から 3 号までを新規性喪失事由といい、新規性喪失事由

12　　第 2 章　特許法

に該当する技術を公知技術という。

特許制度は、新たな技術思想の社会への公開の代償として独占権を付与するものであるから、すでに社会的に知られている技術的手段に対して独占権を付与する必要はなく、また、そのような技術的手段に対して独占権を付与することは自由な技術の発展をかえって妨げることになることに基づく要件である（東京地判平成17・2・10判時1906号144頁〔プラニュート顆粒事件〕）。

新規性の判断時点は、出願日ではなく、出願の時であるため、たとえば、ある日の午前中に会議で発表され公知となった発明と同じ発明を、当日の午後出願した場合でも、新規性は喪失したものとして扱われる。また、場所的基準は世界のどこで生じた事由についても新規性喪失事由としている。

（b）公知・公用　　29条1項1号にいう公知の発明とは、不特定の者に秘密でないものとしてその内容が現に知られた発明をいう（「特許・実用新案審査基準」第III部第2章第3節）。

もっとも、当該発明を知った者が、発明者との間で守秘義務を負っている場合には公知として扱われない。守秘義務を負わない者に知られた場合は、たとえそれが少数者であっても、公知となりうる。守秘義務は、法律上、契約上、または商慣習上など発生原因は問わない（東京高判平成12・12・25平成11（行ケ）368号〔6本ロールカレンダー事件〕）。

2号にいう公用の発明とは、不特定の者に知られる状況または公然知られるおそれがある状況で実施された発明をいう（「特許・実用新案審査基準」第III部第2章第3節）。いまだ公然と知られる状況になっていない場合でも、知られうる状態にあれば、公用に該当する。

公用になったというためには、単に当該発明の実施品が存在したというだけでは足りない。当該発明が物の発明である場合にあっては、当該発明の実施品が、当業者にとって当該実施品を完全に再現可能なほどに分析することが可能な状態にあることまでは必要ないが、当業者が利用可能な分析技術を用いて当該発明の実施品を分析することにより、特許請求の範囲に記載されている物に該当するかどうかの判断が可能な状態にあることを要する。

（c）刊行物記載等　　3号にいう頒布された刊行物とは、公衆に頒布することにより公開することを目的として複製された文書・図画その他これに類

する情報伝達媒体であって、頒布されたものをいう（最判昭和 61・7・17 民集 40 巻 5 号 961 頁〔第二次箱尺事件〕）。原本自体が公開されて公衆の自由な閲覧に供され、かつ、その複写物が公衆からの要求を待って遅滞なく交付される態勢が整っていれば、まだ現実には頒布されていなくても、公衆からの要求を待ってその都度原本から複写して交付されるものであってもよい。具体的には、オーストラリア特許庁内部にのみ配布されていた同国特許出願明細書の原本を複製したマイクロフィルムについて、頒布された刊行物と認められた。

　3 号に該当するというためには、刊行物が不特定または多数の者において閲覧可能な状態になることを要する。米国国防技術情報センターが引用文献を受領し、その電子文書管理システムに格納し、目録に載せて索引を付した段階では、引用文献にアクセスできた者は登録ユーザーである国防省および連邦職員、ならびにその契約者（一般市民は含まれない）に限られていたという事情の下で、上記当時、不特定または多数の者において閲覧可能な状態であったとはいえないとされた（知財高判平成 27・11・5 平成 26（ネ）10082 号〔4H 型単結晶炭化珪素の製造方法事件〕）。

　インターネット上で閲覧可能となった情報については、「頒布された刊行物」であると解釈することは困難であるため、平成 11 年改正によって 3 号に電気通信回線（インターネット）を通じて公衆に利用可能となった発明が追加された。

　(d) 新規性の判断方法　　新規性は、①特許出願に係る発明（本願発明）を認定し、②引用発明（特許出願前の刊行物記載の発明、公然実施発明）を認定し、③本願発明と引用発明を対比して、原則として、すべての構成が一致するかを認定することにより判断される。

　特許出願に係る発明（本願発明）は、特許請求の範囲（36 条 5 項）の記載に基づいて認定される（いわゆる「発明の要旨認定」）。

　最判平成 3・3・8 民集 45 巻 3 号 123 頁〔リパーゼ事件〕は、特許の要件を審理する前提としてされる特許出願に係る発明の要旨の認定は、特許請求の範囲の記載の技術的意義が一義的に明確に理解することができないとか、あるいは一見してその記載が誤記であることが発明の詳細な説明の記載に照

らして明らかであるなど、発明の詳細な説明の記載を参酌することが許される特段の事情のない限り、特許請求の範囲の記載に基づいてされるべきであると述べている。

同判決の趣旨は、発明の要旨の認定にあたり、発明の詳細な説明や図面の記載についても参照することは必要であるが、発明の詳細な説明や図面にだけ記載されており、特許請求の範囲には記載されていない技術的事項を新たに取り込むことはできないということにある。本件では、特許請求の範囲には特に限定のない形で「リパーゼ」と記載され、一方、発明の詳細な説明の実施例には「Ra リパーゼ」のみが記載されている場合には、発明の要旨認定として「Ra リパーゼ」に限定することは許されない、とされた。

（2） 新規性喪失の例外

特定の条件の下で発明を公開した後に特許出願した場合には、先の公開によってその発明の新規性が喪失しないものとして取り扱われる（30 条）。特許出願より前に公開された発明は原則として特許を受けることはできないが、刊行物への論文発表等によって自らの発明を公開した後に、その発明について特許出願をしても一切特許を受けることができないとすることは、発明者にとって酷な場合もあり、また、産業の発達への寄与という特許法の趣旨にもそぐわないことに基づく規定である。

特許を受ける権利を有する者の意に反して 29 条 1 項各号に該当するにいたった、すなわち新規性を喪失した発明については、新規性を喪失した日から 6 月以内にその者がした特許出願に係る発明について、新規性を喪失しなかったものとみなされる（30 条 1 項）。「意に反して」とは、特許を受ける権利を有する者が、発明が公知等となることを容認する意思を有していないことをいい、発明者の不注意で公知となった場合も、「意に反して」に当たりうる（東京高判昭和 47・4・26 判タ 278 号 180 頁〔農用牽引車の進行停止装置事件〕）。

特許を受ける権利を有する者自身の行為に起因して新規性を喪失した場合も、出願と同時に書面を提出することにより、新規性喪失の例外として扱われる（30 条 2・3 項）。

平成 23 年改正前の発明の新規性喪失の例外規定の適用対象は、試験の実

施、刊行物への発表、□□□信回線を通じての発表、特許庁長官が指定する学会での文書発表、特定の博覧会への出品等によって公開された発明に限定されていた。たとえば、研究開発資金調達のための投資家への説明のように、産業の発展に寄与するという特許法の趣旨に照らせば適用対象とされるべきと考えられる公開態様によって新規性を喪失した発明が、適用対象とされていないという問題が生じていた。

平成 23 年の特許法改正によって適用対象が拡大され、「特許を受ける権利を有する者の行為に起因して第 29 条第 1 項各号のいずれかに該当するに至った発明」(30 条 2 項) が適用対象とされることになった。これにより、従来適用対象とされていなかった、集会・セミナー等 (特許庁長官の指定のない学会等) で公開された発明、テレビ・ラジオ等で公開された発明、および、販売によって公開された発明等が、新たに適用対象となった。

なお、内外特許庁への出願を行った結果、公開された場合には、30 条 2 項の適用はない (同項括弧書)。特許出願に伴う公開は、特許を受ける権利を有する者による主体的な公開とはいえないからである (最判平成元・11・10 民集 43 巻 10 号 1116 頁〔第三級環式アミン事件〕)。

4　進歩性

(a) 趣旨　公知技術からその発明が属する技術の分野における通常の知識を有する者 (当業者) が容易に発明できた発明は、特許を受けることができない (29 条 2 項。進歩性要件)。

その道の専門家が容易に想到することができる程度の発明に特許権を与える価値はなく、仮にその程度の技術までも特許権の独占の対象となると、自由な開発行為が妨げられることに基づく要件である。

その発明が属する技術の分野における通常の知識を有する者とは、特許出願に係る発明の属する技術分野の出願時の技術常識を有し、研究、開発のための通常の技術的手段を用いることができ、かつ発明の属する技術分野の出願時の技術水準にあるものすべてを自らの知識とすることができるような者として、進歩性判断の際に想定される仮想的な人物である。なお、出願当時の技術水準の認定のため、出願後に頒布された刊行物を資料とすることは許

容される（最判昭和 51・4・30 判タ 360 号 148 頁〔気体レーザ放電装置事件〕）。

（b）進歩性の判断方法　　進歩性の判断は、①特許出願に係る発明（本願発明）を認定し、② 29 条 1 項各号のいずれかに該当する発明（引用発明）を認定し、③本願発明と引用発明を対比して、両発明の一致点と相違点をそれぞれ認定し、④相違点について引用発明から容易に想到しうるか否かを判断する、という手順で行われる。具体的には、ⓐ相違点が最適事項の選択・設計変更やたんなる寄せ集めにすぎないか、ⓑ相違点に係る本願発明の構成を記載している別の公知の文献（副引用発明）において、引用発明と副引用発明を組み合わせ、置換し、または付加することによって本願発明を想到する動機づけや示唆が存在するか否かによって判断される。動機づけや示唆の存在については、引用発明と副引用発明の技術分野の関連性、課題の共通性、作用・機能の共通性、引用発明の内容中の示唆が考慮要素となる。

　発明の課題の認定にあたっては、無意識的に解決手段ないし解決結果の要素が入り込むことによって後知恵に陥らないよう留意すべきであり、さらに、先行技術の検討にあたっては、相違点に到達できる試みを発明者がなしたであろうという推測が成り立つのみでは十分ではなく、当該発明の特徴点に到達するためにしたはずであるという示唆等が存在することが必要である、と指摘する裁判例がある（知財高判平成 21・1・28 判時 2043 号 117 頁〔回路用接続部材事件〕）。後知恵に陥ることの懸念を明示的に指摘したものとして意義があろう。一方、「示唆等」として具体的にいかなる程度のものを想定するかにもよるが、一般論として、進歩性判断は総合判断であり、引用発明に動機づけや示唆が明示的にない場合であっても、その他の事情の考慮により結論として進歩性を否定すべき場合は想定できる。

　上記の動機づけや示唆の存在が肯定できる場合であっても、引用発明との組合せを阻害する事由（阻害要因）がある場合や、本願発明に引用発明からは予測できない顕著な作用効果が存在することが明細書に記載されているか、明細書の記載から推論できる場合は、容易想到性は否定されない。

　化学など物の構造に基づく効果の予測が困難な技術分野に属する発明で、公知発明が上位概念により広範な物の群で表現されている場合に、その上位概念に包含される下位概念で表現された発明（いわゆる選択発明）について

I. 特許要件　　17

は、公知発明に開示されていない有利な効果であって、上位概念で示された発明が有する効果とは異質な効果、または同質であるが際立って優れた効果を有し、これらが技術水準から当業者が予測できたものでないときは、新規性・進歩性が認められる（知財高判平成20・6・4平成19（行ケ）10373号〔熱伝導性シリコーンゴム組成物事件〕）。

　進歩性は規範的要件であり、動機づけ等の存在を推認させる事実は評価根拠事実として、阻害要因ないし顕著な作用効果の存在は評価障害事実として、前者は特許権の成立を争う側（拒絶査定不服審判においては特許庁長官、無効審判においては請求人、特許異議においては申立人、侵害訴訟においては無効の抗弁を主張する被告）に、後者は特許権の成立を主張する側（拒絶査定不服審判においては出願人、無効審判、特許異議、侵害訴訟においては特許権者）にそれぞれ主張立証責任がある。

5　先願

　(a) 趣旨　　同一の発明について異なった日に二以上の特許出願があったときは、最先の特許出願人のみがその発明について特許を受けることができる（39条1項。先願主義）。

　最先の出願人に特許を付与することは、いち早く発明を公開しようとした者を保護するという特許法の目的にもかない、また、同一の発明について複数の特許が成立すること（ダブルパテント）による法律関係の複雑化を防止する意味も有する。

　同一の発明について同一出願人によって複数の出願がなされた場合にも、先願主義は適用され、その出願人は、先願についてのみ特許を受けることができる。

　(b) 同日出願　　同一の発明について同日に二以上の特許出願があったときは、特許出願人の協議により定めた一の特許出願人のみがその発明について特許を受けることができる。協議が成立せず、または協議をすることができないときは、いずれも、その発明について特許を受けることができない（39条2項）。

　39条の適用の基準となるのは出願の日とされ、時刻は問題とされない。

放棄された出願、取り下げられた出願、却下された出願は、39条1項から4項までの適用については、初めからなかったものとされ、先願の地位を有しない（同条5項）。特許出願について拒絶査定・審決が確定した場合も同様である（同項）。特許権の設定登録がなされた出願、同日出願で協議不成立により拒絶すべき旨の査定・審決が確定した出願、冒認出願については、先願の地位を有する。

　同日出願が協議不成立により拒絶された出願について先願の地位を認めることにより、第三者の後願や、協議不成立となった同一人による特許取得は認められない。仮に冒認出願について先願の地位を認めないと、真の発明者は、冒認者から特許権を取戻し（74条）、重複して、自ら同一の発明について特許を取得することも可能となるため、冒認にも先願の地位が認められている。

　発明の同一性の判断は、特許請求の範囲に記載された発明特定事項に基づいて把握される発明を対比することによって行われる。

6　拡大先願

　（a）**趣旨**　　後願の出願後に特許公報の発行（66条3項）、出願公開（64条）がされた先願の願書に最初に添付した明細書、特許請求の範囲または図面に記載されている発明と同一の発明についての後願は拒絶される（29条の2。拡大先願、公知の擬制、準公知）。後願の出願時には、いまだ先願の内容は公知となっていないが、出願から1年6月後に出願公開により一般に公表され（64条）、後願は社会に対して新しい技術を社会に公開するものとはいえず、公開の代償として特許権を付与するという趣旨に沿うものではない。このため、後願の出願時に先願の出願内容が公知であったとみなすのが29条の2の趣旨である。

　（b）**例外**　　後願の特許請求の範囲に記載された発明と先願の当初明細書等に記載された発明が同一である場合でも、先願の発明等をした者が後願の発明者と同一である場合には、29条の2は適用されない（同条本文括弧書）。特許請求の範囲に記載された発明の説明に必要なため発明の詳細な説明の欄に特定の技術を記載し、その特定の技術については後日別に出願して特許権

を得たい場合等を想定し、発明者同一の場合は29条の2の適用を除外する趣旨である。

　さらに、後願の特許請求の範囲に記載された発明と先願の当初明細書等に記載された発明等が同一である場合でも、後願の出願時に、後願の出願人と先願の出願人が同一である場合には、29条の2は適用されない（同条但書）。

　企業内の発明の多くは発明者個人ではなく、企業が出願人となっていることが多いことを考慮して、発明者同一の場合に加え、出願人同一の場合も救済することにしたものである。

7　公序良俗

　公の秩序、善良の風俗または公衆の衛生を害するおそれがある発明については、新規性、進歩性の要件をみたすものであっても、特許を受けることができない（32条）。

　公序良俗違反とされるのは、その発明の本来の目的が公序に反しており、目的に沿って発明を用いると必然的に公序に反する場合に限られる。

　特定的に増強しようとする目的の筋肉部位への血行を緊締具を用いて適度に阻害してやることにより、疲労を効率的に発生させて、目的筋肉をより特定的に増強できるとともに、関節や筋肉の損傷がより少なくて済み、さらにトレーニング期間を短縮できるようにした、名称を「筋力トレーニング方法」とする発明についての特許無効審判請求において、請求人が、本件発明が本来的に治療行為、美容行為等を含んだ筋力トレーニングであることから、社会的妥当性を欠くので32条に反すると主張したのに対して、知財高判平成28・11・30平成28（行ケ）10117号〔筋力トレーニング方法事件〕は、「本件発明は一義的に人体に重大な危険を及ぼすものではない上、本件発明を治療方法等にも用いる場合においては、所要の行政取締法規等で対応すべきであり、そのことを理由に、本件発明が特許を受けることが許されなくなるわけではない。また、特許を取得しても、当該特許を治療行為等の所要の公的資格を有する行為において利用する場合には、当該資格を有しなければ当該行為を行うことができないことは、当然である。したがって、本件発明に特許を認めること自体が社会的妥当性を欠くものとして、特許法32条に反す

るものとはいえない」とした。

8　特許請求の範囲および明細書の記載要件

（1）実施可能要件

　明細書の発明の詳細な説明の記載は、経済産業省令で定めるところにより、その発明の属する技術の分野における通常の知識を有する者（当業者）が、その実施をすることができる程度に明確かつ十分に記載したものでなければならない（36条4項1号。実施可能要件）。経済産業省令で定めるところによる発明の詳細な説明の記載は、発明が解決しようとする課題およびその解決手段その他のその発明の属する技術の分野における通常の知識を有する者が、発明の技術上の意義を理解するために必要な事項を記載することによりしなければならないと定めている（特施規24条の2）。

　実施可能要件は、明細書の発明の詳細な説明に、当業者がその実施をすることができる程度に発明の構成等が記載されていない場合には、実質において発明が公開されていないことになり、発明者に対して発明の公開の代償として独占的権利を付与する前提を欠くことになるとの趣旨で設けられている（知財高判平成29・2・2平成27（行ケ）10249号、10017号、10070号〔新規な葉酸代謝拮抗薬の組み合わせ療法事件〕）。

　物の発明について実施可能要件を充足するためには、明細書の発明の詳細な説明において、当業者が、明細書の発明の詳細な記載および出願時の技術常識に基づき、過度の試行錯誤を要することなく、その物を生産し、かつ、使用することができる程度の記載があることを要する。

（2）サポート要件

　特許請求の範囲の記載は、特許を受けようとする発明が発明の詳細な説明に記載したものでなければならない（36条6項1号。サポート要件）。

　仮に、「特許請求の範囲」の記載が、「発明の詳細な説明」に記載・開示された技術的事項の範囲を超えるような場合に、そのような広範な技術的範囲にまで独占権を付与することになれば、当該技術を公開した範囲で、公開の代償として独占権を付与するという特許制度の目的を逸脱するため、そのような特許請求の範囲の記載を許容しないものとする趣旨である。

I. 特許要件　　*21*

特許請求の範囲の記載がサポート要件に適合するか否かは、特許請求の範囲の記載と発明の詳細な説明の記載とを対比し、特許請求の範囲に記載された発明が、発明の詳細な説明に記載された発明で、発明の詳細な説明の記載により当業者が当該発明の課題を解決できると認識しうる範囲のものであるか否か、また、発明の詳細な説明に記載や示唆がなくとも当業者が出願時の技術常識に照らし当該発明の課題を解決できると認識しうる範囲のものであるか否かを検討して判断する（知財高判平成17・11・11判時1911号48頁〔パラメータ特許事件〕）。

　明細書の発明の詳細な説明の記載が実施可能要件を充足するか否かは、当業者が同記載および出願時の技術常識に基づき、過度の試行錯誤を要することなく、その物を生産し、かつ、使用することができる程度の記載があるか否かの問題である。他方、サポート要件は、特許請求の範囲の記載要件であり、本件特許請求の範囲の記載がサポート要件を充足するか否かは、本件特許請求の範囲に記載された発明が、発明の詳細な説明に記載された発明であり、同記載および出願時の技術常識により当業者が本件発明の課題を解決できると認識しうるか否かの問題であるという点で、実施可能要件とは異なる（前掲知財高判平成29・2・2〔新規な葉酸代謝拮抗薬の組み合わせ療法事件〕）。

(3) 明確性要件

　特許請求の範囲の記載は、「発明が明確であること」という要件に適合するものでなければならない（36条6項2号。明確性要件）。特許制度は、発明を公開した者に独占的な権利である特許権を付与することによって、特許権者についてはその発明を保護し、一方で第三者については特許に係る発明の内容を把握させることにより、その発明の利用を図ることを通じて、発明を奨励し、もって産業の発達に寄与することを目的とするものであるところ（1条参照）、発明の明確性が要求されるのは、この目的を踏まえたものである。

　物の発明についての特許に係る特許請求の範囲において、その製造方法が記載されていると、一般的には、当該製造方法が当該物のどのような構造もしくは特性を表しているのか、または物の発明であってもその特許発明の技術的範囲を当該製造方法により製造された物に限定しているのかが不明であ

22　　第2章 特許法

り、特許請求の範囲等の記載を読む者において、当該発明の内容を明確に理解することができず、権利者がどの範囲において独占権を有するのかについて予測可能性を奪うことになる。他方、物の発明についての特許に係る特許請求の範囲においては、通常、当該物についてその構造または特性を明記して直接特定することになるが、その具体的内容、性質等によっては、出願時において当該物の構造または特性を解析することが技術的に不可能であったり、特許出願の性質上、迅速性等を必要とすることに鑑みて、特定する作業を行うことに著しく過大な経済的支出や時間を要するなど、出願人にこのような特定を要求することがおよそ実際的でない場合もあり得る。このため、物の発明についての特許に係る特許請求の範囲にその物の製造方法を記載することを一切認めないとすべきではなく、上記のような事情がある場合には、当該製造方法により製造された物と構造、特性等が同一である物として特許発明の技術的範囲を確定しても、第三者の利益を不当に害することがないというべきである。

　以上の考慮によるならば、物の発明についての特許に係る特許請求の範囲にその物の製造方法が記載されている場合において、当該特許請求の範囲の記載が36条6項2号にいう「発明が明確であること」という要件に適合するといえるのは、出願時において当該物をその構造または特性により直接特定することが不可能であるか、またはおよそ実際的でないという事情が存在するときに限られる（最判平成27・6・5民集69巻4号904頁〔プラバスタチンナトリウム事件〕）。

　明確性要件は、特許請求の範囲の記載について明確であることを求めるものにとどまり、その他、発明に係る機能、特性、解決課題または作用効果等の記載等を要件とするものではない。一方、発明の詳細な説明の記載については、実施可能要件を定める36条4項1号の趣旨を受けた特許法施行規則24条の2において「発明が解決しようとする課題及びその解決手段その他のその発明の属する技術の分野における通常の知識を有する者が発明の技術上の意義を理解するために必要な事項を記載することによりしなければならない。」と規定されており、発明の解決課題やその解決手段、その他当業者において発明の技術上の意義を理解するために必要な事項は、専ら、実施可

Ⅰ. 特許要件　　23

能要件の適合性判断において考慮される（知財高判平成 22・8・31 判時 2090 号 119 頁〔伸縮性トップシートを有する吸収性物品事件〕）。

●●●●●●● **参 考 文 献** ●●●●●●●

- ●特許庁編『**工業所有権法（産業財産権法）逐条解説**』（一般社団法人発明推進協会、第 20 版、2017 年）
- ●特許庁工業所有権制度改正審議室編『**平成 23 年特許法等の一部改正 産業財産権法の解説**』（社団法人発明協会、2011 年）
- ●特許庁総務部総務課制度審議室編『**平成 27 年特許法等の一部改正 産業財産権法の解説**』（一般社団法人発明推進協会、2016 年）
- ●髙部眞規子「**判解**」『最判解民事篇平成 12 年度（上）』144 頁〔黄桃の育種増殖法事件〕
- ●矢野邦雄「**判解**」『最判解民事篇昭和 44 年度（上）』85 頁〔原子力エネルギー発生装置事件〕
- ●「**判解**」『最判解民事篇昭和 52 年度』282 頁〔薬物製品事件〕
- ●水野武「**判解**」『最判解民事篇昭和 61 年度』330 頁〔第二次箱尺事件〕
- ●塩月秀平「**判解**」『最判解民事篇平成 3 年度』28 頁〔リパーゼ事件〕
- ●伊藤博「**判解**」『最判解民事篇平成元年度』387 頁〔第三級環式アミン事件〕
- ●菊池絵理「**最高裁重要判例解説**」Ｌ＆Ｔ 69 号 91 頁（2015 年）〔プロダクト・バイ・プロセス・クレーム事件〕
- ●中山信弘＝小泉直樹編『**新・注解特許法（中巻）**』（青林書院、第 2 版、2017 年）
- ●牧野利秋ほか編『**知的財産訴訟実務大系 I**』（青林書院、2014 年）
- ●髙部眞規子編『**特許訴訟の実務**』（商事法務、第 2 版、2017 年）
- ●大野聖二「**パラメータ特許事件—サポート要件と実施可能性要件の関係に関する判例・学説の展開**」ジュリスト 1475 号 20 頁（2015 年）
- ●前田健『**特許法における明細書による開示の役割—特許権の権利保護範囲決定の仕組みについての考察**』（商事法務、2012 年）

II ► 権利の主体

1 発明者

(1) 意義

発明をした者（発明者）およびその承継人は、特許を取得できる（29 条 1 項、34 条 1 項）。

発明とは、自然法則を利用した技術的思想の創作のうち高度なものをいう

（2 条 1 項）。また、発明は、その技術内容が、当該の技術分野における通常の知識を有する者が反復実施して目的とする技術効果をあげることができる程度にまで具体的・客観的なものとして構成されたときに、完成する（最判昭和 52・10・13 民集 31 巻 6 号 805 頁〔薬物製品事件〕）。

　したがって、発明者とは、自然法則を利用した高度な技術的思想の創作に関与した者、すなわち、当該技術的思想を当業者が実施できる程度にまで具体的・客観的なものとして構成する創作活動に関与した者を指す。現行法上、発明者は自然人を前提としており、法人発明は想定されていない。36 条 1 項が、発明者についてはその「氏名」、出願人については「氏名又は名称」を記載するよう規定しているのもこの趣旨である。

（2）発明者の認定

　当該発明について、たとえば、管理者として部下の研究者に対して一般的管理をしたにすぎない者、一般的な助言・指導を与えたにすぎない者、補助者として研究者の指示に従い、単にデータをとりまとめた者または実験を行ったにすぎない者、発明者に資金を提供したり設備利用の便宜を与えることにより、発明の完成を援助した者または委託したにすぎない者等は、発明者には当たらない（東京地判平成 17・9・13 判時 1916 号 133 頁〔分割錠剤事件〕）。発明者となるためには、一人の者がすべての過程に関与することが必要なわけではなく、共同で関与することでも足りるというべきであるが、複数の者が共同発明者となるためには、課題を解決するための着想およびその具体化の過程において、一体的・連続的な協力関係のもとに、それぞれが重要な貢献をなすことを要する（知財高判平成 20・5・29 判時 2018 号 146 頁〔ガラス多孔体事件控訴審〕）。

　発明者については、まず、明細書の記載から発明の技術的思想や発明の特徴的部分を認定し、発明にいたる経緯、関係者の技術的知識や経験の程度、関係者の相互関係等を認定したうえで、当該発明における技術的思想の創作に現実に関与した者は誰かを判断する。

　発明者の認定に際しては、当該発明の属する技術分野によっても異なる考慮が必要とされることもある。たとえば、当該発明が機械的構成に属する場合には、一般に、着想の段階で、これを具体化した結果を予測することが可

能であり、発明の着想を提供したにとどまる者であっても共同発明者と認定されることがある（知財高判平成 27・6・24 判時 2274 号 103 頁〔袋入り抗菌剤事件〕）。一方、発明が化学・医学関連の分野に属する場合には、一般に、ある特異な現象が確認されたにとどまる段階では、いまだ技術的思想を当業者が実施できる程度に具体的・客観的なものとして利用できるとはいいがたく、さらなる再現性、効果の解明が必要となる。したがって、現象の確認に関与した者の発明者性は否定されることがある（前掲知財高判平成 20・5・29〔ガラス多孔体事件控訴審〕）。

2　発明者の権利

(1)　特許を受ける権利

　産業上利用することができ、新規性、進歩性をみたす発明を完成した者には、特許を受ける権利が帰属する（29 条 1 項柱書）。特許を受ける権利は、実務上は「出願権」とも呼ばれ、特許出願を行うことにより、特許付与を受けることができる法的地位である。

　特許を受ける権利は移転できる（33 条 1 項）。特許を受ける権利の出願前の譲渡については、出願が対抗要件である（34 条 1 項）。出願後の承継については、特許庁長官への届出が効力発生要件となる（同条 4 項）。ただし、相続その他の一般承継の場合には、一般承継原因発生後届出前に無権利者状態が発生することを防ぐ趣旨から、届出は効力発生要件とされていない。権利の所在を明らかにするため、遅滞なく特許庁長官に届出をしなければならないとされている（同条 5 項）。

　特許を受ける権利に質権を設定することはできない（33 条 2 項）。公示が困難であること、仮に質権が実行され競売等がなされると発明が公知になってしまうことなどを理由とするものである。なお、立法論的には、すでに、産業構造審議会知的財産政策部会報告書「特許制度に関する法制的な課題について」（2011 年）において、「特許を受ける権利を目的とする質権設定の解禁に向けた検討を行うべきである。」と指摘されている。ただし、同報告書は、「特許を受ける権利を目的とする質権の解禁には、特許を受ける権利に関する登録・公示制度を整備する必要があり、特許庁における業務システム

26　　第 2 章　特許法

の広範な改造が不可欠であるところ、特許庁におけるシステム構築の状況を踏まえ、特許を受ける権利を目的とする質権設定の解禁については、改めて検討を行うことが適当である。」と整理している。

特許を受ける権利については、仮専用実施権（34条の2第1項）、仮通常実施権（34条の3第1項）を設定することができる。従前より広く行われていたいわゆる特許成立前のライセンスに法的根拠を与えるものとして平成20年に創設された。

特許を受ける権利を有する者は、その特許を受ける権利に基づいて取得すべき特許権について、その特許出願の願書に最初に添付した明細書、特許請求の範囲または図面に記載した事項の範囲内において、仮専用実施権を設定することができる（34条の2第1項）。

仮通常実施権を許諾できる範囲も同様である（34条の3第1項）。

明細書等の補正は、願書に最初に添付した明細書等に記載した事項の範囲内においてしなければならない（17条の2第3項）とされていることに対応するものである。

仮専用実施権は、特許権発生前に当然実施できることに加えて、特許権の設定登録後には自動的に専用実施権が設定されたものとみなされる（34条の2第2項）。仮通常実施権についても同様に、特許権設定登録により、自動的に通常実施権が許諾されたものとみなされる（34条の3第2項）。

仮専用実施権の設定には、特許を受ける権利を有する者の設定行為に加えて、登録が効力発生要件とされている（34条の4第1項）。

仮通常実施権については、登録制度は存在しない。仮通常実施権は、その許諾後に当該仮通常実施権に係る特許を受ける権利もしくは仮専用実施権または当該仮通常実施権に係る特許を受ける権利に関する仮専用実施権を取得した者に対しても、その効力を有する（当然対抗。34条の5）。

（2）特許を受ける権利の共有

共同発明の場合、一人の発明者に帰属していた特許を受ける権利が帰属した後にその持分が譲渡・相続等された場合、特許を受ける権利は共有される。

特許を受ける権利は、他の共有者の同意を得なければ、その持分の譲渡はできない（33条3項）。仮専用実施権の設定、仮通常実施権の許諾について

も同様である（同条4項）。特許を受ける権利の共有者にとって、誰が共有者であるのか、誰が実施権者であるのか、は重要な事項であるため、特許権が共有に係る場合に課される制限（73条）と同様の制限を課す趣旨である。

特許を受ける権利が共有に係る場合、各共有者は他の共有者と共同でなければ出願することができない（共同出願。38条）。全員で出願しなかったこと（共同出願違反）は、拒絶理由（49条2号）、無効理由（123条1項2号）に該当する。

特許を受ける権利が共有に係る場合、拒絶査定不服審判についても、共有者の全員が共同で請求しなければならない（132条3項）。共有者の一部だけが請求を行うと、却下処分となる（135条）。特許権の成否は共有者間で合一に確定すべきものであるとの趣旨に基づく。

拒絶審決取消訴訟に関し、拒絶審決を取消すかは共有者間で合一に確定される必要があり、固有必要的共同訴訟であるとの理由により、共有者全員が共同で提起しなければならない（最判平成7・3・7民集49巻3号944頁〔磁気治療器事件〕）。

(3) 発明者名誉権

発明者の氏名は、願書（36条1項2号）、特許証（特施規66条4号）、出願公開（64条2項3号）および特許公報（66条3項3号）に掲載されるものの、発明者名の記載が不実であっても、拒絶理由や無効理由には当たらない。発明者名の記載が不実である場合、出願手続中のときは、発明者の表示を補正することは認められている（方式審査便覧21.50）。

一方、日本が加盟する工業所有権の保護に関するパリ条約4条の3は、「発明者は、特許証に発明者として記載される権利を有する」旨規定している。特許法26条は、「特許に関し条約に別段の定があるときは、その規定による」としており、パリ条約4条の3が特許法26条を通じてわが国において直接適用される結果、発明者には発明の完成と同時に人格権としての発明者名誉権が帰属するとされてきた（東京地判平成19・3・23平成17（ワ）13753号〔ガラス多孔体事件第1審〕）。

他に発明者がいるにもかかわらず自己のみが発明者であるとして特許を受ける権利を第三者に譲渡したことが発明者名誉権の侵害に当たるとして不法

行為に基づく慰謝料請求を認めた例がある（前掲東京地判平成19・3・23〔ガラス多孔体事件第1審〕）。

特許法上、補正の主体は「手続をした者」すなわち出願人に限られている（17条1項）。発明者から特許を受ける権利を承継した出願人が補正手続を行わない場合に、発明者が、出願人に対し、発明者名誉権の侵害を根拠として補正請求を行うことができるかが問題となる。

この点について、発明者名誉権の侵害に対する救済として、発明者から出願人に対する、発明者の記載を真実の発明者に訂正する補正手続請求を認めた裁判例がある（大阪地判平成14・5・23判時1825号116頁〔希土類の回収方法事件〕）。

ただし、補正は特許庁に出願が係属している間に限り認められる（17条1項本文）。発明が新規性、進歩性等の特許要件をみたさず、特許を受けることができないとする旨の拒絶査定が確定した場合には、当該発明の完成により発明者名誉権が発生したとしても、もはや発明者から出願人に対する発明者の記載を真実の発明者に訂正する補正手続請求は認められない。また、発明者名誉権はあくまでも特許制度を前提として認められる人格権であるから、拒絶査定が確定した場合には、発明者名誉権の侵害が不法行為となることはない（東京地判平成26・9・11平成26（ワ）3672号〔傾斜測定装置事件〕）。

3 冒認または共同出願違反に対する救済

(1) 意義

発明者または発明者から特許を受ける権利を承継した者（真の発明者）以外の者による出願を、冒認出願という。冒認は拒絶理由（49条7号）、無効理由（123条1項6号）である。また、特許を受ける権利が共有に属する場合に、共有者の一部のみが出願を行う出願（共同出願違反の出願）には拒絶理由（49条7号）、無効理由（123条1項2号）となる。

真の権利者による対応としては現行法上、以下のようなものがある。

(2) 無効審判請求、名義変更等

第1に、冒認または共同出願違反に該当する特許については、真の権利者は無効審判を請求することができる（123条1項2・6号、同条2項）。また、

特許権侵害訴訟の被告は、真の権利者でなくても、当該特許が冒認または共同出願により無効とされるべきものであるとの抗弁を主張できる（104条の3第3項）。

123条1項6号を理由として請求された特許無効審判において、「特許出願がその特許に係る発明の発明者自身または発明者から特許を受ける権利を承継した者によりされたこと」についての主張立証責任は、特許権者が負担する。ただし、このことは、「出願人が発明者であることまたは発明者から特許を受ける権利を承継した者である」との事実を、特許権者において、すべての過程を個別的、具体的に主張立証しない限り立証が成功しないことまでを意味するものではなく、特段の事情のない限り、「出願人が発明者であることまたは発明者から特許を受ける権利を承継した者である」ことは、先に出願されたことによって、事実上の推定が働く（知財高判平成22・11・30判時2116号107頁〔貝殻止具事件〕）。特許権侵害訴訟における無効の抗弁についても同様に、形式論理的には特許権者が立証責任を負担するが、原告によって先に出願されたとの事実が「自ら発明した」ことを強く推認させる重要な間接事実となる。

第2に、真の権利者から、冒認または共同出願違反をした者に対し、不法行為に基づく損害賠償請求を行うことも可能である。

第3に、特許権設定登録前の出願人名義変更は、新名義人が「権利の承継を証明する書面」を添付し単独で特許庁長官に届出を行うことにより効力を有する（34条4項、特施規5条）。冒認者の協力が得られる場合には、特許を受ける権利の譲渡証書を作成し、届出を行う。協力が得られない場合には、真の権利者は、無権利者に対し、特許を受ける権利またはその持分を有することの確認訴訟を提起し、その勝訴判決を特許庁長官に提出することにより、単独で、冒認または共同出願違反の出願について出願人名義変更を行うことができる（東京地判昭和38・6・5判タ146号146頁〔自動連続給粉機事件〕）。

なお、平成23年改正前、冒認出願は、先願の地位を有しないとされていたため（改正前39条6項）、真の権利者は、新規性喪失の例外（30条2項）の規定を利用して、冒認出願の公開から6月以内に出願をすることにより自ら特許権を取得することができた。同年改正によって真の権利者による特許

権移転請求権（74条）が創設されたことにより、真の発明者が同一の発明について冒認者から取戻された特許権と新規性喪失の例外規定により自ら出願した特許権の2つの特許権を重複して保有することになる事態を防止すべく、新たに冒認にも先願の地位が認められ（改正前39条6項の廃止）、現行法においては、真の権利者は新規性喪失の例外規定による救済を得ることはできない。

（3）移転請求

　第5に、特許が、冒認または共同出願違反の出願に対してされたとき、特許を受ける権利を有する者は、その特許権者に対して特許権の移転を請求できる（74条1項）。冒認等を理由として特許が無効とされる場合、その効果が遡及すること（125条4項本文）とのバランス上、移転登録があったときは、その特許権は初めから当該登録を受けた者に帰属していたものとみなされる（74条2項）。

　1つの特許権のうち一部の請求項のみが冒認出願となっている場合でも、当該請求項のみの取戻しは想定されておらず、請求権行使後の特許権は、真の発明者と冒認者の共有となる。

　共同出願義務に違反した他の共有者が真の権利者に対して74条1項に基づき持分を返還する場合については、特許権の共有者は他の共有者の同意がないとその持分を譲渡できない旨定める73条1項の適用はない（74条3項）。

　真の権利者が冒認出願等の拒絶を望む場合もあり得るため、冒認を拒絶理由とする現行法の扱いは維持されている。

　平成23年改正前においては真の発明者であるが特許を受ける権利を有しない者による出願（たとえば、職務発明規程に基づき会社に特許を受ける権利を譲渡した従業員による出願）は拒絶理由に当たらないとされてきたが、改正法では特許を受ける権利を有しない者による出願はすべて拒絶される（49条7号）。

　冒認された特許権の善意の譲受人または実施権者については、冒認特許が無効とされた場合に譲受人が当該特許発明の実施を継続することとのバランス、および特許権の公示の信頼保護のため、法定通常実施権が与えられる（79条の2）。特許を受ける権利を譲り受ける契約が無効であったことを知ら

ずに出願を行った者のような、善意の冒認者についても、善意の譲受人と同様に法定通常実施権の保護を受ける。

移転請求権の理論構成としては、特許権に基づく登録名義回復、不当利得、追認による移転、そして特許を受ける権利に基づく移転、と様々な説明が可能であるところ、平成23年改正においては特定の理論構成から直ちに効果が導かれているわけではない。

平成23年改正前においては、行政処分の公定力を理由とする取戻請求消極論も有力であった。真の発明者が誰であるかは、一次的には特許庁の審判に委ねられる問題であり、裁判所が特許庁の判断を経ずに決定すべきではないとの議論である（東京地判平成14・7・17判時1799号155頁〔ブラジャー事件〕）。しかしながら、冒認は、新規性や進歩性のような特許権の有効性の問題ではなく、特許を受ける権利という私権の帰属の問題にすぎないとみれば、帰属の是正の場面である取戻請求について、公定力は及ばないと整理することが可能であろう。

4 職務発明

(1) 職務発明の成立要件

現行特許法は法人による発明を想定していない。企業等の組織内において、当該企業等の人的物的資源の提供、指揮命令を受けてなされた発明であっても、発明者は当該発明を行った自然人たる従業員等となる。36条1項1号において、特許出願人については「氏名又は名称」、同2号で発明者については「氏名」のみが掲げられていることは、発明者については自然人が前提とされていることの表れとされる。そのような中、発明に対する企業等の貢献を考慮し、従業者等と企業等の利益調整を図るのが35条である。

①従業者、法人の役員、国家公務員または地方公務員（「従業者等」）がした発明であって、②その性質上、使用者、法人、国または地方公共団体（「使用者等」）の業務範囲に属し、③その発明をするにいたった行為が使用者等における従業者等の現在または過去の職務に属するものを職務発明という（35条1項）。職務発明性の判断基準時は発明の完成時である。

第1に、35条の適用の前提となる使用者と従業者の関係は、両者の間に

雇用関係がある場合に認められることが多いが、雇用関係にない者についても、人的物的資源の提供、指揮監督等を総合考慮のうえ、認めるべき場合がある（他社との間で雇用関係を継続したまま事実上開発に従事していた者について従業者性を肯定した例として、東京地判平成20・1・29平成19（ワ）18805号〔香り供給装置事件〕）。たとえば、派遣社員について、派遣先の指揮命令のもと、派遣先の人的物的資源を得て発明を行った場合、労働契約は派遣元との間で結ばれているが、派遣社員を派遣先の「従業者」とみるべき場合があろう。なお、35条1項は「法人の役員」すなわち理事や取締役のように使用者との間で委任契約関係にある者も「従業者等」に含めている。

第2に、使用者等の業務範囲とは、使用者等が現に行っている、あるいは将来行うことが具体的に予定されている業務をいう。

第3に、職務とは、使用者等から具体的な命令を受けたものに限らず、客観的にみてその発明が使用者等との関係で期待され、かつその発明完成に使用者等が寄与しているような場合も含まれる（大阪地判平成6・4・28判時1542号115頁〔マホービン事件〕）。

職務該当性は発明の完成時点で判断されるため、「過去の職務」には、退職した者の過去の職務も含まれる。たとえば、従業者等が発明を完成した段階で退職し、他社に転職後に特許出願を行ったような場合、当該発明が前職の職務に該当することがある。

（2）使用者等に認められる法定通常実施権

使用者等は、従業者等が職務発明について特許を受けたとき、または職務発明について特許を受ける権利を承継した者がその発明について特許を受けたときは、その特許権について通常実施権を有する（35条1項）。法律上当然に発生する法定通常実施権であり、使用者等は職務発明を無償で実施することができる。従業者等が職務発明をなすにあたって、使用者等は開発費等のコストや資本投下のリスクを負担している。このことに鑑み、使用者等が従業者等から職務発明についての特許を受ける権利を承継しないという選択を行い、従業者または従業者から特許を受ける権利を承継した者が特許を取得した場合にも、少なくとも使用者等が右特許権の行使を受けて職務発明の実施を禁止されることはないとの最低限の保障を与える趣旨である。

35条1項に基づく法定通常実施権は、実施の事業とともにする場合、特許権者の承諾を得た場合および相続その他の一般承継の場合に限り、移転することができる（94条1項）。

(3) 特許を受ける権利の取得等

　従業者等がした発明については、その発明が職務発明である場合を除き、あらかじめ、使用者等に特許を受ける権利を取得させ、使用者等に特許権を取得させ、または使用者等のため仮専用実施権もしくは専用実施権を設定することを定めた契約、勤務規則その他の定めの条項は、無効である（35条2項）。職務発明以外のいわゆる自由発明について、事前に権利の取得等を定めても無効となる。もし仮に、自由発明についても使用者等と従業者等の間の契約自由に委ねるならば、従業者等は職務を離れた発明についても有利な条件で承継され、ひいては従業者等の発明への意欲が失われるおそれがあるとの考慮に基づいている。ただし、自由発明の完成後に、使用者等との間で特許を受ける権利や特許権の譲渡、仮専用実施権や専用実施権の設定を行う契約は有効である。また、自由発明を含むすべての発明について使用者等に対し届出義務を課し、譲渡等についての優先協議義務を契約や勤務規則で定めること自体も35条2項によって禁じられるものではない。

　この規定の反対解釈により、職務発明については、使用者等は契約や勤務規則その他の定めにより予約承継を定めることが許される（最判平成15・4・22民集57巻4号477頁〔オリンパス事件〕）。

　「契約、勤務規則その他の定め」の典型は、使用者等と従業者等との間の雇用契約、労働協約、就業規則等であるが、これらに限定されるものではない。東京地中間判平成14・9・19判時1802号30頁〔青色発光ダイオード事件中間判決〕は、従業員等の同意を得ないまま使用者等によって定められた社内規程である職務発明規程も、従業員がこれを知り得るような合理的な方法で明示されていればこれに当たると述べている。また、黙示の合意にも「契約」としての効力が認められることがある（前掲東京地中間判平成14・9・19〔青色発光ダイオード事件中間判決〕）。

　平成28年4月1日以降に完成した職務発明については、「契約、勤務規則その他の定め」に使用者等があらかじめ特許を受ける権利を取得する旨定

めた場合には、特許を受ける権利はその発生した時から使用者等に帰属する（35条3項）。平成27年改正前においては、特許を受ける権利は常に従業者等に原始帰属するものとされていたため、使用者等との間であらかじめ承継の定めが置かれた場合、特許を受ける権利が使用者等と第三者に二重譲渡されてしまうおそれがあった。改正法においては、あらかじめ取得する旨定めた場合には、このような不安定さは解消される。これに対し、使用者等があらかじめ特許を受ける権利を取得する定めを置かない選択をした場合には、特許を受ける権利は従業者等に帰属する。

（4）相当の対価・利益

（a）平成17年4月1日より前に権利承継された職務発明（平成16年改正前）

特許権は出願の日から20年存続する。そのため、平成17年4月1日より前に承継され、その後特許出願、登録された職務発明に関する事件もなお当分の間発生すると予測される。

第1に、平成16年改正前35条は、従業者等は、職務発明について使用者等に特許を受ける権利等を承継させたときは、相当の対価の支払を受ける権利を有すること（同条3項）、その対価の額は、その発明により使用者等が受けるべき利益の額およびその発明につき使用者等が貢献した程度を考慮して定めなければならないこと（同条4項）と規定していた。

使用者等は、勤務規則等において、あらかじめ特許を受ける権利等を取得する旨の条項を設け、また、その取得について従業者等が受ける対価の額、支払時期等を定めておくことができる。いまだ職務発明がされておらず、承継される特許を受ける権利等の内容や価値が具体化する前に、あらかじめ従業者等が受ける対価の額を確定的に定めることができないことは明らかである。したがって、勤務規則等に定められた対価の額は、これが、直ちに相当の利益の全部に当たるとみることはできない。平成16年改正前35条4項に従って定められる対価の額にみたないときは、同条3項に基づき、不足する額に相当する対価の支払を求めることができるとされていた（前掲最判平成15・4・22〔オリンパス事件〕）。

第2に、相当の対価の算定のベースとなるのは、「使用者の利益額（独占の利益）」×「発明者の貢献度」である。独占の利益とは、使用者等が出願

権の譲渡を受けたことにより初めて生ずる利益を指す。具体的には、使用者等が、①特許権者が自己実施せず、第三者に実施許諾した場合に得られるライセンス料、②特許権者が自己実施しており、特許権に基づく他社に対する禁止権の効果として、他社に実施許諾していた場合に予想される売上高と比較して、これを上回る売上高（以下、売上げの差額を「超過売上げ」という）を得たことに基づく利益（法定通常実施権による減額後のもの。「超過利益」）をいう（知財高判平成 21・2・26 判時 2053 号 74 頁〔キヤノン事件〕）。

第 3 に、相当の対価請求権の消滅時効は 10 年である。勤務規則等に対価の支払い時期の定めがないときは、消滅時効は、承継の時から起算される。勤務規則等に対価の支払時期が定められているときは、勤務規則等の定めによる支払時期が到来するまでの間は、相当の対価の支払を受ける権利の行使につき法律上の障害があるものとして、その支払を求めることができない。勤務規則等に、使用者等が従業者等に対して支払うべき対価の支払時期に関する条項がある場合には、その支払時期が相当の対価の支払を受ける権利の消滅時効の起算点となる（前掲最判平成 15・4・22〔オリンパス事件〕）。

第 4 に、従業者等が職務発明に係る外国の特許を受ける権利を使用者等に譲渡した場合において、当該外国の特許を受ける権利の譲渡に伴う対価請求については、平成 16 年改正前 35 条 3 項および 4 項の規定が類推適用される（最判平成 18・10・17 民集 60 巻 8 号 2853 頁〔日立製作所事件〕）。平成 16 年改正法、平成 27 年改正法についても同趣旨があてはまる。理由は以下のとおりである。平成 16 年改正前 35 条 3 項および 4 項の規定は、職務発明の独占的な実施に係る権利が処分される場合において、職務発明が雇用関係や使用関係に基づいてされたものであるために、当該発明をした従業者等と使用者等とが対等の立場で取引をすることが困難であることに鑑み、その処分時において、当該権利を取得した使用者等が当該発明の実施を独占することによって得られると客観的に見込まれる利益のうち、同条 4 項所定の基準に従って定められる一定範囲の金額について、これを当該発明をした従業者等において確保できるようにして当該発明をした従業者等を保護し、もって発明を奨励し、産業の発展に寄与するという特許法の目的を実現することを趣旨とするものであると解するのが相当である。当該発明をした従業者等から

使用者等への特許を受ける権利の承継について両当事者が対等の立場で取引をすることが困難であるという点は、その対象がわが国の特許を受ける権利である場合と外国の特許を受ける権利である場合とで何ら異なるものではない。そして、特許を受ける権利は、各国ごとに別個の権利として観念しうるものであるが、その基となる発明は、共通する1つの技術的創作活動の成果であり、さらに、職務発明とされる発明については、その基となる雇用関係等も同一であって、これに係る各国の特許を受ける権利は、社会的事実としては、実質的に1個と評価される同一の発明から生じるものであるということができる。また、当該発明をした従業者等から使用者等への特許を受ける権利の承継については、実際上、その承継の時点において、どの国に特許出願をするのか、あるいは、そもそも特許出願をすることなく、いわゆるノウハウとして秘匿するのか、特許出願をした場合に特許が付与されるかどうかなどの点がいまだ確定していないことが多く、わが国の特許を受ける権利と共に外国の特許を受ける権利が包括的に承継されるということも少なくない。当該発明については、使用者等にその権利があることを認めることによって当該発明をした従業者等と使用者等との間の当該発明に関する法律関係を一元的に処理しようというのが、当事者の通常の意思であると解される。したがって、平成16年改正前35条3項および4項の規定については、その趣旨を外国の特許を受ける権利にも及ぼすべき状況が存在するというべきである。

　第5に、職務発明報酬の対価額算定という場面においては、使用者等が有効に存続する特許権を現に実施して利益を得ている場合には、無効事由が存在するためおよそ独占の利益の発生を考慮できないような極めて例外的な事情のない限り、当該利益には特許権に基づく上記利益が含まれる。有効な特許権の存在を前提にこれを実施してきた使用者が、職務発明報酬対価請求訴訟を提起されるにいたって初めて無効事由の存在を主張して当該利益の従業者への配分を免れようとすることは、禁反言の見地からも許されない。無効事由の有無に関する事情は、特許権者が第三者に実施許諾していたとした場合の仮想実施料率を認定するにあたり総合考慮すべき諸事情の中の一要素となりうるにすぎない（知財高判平成21・6・25判時2084号50頁〔ブラザーエ

業事件〕)。

(b) 平成17年4月1日から平成28年3月31日までに権利承継された職務発明
(平成16年改正後平成27年改正前)　　平成16年改正35条4項においては、勤
務規則等において対価の額を定めるための基準の策定に際して、使用者等と
従業者等との間で行われる協議の状況、策定された当該基準の開示の状況、
対価の額の算定について行われる従業者等からの意見の聴取の状況等を考慮
して、その定めたところにより対価を支払うことが不合理といえない場合に
は、使用者等は定めの通り支払えば足りるものとされた。平成16年改正の
趣旨は、不合理性の判断において、対価の額だけでなく、基準の策定におけ
る手続面を含めて総合的考慮を求めることにあった。同項にいう状況「等」
の中には、対価自体が低額であることも含まれる（特許庁『新職務発明制度に
おける手続事例集』9頁〔2004年〕)。

職務発明規程に定めたところにより対価を支払うことが不合理とされた場
合には、その発明により使用者等が受けるべき利益の額、その発明に関連し
て使用者等が行う負担、貢献および従業者等の処遇その他の事情を考慮して
定めることとされた（平成16年改正35条5項)。

(c) 平成28年4月1日以降に権利承継されたまたは使用者に帰属した職務発明
(平成27年改正後)　　第1に、平成27年改正35条においては、従業者等は、
契約、勤務規則その他の定めにより職務発明について使用者等に特許を受け
る権利を取得させ、使用者等に特許権を承継させ、もしくは使用者等のため
専用実施権を設定したとき、または契約、勤務規則その他の定めにより職務
発明について使用者等のため仮専用実施権を設定した場合において、34条
の2第2項の規定により専用実施権が設定されたものとみなされたときは、
相当の金銭その他の経済上の利益（「相当の利益」）を受ける権利を有する
(35条4項)。

金銭以外の利益を含む点で平成27年改正前の「相当の対価」とは異なる
ものの、「改正前の職務発明制度における法定対価請求権と実質的に同等の
権利（産業構造審議会知的財産分科会特許制度小委員会「我が国のイノベーショ
ン促進及び国際的な制度調和のための知的財産制度の見直しに向けて」3頁〔2015
年〕、衆議院189回国会閣法44号附帯決議「特許法等の一部を改正する法律案に

対する附帯決議」）として想定されている。「対価」と「利益」の違いはあるが、改正の前後を通じて従業者等には職務発明に関して法定の「権利」が留保されていることにかわりはない。

第2に、使用者等にとって、従業者等に対し、あらかじめ定められた利益を支払うことが事後的に「不合理」（35条5項）とされるリスクがある点も、改正前と同様である。

平成27年改正35条5項は、契約、勤務規則その他の定めにおいて相当の利益について定める場合には、相当の利益の内容を決定するための基準の策定に際して使用者等と従業者等との間で行われる協議の状況、策定された当該基準の開示の状況、相当の利益の内容の決定について行われる従業者等からの意見の聴取の状況等を考慮して、その定めたところにより相当の利益を与えることが不合理であると認められるものであってはならないとする。そして、相当の利益についての定めがない場合またはその定めたところにより相当の利益を与えることが35条5項の規定により不合理であると認められる場合には、相当の利益の内容は、その発明により使用者等が受けるべき利益の額、その発明に関連して使用者等が行う負担、貢献および従業者等の処遇その他の事情を考慮して定めなければならない（同条7項）。

いずれも、平成16年改正35条における「対価」を「利益」に置き換えるものであり、不合理性の判断要素には法文上変更はない。予測可能性を高めるため、経済産業大臣は、産業構造審議会の意見を聴いて、同条5項の規定により考慮すべき状況等に関する事項について指針を定め、これを公表する（同条6項）。指針には法的拘束力はない。

平成27年改正法においても、平成16年改正法下と同様、不合理性の判断においては、手続面と実体面の総合考慮が求められる。一見して不合理といえるような規程に基づく算定や、発明の価値に比して極めて低額な対価の支払いについては、仮に手続が適正であっても、実体的要素を加味して不合理性が肯定されるおそれは残る。

（5）労働契約法の適用

平成16年改正前の事例であるが、前掲最判平成18・10・17〔日立製作所事件〕は、35条の相当対価請求権の趣旨について、「職務発明の独占的な実

施に係る権利が処分される場合において、職務発明が雇用関係や使用関係に基づいてされたものであるために、当該発明をした従業者等と使用者等とが対等の立場で取引をすることが困難であることに鑑み、その処分時において、当該権利を取得した使用者等が当該発明の実施を独占することによって得られると客観的に見込まれる利益のうち、同条4項所定の基準に従って定められる一定範囲の金額について、これを当該発明をした従業者等において確保できるようにして当該発明をした従業者等を保護し、もって発明を奨励し、産業の発展に寄与するという特許法の目的を実現することを趣旨とするものである」と指摘している。従業者等と使用者等の力関係に配慮し、従業者等の保護を図るという点において、35条は労働法的配慮を含むものである。このような考慮は、平成16年改正によって基準策定の手続面に着目した合理性判断規定が新設され、平成27年改正によって「対価」が「利益」に置き換えられた後も、同様になされているといえよう。

　具体的には、「相当の利益」についての基準の不合理性判断について、35条5項は、相当の利益の内容を決定するための基準の策定に際して使用者等と従業者等との間で行われる協議の状況、策定された当該基準の開示の状況、相当の利益の内容の決定について行われる従業者等からの意見の聴取の状況等を考慮するものと規定している。これらの考慮要因は、労働契約法10条に基づき就業規則の変更が合理的と認められるための要件である、就業規則の労働者への周知、不利益の程度、変更の必要性、内容の相当性、労働組合等との交渉状況等と一部重なるところもある。このことを捉え、35条に重ねて労働契約法10条の規制を及ぼす必要は乏しいとする見解もある。

　しかしながら、職務発明の取り扱いについては専ら特許法が規律し、労働契約法の適用は排除されるとの法文上の根拠は見当たらない。一般に、労働契約法の規律対象である「労働条件」（労契7、10条）とは労働契約における労働者の待遇の一切をいうとされており、「相当の利益」に関する処遇も含まれると解しておくべきであろう。

　また、35条5項による不合理性の判断は、専ら「相当の利益」に関する基準について及び、特許を受ける権利の取得の場面に関する勤務規則等については適用されないため、使用者等が新たに特許を受ける権利の取得につい

40　　第2章 特許法

て就業規則において定める場合、特許法上は、35 条 5 項にいう協議等の手続を踏まなくても合理性を問われるおそれはない。特許法上は、職務発明の帰属について使用者等にはいわばフリーハンドが与えられており、このことは従業者等への「相当の利益」の支払いとのバランスから特許法上は正当化されている。一方、このような行為については、就業規則による「労働条件」の不利益変更（労契 9 条、10 条）に該当し、労働契約法 10 条の要件を充足する必要が別途生じうることに留意が必要であろう。

5　外国人

　民法 3 条 2 項は、「外国人は、法令又は条約の規定により禁止される場合を除き、私権を享有する」と規定している。特許法 25 条は、外国人が特許に関する権利を享有できる場合を制限するものであり、民法 3 条 2 項にいう「法令」による禁止の一例である。

　すなわち、特許法 25 条により外国人による権利享有が認められるのは、①外国人が日本国内に住所等を有している場合（同条柱書）、②その外国人の属する国において、日本人も当該国民と同様に扱われている場合（同条 1 号。内国民待遇）、③日本において外国人に対して日本人と平等の取り扱いを認めることを条件として、当該外国において日本人が当該外国国民と平等に取り扱われる場合（同条 2 号。相互主義）、④条約によって外国人に権利の享有を認めるよう定められている場合（同条 3 号）である。工業所有権の保護に関するパリ条約、TRIPs 協定はそのような条約の定めを有している。

　②③に関連し、旧商標法（大正 10 年法）24 条の準用する旧特許法（大正 10 年法）32 条（現行法 25 条に相当）にいう「其ノ者ノ属スル国」はわが国によって外交上承認された国家に限られるものではなく、また、外交上の未承認国に対し、相互主義の適用を認めるにあたってわが国政府によるその旨の決定および宣明を必要とするものでもないとした判例がある（最判昭和 52・2・14 判時 841 号 26 頁〔東ドイツ事件〕）。

●●●●●●　参 考 文 献　●●●●●●
●特許庁編『工業所有権法（産業財産権法）逐条解説』（一般社団法人発明推進協会、

第 20 版、2017 年)
- 特許庁工業所有権制度改正審議室編『**平成 23 年特許法等の一部改正 産業財産権法の解説**』（社団法人発明協会、2011 年）
- 特許庁総務部総務課制度審議室編『**平成 27 年特許法等の一部改正 産業財産権法の解説**』（一般社団法人発明推進協会、2016 年）
- 木村陽一「**新たな職務発明制度**」L & T 24 号 17 頁（2004 年）
- 深津拓寛ほか『**実務解説 職務発明―平成 27 年特許法改正対応**』（商事法務、2016 年）
- 産業構造審議会知的財産政策部会報告書「**特許制度に関する法制的な課題について**」（2011 年）
- 産業構造審議会知的財産分科会特許制度小委員会「**我が国のイノベーション促進及び国際的な制度調和のための知的財産制度の見直しに向けて**」3 頁（2015 年）
- 「**判解**」『最判解民事篇昭和 52 年度』282 頁〔薬物製品事件〕
- 高林龍「**判解**」『最判解民事篇平成 7 年度（上）』343 頁〔磁気治療器事件〕
- 長谷川浩二「**判解**」『最判解民事篇平成 15 年度（上）』284 頁〔オリンパス事件〕
- 中吉徹郎「**判解**」『最判解民事篇平成 18 年度（下）』1064 頁〔日立製作所事件〕
- 中山信弘＝小泉直樹編『**新・注解特許法（中巻）**』（青林書院、第 2 版、2017 年）
- 牧野利秋ほか編『**知的財産訴訟実務大系 I**』（青林書院、2014 年）
- 髙部眞規子編『**特許訴訟の実務**』（商事法務、第 2 版、2017 年）
- 飯村敏明「**審決取消訴訟及び特許権侵害訴訟における冒認出願に関する審理について**」竹田稔先生傘寿記念『**知財立国の発展へ**』29 頁（発明推進協会、2013 年）
- 武宮英子「**発明者性の立証責任の分配**」L & T 59 号 20 頁（2013 年）
- 大渕哲也「**特許処分・特許権と特許無効の本質に関する基礎理論**」日本工業所有権法学会年報 34 号 96 頁（2010 年）
- 中山信弘『**発明者権の研究**』（東京大学出版会、1987 年）
- 田村善之＝山本敬三編『**職務発明**』（有斐閣、2005 年）
- 神谷厚毅「**平成 16 年法律第 79 号による改正後の特許法 35 条 4 項の解釈適用**」L & T 67 号 34 頁（2015 年）
- 片山英二＝服部誠「**職務発明制度の改正について**」ジュリスト 1488 号 17 頁（2016 年）
- 荒木尚志ほか『**詳説 労働契約法**』（弘文堂、第 2 版、2014 年）

Ⅲ ► 特許登録手続

1 特許出願

　特許を受けようとする者は、願書に特許請求の範囲、明細書、必要な図面、要約書を添付して特許庁長官に提出しなければならない（特許出願。36 条）。

明細書には、発明の名称、図面の簡単な説明および発明の詳細な説明を記載しなければならない（36条3項）。

　第1に、発明の詳細な説明は、当業者が実施可能な程度に記載されていなければならない（実施可能要件。36条4項1号）。

　実施可能要件違反は拒絶理由（49条4号）、異議理由（113条4号）、無効理由（123条1項4号）となる。特許異議、審判、審決取消訴訟における主張立証責任は出願人ないし特許権者側にある。

　第2に、その発明に関する文献公知発明（29条1項3号に掲げる発明）のうち、特許を受けようとする者が出願の時に知っているものがあるときは、その文献公知発明が記載された刊行物の名称その他のその文献公知発明に関する情報の所在を記載する必要がある（先行技術文献情報開示制度。36条4項2号）。先行技術文献が開示されなかった場合には、審査官はその旨通知する（48条の7）。通知を受けた出願人による明細書の補正または意見書の提出によっても適切な開示がなされない場合、拒絶理由となるが（49条5号）、異議理由、無効理由とはならない。

　第3に、特許請求の範囲には、請求項に区分して、各請求項ごとに特許出願人が特許を受けようとする発明を特定するために必要と認める事項（発明特定事項）のすべてを記載しなければならない（36条5項前段）。

　一出願には、複数の請求項を記載できる（多項制）。一の請求項に係る発明と他の請求項に係る発明とが同一である記載となることは妨げない（36条5項後段）。出願人は、発明の単一性の範囲（37条）にある発明を、複数の請求項で、多面的に表現することができる。

　第4に、1つの特許出願に対しては、1つの行政処分として特許査定または特許審決がされ、これに基づいて1つの特許権が発生するのが原則である。このような、複数の請求項に係る特許権の一体不可分の取り扱いを貫徹することが不適当と考えられる一定の場合については、特に明文の規定をもって、請求項ごとに可分な取扱いを認める例外規定が置かれている（最判平成20・7・10民集62巻7号1905頁〔発光ダイオードモジュール事件〕）。

　審査は各請求項ごとになされるが、可分とする規定は置かれていないため、一体不可分として扱われる。このため、複数の請求項のうちのいずれかにつ

Ⅲ. 特許登録手続　　*43*

いて拒絶理由があれば、他の請求項の特許要件充足如何にかかわらず、出願は一体として拒絶される（東京高判平成14・2・28平成11（行ケ）430号〔製紙機フェルト事件〕）。

差止請求についても、請求項ごとに可分な取り扱いを認める規定は存在しない。1つの特許権と1つの対象製品の関係で訴訟物が画され、既判力は特許権全体に一体として及ぶ。

特許異議の申立て（113条柱書）、無効審判（123条1項柱書）、訂正審判（平成23年改正によって創設された126条3項）、無効審判における訂正請求（134条の2第2項）については請求項ごとに請求できる。その他、請求項ごとに適用される場合については、185条に列挙されている。

第5に、特許請求の範囲に記載された発明は、明細書の発明の詳細な説明に記載したものでなければならない（サポート要件。36条6項1号）。

サポート要件違反は、拒絶理由（49条4号）、異議理由（113条4号）、無効理由（123条1項4号）となる。特許異議審判、審決取消訴訟における主張立証責任は出願人ないし特許権者側にある。

第6に、特許請求の範囲においては、特許を受けようとする発明を明確に記載しなければならない（明確性要件。36条6項2号）。特許を受けようとする発明が明確であるか否かは、特許請求の範囲の記載だけではなく、願書に添付した明細書の記載および図面を考慮し、また、当業者の出願当時における技術的常識を基礎として、特許請求の範囲の記載が、第三者に不測の不利益を及ぼすほどに不明確であるか否かという観点から判断される（知財高判平成22・8・31判時2090号119頁〔伸縮性トップシートを有する吸収性物品事件〕）。

第7に、請求項ごとの記載は、簡潔でなければならない（簡潔性要件。36条6項3号）。簡潔性要件違反は拒絶理由（49条4号）、異議理由（113条4号）、無効理由（123条1項4号）となる。

第8に、特許請求の範囲の記載は、経済産業省令で定めるところにより記載されなければならない（36条6項4号）。同号違反は、拒絶理由（49条4号）とはなるが、異議理由、無効理由とはならない。

2 発明の単一性

　二以上の発明が経済産業省令で定める技術的関係を有することにより発明の単一性の要件をみたす一群の発明に該当するときは、一の願書で特許出願をすることができる（37条）。特許法施行規則25条の8は、1項で、特許法37条にいう技術的関係とは、二以上の発明が同一のまたは対応する特別な技術的特徴を有していることにより、これらの発明が単一の一般的発明概念を形成するように連関している技術的関係をいうと、2項で、前項に規定する特別な技術的特徴とは、発明の先行技術に対する貢献を明示する技術的特徴をいう、と規定している。

　相互に技術的に密接に関連した発明について、それらを1つの願書で出願できるものとすれば、出願人による出願手続の簡素化・合理化、第三者にとっての特許情報の利用や権利の取引の容易化が図られるとともに、特許庁にとってはまとめて効率的に審査を行うことが可能となる。

　37条違反は拒絶理由（49条4号）である。37条に基づく拒絶理由は、出願を分割することにより解消されるため、発明の単一性要件について指針を示す審決・判決は見当たらない。

　特許請求の範囲の補正は、補正前の発明と補正後の発明が単一性をみたすものである必要がある（いわゆるシフト補正の禁止。17条の2第4項）。

3 国内優先権制度

　すでにされている特許出願（実用新案登録出願）を基礎として新たな特許出願をしようとする場合には、基礎とした特許出願の日から1年以内に限り、その出願に基づいて優先権を主張することができる（国内優先権制度。41条）。この優先権を主張して新たな出願をした場合には、基礎とした特許出願は、その出願日から1年3月後に取り下げられたものとみなされるが（42条、特施規27条の4の2）、新たな特許出願に係る発明のうち、先に出願されている発明については、当該先の出願の時にされたものとみなすという優先的な取扱いを受けることができる。元の出願を発展させ、権利を拡充することにより、戦略的な特許取得に有効である。

国内優先権制度を利用するメリットとしては、第1に、出願後は新規事項を追加する補正をすることは認められないが（17条の2第3項）、国内優先権を主張して新出願を行う場合、新規事項となるような内容を付け加えることも可能であること、第2に、存続期間の基準となる出願日は実際の出願日であるため、先の出願に記載された発明については、特許権の存続期間が実質上1年間延びることがあげられる。

　優先権主張の対象は「先の出願の願書に最初に添付した明細書等に記載された発明」（41条2項）である。優先権主張を伴う後の出願の請求項に係る発明が、先の出願の願書に最初に添付した明細書等に記載されているといえるためには、後の出願の明細書等の記載を考慮して把握される後の出願の請求項に係る発明が、先の出願の願書に最初に添付した明細書等に記載した事項の範囲内のものである必要がある。

4　出願公開

　特許出願の内容は、出願の日から1年6月を経過すると「公開特許公報」に掲載され、公知となる（出願公開。64条）。出願公開制度導入前は、すべての特許出願を審査した後にその出願内容を一般に公表していたが、出願件数の増大と技術内容の高度化により、特許審査の処理に時間がかかるようになり、出願内容の公表が遅れ、公表前に同じ技術を重複して研究した者により、重複した出願がなされるという弊害が生じていた。この弊害を防止するために、昭和45年に出願公開制度が導入された。

　出願公開されると、発明の内容が一般に公表され、公衆の利益となるが、出願人にとっては他人に模倣される危険性が高まる。そこで、出願人が出願公開された特許出願に係る発明の内容を記載した書面を提示して警告をした後に特許権の設定登録までの間に業としてその発明を実施した者、または、出願公開がされた特許出願に係る発明であることを知って特許権の設定登録前に業としてその発明を実施した者に対して、その発明が特許されていたとした場合に、実施料相当額の補償金の支払いを請求できる補償金請求権が出願人に認められている（65条1項）。

　警告後、特許請求の範囲が補正された場合、出願人は再度の警告をする必

要がある。この点について、最判昭和 63・7・19 民集 42 巻 6 号 489 頁〔アースベルト事件〕は、第三者に対して突然の補償金請求という不意打ちを与えることを防止するために警告ないし悪意を要件とした 65 条の立法趣旨に照らすと、以下のように考えるべきであるとする（本件は実用新案に関する事例であるが、特許法についても同様の理が及ぶと考えられる）。すなわち、①出願人が出願公開後に第三者に対して出願に係る発明の内容を記載した書面を提示して警告をするなどして、第三者が上記出願公開がされた出願に係る発明の内容を知った後に、補正によって特許請求の範囲が補正された場合において、その補正が元の特許請求の範囲を拡張、変更するものであって、第三者の実施している製品が、補正前の特許請求の範囲の記載によれば発明の技術的範囲に属しなかったのに、補正後の特許請求の範囲の記載によれば発明の技術的範囲に属することとなったときは、出願人が第三者に対して補償金支払請求をするためには、上記補正後に改めて出願人が第三者に対して警告をするなどして、第三者が補正後の登録請求の範囲の内容を知ることを要する。②出願人が出願公開後に第三者に対して警告をするなどして、第三者が出願公開された発明の内容を知った後に、特許請求の範囲が補正された場合において、その補正が特許請求の範囲を減縮するものであって、第三者の実施に係る製品が補正の前後を通じて技術的範囲に属するときは、出願人が第三者に対して補償金の支払を請求するためには、再度の警告を要しない。

なお、本判決は、③特許請求の範囲を拡大、変更するものであるが、被告製品が補正の前後を通じ特許請求の範囲に属する場合については判示していない。不意打ち防止という観点からは再度の警告は不要ということになろう。

補償金請求権は、特許権の設定登録後でなければ行使することはできない（65 条 2 項）。

補償金請求権は特許法により政策的に創設された特別の請求権であり、出願公開中の第三者による実施は不法行為とならない。東京地判平成 16・2・20 平成 14 （ワ）12858 号〔玩具銃事件〕は、特許権の設定登録前の第三者の実施については、出願人には損失はなく、不当利得は成立しないとする。

補償金請求権の消滅時効については、民法 724 条が準用され、設定登録の日から 3 年で時効消滅する（65 条 6 項）。

5　審査請求

　特許出願された発明が、特許として登録されるかどうかは、特許庁の審査官による実体審査で判断される。この実体審査はすべての特許出願に対して行われるのではなく、審査請求（48条の3）があった出願だけが対象となる。出願審査の請求は、特許出願人だけではなく何人も行うことができる（同条1項）。出願審査の請求は、取り下げることができない（同条3項）。出願した日から3年以内に審査請求がなかったときは、その特許出願は取り下げられたものとみなされる（同条4項）。ただし、審査請求をすることができなかったことについて「正当な理由」がある場合には、経済産業省令で定める期間内（正当な理由がなくなった日から2月。特施規31条の2第6項）に限り、審査請求できる（特48条の3第5項）。当該措置の適用後のその発明について特許権の設定登録があった場合には、当該特許出願に係るみなし取下げの公示から同じく出願審査の請求がされた旨の公示までの間に善意に当該発明の実施等をしていた者は、発明および事業目的の範囲内で、通常実施権を有する（同条8項）。

　なお、早期出願公開制度を利用すれば、出願人は特許出願の日から1年6月経過前であっても出願公開を請求することができる（64条の2）。

6　審査

　すべての出願について、方式上の不備がないかどうか審査される（方式審査）。不備がある場合、特許庁長官は、相当の期間を指定して補正するよう命じ（17条3項）、補正がなされなければ、出願を却下する（18条1項）。出願に補正できない不備がある場合、出願は却下されるが、出願人には、その理由を通知し、相当な期間を指定して弁明書を提出する機会が与えられる（18条の2）。

　却下処分に不服のある出願人は、特許庁長官に対して行政不服審査法による異議申立てをすることができる。

　審査請求がなされた出願について、特許庁の審査官は、出願された発明が特許を受けることができる発明の条件をみたしているか否か、すなわち、拒

絶理由（49条）がないかどうか審査し、拒絶理由を発見しなかった場合には、審査段階での最終決定である特許査定（51条）を行う。特許料の納付があったときは特許権の設定登録が行われ、特許権が発生する（66条）。

　一方、審査官が拒絶理由を発見し、特許できないと判断した場合、まず、出願人に対して拒絶理由の通知（50条）を行い、拒絶理由通知書に示された従来技術と自分の発明との相違について意見書の提出や、あるいは特許請求の範囲などの明細書等の補正（17条の2）を行う機会が与えられる。明文の規定はないものの、補正が適法に行われた場合、その効果は出願時に遡る。

7　補正と分割

（1）補正

　第1に、明細書等の補正は、願書に最初に添付した明細書、特許請求の範囲または図面に記載した事項の範囲内においてしなければならない（新規事項の追加の禁止。17の2第3項）。

　補正の内容についてこのような制限がなされる趣旨は、出願当初から発明の開示が十分に行われるようにして、迅速な権利付与を担保し、発明の開示が不十分にしかされていない出願と出願当初から発明の開示が十分にされている出願との間の取扱いの公平性を確保するとともに、出願時に開示された発明の範囲を前提として行動した第三者が不測の不利益を被ることのないようにすることにある。このような趣旨から、当業者によって、明細書または図面のすべての記載を総合することにより導かれる技術的事項であり、補正が、このようにして導かれる技術的事項との関係において、新たな技術的事項を導入しないものであるときは、当該補正は、「明細書又は図面に記載した事項の範囲内において」するものといえる（知財高判平成20・5・30判時2009号47頁〔ソルダーレジスト事件〕）。

　明細書または図面に記載された事項は、通常、当該明細書または図面によって開示された技術的思想に関するものであるから、たとえば、特許請求の範囲の減縮を目的として、特許請求の範囲に限定を付加する補正を行う場合において、付加される補正事項が当該明細書または図面に明示的に記載されている場合や、その記載から自明である事項である場合には、そのような補

正は、特段の事情のない限り、新たな技術的事項を導入しないものであると認められ、「明細書又は図面に記載された範囲内において」するものであるといえる。

第2に、特許請求の範囲の補正は、補正前の発明と補正後の発明が単一性をみたすものである必要がある（いわゆるシフト補正の禁止。17条の2第4項）。

第3に、最初の拒絶理由を回避するための補正後にさらに拒絶の理由があれば、再度拒絶理由の通知が発せられ、その通知が、補正によって変更された内容について改めて審査を行った結果通知されるものである場合、それを最後の拒絶理由通知という。最後の拒絶理由通知が発せられると、特許請求の範囲の補正は、請求項の削除、特許請求の範囲の減縮、誤記の訂正、明瞭でない記載の釈明に限り許される（17条の2第5項）。

たとえば、特許請求の範囲が広すぎ、公知文献に記載された技術が含まれており、新規性が欠如している（49条2号、29条1項）との拒絶理由を受けた出願人は、当該公知技術を特許請求の範囲から削除すべく、特許請求の範囲を減縮（17条の2第5項2号）する補正を行うことにより、拒絶理由を回避できる。

第4に、出願から、最初の拒絶理由通知まではいつでも補正できる（17条の2第1項）。拒絶理由通知を受けた後は、その通知の指定期間内に限って補正できる（同項1〜3号）。

（2）分割

2つ以上の発明を包含する特許出願の一部を、一または二以上の新たな特許出願とすることができる（出願の分割。44条）。分割出願は、元の特許出願の際にしたとみなされる（同条2項）。

特許出願が単一性の要件をみたさない発明を含んでいる場合や、出願当初の特許請求の範囲には記載されていないものの、明細書の発明の詳細な説明や図面に記載されている発明が含まれている場合、これらの発明も出願によって公開されるので、公開の代償として一定期間独占権を付与するという特許制度の趣旨からすれば、これらの発明に対してもできるだけ保護の途を開く観点から設けられた規定である。この新たな出願は、一部の規定の適用を

除いて、もとの特許出願の時に出願されたものとみなされる。

●●●●●●● **参 考 文 献** ●●●●●●
●水野武「**判解**」『最判解民事篇昭和 63 年度』277 頁〔アースベルト事件〕

Ⅳ ► 審判・異議・審決取消訴訟

1 審判

（1）拒絶査定不服審判

　拒絶査定（49 条）を受けた出願人は、その査定に不服のあるときは、謄本の送達から 3 か月以内に特許庁長官を被請求人として、拒絶査定不服審判を提起できる（121 条 1 項）。拒絶査定は行政処分であり、通常、行政処分に対して不服がある場合は行政事件訴訟法に基づき裁判所に提訴できる（行政事件訴訟法にいう「処分の取り消しの訴え」）ところ、特許処分については、一般の行政処分と異なり、常に専門的知識経験を有する特許庁の審判官による審判の手続を経る仕組みとなっている。なお、拒絶査定不服審判は、当事者対立構造を採っている無効審判（当事者系審判）との対比で、査定系審判と呼ばれることがある。

　拒絶査定不服審判は、裁判に類似した（準司法的な）手続で審理され、事実上第 1 審に相当する。審判は 3 人または 5 人の審判官の合議体によって審理される（136 条 1 項）。審判官は、5 年以上特許庁において審査官の職にあった者等で、所定の研修課程を修了した者から指定される。

　拒絶査定不服審判において、審判請求人となる出願人は、審査官がした拒絶査定の判断に対して、拒絶査定を取り消すべきであること、および、出願は特許すべきものであることを主張する。これを受けて、審判合議体は、審査官がした拒絶査定が妥当であったか否かを審理し、「原査定は取り消すべきである」とする審判の請求に対して請求が成り立つか否か判断を行って、行政処分としての審決を行う。

　審査においてした手続は、拒絶査定不服審判においてもそのまま効力を認

められ（158条）、拒絶査定不服審判は、審査の継続という実質をもっている。審判においては、職権証拠調べが認められ（150条1項）、当事者または参加人が申し立てない理由についても審理可能である（153条）という点で、民事訴訟とは異なっている。

特許を受ける権利の共有者は全員が共同して審判を請求しなければならない（132条3項）。

(2) 訂正審判

訂正審判は、特許権の登録後に、その権利に無効理由が存在していたり、誤記、記載が明瞭でない点が判明した場合に、明細書、特許請求の範囲または図面を特許権者が拡張、変更に当たらない限度で訂正するための審判である（126条）。

請求項が2以上ある場合には、訂正審判を請求項ごとに請求することができる（126条3項前段）。この場合、審決も、請求項ごとに確定する（167条の2第2号）。審判の対象である請求項の中に「一群の請求項」があるときは、当該一群の請求項ごとに訂正審判を請求しなければならない（126条3項後段）。

訂正審判は、特許異議の申立てまたは特許無効審判が特許庁に係属した時からその決定または審決（請求項ごとに申立てまたは請求がされた場合にあっては、そのすべての決定または審決）が確定するまでの間は、請求することができない（126条2項）。たとえば、甲を特許権者とする特許Aの技術的範囲内に公知技術 a が含まれているとして乙が無効審判を提起した場合、甲としては、特許Aについて訂正審判を提起して公知技術 a を特許Aから除外すべく特許請求の範囲の減縮（同条1項1号）の訂正審判を提起することは許されず、右無効審判手続内において、訂正の請求（134条の2）を行うことで対応する。無効審決取消訴訟が裁判所に係属中も同様である。

いわゆる「キャッチボール現象」を防止するための措置である。

(3) 無効審判

49条によって法律上登録を拒絶すべきとされている発明に対して誤って特許が与えられることがある。この場合、本来誰もがその発明を実施できるにもかかわらず、それを妨害することになり、産業の発展を妨げるなどの弊

害を生む。このような場合、その特許を遡及的に無効とするため、無効審判の制度が設けられている（123条）。

最大判昭和51・3・10民集30巻2号79頁〔メリヤス編機事件〕は、無効審判における判断の対象となるべき無効原因は「具体的に特定され」ている必要があるとする。具体的には、たとえ同じく発明の新規性に関するものであっても、公知技術Aとの対比における無効の主張と、別個の公知技術Bとの対比における無効の主張とは、それぞれ別個とされる。

無効審判は、利害関係人に限り提起できる（123条2項）。ただし、冒認（同条1項6号）、共同出願違反（同項2号）を理由とする無効審判については、紛争の実質は私権の帰属をめぐるものであり、請求人適格は、特許を受ける権利を有する真の権利者に限定されている（同条2項）。

拒絶査定不服審判、訂正審判の被請求人が特許庁長官であるのに対して、無効審判の被請求人は特許権者である。このため、無効審判を「当事者系審判」と呼ぶことがある。

無効審判請求は、特許権消滅後においても可能である（123条3項）。

共有に係る特許権について無効審判を請求するときは、共有者の全員を被請求人としなければならない（132条2項）。

無効審判請求は、請求項ごとに行うことができる（123条1項後段）。

審判長は、審決をするのに熟した場合において、審判の請求の理由があると認めるときは、審決の予告を行い、特許権者に訂正の機会を与えることができる（164条の2）。

無効審判請求を認容する審決が確定すると、特許は遡及的に無効とされる（125条）。

無効審判請求を棄却する審決が確定すると、当事者および参加人は、同一の事実および同一の証拠に基づいて再度無効審判を請求することはできない（167条）。知財高判平成26・3・13判時2227号120頁〔「KAMUI」事件〕は、商標法56条1項が準用する特許法167条にいう「同一の事実」とは、同一の無効理由に係る主張事実を指し、「同一の証拠」とは、当該主張事実を根拠づけるための実質的に同一の証拠を指すと述べている。

2 特許異議

　何人も、特許掲載公報の発行の日から 6 月以内に限り、特許庁長官に対し、特許異議の申立てをすることができる（113 条）。

　特許異議は、いったん成立した権利を遡及的に消滅させる手続である点で無効審判制度と共通するが、無効審判については利害関係人にのみ請求が認められるのに対し、特許異議は全くの第三者でも申立てが可能であり、より公のための特許処分の見直しという色彩が強い。

　異議理由は無効理由と共通するものが多いが、冒認、共同出願違反については異議理由となっていない。

3 審決取消訴訟

（1）審決取消訴訟の意義

　審決取消訴訟とは、取消決定または審決および特許異議申立書や審判、再審あるいは訂正の請求書の却下決定（以下、「審決等」）に対する不服の訴訟をいう（178 条 1 項）。審決等は行政機関である特許庁が行う行政処分であるが、行政機関は終審として裁判を行うことができないため（憲法 76 条 2 項）、審決等に不服のある当事者は東京高裁に取消しを求めて出訴できる。審決取消訴訟は行政事件訴訟の一種であり、その手続には行政事件訴訟法または民事訴訟法が適用され（行訴 7 条）、その専門性に鑑み、178 条以下に特則が設けられている。

　査定系審判に対する審決取消訴訟が抗告訴訟（行訴 3 条 3 項）に当たることには異論はない。一方、当事者系審判に対する審決取消訴訟については、形式的当事者訴訟説、抗告訴訟説、両者いずれにも当たらない特殊な性格の訴訟説があり、いまだ定説はない。

　判例は、いずれの類型に属するかについて明言こそ行っていないものの、最判平成 4・4・28 民集 46 巻 4 号 245 頁〔高速旋回式バレル研磨法事件〕は抗告訴訟に関する規定である行政事件訴訟法 32 条 1 項を同法 41 条 1 項による形式的当事者訴訟への準用という形をとらずに適用しており、抗告訴訟であることを前提にした判断であると解する余地もある。もっとも、当事者

系審判に対する審決取消訴訟は、行政庁が被告となっていない点で純粋に抗告訴訟とみることはできず、一方、私人間の権利関係を確認形成するものではないため、全くの形式的当事者訴訟ともいいがたい。審決取消訴訟は行政事件訴訟法が用意するどのカテゴリにも直接は該当しない特殊な類型ということになる。

審決取消訴訟は東京高等裁判所の専属管轄とされ（178条1項）、東京高裁内部の事件配分として、その特別支部である知的財産高等裁判所によって取り扱われる（知財高裁設置法2条2号）。

審決取消訴訟は、審決または決定の謄本送達を受けた日から30日以内に提起しなければならない（178条3項）。

(2) 当事者

審決取消訴訟の原告は、当事者、参加人または参加を申請してその参加を拒否された者であり（178条2項）、被告は、特許庁長官であるが（179条）、特許無効審判、延長登録無効審判等に対するものについては、審判の請求人または被請求人である（同条但書）。

共有に係る特許権について無効審判を請求するときは、共有者の全員を被請求人としなければならず（132条2項）、また、特許を受ける権利の共有者がその共有に係る権利について拒絶査定不服審判を請求するときは、共有者の全員が共同して請求しなければならない（同条3項）。

これに対して、共有に係る特許権に対する無効審判についての審決取消訴訟、特許を受ける権利が共有されている場合の拒絶査定不服審判についての審決取消訴訟については、特許法上明文を欠いており、解釈の余地がある。

最判平成7・3・7民集49巻3号944頁〔磁気治療器事件〕は、実用新案を受ける権利の共有者が、その共有に係る権利を目的とする拒絶査定不服審判を提起し、審判不成立の審決に対して提起する審決取消訴訟は、共有者が全員で提起することを要するいわゆる固有必要的共同訴訟に当たるとしている。上記訴訟における審決の違法性の有無の判断は、共有者全員の有する1個の権利の成否を決めるものであって、上記審決を取り消すかは共有者全員につき合一に確定する必要があるから、というのがその理由である。この判決は、特許を受ける権利が共有に係る場合の拒絶査定不服審決取消訴訟につ

いても同様に及ぶと考えられる。

一方、最判平成 14・2・22 民集 56 巻 2 号 348 頁〔ETNIES 事件〕は、共有に係る商標権についてなされた無効審決に対する審決取消訴訟の提起は、商標権の消滅を防ぐ保存行為に当たるから、商標権の共有者の一人が単独でもすることができるとした。理由としては、①単独による請求を認めないと権利が遡及的に消滅してしまい不当な結果となること、②行政事件訴訟法 32 条により、請求認容（取消）の判決の効力は出訴しなかった他の共有者にも及ぶこと、③請求棄却された場合も、すでに出訴期間が経過しているため他の共有者は出訴できない（178 条 3 項）ので無効審決が確定し、②③いずれにしても合一確定の要請は、単独出訴を認めても許されること等があげられている。同判決の調査官解説によると、査定系の訴えは、権利の取得を目指す能動的な場面であるのに対し、当事者系の訴えは、受動的な立場であって降りかかった火の粉を払い落とさなければ、権利が消滅してしまうという場面であり利益状況が異なる、と説明されている（髙部眞規子「判解」『最判解民事篇平成 14 年度』9 事件）。

(3) 審理の対象

（a）**大法廷判決の法理**　審判と訴訟とは、通常の民事訴訟の 1 審と 2 審との関係のように続審の関係にあるものではなく、裁判所の判断の対象は、特許庁における審決の違法性の有無であり、裁判所が特許の有効無効について直接に判断するものではない。

審決取消訴訟において、原告の請求に理由があると判断された場合、裁判所は、特許をすべきであるとの判断を行うわけではなく、審決を取り消し（181 条 1 項）、特許庁は再度審判を開始することになる（同条 2 項）。

審判手続で審理されなかった事項について、訴訟でどこまで判断することができるかという問題がある。この点について、前掲最大判昭和 51・5・30〔メリヤス編機事件。以下、「大法廷判決」〕は、審決取消訴訟の審理対象となるのは「専ら審判手続において現実に争われ、かつ、審理判断された特定の無効原因に関するもののみ」であり、審判手続で審理判断されなかった公知技術との対比における無効原因を訴訟において主張することは許されないとする。理由づけは多岐にわたり、①特許については専門的知識経験を有す

る審判制度の手続の経由が要求されていること、②審決取消訴訟は、特許または拒絶査定の適否自体ではなく、審決の違法性のみが対象とされていること、③無効審判については、特定された無効原因に審理対象が限定されていること、④旧117条が確定審決に対世効を認めていること、⑤事実審が1審級省略されているのも、審判においてすでに十分な審理がなされているためである、というものである。

上記の理由づけを個々にみるならば、審理対象制限の理由づけとして必ずしも説得的とはいえない。加えて、大法廷判決当時と異なり、現在では特許侵害訴訟における無効の抗弁の主張が認められており（104条の3）、相対効にとどまるとはいえ、裁判官による特許の有効性判断が行われている。このため、少なくとも政策論としては、まずは専門的知識経験を有する審判官の前審判断を経由させ、裁判所は専ら審決というフィルターを通してのみ関与すべきであるとの大法廷判決が前提とした事情に変化が生じていることはたしかである。

（b）いわゆるキャッチボール現象への対応　　とはいうものの、実務上必ずしも見直しの機運が高まらないのは、大法廷判決のルールそのものは簡明なものであること、審決後に新たな公知文献が見つかった場合には審決取消訴訟において理由を差し替えなくとも別途無効審判を提起すれば足りること、さらに、大法廷判決による審理範囲制限がもたらす弊害と目されていたキャッチボール現象が立法的に解決されたこと、等によるものであろう。

すなわち、平成24年改正前は、無効審判を提起された特許権者が、特許権の範囲を減縮するため防御として訂正審判を利用していたため、無効審決→無効審決取消訴訟提訴→訂正審判提起→無効審決取消訴訟の係属中に訂正認容審決無効審決が確定という事態が生じえた。この場合、本来、知財高裁としては、①訂正審決によって無効審決が維持できないと考えれば無効審決を取消し、②訂正を前提としてもなお特許無効とする理由がある場合には無効審決を維持する（請求棄却判決）、という選択肢が認められてしかるべきところ、最判平成11・3・9民集53巻3号303頁〔大径角形鋼管事件〕は、①と②の区別を認めず、訂正審決が確定した場合には東京高裁は必ず無効審決を取消し、特許庁で新たに審判を行わせなければならない、とした（いわゆ

IV. 審判・異議・審決取消訴訟　　57

る「当然取消」）。訂正された特許の有効性を判断するためには、前の無効審判の段階では判断されなかった公知事実（文献）との比較が必要になるのが通常であるため、大法廷判決によれば、もう一度特許庁において審理を行う必要があり、裁判所が無効審決を維持することは許されない、というのがその理由である。この結果、無効審決→無効審決取消訴訟提訴→訂正審判提起→無効審決取消訴訟の係属中に訂正認容審決無効審決が確定→無効審決取消判決→再度の無効審判→再度の無効審決→再度の無効審決取消訴訟、のように事件が裁判所と特許庁の間を行き来するケースが発生していた（いわゆる「キャッチボール現象」）。

　審決取消訴訟提起後の訂正審判の請求に起因するこの「キャッチボール現象」による紛争解決の遅れに対処するため、平成24年改正により、審決取消訴訟提起後の訂正審判の請求が禁止され（改正前126条2項但書の削除）、無効審判手続の中で、事件が審決をするのに熟した場合において、審判の請求に理由があると認めるときその他経済産業省令で定めるときは、審判長によって当該特許が無効である旨の審決の予告が行われ（164条の2第1項）、特許権者は、予告後無効審決の前に、訂正請求をすることができることとされた（同条2項、134条の2第1項）。

　（c）大法廷判決の射程　　大法廷判決の下でも、審判手続に現れていなかった資料に基づき当業者の出願当時における技術常識（周知技術。当業者に広く知られている技術をいう。技術常識というためには、その技術が記載されている文献等が少なくとも複数存在することが必要とされる）を認定することは許される（最判昭和55・1・24民集34巻1号80頁〔食品包装容器事件〕）。

　また、審決が副引用例についても一致点を具体的に認定して実質的に対比判断を行っており、主引用例のみならず、副引用例についても、審判において実質的に審理されていたとみることができることを前提として、審決の段階における主引用例と副引用例を差し替え、一致点や相違点について審判手続時と異なる主張をすることができるとされた事例がある（知財高判平成18・7・11判時2017号128頁〔おしゃれ増毛装置事件〕）。

（4）取消事由と立証責任

　審決取消訴訟の訴訟物は審決の違法性一般であり、審決の取消事由は、当

該審決を違法とする実体法上、手続法上の瑕疵である。

手続上の瑕疵とは、審決の認定判断を行うまでの、審判過程における手続上の瑕疵である。

審判請求書における共同審判請求人の一人の記載が欠落している場合に補正を命じることなく却下したときに、手続上の瑕疵を理由として審決が取り消されている（知財高判平成21・11・19判時2072号129頁〔リチウム二次電池事件〕）。

実体法上の取消事由は多岐にわたり、当該発明が産業上利用することができるものであること（29条1項柱書）、記載要件を充足していること（36条4〜6項）、冒認出願でないこと（123条1項6号）等については出願人、特許権者側が主張立証責任を負う。

一方、新規性（29条1項）、進歩性（同条2項）、拡大先願（29条の2）、公序良俗違反（32条）等については特許庁長官、無効審判請求人の側が主張立証責任を負う。

なお、冒認出願でないことの主張立証責任を出願人・特許権者が負うとされる理由は、特許法が、特許権を取得しうる者を発明者およびその承継人に限定していることに求められている（いわゆる発明者主義。29条1項、33条1項）。もっとも、冒認を理由として請求された特許無効審判において、「特許出願がその特許に係る発明の発明者自身または発明者から特許を受ける権利を承継した者によりされたこと」についての主張立証責任を特許権者が負担すると解したとしても、すべての事案において、特許権者が発明の経緯等を個別的、具体的に主張立証しなければならないことを意味するものではない。むしろ、先に出願したという事実は、出願人が発明者または発明者から特許を受ける権利を承継した者であるとの事実を推認させる重要な間接事実である。特許権者の行うべき主張立証の内容、程度は、冒認出願を疑わせる具体的な事情の内容および無効審判請求人の主張立証活動の内容、程度がどのようなものかによっても左右されうる（知財高判平成22・11・30判時2116号107頁〔具係止具事件〕）。

(5) 判決の効力

第1に、審決取消訴訟の請求棄却判決が確定すれば、審決に違法性がない

ことについての既判力が生じ、請求認容判決である取消判決が確定した場合には、審決が違法であることについて既判力が生ずる。当事者等民事訴訟法115条所定の者は、終局判決中の訴訟物に関する判断を争うことができず、裁判所も、矛盾する判断をすることはできない。

第2に、審決取消訴訟は形成の訴えであり、その請求を認容する取消判決には、判決の主文中で法律関係の変動の宣言を行い、判決の確定に伴って法律関係を変動させる効力（形成力）がある。形成力により、当該審決は取り消され、遡ってなかったものとされる。審決を取り消す旨の判決が確定すると、審判官は、さらに審理を行い、審決をしなければならない（181条2項）。取消判決の形成力は第三者効を有する（行訴32条1項）。

第3に、取消判決は、「その事件について、処分又は裁決をした行政庁その他の関係行政庁を拘束する」（拘束力。行訴33条1項）。拘束力により、行政庁は、同一の事情の下で、同一の理由により、同一人に対し、同一内容の処分をしてはならない。拘束力は、同一処分の繰り返し禁止のための制度であり、行政庁に、取消判決で示された結論（判決主文）とその結論を導き出すのに必要な事実認定および法律判断として判決理由中に記載された事項に従う実体法上の義務を課すものである。

たとえば、特定の引用例から当該発明を特許出願前に当業者が容易に発明することができたとはいえないとの理由により、審決の認定判断を誤りであるとしてこれが取り消されて確定した場合には、再度の審判手続に当該判決の拘束力が及ぶ結果、審判官は同一の引用例から当該発明を特許出願前に当業者が容易に発明することができたと認定判断することは許されないのであり、したがって、再度の審決取消訴訟において、取消判決の拘束力に従ってされた再度の審決の認定判断を誤りである（同一の引用例から当該発明を特許出願前に当業者が容易に発明することができた）として、これを裏付けるための新たな立証をし、さらには裁判所がこれを採用して、取消判決の拘束力に従ってされた再度の審決を違法とすることは許されない（前掲最判平成4・4・28〔高速旋回式バレル研磨法事件〕）。

一般に、「特定の引用例から当該発明を特許出願前に当業者が容易に発明することができたとはいえない」との判断にいたる過程は、大きく分けて、

本願発明と引用発明の一致点・相違点の認定、容易推考性の判断、の二段階
から成る。

　たとえば、審決が「特定の引用例から当該発明を特許出願前に当業者が容
易に発明することができた」との判断をなした理由が、本願発明と引用発明
は一致する、という認定に基づくものであったとする。これに対して、裁判
所は、右審決による引用発明の認定が誤りである、との理由で審決を取消し
たとする。この場合、上記の最高裁の基準によると、特許庁は、再度の審判
において、その理由の如何を問わず、およそ「特定の引用例から当該発明を
特許出願前に当業者が容易に発明することができた」との審決をなすことは
違法となる。

　最高裁の立場は明確であるが、理論的には、拘束力の範囲をより限定的に
とらえる立場も成り立ちえよう。仮に、拘束力が判決が認定した具体的事項
についてのみ生じると考えるならば、上記の例では、「本願発明と引用発明
は一致しない」という点についての判決理由についてのみ拘束力が生じてお
り、再度の審判において、特許庁が、「本願発明と引用発明は一致しないが、
容易推考である」として、改めて「特定の引用例から当該発明を特許出願前
に当業者が容易に発明することができた」との審決を下すことは適法である、
ということになろう。

　一方、最高裁判例の下でも、再度の審判において、「本件発明を特許出願
前に当業者が容易に発明することができたか否かを認定判断する際の独立し
た無効原因たり得るもの」や、特定の引用例を「単に補強するだけではなく
これとあいまって初めて無効原因たり得るもの」のような別個の引用例から、
当該発明の進歩性を改めて判断することは可能である（前掲最判平成4・4・
28〔高速旋回式バレル研磨法事件〕）。もっとも、「新たな引用例」であるのか
「単に補強するものにすぎないのか」の判別は、困難が伴うことが多い。

4　特許庁長官等の処分に対する取消訴訟

　期間延長の不許可（5条1項）、出願などの却下（18条）、裁定（83条、92
条）、裁定の取消し（90条）、証明書等の申請却下（186条）等の取消しにつ
いて不服のある者は、行政不服審査法上の不服申立てを行うか、直ちに出訴

するか選択できる（平成26年改正前184条の2は、審査請求前置主義を採用していたが、削除された）。

査定、取消決定もしくは審決および特許異議申立書、審判もしくは再審の請求書もしくは特許異議意見書（120条の5）、特許無効審判における訂正の請求書（134条の2第1項）の却下の決定ならびにこの法律の規定により不服を申し立てることができないこととされている処分またはこれらの不作為（補正却下〔53条3項〕、除斥・忌避の申立てについての決定〔143条3項〕、対価の部分についての裁定〔91条の2〕）については、行政不服審査法による審査請求をすることができない（195条の4）。

「査定」には、拒絶査定だけでなく、特許査定も含まれる（知財高判平成27・6・10平成26（行コ）10004号〔レクサン事件〕）。

●●●●●●　**参 考 文 献**　●●●●●●

- ●宍戸達徳「**判解**」『最判解民事篇昭和51年度』37頁〔メリヤス編み機事件〕
- ●髙部眞規子「**判解**」『最判解民事篇平成14年度（上）』214頁〔ETNIES事件〕
- ●高林龍「**判解**」『最判解民事篇平成7年度（上）』343頁〔磁気治療器事件〕
- ●高林龍「**判解**」『最判解民事篇平成4年度』145頁〔高速旋回式バレル研磨法事件〕
- ●中山信弘＝小泉直樹編『**新・注解特許法（上巻）（下巻）**』（青林書院、第2版、2017年）
- ●髙部眞規子編『**特許訴訟の実務**』（商事法務、第2版、2016年）
- ●髙部眞規子『**実務詳説特許関係訴訟**』（きんざい、第3版、2016年）
- ●竹田稔監修『**特許審査・審判の法理と課題**』（社団法人発明協会、2002年）
- ●竹田稔＝永井紀昭編『**特許審決取消訴訟の実務と法理**』（社団法人発明協会、2003年）
- ●森義之「特許に関する審決取消訴訟における新たな公知技術主張の可否—引用例と周知技術」牧野利秋先生傘寿記念『知的財産権—法理と提言』（青林書院、2013年）565頁
- ●愛知靖之「審決取消訴訟の審理範囲」高林龍ほか編『現代知的財産法講座Ⅰ 知的財産法の理論的探究』165頁（日本評論社、2012年）
- ●大渕哲也『**特許審決取消訴訟基本構造論**』（有斐閣、2003年）
- ●塩月秀平「審決取消訴訟の審理範囲と拘束力—推移と展望」ジュリスト1509号34頁（2017年）

Ⅴ ⊢ 特許権

1 特許権の効力

(1) 業としての実施

特許権者は、業として特許発明の実施をする権利を専有する（68条）。特許権者の専用権に関する規定である。

第1に、「業として」とは、個人的家庭的な実施を除き、広く事業に関連する実施行為を含む。特許権の効力の及ぶ範囲が「業として」行うものに限定されているのは、個人的家庭的な実施にすぎないものにまで特許権の効力を及ぼすことは、産業の発達に寄与するという特許法の目的からして不必要に強力な規制であって、社会の実情に照らしてゆきすぎであるという政策的な理由に基づくものである（大阪地判平成12・10・24判タ1081号241頁〔製パン機事件〕）。

第2に、特許発明とは、特許を受けている発明をいう（2条2項）。

(2) 実施

第3に、実施とは、物の発明については、その物の生産、使用、譲渡等、輸出もしくは輸入または譲渡の申出（2条3項1号）、方法の発明については、その方法の使用（同2号）、物を生産する方法の発明については、当該方法の使用のほか、その方法により生産した物の使用、譲渡等、輸出もしくは輸入または譲渡等の申出をする行為（同3号）をそれぞれいう。

既知の物質について未知の性質を発見し、当該性質に基づき顕著な効果を有する新規な用途を創作したことを特徴とする発明を用途発明という。たとえば、医薬品の用法・用量に関する用途発明は「物の発明」として特許対象となる。また、特許・実用新案審査基準が改訂され、平成28年4月1日より、新たに食品に関する用途発明が特許対象とされている。食品表示法の改正により、平成27年4月から、新たな機能性表示制度が導入され、企業は自らの責任において、科学的根拠（臨床試験・査読付き論文）を基に、従来の特定保健用食品（トクホ）より簡便な手続で、また栄養機能食品よりも広い範囲の食品について機能性表示を行うことができるようになったことを契機

とするものである。

これらの用途発明における2条3項にいう「実施」とは、新規な用途に使用するために既知の物質を生産、使用、譲渡等をする行為に限られる。たとえば、医薬品の用途発明に関する特許権の侵害は、被告が被告医薬品の添付文書等において当該新規用途に使用するものである旨の表示を行ったうえで販売するものであるときに成立する（知財高判平成28・7・28平成28（ネ）10023号〔メニエール病治療薬事件〕）。この他、必ずしも当該用途を直接かつ明示的に表示して販売していなくても、具体的な状況の下で、その用途に使用されるものとして販売されていることが認定できれば、用途発明の実施があったと認められることもある（知財高判平成18・11・21判時1989号105頁〔シロスタゾール事件控訴審〕）。

物の生産とは、発明の構成要件を充足しない物を素材として発明の構成要件のすべてを充足する物を新たに作り出す行為をいう。加工、修理、組立て等の行為態様に限定はないものの、供給を受けた物を素材として、これに何らかの手を加えることが必要であって、素材の本来の用途に従って使用するにすぎない行為は含まれない。たとえば、薬剤師が、医師の処方箋に基づき、患者に対して交付するために2つの医薬品を併せまとめる行為、患者が上記2つの医薬品を同時または異時に服用する行為、および医師の当該処方行為は、いずれも、併用されることにより医薬品として、ひとまとまりの「物」を新しく作出するものではなく、「物の生産」行為に当たらない（101条2号にいう「物の生産」〔直接侵害〕について、大阪地判平成24・9・27判時2188号108頁〔ピオグリタゾン大阪事件〕）。

国内で製造・調達した部品を輸出して外国において完成品として組み立てるいわゆるノックダウン生産行為について、日本国内における仮組立ての段階において、仕掛品状態であるけれども、すでに本件特許発明の構成要件を充足する程度に完成していたと認められるとして、特許発明の実施行為である「生産」（2条3項1号）該当性が認められた事例がある（大阪地判平成24・3・22平成21（ワ）15096号〔炉内ヒータ事件〕）。

物の使用とは、発明の目的を達するような方法で当該発明に係る物を用いることをいう。

64　第2章 特許法

物の譲渡等とは、物の譲渡および貸渡しをいう（2条3項1号括弧書）。特許法上の「譲渡」に該当するためには、所有権の移転と、特許に係る物の占有の移転（引渡し）が必要となる。占有の移転は、現実の引渡し（民182条）による必要はなく、占有改定（民183条）による場合も含まれる。

国内で製造・調達した部品を輸出して外国において完成品として組み立てるいわゆるノックダウン生産行為において、日本国内においていったん仮組み立てがなされ、動作確認がなされた後、搬送の便宜のため部品状態に戻されて輸出され、現地では特許発明の構成要件と無関係な部品のみが調達されて組み立てられる、という一連の行為は、特許発明の実施である「譲渡」に当たるとされた（前掲大阪地判平成24・3・22〔炉内ヒータ事件〕）。

「貸渡し」とは、有償または無償で貸与することをいう。

「輸入」とは、外国から本邦に到着した貨物または輸出の許可を受けた貨物を本邦に引き取ることをいう。

「輸出」とは、内国貨物を外国に向けて送り出すことをいう。「送り出す」までの行為であって、日本国外での行為に対して日本特許権の効力を及ぼすものでないことから、属地主義の原則には反しない。

「譲渡の申出」とは、特許製品の販売や貸与を目的とした、譲渡等の前提としての販売促進活動等を指す。特許品の展示のほか、パンフレットの配布、ホームページによる営業活動が含まれる。外国企業によるホームページを通じた営業活動について、譲渡の申出の発信行為と受領という結果が日本国内において生じたものと認められ、不法行為地に基づく日本の国際裁判管轄が肯定された例がある（知財高判平成22・9・15判タ1340号265頁〔モータ事件〕）。

外国で実施品を販売することを目的として日本国内で広告宣伝等を行う行為については、外国での譲渡行為について日本特許権の効力が及ばない（属地主義）ため、その申出行為についても日本特許権の効力は及ばない。

方法の「使用」とは、特許発明に係る方法を、その発明の目的を達成するような態様で用いることをいう。

なお、101条3号は、物の発明についてその物を業としての譲渡等または輸出のために所持する行為、同条6号は物を生産する方法の発明についてそ

V. 特許権　　65

の方法により生産した物を業として譲渡等または輸出のために所持する行為について、それぞれ特許権侵害とみなしている。これらの行為は、特許発明の専用権には入らないが、排他権のみ行使できる。

(3) 利用発明

　特許権者、専用実施権者または通常実施権者は、その特許発明がその特許出願の日前の出願に係る他人の特許発明、登録実用新案もしくは登録意匠もしくはこれに類似する意匠を利用するとき、またはその特許権がその特許出願の日前の出願に係る他人の意匠権もしくは商標権と抵触するときは、業としてその特許発明の実施をすることができない（72条。利用発明）。後願特許発明等を実施しようとする特許権者・専用実施権者は、先願特許権者に対し、実施許諾について協議を求めることができ、その許諾を受けることができないときは、特許庁長官の裁定を求めることができる（92条）。72条にいう「利用」の意義を定義する規定はない。「利用」概念は92条の裁定実施の要件として意味をもつが、同条の制度はほとんど利用されていないため、同条の運用によって「利用」概念を明らかにすることも困難である。工業所有権審議会「裁定制度の運用要領」（1975年）は、「72条に該当するときとは、他人の特許発明等の実施をしなければ自己の特許発明の実施をすることができないとき」をいうと説明している（いわゆる実施不可避説）。

2　特許権の存続期間

(1) 存続期間の原則と延長登録制度

　特許権は、設定の登録により発生し（66条1項）、原則として、特許出願の日から20年をもって終了する（67条1項）。出願日は特許公報に記載されている（66条3項2号）。

　例外として、その特許発明の実施について安全性の確保等を目的とする法律の規定による許可その他の処分であって当該処分の目的、手続等からみて当該処分を的確に行うには相当の期間を要するものとして政令で定めるものを受ける必要があるために、その特許発明を実施することができない期間があったときは、延長登録の出願により5年を限度として延長することができる（67条2項）。現在、薬機法（医薬品、医療機器等の品質、有効性及び安全性

の確保等に関する法律）に基づく承認、農薬取締法に基づく登録制度が政令
で指定されている（特施令2条）。

　特許権者は、存続期間中、特許発明の実施を独占できるが、医薬品、農薬
の発明については、特許権者といえども、別途、薬機法、農薬取締法に基づ
く許可等を得なければ、特許発明の実施に当たる当該医薬品、農薬の製造、
販売等を行うことができない。特に医薬品に関する承認手続は長期間を要す
るのが普通であるため、特許権者は、特許法上出願から20年間の独占権を
得ていても、実際に自ら独占的に実施できる期間は承認待ちの分だけ短くな
る。医薬品、農薬の特許権者が実施により十分に利得できる機会を確保する
ため、特に、存続期間の延長が認められている。

　特許法は、特許権者に業として特許発明の実施をする権利を専有させると
ともに（68条）、侵害行為に対する差止請求権を付与している（100条）。前
者を特許権の専用権、後者を排他権と呼ぶ。民法上、物の所有者には所有権
が与えられる一方、無断占有者に対する物権的請求権が解釈上認められてい
ることと同様である。医薬品の特許権者は、薬機法上の製造承認を取得する
まで、自ら新薬を製造販売することは（薬機法上）許されず、専用権を享受
できないため「特許発明の実施をすることができない期間」（67条2項）に
ついて、存続期間の延長が認められている。一方、この期間中も、特許権者
が第三者の特許権侵害行為に対して差止請求権＝排他権を行使することは可
能である。

（2）剤形の異なる医薬品について薬事承認を得た場合の延長登録

　審査官は、特許権の存続期間の延長登録の出願について、その特許発明の
実施に67条2項の政令で定める処分を受けることが必要であったとは認め
られないときには拒絶しなければならない（67条の3第1項1号）。

　医薬品の製造販売につき先行処分と出願理由処分がされている場合につい
ては、先行処分と出願理由処分とを比較した結果、先行処分の対象となった
医薬品の製造販売が、出願理由処分の対象となった医薬品の製造販売をも包
含すると認められるときには、延長登録出願に係る特許発明の実施に出願理
由処分を受けることが必要であったとは認められない。その際、出願理由処
分を受けることが特許発明の実施に必要であったか否かは、あくまで先行処

V. 特許権　　67

分と出願理由処分とを比較して判断すべきであり、特許発明の発明特定事項
に該当するすべての事項によって判断すべきものではない（最判平成27・
11・17民集69巻7号1912頁〔アバスチン事件〕）。

　アバスチン事件における特許発明は、血管内皮細胞増殖因子アンタゴニス
トを治療有効量含有する、がんを治療するための組成物に関するものであり、
医薬品の成分を対象とする物の発明であった。一般に、医薬品の成分を対象
とする物の発明について、医薬品としての実質的同一性に直接かかわること
となる両処分の審査事項は、医薬品の成分、分量、用法、用量、効能および
効果である。同事件では、出願理由処分に先行して、先行処分がされている
ところ、先行処分と出願理由処分を比較すると、先行処分に基づき製造販売
された先行医薬品は、その用法および用量を「他の抗悪性腫瘍剤との併用に
おいて、通常、成人には、ベバシズマブとして1回5mg/kg（体重）又は10
mg/kg（体重）を点滴静脈内投与する。投与間隔は2週間以上とする。」と
するものであるのに対し、出願理由処分の対象である本件医薬品は、その用
法および用量を「他の抗悪性腫瘍剤との併用において、通常、成人にはベバ
シズマブとして1回7.5mg/kg（体重）を点滴静脈内注射する。投与間隔は
3週間以上とする。」とするものであった。この場合、先行処分によっては、
本件医薬品の製造販売は許されなかったが、出願理由処分によって初めてこ
れが可能となった。このような事情から、同事件においては、先行処分の対
象となった医薬品の製造販売が出願理由処分の対象となった医薬品の製造販
売を包含するとは認められないとされ、67条の3第1項1号にいう「その
特許発明の実施に第67条第2項の政令で定める処分を受けることが必要で
あつた」とされた。

（3）延長登録された特許権の効力

　特許権の存続期間が延長された場合の当該特許権の効力は、その延長登録
の理由となった67条2項の政令で定める処分の対象となった物についての
当該特許発明の実施以外の行為には、及ばない（68条の2）。

　存続期間が延長された特許権に係る特許発明の効力は、薬機法上の医薬品
製造承認で定められた「成分、分量、用法、用量、効能及び効果」によって
特定された「物」（医薬品）のみならず、これと医薬品として実質同一なも

のにも及ぶ。上記承認で定められた構成中に対象製品（被告製品）と異なる部分が存する場合であっても、当該部分がわずかな差異または全体的にみて形式的な差異にすぎないときは、対象製品は、医薬品として厚労省による製造承認の対象となった物と実質同一なものに含まれ、存続期間が延長された特許権の効力の及ぶ範囲に属する。医薬品の成分を対象とする物の特許発明において、「成分」に関する差異、「分量」の数量的差異または「用法、用量」の数量的差異のいずれか1つないし複数があり、他の差異が存在しない場合に限定してみれば、わずかな差異または全体的にみて形式的な差異かどうかは、特許発明の内容（当該特許発明が、医薬品の有効成分のみを特徴とする発明であるのか、医薬品の有効成分の存在を前提として、その安定性ないし剤型等に関する発明であるのか、あるいは、その技術的特徴および作用効果はどのような内容であるのかなどを含む）に基づき、その内容との関連で、薬機法上の承認において定められた「成分、分量、用法、用量、効能及び効果」によって特定された「物」と対象製品との技術的特徴および作用効果の同一性を比較検討して、当業者の技術常識を踏まえて判断する（知財高判平成29・1・20平成28（ネ）10046号〔オキサリプラティヌム事件〕）。

　具体的には、医薬品の有効成分のみを特徴とする特許発明に関する延長登録された特許発明において、有効成分ではない「成分」に関して、対象製品が、製造承認申請時における周知・慣用技術に基づき、一部において異なる成分を付加、転換等しているような場合、あるいは、公知の有効成分に係る医薬品の安定性ないし剤型等に関する特許発明において、対象製品が承認申請時における周知・慣用技術に基づき、一部において異なる成分を付加、転換等しているような場合で、特許発明の内容に照らして、両者の間で、その技術的特徴および作用効果の同一性があると認められるとき等は、これらの差異はわずかな差異または全体的にみて形式的な差異に当たり、対象製品は、医薬品として承認の対象となった物と実質同一なものに含まれる。

3　特許権の消滅事由

　特許権の消滅事由としては、存続期間満了のほか、特許料の不納（112条4項）、相続人の不存在（76条）、特許権の放棄（97条1項）、特許無効審決の

確定（125 条）、特許の取消（独禁 100 条）がある。

●●●●●●　**参 考 文 献**　●●●●●●
- ●新原浩朗編著『**改正特許法解説**』（有斐閣、1987 年）
- ●田中孝一「**最高裁重要判例解説**」L ＆ T 71 号 78 頁（2016 年）〔アバスチン〔ベバシズマブ〕事件〕
- ●中山信弘＝小泉直樹編『**新・注解特許法（上巻）**』（青林書院、第 2 版、2017 年）
- ●髙部眞規子＝大野聖二「**渉外事件のあるべき解決方法**」パテント 65 巻 3 号 95 頁（2012 年）
- ●松本司「『**譲渡等の申出**』と属地主義の原則」牧野利秋先生傘寿記念『**知的財産権法理と提言**』161 頁（青林書院、2013 年）
- ●横山久芳「『**実施**』概念の検討を通してみる『**譲渡の申出**』概念の意義」牧野利秋先生傘寿記念『**知的財産権―法理と提言**』178 頁（青林書院、2013 年）

Ⅵ ► 特許権侵害

1 技術的範囲の解釈

（1）特許発明の技術的範囲

　特許権者は、業として特許発明の実施をする権利を専有する（68 条）。第三者が正当な権限なく業として特許発明を実施すれば、特許権の侵害となり、特許権者は、自己の特許権を侵害する者に対し、その侵害の停止等を請求することができる（100 条 1 項）。

　特許発明の実施とは、特許発明の技術的範囲に属する製品ないし方法を生産、使用、譲渡等、2 条 3 項各号に該当する行為を行うことをいう。

　特許権を侵害するかの判断にあたっては、特許発明の特許請求の範囲を構成要件に分節し、対象製品または方法をこれと対比し、その構成要件をすべて充足しているか（文言侵害）、あるいは、一部の構成を異にするが特許発明の特許請求の範囲に記載された構成と実質的に同一であるか（均等侵害）を判断する。

　特許発明の技術的範囲は、特許請求の範囲の記載に基づいて定めなければならない（70 条 1 項）。この場合、明細書の記載および図面を考慮して、特許請求の範囲に記載された用語の意義を解釈するものとする（同条 2 項）。

特許請求の範囲は、特許発明の技術的範囲を定める基準となるため、36条5・6項において、特定性、明確性などが厳格に要求されている（「権利文献」としての特許請求の範囲）。

　一方、明細書の発明の詳細な説明において、特許権者は、当業者が実施可能な程度に発明を開示する義務がある（36条4項）。いわゆる公開代償説からの要請である（「技術文献」としての発明の詳細な説明）。発明の詳細な説明の欄には、従来の技術的課題、出願発明による課題の解決の手段、発明の作用効果等が記載される。特許請求の範囲の解釈においては、明細書の記載および図面の他、公知技術も判断資料となる。

（2）審査経過禁反言

　出願人が、審査の過程で、拒絶理由に対する意見書や補正書等において、ある特定の構成が出願発明の構成要件に含まれないと主張する場合がある。このような場合に、その後特許査定を受けた特許権者が、特許権侵害訴訟において、そのような経過に反し、当該構成は特許請求の範囲に含まれる旨の主張をすることは許されないという考え方がある（審査経過禁反言あるいは包袋禁反言。権利者が侵害訴訟において、無効審判においてなした主張に矛盾する主張を行うことは信義則の原則ないし禁反言の趣旨に反すると述べたものとして、東京地判平成13・3・30判時1753号128頁〔連続壁体の造成工法事件〕）。

　このような主張が許されないとする根拠については必ずしも定説をみない。特許庁と出願人とのやり取りである審査経過によって形成された信頼の効果を、当該経過に関与せず信頼の相手方ではない侵害訴訟における被告に対して一律に及ぼすとの結論を禁反言ないし信頼の原則によって説明することはやや無理がある。審査経過は何人も閲覧することができるが（186条）、特許公報に掲載され公示されているわけではない（66条3項）。

　特許要件の判断機関（特許庁）と権利範囲の判断機関（裁判所）の分化に伴う歪みの是正が根拠とされることもあるが、現行法上、特許庁と裁判所の判断に離齬が生じ得ること自体は前提とされており、そのうえで、侵害訴訟の確定判決と特許庁の確定審決の結論が食い違った場合について、一定の手当がなされているにすぎない（104条の4）。特許庁における主張と矛盾する主張を侵害訴訟において一律に禁ずるというところまでの強い意味を審査経

過に持たせることは、現行制度上予定されていないと言わざるをえない。

　一方、審査経過を、一義的に明確とはいえない構成要件の解釈において考慮に入れることは許容されるであろう（生海苔異物分離除去装置の構成である「クリアランス」の方向が請求項において特定されていなかった事例において、公知技術が垂直方向であったのに対し、出願経過において出願人が水平方向であると主張していた場合について、垂直方向については侵害不成立とされた裁判例として、東京地判平成 20・1・17 平成 19（ワ）17559 号〔生海苔異物分離除去装置事件〕）。それを超えて、構成要件が文言上一義的に明確な場合にまで権利行使を封ずるための根拠とできるかは、事案ごとの慎重な判断が必要となろう。

(3) 機能的クレーム

　具体的な構成でなく、その構成が果たす機能によって抽象的に記載されているクレームを「機能的クレーム」と呼ぶ。たとえば、「取り付け手段」という機能的クレームの技術的範囲には、接着剤、画鋲など様々な具体的構成が含まれうるところ、これらすべてが特許発明の技術的範囲に属すると解するならば、明細書に開示されていない技術思想に属する構成までもが含まれることになり、出願人が発明した範囲を超えて独占権が及ぶことになりかねない。このような結果が生ずることは、特許権に基づく独占権は発明を公衆に対して開示することの代償として与えられるという特許法の理念に反する。したがって、機能的クレームの技術的範囲は、明細書の発明の詳細な説明の欄の記載を参酌し、そこに開示された具体的な構成に示された技術思想に基づいて確定すべきものである。その際、明細書に実施例として具体的に記載されていなくても、明細書に開示された発明に関する技術の内容から当業者が実施しうる構成であれば、その技術的範囲に含まれる（東京地判平成 10・12・22 判時 1674 号 152 頁〔磁気媒体リーダー事件〕）。

(4) プロダクト・バイ・プロセス・クレーム

　特許が物の発明についてされている場合において、特許請求の範囲にその物の製造方法の記載があるいわゆるクレームをプロダクト・バイ・プロセスクレームと呼ぶ。プロダクト・バイ・プロセス・クレームの場合であっても、その特許発明の技術的範囲は、物の発明である以上、当該製造方法により製造された物と構造、特性等が同一である物として確定される。ただし、プロ

ダクト・バイ・プロセス・クレームの場合においては、当該特許請求の範囲の記載が36条6項2号にいう「発明が明確であること」という要件（明確性要件）に適合するといえるのは、出願時において当該物をその構造または特性により直接特定することが不可能であるか、またはおよそ実際的でないという事情が存在するときに限られる（最判平成27・6・5民集69巻4号904頁〔プラバスタチンナトリウム事件〕）。

　具体的には、プロダクト・バイ・プロセス・クレームの形式で記載された発明に関する特許権に基づく侵害訴訟において、被告は、被告製品が当該特許権の技術的範囲に属することを争うとともに、当該特許の出願時に当該物をその構造または特性により直接特定することが不可能であるか、またはおよそ実際的でないという事情は存在せず、当該特許の特許請求の範囲の記載は明確性要件に適合せず無効審判により無効とされるべきであるとの理由で無効の抗弁（104条の3）を主張できる。この主張に対し、原告である特許権者は、当該特許の出願時に当該物をその構造または特性により直接特定することが不可能であるか、またはおよそ実際的でないという事情が存在したことを示し、あるいは、当該特許の請求範囲を物の方法による記載から方法による記載に改める旨の訂正審判を請求したうえで、侵害訴訟において訂正の再抗弁を主張することになる。

2　均等侵害

(1) 均等の5要件とその趣旨

　特許権侵害訴訟において、相手方が製造等をする製品または用いる方法（以下、「対象製品等」）が特許発明の技術的範囲に属するかどうかを判断するにあたっては、願書に添付した明細書の特許請求の範囲の記載に基づいて特許発明の技術的範囲を確定しなければならず（70条1項）、特許請求の範囲に記載された構成中に対象製品等と異なる部分が存する場合には、右対象製品等は、特許発明の技術的範囲に属するということはできない。しかし、特許請求の範囲に記載された構成中に対象製品等と異なる部分が存する場合であっても、①右部分が特許発明の本質的部分ではなく（均等の第1要件）、②右部分を対象製品等におけるものと置き換えても、特許発明の目的を達する

ことができ、同一の作用効果を奏するものであって（均等の第2要件）、③上記のように置き換えることに、当該発明の属する技術の分野における通常の知識を有する者（以下、「当業者」）が、対象製品等の製造等の時点において容易に想到することができたものであり（均等の第3要件）、④対象製品等が、特許発明の特許出願時における公知技術と同一または当業者がこれから上記出願時に容易に推考できたものではなく（均等の第4要件）、かつ、⑤対象製品等が特許発明の特許出願手続において特許請求の範囲から意識的に除外されたものに当たるなどの特段の事情もないときは（均等の第5要件）、上記対象製品等は、特許請求の範囲に記載された構成と均等なものとして、特許発明の技術的範囲に属するものと解するのが相当である。

　なぜなら、ⓐ特許出願の際に将来のあらゆる侵害態様を予想して明細書の特許請求の範囲を記載することは極めて困難であり、相手方において特許請求の範囲に記載された構成の一部を特許出願後に明らかとなった物質・技術等に置き換えることによって、特許権者による差止め等の権利行使を容易に免れることができるとすれば、社会一般の発明の意欲を減殺することとなり、発明の保護、奨励を通じて産業の発達に寄与するという特許法の目的に反するばかりでなく、社会正義に反し、衡平の理念にもとる結果となるのであって、ⓑこのような点を考慮すると、特許発明の実質的価値は第三者が特許請求の範囲に記載された構成からこれと実質的に同一なものとして容易に想到することのできる技術に及び、第三者はこれを予期すべきものと解するのが相当であり、ⓒ他方、特許発明の特許出願時において公知であった技術および当業者がこれから上記出願時に容易に推考することができた技術については、そもそも何人も特許を受けることができなかったはずのものであるから（29条）、特許発明の技術的範囲に属するものということができず、ⓓまた、特許出願手続において出願人が特許請求の範囲から意識的に除外したなど、特許権者の側においていったん特許発明の技術的範囲に属しないことを承認するか、または外形的にそのように解されるような行動をとったものについて、特許権者が後にこれと反する主張をすることは、禁反言の法理に照らし許されないからである（最判平成10・2・24民集52巻1号113頁〔ボールスプライン事件〕）。

(2) 主張立証責任

均等の第1要件ないし第3要件については、対象製品等が特許発明と均等であると主張する者が主張立証責任を負うと解すべきであり、他方、対象製品等が上記均等の範囲内にあっても、均等の法理の適用が除外されるべき場合である第4要件および第5要件については、対象製品等について均等の法理の適用を否定する者が主張立証責任を負うと解すべきである（知財高判平成28・3・25判時2306号87頁〔マキサカルシトール製剤事件控訴審〕）。

(3) 第1要件

均等の第1要件である「特許発明の本質的部分」とは、特許請求の範囲に記載された特許発明の構成のなかで、当該特許発明特有の作用効果を生ずるための部分、換言すると、右部分が他の構成に置き換えられたならば、全体として当該特許発明の技術的思想とは別個のものと評価されるような部分をいう（大阪地判平成10・9・17判時1664号122頁〔徐放性ジクロフェナクナトリウム製剤事件〕）。特許発明の本質的部分は、特許請求の範囲および明細書の記載、特に明細書記載の従来技術との比較から認定されるが、①従来技術と比較して特許発明の貢献の程度が大きいと評価される場合には、特許請求の範囲の記載の一部について、これを上位概念化したものとして認定され、②従来技術と比較して特許発明の貢献の程度がそれ程大きくないと評価される場合には、特許請求の範囲の記載とほぼ同義のものとして認定される（前掲知財高判平成28・3・25〔マキサカルシトール製剤事件控訴審〕）。

(4) 第5要件

均等の第5要件にいう「対象製品等が特許発明の特許出願手続において特許請求の範囲から意識的に除外されたものに当たるなどの特段の事情」について、出願人が、特許出願時に、特許請求の範囲に記載された構成中の対象製品等と異なる部分につき、対象製品等に係る構成を容易に想到することができたにもかかわらず、これを特許請求の範囲に記載しなかった場合であっても、それだけでは、対象製品等が特許発明の特許出願手続において特許請求の範囲から意識的に除外されたものに当たるなどの特段の事情が存するとはいえない。なぜなら、そのような場合には、特許出願に係る明細書の開示を受ける第三者に対し、対象製品等が特許請求の範囲から除外されたもので

あることの信頼を生じさせるものとはいえず、当該出願人において、対象製品等が特許発明の技術的範囲に属しないことを承認したと解されるような行動をとったものとはいい難い。また、容易に想到することができた構成を特許請求の範囲に記載しなかったというだけで、特許権侵害訴訟において、対象製品等と特許請求の範囲に記載された構成との均等を理由に対象製品等が特許発明の技術的範囲に属する旨の主張をすることが一律に許されなくなるとすると、先願主義の下で早期の特許出願を迫られる出願人において、将来予想されるあらゆる侵害態様を包含するような特許請求の範囲の記載を特許出願時に強いられることと等しくなる一方、明細書の開示を受ける第三者においては、特許請求の範囲に記載された構成と均等なものを上記のような時間的制約を受けずに検討することができるため、特許権者による差止め等の権利行使を容易に免れることができることとなり、相当とはいえないからである。

　もっとも、出願人が、特許出願時に、特許請求の範囲に記載された構成中の対象製品等と異なる部分につき、対象製品等に係る構成を容易に想到することができたにもかかわらず、これを特許請求の範囲に記載しなかった場合において、客観的、外形的にみて、対象製品等に係る構成が特許請求の範囲に記載された構成を代替すると認識しながらあえて特許請求の範囲に記載しなかった旨を表示していたといえるときには、対象製品等が特許発明の特許出願手続において特許請求の範囲から意識的に除外されたものに当たるなどの特段の事情が存する。

　なぜなら、そのような場合には、明細書の開示を受ける第三者も、その表示に基づき、対象製品等が特許請求の範囲から除外されたものとして理解するといえるから、当該出願人において、対象製品等が特許発明の技術的範囲に属しないことを承認したと解されるような行動をとったものということができる。また、以上のようなときに上記特段の事情が存するものとすることは、発明の保護および利用を図ることにより、発明を奨励し、もって産業の発達に寄与するという特許法の目的にかない、出願人と第三者の利害を適切に調整するものであって、相当なものというべきであるからである（最判平成29・3・24民集71巻3号359頁〔マキサカルシトール製剤事件上告審〕）。

なお、マキサカルシトール製剤事件控訴審は、出願人が、出願時に、特許請求の範囲外の他の構成を、特許請求の範囲に記載された構成中の異なる部分に代替するものとして認識していたものと「客観的、外形的にみて認められるとき、たとえば、出願人が明細書において当該他の構成による発明を記載しているとみることができるときや、出願人が出願当時に公表した論文等で特許請求の範囲外の他の構成による発明を記載しているとき」に、特段の事情が認められるとしていた。上告審は「表示していたといえるとき」と一括し特に例を示していないのに対し、控訴審は「認められるとき」について2つの例をあげている点に違いがある。

控訴審においては、出願人が明細書において当該他の構成による発明を記載しているとみることができないとの認定を前提に特段の事情は存しないと判断され、上告審は上記判断を是認している。

したがって、上告審のいう「表示していたといえるとき」の一例として、少なくとも、出願人が明細書において当該他の構成による発明を記載しているとみることができるとき（明細書中に出願時同効材についての何らかの記載があるという程度では不十分であるが、明細書中に出願時同効材に置き換えた実施例等が記載されていることまでは必要でなかろう）が想定されているといえよう。

一方、上告審における「表示」には明細書における記載のみならず、控訴審において例示されていた出願人による論文等におけるそれまでが広く含まれるのかについては、当業者の認識可能性、法的安定性の見地からは慎重に解すべきであろう。

3　間接侵害

（1）間接侵害規定の趣旨

権限のない第三者が業として特許発明を実施することは特許権の侵害に当たる。特許権侵害は、原則として、被告製品等が特許発明の構成要件のすべてを充足する場合に成立する（直接侵害）。

しかしながら、特許発明の全部実施に当たらないため、特許権を直接に侵害しない場合であっても、たとえば特許権の侵害に用いられる専用部品の供

給等は、直接侵害を惹起する蓋然性が極めて高く、そのような行為を放置することは、特許権の効力の実効性を失わせる結果となる。

101条は、このような問題に対処するために設けられたものであり、侵害の予備的または幇助的行為のうち、直接侵害を誘発する蓋然性が極めて高い一定の行為を特許権の侵害とみなす（間接侵害）規定である。具体的には、①物の生産または方法の使用にのみ用いる物を生産、譲渡等する行為（101条1・4号）、②物の生産または方法の使用に用いる物であってその発明の課題の解決に不可欠なものにつき、その物がその発明の実施に用いられることを知りながら、その生産、譲渡等をする行為（101条2・5号）、③物の発明に係る物、または物を生産する方法の発明に係る方法により生産した物を譲渡等するために所持する行為（101条3・6号）が侵害行為とみなされている。

(2) 専用品型間接侵害（101条1・4号）

101条1・4号は、侵害専用品（いわゆる「のみ」品）の生産、譲渡等を間接侵害とする規定である。1号に該当する例としては、カメラについて特許が成立している場合に、当該特許製品であるカメラを完成品としてではなく、キットとして生産、販売する場合がある。4号に該当する例としては、パンを焼く方法に関する特許権について、当該方法の発明を使用してパンを焼くために用いられるパン焼き機を販売する行為がある（大阪地判平成12・10・24判タ1081号241頁〔製パン機事件〕）。

「のみ」という文言は、文字通りの専用品に限らず、当該物に、社会通念上経済的、商業的または実用的な他の用途がない場合も含む。特許権者において、当該用途が経済的、商業的または実用的なものではないことについての立証責任を負う（東京地判昭和56・2・25判時1007号72頁〔一眼レフカメラ事件〕）。

なお、前掲大阪地判平成12・10・24〔製パン機事件〕は、被告の製品にはタイマーを使用する用途（当該特許発明を使用する）と、使用しない用途があるところ、「ある物が、当該特許発明を実施する機能と実施しない機能の複数の機能を切り替えて使用することが可能な構造になっており、当該発明を使用しない使用方法自体が存する場合であっても、当該特許発明を実施しない機能のみを使用し続けながら、当該特許発明を実施する機能は全く使用し

ないという使用形態が、当該物件の経済的、商業的または実用的な使用形態として認められない限り、『その発明の実施にのみ使用する物』に当たる」として現在の4号（判決当時は2号）の間接侵害の成立を認めている。

「物の生産」とは、発明の構成要件を充足しない物を素材として発明の構成要件のすべてを充足する物を新たに作り出すことをいい、素材の本来の用途に従って使用するにすぎない行為は含まれない。たとえば、既存の医薬品を併用する行為は「物の生産」には当たらない（大阪地判平成24・9・27判時2188号108頁〔ピオグリタゾン大阪事件〕）。パソコンにソフトウェアをインストールし「ソフトウェアをインストールしたパソコン」を完成させる行為は「生産」に当たる（知財高判平成17・9・30判時1904号47頁〔一太郎事件〕）。

（3）多機能品型間接侵害（101条2・5号）

（a）発明の課題の解決に不可欠なもの　　101条2・5号は、物の生産または方法の使用に用いる物であってその発明の課題の解決に不可欠なものであり、かつ汎用品でないものにつき、その物がその発明の実施に用いられることを知りながら、その生産、譲渡等をする行為を対象としている。平成14年改正によって追加された類型であり、客観的要件を「のみ」から「発明による課題の解決に不可欠なもの」に緩和する一方、主観的要件である「知りながら」が設けられている。

「発明による課題の解決に不可欠なもの」とは、それを用いることにより初めて「発明の解決しようとする課題」が解決されるようなもの、言い換えれば、従来技術の問題点を解決するための方法として、当該発明が新たに開示する、従来技術に見られない特徴的技術手段について、当該手段を特徴付けている特有の構成ないし成分を直接もたらすものをいう。「発明による課題の解決に不可欠なもの」は、特許請求の範囲に記載された発明の構成要素（発明特定事項）とは異なる概念であり、発明の構成要素以外にも、物の生産に用いられる道具、原料なども含まれ得る。発明の構成要素であっても、その発明が解決しようとする課題とは無関係に従来から必要とされていたものは、これに当たらない（東京地判平成16・4・23判時1892号89頁〔プリント基板用治具に用いるクリップ事件〕）。既存の医薬品を併用する発明について、

既存の医薬品自体は、当該発明が解決しようとする課題とは無関係に従来から必要とされていたものに過ぎず、「その発明による課題の解決に不可欠なもの」に該当しない（東京地判平成25・2・28平成23（ワ）19435号、19436号〔ピオグリタゾン東京事件〕）。

このように、請求項に記載のない事項も「課題の解決に不可欠」に含める結果として、発明の構成以外の公知なものについても間接侵害が成立してしまうおそれがあるため、「日本国内において広く一般に流通しているもの」すなわち汎用品は間接侵害の成立対象外とされている。

(b) 日本国内において一般に流通しているもの　「日本国内において一般に流通しているもの」とは、典型的には、ねじ、釘、電球、トランジスター等のような、日本国内において広く普及している一般的な製品、すなわち、特注品ではなく、他の用途にも用いることができ、市場において一般に入手可能な状態にある規格品、普及品を意味する（前掲知財高判平成17・9・30〔一太郎事件〕）。

上記の例でいえば、「消しゴムで消せるボールペンの発明」について、特殊インク用顔料は「課題の解決に不可欠」であるが、一般的なインク用顔料の生産等は「広く一般に流通」しているので、間接侵害は成立しない。

101条5号にいう「方法の使用に用いる物」とは、その物自体を利用して特許発明に係る方法を実施することが可能である物についてこれを生産、譲渡等する行為を特許権侵害とみなすものであって、そのような物の生産に用いられる物を製造、譲渡等する行為（いわゆる「間接の間接侵害」）を特許権侵害とみなすものではない。パソコンの生産に用いられるソフトウェアの生産等は、パソコンの生産等ではなく、5号所定の間接侵害を構成しないとされた（前掲知財高判平成17・9・30〔一太郎事件〕）。

(c) 知りながら　「発明の実施に用いられることを知りながら」とは、当該事実を実際に知っていたことが必要である。警告書の受領または訴状の送達によって本要件の充足は認められる。「知りながら」には、過失により知らなかった場合は含まれない。過失によって知らなかった場合を含めなかったのは、自らの供給する部品等が複数の用途を有する場合に、それらが供給先でどのように使われるかについてまで注意義務を負わせるのは部品等の

供給者にとって酷であり、また、取引の安全を害するとの理由による。被告
製品の供給者が適法用途のほかに違法用途にも使用されることを抽象的に認
識していれば、本要件の充足が認められる（東京地判平成 23・6・10 平成 20
（ワ）19874 号〔医療用器具事件〕）。

（4）侵害物品の譲渡等目的での所持行為（101 条 3・6 号）

物の発明に係る物、または物を生産する方法の発明に係る方法により生産
した物を譲渡等するために所持する行為は侵害行為とみなされる（101 条 3・
6 号）。権利者にとって、模倣品の販売行為が最も被害を受ける侵害行為で
あり、これを事前に差止める必要があるが、侵害物品が広く市場に流通して
しまってからでは、侵害物品の個々の販売行為を未然に防止することは困難
であるため、譲渡の前段階である所持行為をみなし侵害行為とすることによ
り、侵害行為禁止の実効性を高めるとともに、模倣品の拡散を防止する趣旨
である。

（5）間接侵害規定の適用範囲

第 1 に、特許発明を個人的、家庭的に実施するに過ぎず、業としての実施
（68 条）を行わない者に対して部品等を供給する行為についても、間接侵害
は成立する。

まず、101 条 1・2・4・5 号は、「その物の生産に（のみ）用いる物」「そ
の方法の使用に（のみ）用いる物」の生産、譲渡等（間接侵害行為）につい
ては「業として」であることを要件としているが、「物の生産」「方法の使
用」については、「業として」なされることを必要としていない。101 条 1・
2・4・5 号の文言上は、「物の生産」「方法の使用」が業として行われ、特許
権の業としての実施による直接侵害が現実に成立していることまでは成立要
件とされていない。

次に、68 条が特許権の効力の及ぶ範囲を「業として」行うものに限定し
たのは、個人的家庭的な実施にすぎないものにまで特許権の効力を及ぼすこ
とは、産業の発達に寄与することという特許法の目的からして不必要に強力
な規制であって、社会の実情に照らして行きすぎであるという政策的な理由
に基づくものであるにすぎず、一般家庭において特許発明が実施されること
に伴う市場機会をおよそ特許権者が享受すべきではないという趣旨に出るも

VI. 特許権侵害　　*81*

のではない。そうすると、一般家庭において使用される物の生産、譲渡等（もちろんこれは業として行われるものである）に対して特許権の効力を及ぼすことは、特許権の効力の不当な拡張であるとはいえず、かえって、特許権の効力の実効性を確保するために強く求められるものともいえる。したがって、「その発明の実施にのみ使用する物」における「実施」は、一般家庭におけるものも含まれる（前掲大阪地判平成12・10・24〔製パン機事件〕）。

　第2に、間接侵害品を輸出する行為については、間接侵害行為は成立しない（101条）。わが国の特許権の効力は国外には及ばない（属地主義）。このため、国外においては、直接侵害の危険が生ずる余地がなく、特許発明が実施されることに伴う市場機会の喪失のおそれもないからである。

　同様に、専ら輸出向けの部品等を国内において「生産」する行為についても、間接侵害は成立しない。外国で使用される物についてまで「その発明の実施にのみ使用する物」であるとして特許権の効力を拡張する場合には、日本の特許権者が、本来当該特許権によっておよそ享受し得ないはずの、外国での実施による市場機会の獲得という利益まで享受しうることになり、不当に当該特許権の効力を拡張することになるからである（前掲大阪地判平成12・10・24〔製パン機事件〕）。

　なお、2条3項の特許発明の「実施」行為として輸出が規定されている。輸出行為自体は、国内で行われる行為であり、わが国の産業財産権の効力を直接的に海外における譲渡等の行為に対して及ぼすものでもないため、属地主義には反しないとの理由による。

　その他、特許権者の市場機会の確保という観点からは、直接行為者が実施許諾を受けている場合には、特許権者は実施許諾者との契約によって市場機会があったものであり、間接侵害の成立を認める必要はないであろう。一方、直接行為者の行為が試験研究（69条）に該当する場合については、試験または研究のために実施する者に対して部品や部材を提供する者について間接侵害が成立すると69条の趣旨が失われるとも考えられるが、むしろ、業としての実施の場合と同様に、試験または研究のために使用される部材や材料の市場についての特許権者の市場機会を肯定してよいであろう。

82　　第2章 特許法

（6）複数主体の関与

　特許発明の実施行為が単独の者によって物理的に行われていない場合について、特許権侵害による責任を認めるべきであるかという問題がある。この点に関連して、原告の特許方法が6つの工程から成り、被告はこのうち5工程までを実施した半製品を提供し、購入者が最後の工程を実施するという形で分担して特許発明が使用されていたという事例がある。被告が提供する製品は特許方法の使用のため以外の他の用途は考えられず、これを購入した者が特許方法の使用のために使用することが当然のことと予想されているとして、上記の5工程までを使用した半製品を提供した被告が、最後の工程を使用する購入者を「道具」として単独ですべての構成要件を実施していると評価して、特許権侵害を認めた（東京地判平成13・9・20判時1764号112頁〔電着画像の形成方法事件〕）。さらに、大阪地判昭和36・5・4判タ119号41頁〔多孔性成形体事件〕は、他人の特許発明の一部分の実施行為が他の者の実施行為とあいまって全体として他人の特許方法を実施する場合について共同による直接侵害の成立の余地を肯定しているが、結論的には侵害の成立を否定している。

（7）101条に列挙されている以外の態様での教唆・幇助行為に対する差止請求

　100条は、特許権を侵害する者等に対し侵害の停止または予防を請求することを認めているが、同条にいう特許権を侵害する者または侵害をするおそれがある者とは、自ら特許発明の実施（2条3項）または101条所定の行為を行う者またはそのおそれがある者をいい、それ以外の教唆または幇助する者を含まない。その理由は、①わが国の民法上、不法行為に基づく差止めは原則として認められておらず、特許権侵害についての差止めは、特許権の排他的効力から特許法が規定したものであること、②教唆または幇助による不法行為責任は、自ら権利侵害をするものではないにもかかわらず、被害者保護の観点から特にこれを共同不法行為として損害賠償責任（民719条2項）を負わせることにしたものであり、特許権の排他的効力から発生する差止請求権とは制度の目的を異にするものであること、③教唆または幇助の行為態様には様々なものがあり得るのであって、特許権侵害の教唆行為または幇助

行為の差止めを認めると差止請求の相手方が無制限に広がり、または差止めの範囲が広範になりすぎるおそれがあって、自由な経済活動を阻害する結果となりかねないこと、④ 101 条所定の間接侵害の規定は、特許権侵害の幇助行為の一部の類型について侵害行為とみなして差止めを認めるものであるところ、幇助行為一般について差止めが認められると解すると同条を創設した趣旨を没却するものとなるからである（東京地判平成 16・8・17 判時 1873 号 153 頁〔切削オーバーレイ工法事件〕）。

●●●●●●　**参 考 文 献**　●●●●●●
- 三村量一「**判解**」『最判解民事篇平成 10 年度（上）』112 頁〔ボールスプライン事件〕
- 菊池絵理「**最高裁重要判例解説**」Ｌ＆Ｔ 69 号 91 頁（2015 年）〔プラバスタチンナトリウム事件〕
- 田中孝一「**判解**」法曹時報 69 巻 12 号 187 頁（2017 年）〔マキサカルシトール製剤事件〕
- 中山信弘＝小泉直樹編『**新・注解特許法（上巻）**』（青林書院、第 2 版、2017 年）
- 大渕哲也「**統一的クレーム解釈論**」牧野利秋先生傘寿記念『知的財産権―法理と提言』206 頁（青林書院、2013 年）
- 潮海久雄「**特許侵害訴訟における禁反言の法理の再検討**」中山信弘先生還暦記念『知的財産法の理論と現代的課題』196 頁（弘文堂、2005 年）
- 塩月秀平「**技術的範囲（1）（2）**」牧野利秋ほか編『知的財産訴訟実務大系Ｉ』282 頁、297 頁（青林書院、2014 年）
- 設楽隆一「**無効の抗弁導入後のクレーム解釈と均等論、並びにボールスプライン最判の第 5 要件と FESTO 最判との比較及び出願時同効材等について**」日本工業所有権法学会年報 38 号 265 頁（2014 年）
- 中島基至「**充足論―間接侵害の場合**」髙部眞規子編『特許訴訟の実務』114 頁（商事法務、第 2 版、2017 年）
- 江幡奈歩「**一太郎事件**」ジュリスト 1475 号 13 頁（2015 年）

Ⅶ ► 侵害主張に対する抗弁

1　特許権侵害差止訴訟の請求原因事実および抗弁事実

　特許権侵害差止請求の請求原因事実は、①原告が特許権または専用実施権を有すること、②被告が侵害行為を行っているか（侵害の停止の場合）、ある

いは行うおそれがある（侵害の予防の場合）ことである。そして、②の侵害行為というには、@被告が、業として、被告製品の製造・販売等ないし被告方法の使用を行っていること、⑥被告製品（物の発明の場合）ないし被告方法（方法の発明および物を生産する方法の発明の場合）が、原告の特許権に係る特許発明の技術的範囲に属すること（文言侵害、均等侵害、間接侵害）、を主張する。

特許権侵害差止請求における抗弁事実としては、①原告が特許権等を有することに対する抗弁（@権利の消滅ないし喪失〔存続期間満了等〕、⑥特許権の無効、無効審決の確定）、②無効の抗弁（104条の3）、③被告の実施行為に対する抗弁（@特許権の効力が及ばないこと〔試験研究のための実施等、消尽〕、⑥実施権限〔法定または裁定実施権〕、契約による実施許諾）、④被告製品等が原告の特許発明の技術的範囲に属することに対する抗弁（@文言侵害について、出願経過参酌の抗弁、⑥均等侵害について、第4要件、第5要件不充足の主張、©間接侵害について、国内における一般流通）、⑤権利濫用の抗弁がある。

2　特許権の効力の制限

（1）試験または研究のためにする実施

特許権の効力は、試験または研究のためにする特許発明の実施には及ばない（69条1項）。被告が、試験または研究のために対象製品を製造したことは、特許権侵害訴訟における被告の抗弁事実となる。

特許法の目的は技術を公開し、当業者による改良技術の開発を促進することにある。特許によって公開された技術が新規性・進歩性等の特許要件を充足したものであるかを当業者が調査し（特許性調査）、特許発明を前提にこれを改良・発展させるために特許発明を実施する行為についても特許権者の同意が必要であるとすると、特許法の目的を実現できないおそれがあるために設けられた規定である。

ただし、これらの目的で生産等した特許製品を業として譲渡等すれば、特許権の侵害になる。69条が対象にしているのは、試験または研究目的での実施行為そのものに限られる。

最判平成11・4・16民集53巻4号627頁〔膵臓疾患治療剤事件〕は、後発

（ジェネリック）医薬品メーカーが、先発医薬品に関する特許権の存続期間満了後すみやかに先発品と同成分の医薬品を発売すべく、先発医薬品の特許期間存続期間中に旧薬事法（現在は薬機法と名称変更されている）所定の厚労省の承認申請を行うため、承認申請の添付資料として先発医薬品の特許発明の技術的範囲に含まれる医薬品を生産する行為について、69条に該当し、先発医薬品の特許権者の同意は要しないとした。

　医薬品を製造、販売するためには、厚労省所管の旧薬事法に基づく製造承認を得る必要がある。先発医薬品に比べて簡易な手続となっているが、後発医薬品についても製造承認は必要である。製造承認を得るためには、後発品が先発品との生物的同等性に関する資料を添付する必要があり、このため、先発品と同成分の薬品を生産、すなわち先発品の特許発明の実施行為を後発品メーカーは行う必要がある。

　ジェネリック医薬品メーカーとしては、先発医薬品の特許切れ後なるべく早く市場に参入するため、先発医薬品の特許権の存続期間中に、後発医薬品としての製造承認申請を行って備えておきたい。本件で問題となったのはこのような申請のための添付資料としての生産行為である。

　もし仮にこのような生産行為についても先発医薬品特許権者の同意が必要となるとすれば、後発医薬品メーカーは、先発医薬品の特許期間満了を待って初めて添付資料用の生産行為をすることが可能となり、その結果、製造承認が下りるのは、先発医薬品の特許切れからしばらく後ということになる。最高裁によると、「特許権の存続期間が終了した後は、何人でも自由にその発明を利用することができ、それによって社会一般が広く益されるようにすることが、特許制度の根幹の1つ」であるところ、本件行為を69条の適用外とすると、「特許権の存続期間を相当期間延長するのと同様の結果とな」り妥当でない。

　なお、本件におけるジェネリック医薬品メーカーによる生産行為は、先発医薬品特許発明を改良する目的でなされるものではなく、69条の趣旨から外れるのではないかとの疑問が生じよう。最高裁は、同条の解釈の一般論として、改良目的の実施行為であることは必要でない、とは述べていない。本判決は、あくまで、本件事案について、同条の適用を認めないと「特許制度

の根幹」にもとる結果が生ずるという事情を重視したものであり、同条の要件論については、なお残された課題といえよう。

（2）特許出願時から日本国内にある物等

単に日本国内を通過するにすぎない船舶もしくは航空機またはこれに使用する機械、器具、装置その他の物（69条2項1号）には特許権の効力は及ばない。短時間で出ていくものであり、差し止められると国際交通に支障が生ずるからである。

特許出願時から日本国内にある物には特許権の効力は及ばない（69条2項2号）。他人の特許出願時にその実施をしていた者に対して特許権の効力を及ぼすことは衡平に反するという、先使用権（79条）と同様の趣旨である。出願時に現に存在した物の存在によって、特許発明が出願時に公知（29条1項）となっていた場合には、特許自体に無効理由がある（123条1項2号、104条の3）。これに対して、特許の出願時において公知といえない形で存在した物、たとえば、特許製品と同一の技術を用いた機械が倉庫内に保管されていたという場合には、69条2項2号の適用によって特許権の効力外とする実益があろう。

調剤行為には特許権の効力は及ばない（69条3項）。医師の処方箋によりなされる調剤行為について特許権の効力が及ぶことになると、医療現場が混乱するために設けられている。

3　消尽

（1）特許製品が国内で譲渡された場合

（a）物の発明　　物の発明、物の生産方法の発明の効力は、その物の使用、譲渡に及ぶ。2条3項1・3号はたんに「使用、譲渡等」と規定しており、文言上は、特許権者が有する特許製品の使用、譲渡等についての権利は、最初の譲渡だけでなく、その特許製品の転用、転売行為についても含むように読める。

しかしながら、判例は（最判平成19・11・8民集61巻8号2989頁〔インクタンク事件〕）、特許権者または実施権者によって譲渡された特許製品の転用、転売行為については、特許権はその目的を達したものとして及ばないと解し

ている（消尽）。

　この場合、特許製品について譲渡を行う都度、特許権者の許諾を要すると
すると、市場における特許製品の円滑な流通が妨げられ、かえって特許権者
自身の利益を害し、ひいては1条所定の特許法の目的にも反することになる
一方、特許権者は、特許発明の公開の代償を確保する機会がすでに保障され
ているものということができ、特許権者等から譲渡された特許製品について、
特許権者がその流通過程において二重に利得を得ることを認める必要性は存
在しない（二重利得の禁止）というのがその理由である。

　消尽は、特許権者の利得の機会の保障と取引の安全との調和をどのように
図るかという利益衡量であり、特許製品の譲渡があった場合に適用される信
義則を一定の類型に定型化して、特許権者による権利行使を制限したもので
ある。

　(b) **方法の発明**　　方法の発明、物の生産方法の発明に関する特許権の効
力は、当該方法の使用に及ぶ（2条3項2・3号）。特許権者または特許権者
から許諾を受けた実施権者が、特許発明に係る方法の使用にのみ用いる物
（101条4号）またはその方法の使用に用いる物（わが国の国内において広く一
般に流通しているものを除く）であってその発明による課題の解決に不可欠な
もの（同条5号）を譲渡した場合において、譲受人ないし転得者がその物を
用いて当該方法の発明に係る方法の使用をする行為、および、その物を用い
て特許発明に係る方法により生産した物を使用、譲渡等する行為については、
特許権者は、特許権に基づく差止請求権等を行使することは許されない。そ
の理由は、①譲受人は、これらの物、すなわち、専ら特許発明に係る方法に
より物を生産するために用いられる製造機器、その方法による物の生産に不
可欠な原材料等を用いて特許発明に係る方法の使用をすることができること
を前提として、特許権者からこれらの物を譲り受けるのであり、転得者も同
様であるから、これらの物を用いてその方法の使用をする際に特許権者の許
諾を要するということになれば、市場における商品の自由な流通が阻害され
ることになり、②特許権者は、これらの物を譲渡する権利を事実上独占して
いるのであるから（101条）、将来の譲受人ないし転得者による特許発明に係
る方法の使用に対する対価を含めて、これらの物の譲渡価額を決定すること

88　　第2章 特許法

が可能であり、特許発明の公開の代償を確保する機会は保障されているからである（知財高判平成18・1・31判時1922号30頁〔インクタンク事件控訴審〕）。

消尽は、特許権の専用権を制限する判例法理であるが、特許権侵害訴訟においては、被告の抗弁事由として働く。原告特許権者が被告に対して特許品の使用、譲渡の差止請求を行う場合、請求原因として、原告が特許権を有すること、および、被告が特許製品を使用、譲渡していることを主張立証する。これに対して、被告は、抗弁として、当該特許製品が特許権者によって適法に譲渡されたものであるとの事実を主張することができる。

（2）特許製品につき加工や部材の交換がされた場合

消尽が成立するのは特許権者が譲渡した特許製品そのものに限られる。特許権者等がわが国において譲渡した特許製品につき加工や部材の交換がされ、それにより当該特許製品と同一性を欠く特許製品が新たに製造されたものと認められるときは、特許権者は、その特許製品について、特許権を行使することが許される。特許権侵害訴訟において、原告である特許権者は、被告による消尽の抗弁に対し、再抗弁として、対象製品は、特許製品を加工しまたは部材を交換したものであり、それにより加工・部材の交換前の特許製品と同一性を欠く特許製品が新たに製造されたことを主張できる。

消尽の成立の根拠は特許製品の円滑な流通および二重利得の禁止にあるところ、この根拠は、特許権者等が譲渡した特許製品そのものについてのみ妥当し、当該特許製品がいったん効用を終えるなどして加工、部材の交換を経て新たな特許製品として製造され再生した場合は、当該新製造特許製品の使用、譲渡に関する特許権者の利得については、最初に譲渡された特許製品に対する利得が別途認められることになる。

特許製品の新たな製造に当たるかどうかについては、当該特許製品の属性、特許発明の内容、加工および部材の交換の態様のほか、取引の実情等も総合考慮して判断するのが相当であり、当該特許製品の属性としては、製品の機能、構造および材質、用途、耐用期間、使用態様が、加工および部材の交換の態様としては、加工等がされた際の当該特許製品の状態、加工の内容および程度、交換された部材の耐用期間、当該部材の特許製品中における技術的

Ⅶ. 侵害主張に対する抗弁　　89

機能および経済的価値が考慮の対象とされる。なお、「新たに製造」の再抗弁は、特許製品の使用、譲渡行為に関するものであり、特許製品の「生産」とは別個の概念である。

原告特許権者が被告に対して特許品の使用、譲渡の差止請求を行う場合、請求原因として、原告が特許権を有すること、および、被告が特許製品を使用、譲渡していることを主張立証する。これに対して、被告は、抗弁として、当該特許製品が特許権者によって適法に譲渡されたものであることを主張立証することができる。

被告の上記抗弁に対して、特許権者は、特許権者または実施権者が譲渡した特許製品について加工、部材の交換がなされ、「新たに製造」されたことを再抗弁として主張できる。

具体例として、前掲最判平成 19・11・8〔インクタンク事件〕は、使用済みプリンタ用インクタンクにインクを充塡したリサイクル品の使用、譲渡が特許権侵害に当たるかが問題となった事例である。被告は消尽の成立を主張した。裁判所は、本件使用済みインクタンクにインクを再充塡した場合、プリンタ本体の故障を生ずるおそれがあり、使い切りを想定していること、再充塡のためにはタンクに穴を開ける必要があること、費消されたインクを再充塡する際、洗浄することにより、タンクの機能が回復すること（「特許製品の属性」にかかる事情）、そして、加工により、本件発明の本質的部分に係る構成を再充足させ、開封前のインク漏れ防止という作用効果を新たに発揮すること等（「特許発明の内容」にかかる事情）等を考慮したうえで、被告の行為は特許製品を「新たに製造」する行為に当たるとして、原告の請求を認容している。

（3）特許製品の部材が譲渡された場合

特許権者または専用実施権者が、わが国において、特許製品の生産にのみ用いる物（第三者が生産、譲渡等すれば101条1号に該当することとなるもの。以下、「1号製品」）を譲渡した場合には、当該1号製品について特許権はその目的を達成したものとして消尽し、もはや特許権の効力は、当該1号製品の使用、譲渡等には及ばず、特許権者は、当該1号製品がそのままの形態を維持する限りにおいては、当該1号製品について特許権を行使することは許

されない。しかし、その後、第三者が当該 1 号製品を用いて特許製品を生産した場合においては、特許発明の技術的範囲に属しない物を用いて新たに特許発明の技術的範囲に属する物が作出されていることから、当該生産行為や、特許製品の使用、譲渡等の行為について、特許権の行使が制限されるものではない。

なお、このような場合であっても、特許権者において、当該 1 号製品を用いて特許製品の生産が行われることを黙示的に承諾していると認められる場合には、特許権の効力は、当該 1 号製品を用いた特許製品の生産や、生産された特許製品の使用、譲渡等には及ばない。同様の理は、わが国の特許権者（関連会社などこれと同視するべき者を含む）が国外において 1 号製品を譲渡した場合についても、同様に当てはまる。黙示に承諾をしたと認められるか否かの判断は、特許権者について検討されるべきものではあるが、1 号製品を譲渡した通常実施権者が、特許権者から、その後の第三者による 1 号製品を用いた特許製品の生産を承諾する権限まで付与されていたような場合には、黙示に承諾をしたと認められるか否かの判断は、別途、通常実施権者についても検討することが必要となる（知財高判平成 26・5・16 判時 2224 号 146 頁〔アップル・サムスン（損害賠償請求）事件〕）。

特許権侵害訴訟において、被告は、特許権者または専用実施権者が 1 号製品を譲渡した事実を抗弁として主張できる。これに対し、原告特許権者は、再抗弁として、被告は、1 号製品を用いて新たに特許発明の技術的範囲に属する物を生産しているとの事実を主張できる。被告は、再再抗弁として、特許権者において、当該 1 号製品を用いて特許製品の生産が行われることを黙示的に承諾しているとの事実を主張する。

（4） 特許製品が国外で譲渡された場合（並行輸入）

（a） 黙示の許諾　　国外で適法譲渡された特許製品をわが国に輸入、譲渡する行為は、一定の要件をみたせば、わが国の特許権者の同意なく行うことができる。

わが国の特許権者が国外において特許製品を譲渡した場合については、特許権者は、譲受人に対しては、当該製品について販売先ないし使用地域からわが国を除外する旨を譲受人との間で合意した場合を除き、譲受人から特許

製品を譲り受けた第三者およびその後の転得者に対しては、譲受人との間で右の旨を合意した上特許製品にこれを明確に表示した場合を除いて、当該製品についてわが国において特許権を行使することは許されない（最判平成9・7・1民集51巻6号2299頁〔BBS事件〕）。

　特許製品が国外で譲渡された場合については、国内で最初に譲渡された場合と同様に消尽を適用することはできない。特許権者は、特許製品を譲渡した地の所在する国において、必ずしもわが国において有する特許権と同一の発明についての特許権（以下、「対応特許権」）を有するとは限らないし、対応特許権を有する場合であっても、わが国において有する特許権と譲渡地の所在する国において有する対応特許権とは別個の権利であることに照らせば、特許権者が対応特許権に係る製品につきわが国において特許権に基づく権利を行使したとしても、これをもって直ちに二重の利得を得たものということはできないからである。

　一方で、国際取引における商品の流通と特許権者の権利との調整という観点からは、現代社会において国際経済取引が極めて広範囲、かつ、高度に進展しつつある状況に照らせば、わが国の取引者が、国外で販売された製品をわが国に輸入して市場における流通におく場合においても、輸入を含めた商品の流通の自由は最大限尊重することが要請されているものというべきである。

　国外での経済取引においても、一般に、譲渡人は目的物について有するすべての権利を譲受人に移転し、譲受人は譲渡人が有していたすべての権利を取得することを前提として、取引行為が行われるものということができる。現代社会における国際取引の状況に照らせば、特許権者が国外において特許製品を譲渡した場合においても、譲受人または譲受人から特許製品を譲り受けた第三者が、業としてこれをわが国に輸入し、わが国において、業として、これを使用し、またはこれをさらに他者に譲渡することは、当然に予想される。したがって、特許権者が留保を付さないまま特許製品を国外において譲渡した場合には、譲受人およびその後の転得者に対して、わが国において譲渡人の有する特許権の制限を受けないで当該製品を支配する権利を黙示的に授与したものと解すべきである。他方、特許権者の権利に目を向けるときは、

92　　第2章 特許法

特許権者が国外での特許製品の譲渡にあたって、わが国における特許権行使の権利を留保することは許されるというべきであり、特許権者が、右譲渡の際に、譲受人との間で特許製品の販売先ないし使用地域からわが国を除外する旨を合意し、製品にこれを明確に表示した場合には、転得者もまた、製品の流通過程において他人が介在しているとしても、当該製品につきその旨の制限が付されていることを認識しうるものであって、右制限の存在を前提として当該製品を購入するかどうかを自由な意思により決定することができる。子会社または関連会社等で特許権者と同視しうる者により国外において特許製品が譲渡された場合も、特許権者自身が特許製品を譲渡した場合と同様に解すべきである（前掲最判平成9・7・1〔BBS事件〕）。

　特許製品が国内で譲渡された場合に関する消尽（国内消尽）は、特許権者の意思にかかわらず認められる。特許権者と譲受人との特約によって消尽の成立を制限することは可能であるが、特約の効力は転得者には及ばないと解される。一方、特許製品が国外で譲渡された場合に関して上記BBS事件が説示するところは、特許権者による黙示の許諾に基づく特許権の効力の制限である点に違いがある。

　(b) BBS判決の射程　「我が国の特許権者又はこれと同視し得る者」について、判旨は「子会社又は関連会社等で特許権者と同旨し得る者」を例示している。このほか、わが国の特許権についての専用実施権者や、わが国の特許権者が製品販売地である外国において対応特許権を有している場合には同特許権についての専用実施権者・通常実施権者が該当する。

　当該製品についての販売先ないし使用地域からわが国を除外する旨の表示については、製品の販売地の言語による表示で足りる。

　表示が転得者の購入の前に抹消された場合、特許権者は、当該転得者に対して特許権の効力を主張できない。ただし、当該転得者が、特許製品に当初表示が付されていた（が抹消された）ことを知っていた場合には、特許権の効力が及ぶ。

　わが国の特許権者等が国外において譲渡した特許製品につき加工や部材の交換がされ、それにより当該特許製品と同一性を欠く特許製品が新たに製造されたものと認められるときは、特許権者は、その特許製品について、わが

国において特許権を行使することが許されるというべきである。特許製品の新たな製造に当たるかどうかについては、特許権者等がわが国において譲渡した特許製品につき加工や部材の交換がされた場合と同一の基準に従って判断するのが相当である。すなわち、特許製品の新たな製造に当たるかどうかについては、当該特許製品の属性、特許発明の内容、加工および部材の交換の態様のほか、取引の実情等も総合考慮して判断するのが相当であり、当該特許製品の属性としては、製品の機能、構造および材質、用途、耐用期間、使用態様が、加工および部材の交換の態様としては、加工等がされた際の当該特許製品の状態、加工の内容および程度、交換された部材の耐用期間、当該部材の特許製品中における技術的機能および経済的価値が考慮の対象とされる（前掲最判平成 19・11・8〔インクタンク事件〕）。

4　先使用権

（1）先使用権の趣旨

　特許出願に係る発明の内容を知らないで自らその発明をし、または特許出願に係る発明の内容を知らないでその発明をした者から知得して、特許出願の際現に日本国内においてその発明の実施である事業をしている者またはその事業の準備をしている者は、その実施または準備をしている発明および事業の目的の範囲内において、その特許出願に係る特許権について通常実施権を有する（79 条）。35 条 1 項に基づき職務発明に関して使用者等が有する通常実施権と同様、一定の要件をみたす場合には法律上当然に発生する法定通常実施権であり、先使用権と呼ばれる。先使用権を有する者（先使用権者）は、特許権者から差止請求等を受けることがない。特許権侵害訴訟において被告は先使用権を抗弁として主張できる（先使用の抗弁）。先使用権の趣旨は特許権者と先使用権者との公平を図ることにある（最判昭和 61・10・3 民集40 巻 6 号 1068 頁〔ウォーキングビーム事件〕）。

（2）先使用権の要件と成立範囲

　第 1 に、特許出願の時点で、「その発明をしたこと」すなわち発明が完成していることを要する。発明とは、自然法則を利用した技術的思想の創作であり、一定の技術的課題の設定、その課題を解決するための技術的手段の採

用およびその技術的手段により所期の目的を達成しうるという効果の確認という段階を経て完成されるものであるが、発明が完成したというためには、その技術的手段が、当業者が反復実施して目的とする効果をあげることができる程度にまで具体的・客観的なものとして構成されていることを要し、またこれをもって足りる。物の発明については、その物が現実に製造されあるいはその物を製造するための最終的な製作図面が作成されていることまでは必ずしも必要なく、その物の具体的構成が設計図等によって示され、当業者がこれに基づいて最終的な製作図面を作成しそれに基づいてその物を製造することが可能な状態になっていれば、発明としては完成しているといえる（前掲最判昭和61・10・3〔ウォーキングビーム事件〕）。

第2に、特許出願の時点で「特許出願に係る発明の内容を知らないで」自らその発明をした、または発明をした者から知得したことを要する。発明の知得経路に関する要件であり、特許出願に係る発明とは起源を異にする別個独立の発明（いわゆる二重発明）をなした者またはその者から知得した者に先使用権を認める趣旨である。特許出願に係る発明と同一起源に係る発明の場合、たとえば、自己の発明を冒認出願された発明者や、出願権は譲渡したが実施している場合の発明者等については、先使用権は認められない。

第3に、特許出願の際、現に日本国内においてその発明の実施である事業をしている者またはその事業の準備をしている者であることを要する。「事業をしている」とは、自ら直接行う場合に限らず、「事業設備を有する他人に注文して、自己のためにのみ、右意匠にかかる物品を製造させ、その引渡しを受けて、これを他に販売する場合」も含まれる（最判昭和44・10・17民集23巻10号1777頁〔地球儀型トランジスターラジオ事件〕）。

なお、先使用権者が、先使用発明の実施品を第三者に譲渡し、第三者がその実施品を使用等する場合には、第三者は、その実施品の使用等について、特許権者に対し、先使用の抗弁を主張できる（名古屋地判平成17・4・28判時1917号142頁〔移載装置事件〕）。

「事業の準備」とは、いまだ事業の実施の段階にいたらないものの、即時実施の意図を有しており、かつ、その即時実施の意図が客観的に認識できる態様、程度において表明されていれば足りる（前掲最判昭和61・10・3〔ウォ

ーキングビーム事件〕）。

第4に、先使用権は、その実施または準備をしている発明または事業の目的の範囲内に及ぶ。

先使用権は、実施もしくは準備をしていた具体的な実施形式に限られず、その実施形式に具現されている技術的思想すなわち発明の範囲に及ぶ（前掲最判昭和61・10・3〔ウォーキングビーム事件〕）。具体的には、先使用発明の実施形式と侵害疑義物品の実施形式を比較し、両者が同一の技術思想に基づく場合には先使用権の効力が被告製品に及ぶと判断される。

先使用権の成立は、特許出願前に実施あるいは準備されていた実施形式に限定される。先使用の実施形態が、2条3項の定める発明の実施の態様の1つであった場合は、その実施の形態にのみ先使用権が成立する。

5　無効の抗弁（特許権者等の権利行使の制限）

(1)　無効の抗弁の趣旨

特許権侵害訴訟において、当該特許が特許無効審判により無効にされるべきものと認められる場合には（123条1項所定の事由）、特許権者は、被告に対して特許権を行使することができない（104条の3）。無効理由を抱えた特許権に基づく権利行使を許容することは衡平の理念に反し、また、紛争の一回的解決の理念にもとるとの趣旨に基づく。無効理由を有する特許権に基づく権利行使が無効理由に該当することについては、まず、最判平成12・4・11民集54巻4号1368頁〔キルビー事件〕によって判例上明らかにされ、平成17年改正によって新設された104条の3によって明文化された。

無効の抗弁は、無効審決と異なり、あくまで当事者間での相対的効果を有するにすぎない。キルビー事件最判は、無効主張が認められるのは「特許の対世的な無効までも求める意思のない当事者」である、と述べている。特許権侵害に基づく差止等請求においては、被告は104条の3に基づき無効の抗弁を主張できる。同条2項にいう「防御の方法」である。特許権侵害に基づく差止請求権不存在確認の訴えにおいては、原告の「攻撃の方法」として同条を援用可能である。

冒認等を理由とする無効の抗弁については、何人も提起できる（104条の

3第3項)。冒認者等による権利行使が、真の権利者から技術供与を受けて実施している者にも及ぶ可能性があること、また、そもそも冒認者は特許権を取得しうる者ではないことによる。ただし、特許権の移転登録がなされ、無効理由が解消した場合には、もはや主張できない（123条1項2・6号）。

(2) 無効の抗弁に対する対抗主張——訂正の再抗弁

無効の抗弁に対する再抗弁として、特許権者側は、①当該請求項について訂正審判請求ないし訂正請求をしたこと、②当該訂正が134条の2または126条の訂正要件をみたすこと、③当該訂正により、当該請求項について無効の抗弁で主張された無効理由が解消すること、④被告製品が、訂正後の請求項の技術的範囲に属することを主張立証することにより、無効の抗弁の成立を妨げることができる（知財高判平成21・8・25判時2059号125頁〔切削方法事件〕）。

上記の①については、無効審決取消訴訟が係属中であるとき（126条2項、134条の2第1項）、実施権者が訂正に同意しないとき（127条）、共有に係る特許権者の一部の者が請求の手続に与しないとき（132条3項）のように、法律上特許権者が訂正審判ないし訂正請求を行うことができない場合については、公平の観点から、その事情を個別に考察して、訂正請求等の要否を決することになろう。

審理を不当に遅延させることを目的とした無効の抗弁の提出を禁ずる104条の3第2項の趣旨は、無効主張に対する対抗主張である訂正の再抗弁についても同様に及ぶ（最判平成20・4・24民集62巻5号1262頁〔ナイフの加工装置事件〕）。

(3) 再審事由に関する主張の制限

(a) 趣旨　平成23年改正前、特許権侵害訴訟において判決が確定した後に、無効審判や訂正審判、訂正請求により特許権の内容が遡及的に変更された場合には（125条、128条、134条の2）、民事訴訟法338条1項8号にいう「判決の基礎となった行政処分が後の裁判又は行政処分により変更されたこと」に当たるとして、審決確定が再審事由に該当する可能性があるとの指摘がなされていた（前掲最判平成20・4・24〔ナイフの加工装置事件〕泉徳治裁判官意見）。

しかしながら、侵害訴訟において、当事者は、特許の有効性および範囲について互いに攻撃防御を尽くす十分な機会を与えられており、侵害訴訟の判決確定後に無効審決、訂正審決が確定した場合であっても、紛争の蒸し返しを認めるべきではない。

　このような趣旨に基づき、平成23年改正により、侵害訴訟等の判決が確定した後に、無効審決、政令で定める訂正審決、延長登録無効審決が確定しても、当該訴訟の当事者であった者は、当該確定審決に対する再審の訴えにおいて当該確定後の無効審決を主張できないこととされた（104条の4）。

　104条の4第3号にいう「訂正をすべき旨の……審決であって政令で定めるもの」とは、第1に、侵害訴訟勝訴判決の場合は、当該訂正が当該侵害訴訟で立証された事実（無効理由）以外の事実を根拠として、当該特許が無効審判により無効にされないようにするための審決をいう（特施令8条1号）。侵害訴訟において被告が主張した引用発明に基づく無効の抗弁（「当該訴訟において立証された事実」）に対する原告の訂正の再抗弁が認められて無効の抗弁が排斥され、原告の請求を認容する判決が確定した後に、特許権者がこれとは異なる引用発明に基づく無効理由（「当該訴訟において立証された事実以外の事実」）を回避するために訂正請求を行って審決が確定した場合が1号に該当し、被告は訂正審決の確定を再審の訴えにおいて主張できない。

　第2に、侵害訴訟敗訴判決の場合は、当該訂正が当該侵害訴訟で立証された事実を根拠として当該特許が無効審判により無効にされないようにするための審決をいう（特施令8条2号）。侵害訴訟で被告の無効の抗弁が認められて原告の敗訴が確定した場合、その後、特許権者である原告が、侵害訴訟で争われて原告に不利に判断された無効理由を回避するため、訂正請求を行って審決が確定したときは、特許権者は、訂正により無効理由を回避するにいたった旨の再審事由を主張することができない。

　侵害訴訟において損害賠償請求を認容する原告勝訴の確定判決に基づいて、被告から原告に対して損害賠償金が支払われている場合、その後に無効審決が確定しても、再審が認められない以上、認容判決の既判力は維持されており、既払いの損害賠償金が法律上の原因なくして支払われているとはいえないから、被告が原告に対して、不当利得として返還請求をすることはできな

い。

　原告が侵害訴訟において差止請求を認容する確定判決を得た後に、当該特許の無効の審決が確定した場合には、無効な特許に基づく差止めを認めることは相当ではないため、敗訴被告は、無効審決確定後の実施を禁止されないと考えるべきであろう。同様に、差止判決に基づく強制執行は認められず、被告が強制執行を回避する手段としては、請求異議の訴え（民執 35 条）の提起を想定できよう。

　（b）上告審係属中に審決が確定した場合　　104 条の 4 は、侵害訴訟等の判決確定後に審決が確定した場合を対象としており、事実審の口頭弁論終結後、上告審係属中に審決が確定した場合については規定していない。

　もっとも、特許権者が、特許権侵害訴訟の 1 審および控訴審において早期に対抗主張（訂正の再抗弁）を行うことができたにもかかわらず、それを行わないまま請求棄却判決が下された後、上告審係属中に訂正審決が確定したことを理由として特許権者が民事訴訟法 338 条 1 項 8 号に該当する再審事由があるとして原審の判断を争うことは許されない（前掲最判平成 20・4・24〔ナイフの加工装置事件〕）。

　この場合、民事訴訟法 338 条 1 項 8 号所定の再審事由が存するものと解される余地はあるものの、特許権侵害に係る紛争をできる限り特許権侵害訴訟の手続内で迅速に解決し、無効主張について審理、判断することにより訴訟遅延が生ずることを防ぐべく、審理を不当に遅延させるための無効の抗弁の提出を禁じた 104 条の 3 第 2 項の趣旨に照らすと、対抗主張についても審理を不当に遅延させることを目的とするものについては提出が却下されるべきであるからである。

　もっとも、特許権者が、訂正の再抗弁を主張しなかったことについてやむを得ないといえるだけの特段の事情がある場合は、訂正審決等の確定を理由として原審の判断を争う余地がある（最判平成 29・7・10 民集 71 巻 6 号 861 頁〔シートカッター事件〕）。

　この点、無効審決取消訴訟の係属中は、無効の抗弁に係る無効理由を解消するための訂正についての訂正審判の請求または訂正の請求をすることは法律上できない（126 条 2 項、134 条の 2 第 1 項）とされており、訂正の再抗弁

Ⅶ. 侵害主張に対する抗弁　　99

を提出するための要件とされる訂正審判または訂正請求を行うことができないため、このような場合に、訂正の再抗弁を提出しなかったことについてやむを得ないといえる特段の事情があるといえるかが問題となる。

シートカッター事件判決は、原審で新たに主張された本件無効の抗弁に係る無効理由とは別の無効理由に係る別件審決に対する審決取消訴訟がすでに係属中であることから別件審決が確定していなかったなどの事情の下では、本件無効の抗弁に対する訂正の再抗弁を主張するために現に訂正審判または訂正請求をしている必要はないというべきであるから、これをもって、特許権者が原審において本件無効の抗弁に対する訂正の再抗弁を主張しなかったことがやむを得ないといえるだけの特段の事情はうかがわれない、とした。

6　権利濫用の抗弁

第1に、標準化団体に対し、その保有する特許が標準規格に必須であり、公正、合理的かつ非差別的な条件（fair, reasonable and non-discriminatory terms and conditions: FRAND 条件）で許諾する旨の宣言（FRAND 宣言）を行った特許権者による損害賠償請求は、FRAND 条件でのライセンス料相当額を越える部分では権利の濫用に当たるが、FRAND 条件でのライセンス料相当額の範囲内での損害賠償請求については制限されない（前掲知財高判平成 26・5・16〔アップル・サムスン（損害賠償請求）事件〕）。

標準必須特許について FRAND 宣言がなされている場合、当該標準規格に準拠した製品を製造、販売等しようとする者は、当該製造、販売等に必須となる特許権のうち、少なくとも当該標準化団体の会員が保有するものについては、適時に必要な開示がされるとともに、FRAND 宣言をすることが要求されていることを認識しており、特許権者とのしかるべき交渉の結果、将来、FRAND 条件によるライセンスを受けられるであろうと信頼する。FRAND 宣言がされている本件特許について FRAND 条件でのライセンス料相当額を超える損害賠償請求権の行使を許容することは、このような期待を抱いて UMTS 規格に準拠した製品を製造、販売する者の信頼を害することになるからである。

したがって、FRAND 宣言をした特許権者が、当該特許権に基づいて、

FRAND 条件でのライセンス料相当額を超える損害賠償請求をする場合、そのような請求を受けた相手方は、特許権者が FRAND 宣言をした事実を主張、立証すれば、ライセンス料相当額を超える請求を拒むことができる。

これに対し、特許権者が、相手方が FRAND 条件によるライセンスを受ける意思を有しない等の特段の事情が存することについて主張、立証すれば、FRAND 条件でのライセンス料を超える損害賠償請求部分についても許容される。

第 2 に、FRAND 宣言がなされている特許については、差止請求権の行使を許容することは、特許権者とのしかるべき交渉の結果、FRAND 条件でのライセンスを受けることができるとの期待を抱いて規格に準拠した製品を製造、販売する者の信頼を害することになる。

したがって、FRAND 宣言された特許に基づく差止請求に対し、相手方は、権利濫用の抗弁として、特許権者が FRAND 宣言を行ったこと、被告が FRAND 条件による意思を有する者であることを主張立証する（知財高決平成 26・5・16 判時 2224 号 89 頁〔アップル・サムスン（差止請求）事件〕）。

●●●●●●●　**参 考 文 献**　●●●●●●

- 髙部眞規子「**判解**」『最判解民事篇平成 11 年度（上）』326 頁〔膵臓疾患治療剤事件〕
- 中吉徹郎「**判解**」『最判解民事篇平成 19 年度（下）』756 頁〔インクタンク事件〕
- 三村量一「**判解**」『最判解民事篇平成 9 年度（中）』764 頁〔BBS 事件〕
- 水野武「**判解**」『最判解民事篇昭和 61 年度』394 頁〔ウォーキングビーム事件〕
- 奥村長生「**判解**」『最判解民事篇昭和 44 年度（下）』655 頁〔地球儀型トランジスターラジオ事件〕
- 和久田道雄「**判解**」『最判解民事篇平成 20 年度』248 頁〔ナイフの加工装置事件〕
- 大寄麻代「**最高裁重要判例解説**」L＆T 78 号 62 頁〔シートカッター事件〕
- 特許庁工業所有権制度改正審議室編『**平成 23 年特許法等の一部改正　産業財産権法の解説**』（社団法人発明協会、2011 年）
- 中山信弘＝小泉直樹編『**新・注解特許法（上巻）**』（青林書院、第 2 版、2017 年）
- 中山信弘＝小泉直樹編『**新・注解特許法（別冊）平成 23 年改正特許法解説**』（青林書院、2012 年）
- 田村善之『**特許法の理論**』（有斐閣、2009 年）
- 愛知靖之『**特許権行使の制限法理**』（商事法務、2015 年）
- 田中孝一「**特許権と国内消尽**」牧野利秋ほか編『**知的財産訴訟実務大系 I**』465 頁

（青林書院、2014年）

● 三村量一「**特許権と並行輸入**」牧野利秋ほか編『知的財産訴訟実務大系I』478頁（青林書院、2014年）

● 飯村敏明「**完成品に係る特許の保有者が部品を譲渡した場合における特許権の行使の可否について**」中山信弘先生古稀記念『はばたき―21世紀の知的財産法』336頁（弘文堂、2015年）

● 三村量一「**部材等の販売と特許権の消尽**」飯村敏明先生退官記念『現代知的財産法―実務と課題』643頁（発明推進協会、2015年）

● 小松陽一郎「**アップル対サムスン（iPhone）事件―消尽関係**」ジュリスト1475号56頁（2015年）

● 中平健「**その余の抗弁―先使用**」髙部眞規子編『特許訴訟の実務』180頁（商事法務、第2版、2017年）

● 清水節「**無効の抗弁と訂正の再抗弁の審理及び問題点について**」パテント69巻3号80頁（2016年）

● 大渕哲也「**特許処分・特許権と特許無効の本質に関する基礎理論**」日本工業所有権法学会年報34号63頁（2010年）

● 清水節「**再審の訴えに関する特許法改正**」ジュリスト1436号60頁（2012年）

● 北原潤一「**再審**」ジュリスト1438号81頁（2012年）

Ⅷ ► 侵害に対する救済

1 差止

（1）差止請求

特許権者または専用実施権者は、自己の特許権または専用実施権を侵害する者または侵害するおそれがある者に対し、その侵害の停止または予防を請求することができる（100条1項）。

特許権または専用実施権の「侵害」とは、特許権者に無断で業として行われる特許発明の実施（直接侵害）または間接侵害（101条）をいう。

「侵害するおそれ」とは、客観的にみて侵害が発生する蓋然性があると認められる具体的な事実が存在することをいう（東京地判平成10・3・23判時1637号121頁〔抗高血圧剤事件〕）。侵害行為が一時終了している場合において、侵害が将来発生する蓋然性があると認められる具体的な事実が存在するかの判断においては、被告が過去に侵害行為を行ったことに加え、被告が発明の技術的範囲に属することを争っているか、被告に侵害を再開する意思が

あるか、被告に侵害品の製造・販売等の能力はあるかなどが考慮される。

　特許権者は、専用実施権を設定した場合、その専用実施権を設定した範囲で特許発明を実施することができなくなる（専用権の制限。68条但書）が、差止請求権の行使については制限を受けない（最判平成17・6・17民集59巻5号1074頁〔生体高分子—リガンド分子の安定複合体構造の探索方法事件〕）。

　差止請求の内容は発明のカテゴリごとに異なる。

　物の発明に関する特許権の効力はその物の生産、使用、譲渡等に及び（2条3項1号）、物の発明の特許権者は、特許製品の生産、使用、譲渡等をする侵害者に対し、100条1項に基づき差止請求を行うことができる。

　単純方法の発明に関する特許権の効力はその方法の使用にのみ及ぶ（2条3項2号）。方法の発明の特許権者は、特許方法の使用をする侵害者に対して、当該方法の使用の差止請求を行うことができる。単純方法の発明の特許権者が、特許発明の方法を用いて生産した物の製造販売等の差止めを請求することは許されない（最判平成11・7・16民集53巻6号957頁〔生理活性物質測定法事件〕）。

　物の生産方法の発明の特許権の効力は、当該方法の使用に加えてその方法により生産した物の使用、譲渡等に及ぶため（2条3項3号）、物の生産方法の特許権者は、当該方法を使用する者に加え、当該方法により特許製品を生産等する者にも差止請求を行うことができる。

（2）侵害組成物廃棄等請求

　特許権者または専用実施権者は、100条1項に基づく請求をするに際し、侵害の行為を組成した物の廃棄や、侵害の行為に供した設備の除却その他の侵害の予防に必要な行為を請求することができる（侵害組成物等廃棄請求権。100条2項）。

　100条2項は、「前項の規定による請求をするに際し」と規定しており、差止請求と独立して廃棄・除却等請求のみをすることは許されない。

　「侵害の行為を組成した物」とは、侵害行為の必然的内容をなす物、すなわち、物の発明におけるその物、方法の発明および物を生産する方法の発明におけるその方法を実施するための装置・道具等、および、その方法により生産された物をいう。

「侵害の行為に供した設備」の例としては、金型、工作機械等がある。

「侵害の予防に必要な行為」とは、特許発明の内容、現に行われまたは将来行われるおそれがある侵害行為の態様および特許権者が行使する差止請求権の具体的内容等に照らし、差止請求権の行使を実効あらしめるものであって、かつ、それが差止請求権の実現のために必要な範囲内のものであることを要する。単純方法の侵害に対する 100 条 1 項による差止請求に付随して、同条 2 項に基づき、当該方法により製造された物の廃棄および薬価基準収載申請の取下げを求めることは、差止請求権の実現のために必要な範囲を超えるものであり、「侵害の予防に必要な行為」とはいえないとされた（前掲最判平成 11・7・16〔生理活性物質測定法事件〕）。

特許権侵害訴訟の第 1 審は、東京地裁と大阪地裁の専属管轄とされ（民訴 6 条 1 項）、控訴審は東京高裁の専属管轄に属し（同条 3 項）、知財高裁が事件を担当する（知財高裁設置法 2 条 1 号）。知的財産高等裁判所は、平成 17 年に設置された知的財産に関する事件を専門的に取り扱う裁判所であり、5 人の裁判官の合議体（いわゆる大合議）で審理、裁判をすることができる（民訴 269 条の 2）。

2　損害賠償

（1）民法 709 条の特則としての特許法 102 条、103 条

特許権侵害に基づく損害賠償請求は、民法 709 条に基づいて行われる。損害賠償請求を行うためには、①侵害者の故意または過失、②侵害行為、③損害の発生および額、④侵害行為と損害の因果関係を主張立証する必要がある。

このうち、①過失については、推定されている（103 条）。特許権の存在と特許発明の内容は特許公報によって公示されている（66 条 3 項）ことが理由である。特許権侵害に基づく損害賠償請求の本則である民法 709 条においては被告の過失の存在が法律効果の発生要件であるとされているが、特許法 103 条の特則によって、特許権侵害訴訟においては、過失の不存在が効果発生の障害要件となる（いわゆる「暫定真実」）。民法 709 条と特許法 103 条の関係は、本文とただし書に読み替えることが可能である。すなわち、103 条

は、「他人の特許権を侵害した者は、これによって生じた損害を賠償する責任を負う。ただし、その侵害の行為について過失がなかったときは、この限りではない。」という内容を規定していることになる。なお、無過失を立証するには、権利の存在の認識の欠如または権利侵害に関する認識の欠如の評価根拠事実の本証が必要となる。

　さらに、③民法709条によって請求できる損害としては、積極的財産損害、消極的財産損害（逸失利益）、無形損害（慰謝料）があるところ、これらのうち、特許法には、侵害による権利者の販売減少による消極的損害（逸失利益）の額の推定等（102条）について特則が置かれている。特許権侵害による損害額の立証の困難性によるものである。

(2) 特許権侵害による損害額

　特許権者は、特許権侵害の不法行為に基づく逸失利益の損害賠償請求について、①侵害者の譲渡数量に、特許権者の単位数量当たりの利益の額を乗じた額に基づく損害額を請求する（102条1項）、②侵害者の受けた利益の額を特許権者の受けた損害の額として請求する（同条2項）、③侵害された特許発明の実施に対し受けるべき金銭の額に相当する額の金銭を損害の額として請求する（同条3項）、④民法709条によって得べかりし利益額を請求する、という4種の主張を選択的または予備的に主張することができる。

　特許法102条各項に基づく請求は、民法709条の不法行為に基づく損害賠償請求権としては1個のものであり、逸失利益に関しての損害額の算定方法が3種あるということにすぎない。

　(a) **特許法102条1項**　　特許権者または専用実施権者が故意または過失により自己の特許権または専用実施権を侵害した者に対しその侵害により自己が受けた損害の賠償を請求する場合において、その者がその侵害の行為を組成した物を譲渡したときは、その譲渡した物の数量（以下、「譲渡数量」）に、特許権者または専用実施権者がその侵害の行為がなければ販売することができた物の単位数量あたりの利益の額を乗じて得た額を、特許権者または専用実施権者の実施の能力に応じた額を超えない限度において、特許権者または専用実施権者が受けた損害の額とすることができる。ただし、譲渡数量の全部または一部に相当する数量を特許権者または専用実施権者が販売する

ことができない事情があるときは、当該事情に相当する数量に応じた額を控除するものとする（102条1項）。

　特許権は特許発明を独占的に実施できる権利であり、何人も権利者の許諾なしには実施できないのであるから、権利者の実施能力の範囲内では、侵害者が譲渡した数量分だけ権利者は市場における販売機会を喪失して損害を被ったと考えられる。

　102条1項は、民法709条に基づき販売数量減少による逸失利益の損害賠償を求める際の損害額の算定方法について定めた規定であり、102条1項本文において、侵害者の譲渡数量に特許権者等がその侵害行為がなければ販売することができた物の単位数量あたりの利益額を乗じた額を、特許権者等の実施能力の限度で損害額と推定し、同項但書において、譲渡数量の全部または一部に相当する数量を特許権者等が販売することができないとする事情を侵害者が立証したときは、当該事情に相当する数量に応じた額を控除するものと規定して、侵害行為と相当因果関係のある販売減少数量の立証責任の転換を図ることにより、従前はオールオアナッシング的な認定にならざるを得なかったことから、より柔軟な販売減少数量の認定を可能とする規定である。

　102条1項の文言および上記趣旨に照らすと、特許権者等が「侵害の行為がなければ販売することができた物」とは、侵害行為によってその販売数量に影響を受ける特許権者等の製品、すなわち、侵害品と市場において競合関係に立つ特許権者等の製品であれば足りる。また、「単位数量当たりの利益の額」は、特許権者等の製品の販売価格から製造原価および製品の販売数量に応じて増加する変動経費を控除した額（限界利益の額）であり、その主張立証責任は、特許権者等の実施能力を含め特許権者側にある。

　さらに、102条1項但書の規定する譲渡数量の全部または一部に相当する数量を特許権者等が「販売することができないとする事情」については、侵害者が立証責任を負い、かかる事情の存在が立証されたときに、当該事情に相当する数量に応じた額を控除するものであるが、「販売することができないとする事情」とは、侵害行為と特許権者等の製品の販売減少との相当因果関係を阻害する事情をいい、市場における競合品の存在、侵害者の営業努力（ブランド力、宣伝広告）、侵害品の性能（機能、デザイン等特許発明以外の特

106　第2章 特許法

徴）、市場の非同一性（価格、販売形態）などの事情がこれに該当する（知財高判平成 28・6・1 判タ 1433 号 142 頁〔破袋機とその駆動方法事件〕）。

　たとえば、市場において、権利者製品、侵害者製品、第三者の競合品の三者がそれぞれ存在し、各シェアは 50％、30％、20％ であるとする。もし侵害者製品が市場に存在しなかったと仮定した場合、侵害者のシェア 30％ に相当する数量のすべてが「侵害の行為がなければ販売することができた物」すなわち権利者の逸失販売数量に該当するとはいえない。侵害者製品の獲得していたシェアは、特許権者と第三者との競争により分配されるであろうからである。したがって、侵害者製品のシェアである 30％ のうち、権利者製品と第三者競合品のシェアの合計である 50＋20 を分母、競合品のシェア 20％ を分子とする 20÷70＝0.28 を侵害者の譲渡数量に乗じた数量が、「販売することができないとする事情」として控除されるべきことになる。

　102 条 1 項は「損害の額とすることができる」との文言を用いている。同条 2 項の「推定する」、同条 3 項の「請求することできる」と異なっている。侵害者の譲渡数量に特許権者等がその侵害行為がなければ販売することができた物の単位数量当たりの利益額を乗じた額を、特許権者等の実施能力の限度で損害額と法律上推定することによって立証責任を転換し、因果関係の不存在の立証はその一部についてのみ認められるとの趣旨を表現したものである。

　102 条 1 項は「特許製品の単位数量当たりの利益の額」ではなく「侵害の行為がなければ販売することができた物の単位数量当たりの利益」と規定している。このため、必ずしも特許権者が特許発明を自己実施していない場合であっても、「侵害の行為がなければ販売することができた物」が存在すれば、同項に基づき損害賠償を請求する余地がある。たとえば、甲が特許権 A の実施品 a は販売していないが、特許権 A の関連技術について別途保有している特許権 B の実施品 γ を販売しており、乙が販売する特許権 A の侵害品 β と特許権 B の実施品 γ が市場で競合しており（β と γ には代替可能性があり）、β の需要が γ に向かうため、β の販売によって γ の販売に影響があるときは、γ は 102 条 1 項本文にいう「特許権者がその侵害の行為がなければ販売することができた物」に当たりうる（東京高判平成 11・6・15 判時

1697 号 96 頁〔スミターマル事件〕)。

「譲渡したとき」には、販売以外の行為、たとえば加工も含まれる(知財高判平成 27・11・19 平成 25(ネ)10051 号〔オフセット輪転機版胴事件〕)。

「実施の能力」は、侵害品の数量に対応する製品を権利者において供給することが実際に可能な状態にあった必要はなく、権利者の潜在的な能力を含めて判断される。

(b) 102 条 2 項　　特許権者または専用実施権者が故意または過失により自己の特許権または専用実施権を侵害した者に対しその侵害により自己が受けた損害の賠償を請求する場合において、その者がその侵害の行為により利益を受けているときは、その利益の額は、特許権者または専用実施権者が受けた損害の額と推定する(102 条 2 項)。

侵害者が侵害行為によって利益を受けているときは、その利益額を特許権者の損害額と推定するとして、立証の困難性の軽減を図った規定である。102 条 2 項は、損害額の立証の困難性を軽減する趣旨で設けられた規定であって、その効果も推定にすぎないことからすれば、同項を適用するための要件を、殊更厳格なものとする合理的な理由はない。特許権者に、侵害者による特許権侵害行為がなかったならば利益が得られたであろうという事情が存在する場合には、同項の適用が認められ、特許権者と侵害者の業務態様等に相違が存在するなどの諸事情は、推定された損害額を覆滅する事情として考慮される。

前述したように、同項を適用するにあたって、殊更厳格な要件を課すことは妥当性を欠くというべきであることなどを総合すれば、特許権者が当該特許発明を実施していることは、同項を適用するための要件とは必ずしもいえない。具体的には、①特許権者自身は日本国内において特許製品を販売していないが、国内販売店を通じて特許製品を販売しており、特許製品と侵害者とが市場で競合関係にある場合(知財高判平成 25・2・1 判時 2179 号 36 頁〔ごみ貯蔵機器事件〕)、②特許権者が被侵害特許の実施品ではない権利者製品を製造販売しており、権利者製品が侵害品と市場で競合している場合について、「侵害行為がなかったならば得られたであろう利益が権利者に認められる場合」に当たるとされた例がある(東京地判平成 21・10・8 平成 19(ワ)

108　第 2 章 特許法

3493 号〔経口投与用吸着剤事件〕）。102 条 2 項は、特許権者が被告と市場において何らかの意味で競合し、被告の侵害行為によって逸失利益が生ずる場面を想定しており、その限りにおいて、特許権者が当該特許発明を自ら実施している必要はないものの、たとえば全くの個人発明家のように、いかなる意味においても市場において被告と競合していない者については同項の適用の余地はない。

独占的通常実施権の場合にも、侵害行為がなかったならば、利益が得られたであろう事情が認められるときには、102 条 2 項の類推適用が認められる。

競合品の存在や、ブランド力の相違といった諸事情を勘案して 2 項の推定の少なくとも一部覆滅が認められる場合がある（東京地判平成 11・7・16 判時 1698 号 132 頁〔悪路脱出具事件〕）。

(c) 102 条 3 項　特許権者または専用実施権者は、故意または過失により自己の特許権または専用実施権を侵害した者に対し、その特許発明の実施に対し受けるべき金銭の額に相当する額の金銭を、自己が受けた損害の額としてその賠償を請求することができる（102 条 3 項）。

特許権が侵害された場合の損害額の最低限度を法定したもので、たとえ特許権者自らが実施していなくても、3 項による損害賠償請求は可能である。

特許権者が 102 条 1 項に基づく損害賠償を求めたところ、被告側の反論により推定が覆滅された場合、その覆滅された部分について同条 3 項の適用は認められない。1 項は被告の侵害行為がなかった場合を仮定した損害額認定手法、3 項は現実の被告の販売数量を基礎とする手法であり、同一の被告の行為について両立するものではない（知財高判平成 18・9・25 平成 17（ネ）10047 号〔椅子式マッサージ機事件〕）。102 条 1 項による損害賠償請求において、侵害行為と因果関係のある販売数量減少が一部でも認められた場合には、その数量をもって特許権者の製品についての市場による評価は尽きるとみるべきであろう。

(d) 102 条 4 項　特許権者が実施料相当額以上の損害を受けている場合には、102 条 3 項の規定にかかわらず損害賠償請求をすることができる。その際、特許権または専用実施権を侵害した者に故意または重大な過失がなかったときは、裁判所は、損害の賠償の額を定めるについて、これを参酌する

ことができる。裁判所には参酌する義務はない。

(3) 立証の容易化等に関する特則

(a) 生産方法の推定　　物を生産する方法の発明について特許がされている場合において、その物が特許出願前に日本国内において公然知られた物でないときは、その物と同一の物は、その方法により生産したものと推定する（104 条）。

　物の生産方法特許の侵害行為が被告の工場内などで行われる場合など、原告特許権者が立証することが困難な場面は多い。このような事情を考慮して、104 条は、その物が日本国内において公然知られた物でないときは、立証責任を転換し、当該方法で生産したものと推定する。これに対して、被告が、その実施する方法を開示し、現に当該方法を使用していること、当該方法が原告の特許発明の技術的範囲に属しないことを主張立証すれば、推定は覆る。

(b) 具体的態様の明示義務　　特許権または専用実施権の侵害に係る訴訟において、特許権者または専用実施権者が侵害の行為を組成したものとして主張する物または方法の具体的態様を否認するときは、相手方は、自己の行為の具体的態様を明らかにしなければならない。ただし、相手方において明らかにすることができない相当の理由があるときは、この限りでない（104条の2）。

　特許権侵害訴訟において原告は被告製品の構成を主張立証すべき責任を負うが、被告製品が市場で入手可能ではなく、注文生産に係る製品で第三者の工場内に設置されている場合等、立証に困難が伴う場面も多い。そこで、原告が被告製品について具体的に主張している場合に、被告が原告の主張する物や方法の具体的態様を否認するときは、明らかにすることができない相当の理由がある場合を除き、自己の行為の具体的態様を明らかにしなければならないとの趣旨である。

　相当の理由が認められる場合としては、主として営業秘密が含まれているときが想定さている。相当の理由が認められないにもかかわらず、相手方が具体的態様を明らかにしない場合にも、特許法上特に制裁は課されておらず、相手方に直接の不利益はない。

(c) 書類の提出　　裁判所は、特許権または専用実施権の侵害に係る訴訟

においては、当事者の申立てにより、当事者に対し、当該侵害行為について立証するため、または当該侵害の行為による損害の計算をするため必要な書類の提出を命ずることができる。ただし、その書類の所持者においてその提出を拒むことについて正当な理由があるときは、この限りでない（105 条 1 項）。民事訴訟法 220 条の特則として、権利者の侵害行為および損害額立証の困難さを解消し、文書提出命令を実効性のあるものとするために設けられている。

　書類提出命令の必要性に関する判断は、民事訴訟法 181 条 1 項（証拠調べの必要性）に基づくものであるところ、特許訴訟における「侵害行為について立証するため」の書類提出命令については、目的物が相手方の支配下にあり、これを入手する途がない場合や、方法発明において物に当該方法についての痕跡が残らない場合など、その必要性が高い場面が少なくない一方、この種の訴訟は、競業する当事者間で争いとなることも多く、また、立証すべき主題が営業秘密に直結するものが多いため、当該情報にアクセスすること自体を目的とする濫用的な申立てや、確たる証拠に基づかない探索的な申立てに対し、応訴を強いられる相手方の不利益も大きい。そこで、濫用的・探索的申立てを防止する観点から、通常、書類提出命令を求める権利者の側には、侵害行為に対する合理的疑いが一応認められることの疎明が求められる。書類提出命令自体が、侵害行為について主張立証責任を負う者がその立証のために必要な証拠収集手段として用いられるものであることからすれば、書類提出命令の発令に関しては、当該訴訟の要証事実である侵害行為自体の疎明を求めるものではなく、濫用的・探索的申立ての疑いが払拭される程度に、侵害行為の存在について合理的な疑いを生じたことが疎明されれば足り、その疎明の程度は、当該文書を取り調べる必要性の有無・程度、当該事項の立証の難易度、代替証拠の有無、他の立証の状況等の様々な事情を勘案し、当該事案ごとに判断される。

　一方、105 条 1 項但書にいう正当理由の有無は、開示することにより文書の所持者が受けるべき不利益（秘密としての保護の程度）と、文書が提出されないことにより書類提出命令の申立人が受ける不利益（証拠としての必要性）とを比較衡量して判断されるべきものである。この比較衡量においては、当

該文書によって、申立人の特許発明と異なる構成を相手方が用いていることが明らかとなる場合には、保護されるべき営業秘密の程度は相対的に高くなる一方、申立人の特許発明の技術的範囲に属する構成を相手方が用いていることが明らかになる場合には、営業秘密の保護の程度は、相対的に低くなると考えられることから、侵害行為を立証しうる証拠としての有用性の程度が考慮される。また、秘密としての保護の程度の判断には、営業秘密の内容、性質、開示により予想される不利益の程度に加えて、秘密保持命令（105条の4以下）の発令の有無および発令の対象範囲ならびに秘密保持契約等の締結の有無、合意当事者の範囲、その実効性等を考慮に入れて行われる（知財高判平成28・3・28判タ1428号53頁〔アイピーコム事件〕）。

営業秘密が記載された書類について書類提出命令の申立てがなされ、その書類について書類の保持者において提出を拒む正当な理由があるかどうかを判断するために必要であるときは、インカメラ手続で書類を提示させることができる（105条2項前段）。何人も提示された書類の開示を求めることはできないが（同項後段）、裁判所が秘密保持命令の下で当該書類を開示することができる（105条3項、105条の4第1項1号）。

(d) 損害計算のための鑑定　特許権または専用実施権の侵害に係る訴訟において、当事者の申立てにより、裁判所が当該侵害の行為による損害の計算をするため必要な事項について鑑定を命じたときは、当事者は、鑑定人に対し、当該鑑定をするため必要な事項について説明しなければならない（105条の2）。損害立証の迅速化と効率化を図るため、会計の専門家であって中立的な第三者である公認会計士等の鑑定人に、会計帳簿類や伝票類等の証拠資料から販売数量や販売単価、利益率等を鑑定させることによるものである。

当事者には説明義務があるが、義務に応じなかった場合の制裁措置は設けられていない。計算鑑定結果に基づき損害額が算定された例として、知財高判平成23・12・22判時2152号69頁〔飛灰事件〕がある。

(e) 相当な損害額の認定　特許権または専用実施権の侵害に係る訴訟において、損害が生じたことが認められる場合において、損害額を立証するために必要な事実を立証することが当該事実の性質上極めて困難であるときは、

裁判所は、口頭弁論の全趣旨および証拠調べの結果に基づき、相当な損害額を認定することができる（105条の3）。損害額の立証の容易化を図る規定である。

同趣旨の規定である民事訴訟法248条は、「損害の性質上」その額を立証することが極めて困難であることを要件としており、また、損害の「額」についての証明度を対象とするのに対して、特許法105条の3は、「当該事実の性質上」立証することが困難であれば適用され、損害額を立証するための事実を対象とするという違いがある。

損害額の立証のために必要な、売上高から控除されるべき営業費の内訳を明らかにする資料を被告側が開示していないため、原告側が限界利益額を直接立証することが極めて困難であるとして、105条の3の趣旨に照らし、口頭弁論の全趣旨および証拠調べの結果に基づき、被告の営業費のうち粗利益から控除すべき金額を、被告と競合する原告における販売管理費・一般管理費の内訳を参考にしつつ認定した例がある（大阪地判平成22・1・28判時2094号103頁〔組合せ計量装置事件〕）。

（f）**秘密保持命令**　特許侵害訴訟において準備書面や証拠の内容に営業秘密が含まれる場合、当該営業秘密を保有する当事者が、相手方当事者による訴訟の追行によりこれを訴訟目的以外の目的で使用、開示され、事業活動に支障が生ずることをおそれ、当該営業秘密を訴訟上提出することを控え、十分な主張立証を尽くすことができないという事態を避けるため、105条の4以下に秘密保持命令手続が置かれている。秘密保持命令が実務上利用されるのは、方法の発明の特許侵害訴訟において、被告が、自らの実施する方法の具体的態様を開示するため（104条の2）、被告の工場内において営業秘密として実施されている方法を開示する場合や、先使用権の主張のため被告の社内での実施行為を開示する場合、そして、書類提出命令（105条1項本文）に従い、被告が書類を提出するに際して、当該書類について書類の保持者において提出を拒む正当の理由があるかをインカメラ手続で判断する場合（同条3項）等がある。なお、秘密保持命令は仮処分手続についても適用がある（最決平成21・1・27民集63巻1号271頁〔液晶モニター事件〕）。

(4) 信用回復措置請求権

　故意または過失により特許権または専用実施権を侵害したことにより特許権者または専用実施権者の業務上の信用を害した者に対しては、裁判所は、特許権者または専用実施権者の請求により、損害の賠償に代え、または損害の賠償とともに、特許権者または専用実施権者の業務上の信用を回復するのに必要な措置を命ずることができる（106条）。

　業務上の信用とは、業務活動や内容についての経済的見地における社会的評価をいう。典型例としては、侵害品が特許権者の製造する特許製品より粗悪品であり、かつ、需要者の多くが特許製品はすべてそのような粗悪品であると信じた場合である。

　必要な措置は具体的事案によって判断されるが、新聞紙上への謝罪広告の掲載、特定の場所への謝罪文の掲示等が想定される。

(5) 不当利得返還請求権

　特許発明の無権限実施により不当な利得を得ている者に対しては、不当利得返還請求を行うことができる（民703条）。損害賠償請求権は損害および加害者を知った時から3年間（民724条）で時効消滅するが、不当利得返還請求権の時効期間は10年（民167条）であるため、損害賠償請求権の時効消滅後においても請求可能である。

(6) 関税法による水際措置

　特許権を侵害する物品は、関税法上、輸出入してはならない貨物（輸出について、関税69条の2第1項3号、輸入について、関税69条の11第1項9号）として規定されている。

　税関長は、輸入されようとする侵害物品を没収して破棄し、または当該貨物の積戻しを命ずることができる（関税69条の11第2項）。輸出されようとするものについても没収を命ずることができる（関税69条の2第2項）。

　税関長は、輸出入されようとする貨物が特許権侵害物品であると思料するときは、侵害か否かを認定する手続をとらなければならない（関税69条の3、69条の12）。

(7) 刑事罰

　特許権または専用実施権を侵害した者は、10年以下の懲役もしくは1000

万円以下の罰金に処し、またはこれを併科する（196条）。間接侵害について
は、5年以下の懲役もしくは500万円以下の罰金に処し、またはこれを併科
する（196条の2）。

過失犯、未遂については特許法上は規定がないため処罰されない。

法人の代表者等がその法人の業務に関し特許権侵害罪を犯したときは、行
為者を罰するほか、その法人に対して、3億円以下の罰金刑が科される
（201条1項1号）。

平成10年改正により、特許権侵害罪はそれまでの親告罪（改正前196条2
項。同改正により削除された）から非親告罪化された。特許権の財としての重
要性の高まりに対応したものとされる。

●●●●●●● **参 考 文 献** ●●●●●●
- 宮坂昌利「**判解**」『最判解民事篇平成17年度（上）』335頁〔生体高分子―リガ
  ンド分子の安定複合体構造の探索方法事件〕
- 髙部眞規子「**判解**」『最判解民事篇平成11年度（上）』505頁〔生理活性物質測
  定法事件〕
- 中山信弘＝小泉直樹編『**新・注解特許法（下巻）**』（青林書院、第2版、2017年）
- 田村善之『**知的財産権と損害賠償**』（弘文堂、新版、2004年）
- 尾崎英男「**具体的態様の明示義務―特許法104条の2を中心に**」牧野利秋先生傘寿
  記念『知的財産権―法理と提言』63頁（青林書院、2013年）
- 頼晋一「**文書提出命令（検証物提示命令）とインカメラ手続**」大渕哲也ほか編『専
  門訴訟講座⑥特許訴訟（下巻）』1200頁（民事法研究会、2012年）
- 古城春美「**輸入差止関係**」牧野利秋ほか編『知的財産訴訟実務大系Ⅲ―著作権法、
  その他、全体問題』373頁（青林書院、2014年）

Ⅸ ► 特許権の利用

1 移転

（1）移転の効力

特許権は移転することができる。特定承継の場合、権利関係の明確化のた
め、特許原簿への登録が効力発生要件とされている（98条1項1号）。相続
などの一般承継の場合は、相続や合併と同時に移転の効力が生ずる（同号括
弧書）。この場合、遅滞なく特許庁長官に届け出なければならないが（98条2

項)、届出は効力発生要件ではない。

(2) 共有の場合

特許権が共有に係る場合は、契約で別段の定めをしたときを除き、他の共有者の同意を得ないで、その持分にかかわりなくその特許発明全体について自己実施をすることができる（73条2項）。この結果、たとえば、強力な資力、経営力を有する者が新たに共有者となった場合、他の共有者は大きな影響を受け得ることになる。

このような利害に配慮して、各共有者は、他の共有者の同意を得なければ、その持分を譲渡することはできず（73条1項）、専用実施権の設定や通常実施権の許諾についても同様である（同条3項）とされている。

特許権の共有者の一人が第三者に当該共有発明の実施品の製造を注文した場合、下請けによる自己実施と評価できるときには他の共有者の同意は必要でないが、第三者への実施権の設定に当たるときには同意が必要となる。仙台高秋田支判昭和48・12・19判時753号28頁〔蹄鉄事件〕は、共有者の下請けに対する指揮監督関係、製品のすべてが共有者に納入されている点等を認定したうえで、下請けによる実施行為は共有者の一機関として行われており、共有者の自己実施と評価できるとしている。

2 実施権

(1) 通常実施権

（a）通常実施権の発生および効力　　特許権者は、その特許権について他人に通常実施権を許諾（ライセンス）することができる（78条1項）。通常実施権者は、特許法によりまたは設定行為で定めた範囲内において、業としてその特許発明の実施をする権利を有する（同条2項）。なお、特許を受ける権利については、仮通常実施権を設定することができる（34条の2～34条の5）。

通常実施権の発生原因としては、契約（許諾）によるもの、特許法上法定されているもの（35条1項、79条など）、および裁定によるもの（83条、92条）がある。

特許権者、専用実施権者または通常実施権者は、その特許発明がその特許

116　第2章 特許法

出願の日前の出願に係る他人の特許発明、登録実用新案もしくは登録意匠もしくはこれに類似する意匠を利用するものであるとき、またはその特許権がその特許出願の日前の出願に係る他人の意匠権もしくは商標権と抵触するときは、業としてその特許発明の実施をすることができない（72条）。後願特許発明等を実施しようとする特許権者・専用実施権者は、先願特許権者に対し、実施許諾について協議を求めることができ、その許諾を受けることができないときは、特許庁長官の裁定を求めることができる（92条）。72条にいう「利用」の意義を定義する規定はない。「利用」概念は92条の裁定実施の要件として意味をもつが、同条の制度はほとんど利用されていないため、同条の運用によって「利用」概念を明らかにすることも困難である。工業所有権審議会「裁定制度の運用要領」（1975年）は、72条に該当するときとは、他人の特許発明等の実施をしなければ自己の特許発明の実施をすることができないときをいうと説明している（いわゆる実施不可避説）。

　この他、特許発明の実施が3年以上日本国内において適当にされていない場合（83条）や、特許発明の実施が公共の利益のために特に必要であるとき（93条）にも裁定実施権が定められている。

　通常実施権の種類としては、①単に実施を許諾するにとどまるもの、②特許権者と通常実施権者との間に、当該通常実施権者のみに実施権を付与する旨の約定があるもの（独占的通常実施権）、さらに、③当該通常実施権者のみに実施権が与えられ、かつ、特許権者自身も自己実施しない旨定めたもの（完全独占通常実施権）がある。

　通常実施権の法的性質は、「単に特許権者に対し実施を容認すべきことを請求する権利」、すなわち特許権者に対して差止請求権等を行使しないように求める不作為請求権にすぎない（最判昭和48・4・20民集27巻3号580頁〔墜道管押抜工法事件〕）。特許権侵害訴訟において、実施権の存在を抗弁として主張できる。

　通常実施権の範囲は、当事者間の許諾契約により定まるものであり、その範囲を特許権の全部とすることも、一部の範囲に限定することもできる。

　一般に、通常実施権の範囲は、地域（例、関東地区限定）、期間（例、平成○○年○月○日から同□□年□月□日まで）、および内容（例、生産・譲渡に限

定、下請け生産可）によって画される（大阪高判平成15・5・27平15（ネ）320号〔育苗ポット事件〕）。通常実施権者が、特許権者の許諾なく、当該範囲を超えた特許発明の実施をなした場合は、原則として、特許権侵害となり、当該侵害行為により市場に出された製品については、特許権の消尽は成立しない。

一方、原材料の購入先、製品規格、販路、標識の使用等に関するその他の義務は、通常実施権の「範囲」外であり、その違反は債務不履行にとどまるものと考えられる。

特許権者が無効審判請求への対応として訂正請求、訂正審判請求をしたいと考える場合があるが、これらには通常実施権者の承諾が必要となる（127条、134条の2第9項）。

特許権者が誤解に基づいて不必要な訂正審判を請求し、また、瑕疵の部分を超えて訂正すると、実施権者が不測の損害を被るおそれがあるため、利害関係者である実施権者の承諾を得なければならないことにしたものである。

通常実施権者は、ライセンス契約において特許の有効性を争わない旨の合意をした場合でない限り、特許権者に対して上記承諾を与えないことは許される（東京地判平成16・4・28判時1866号224頁〔雨水等貯留浸透タンク事件〕）。

通常実施権は、実施の事業とともにする場合、特許権者の承諾を得た場合および相続その他の一般承継の場合に限り、移転することができる（94条1項）。

(b) 通常実施権の対外的効力　　通常実施権の対象である特許権を侵害する第三者に対し、通常実施権者は差止請求、損害賠償請求を行うことができるか。

通常実施権の性質は特許権者に対する不作為請求権にすぎず、排他権ではない。100条は、特許権者、専用実施権者のみに差止請求権を付与しており、通常実施権者については少なくとも固有の差止請求権は認められない（大阪地判昭和59・12・20判時1138号137頁〔パンチパーマブラシ事件〕）。

特許権者が無断実施者に対して有する差止請求権を、通常実施権者が特許権者に対して実施を容認すべき請求権を被保全債権として代位行使することは可能か。

118　　第2章 特許法

旧特許法下の事例であり、また、代位を認める理由づけも詳らかではないものの、東京地判昭和 40・8・31 判タ 185 号 209 頁〔カム装置事件〕は、独占的通常実施権者が特許権者に対して本件特許権を独占的、排他的かつ全面的に実施し、該実施品を販売することに積極的に協力すべきことを請求する債権を有しているとの認定を前提に、代位行使を認めている。東京地判平成 14・10・3 平成 12（ワ）17298 号〔蕎麦麺の製造方法事件〕は、一般論として、「独占的通常実施権者については固有の差止請求権は認められないが、特許権者（共有持分権者を含む）の有する差止請求権（100 条）を代位行使（民法 423 条）することができると解するのが相当である」と述べつつ、本件特許には無効理由が存するとして請求を認めていない。

独占的通常実施権者は、特許製品の製造販売による市場および利益を独占することができる法的利益を有しており、侵害者に対して損害賠償を請求することができる。

東京地判平成 10・5・29 判時 1663 号 129 頁〔O 脚補正器具事件〕は、独占的通常実施権者による損害賠償請求について、過失の推定（103 条）および損害額算定規定（102 条 1 項〔現 2 項〕）の類推適用を認める。

（c）実施許諾の対象となっている特許について無効審決が確定した場合の既払い実施料の取り扱い　　実施許諾契約の対象である特許権が、契約締結後に無効審決によって遡及的に無効となることがある。この場合、実施許諾契約に要素の錯誤があるといえるか、また、既払いの実施料は不当利得となるか。

実施許諾契約上、特許が無効となっても既払いの実施料は返還しない旨の合意があったという事情の下、特許が無効審決によって無効とされ、実施権者が錯誤または公序良俗違反による実施契約の無効を主張し、不当利得の返還を請求したという事例について、知財高判平成 21・1・28 判時 2044 号 130 頁〔石風呂事件〕は、本件実施許諾契約の対象たる特許権に係る発明の技術的範囲に関する認識の誤りがあったからといって、その点が契約についての要素の錯誤に該当するということはできず、仮に、何らかの誤認があったとしても、それは、このような事業を遂行する過程で契約を締結する際に、当然に調査すべき事項を怠ったことによるものであり、重過失に基づく誤認であるとして実施権者の主張を斥けている。すなわち、①合理的な事業者と

IX. 特許権の利用　　119

しては、「発明の技術的範囲がどの程度広いものであるか」「当該特許が将来無効とされる可能性がどの程度であるか」「当該特許権（専用実施権）が、自己の計画する事業において、どの程度有用で貢献するか」等を総合的に検討、考慮することは当然であり、②仮に、本件特許が無効とされる事情が発生しなかったとすれば、本件特許権は、その特許請求の範囲の記載のとおりの技術的範囲およびその均等物に対する専有権を有していたのであり、その専有権は、原告の計画していた事業において、有益であったというべきである、というのが錯誤無効の主張が認められなかった理由である。

(d) 当然対抗制度 通常実施権者は、登録を要さずに、特許権の譲受人に対抗できる（当然対抗制度。99条）。

平成23年改正前には通常実施権者の登録制度が存在し、特許権の譲受人に対する対抗要件とされていた（改正前99条）。しかしながら、登録に要するコスト等が嫌われ、その利用はきわめて低調であったため、通常実施権者は、特許権の譲受人から権利行使を受ける潜在的リスクを抱えていた。

改正により、通常実施権の登録制度は廃止され（改正前99条3項の削除）、通常実施権者は、ライセンス契約対象特許権等を特許権者から買い受けた第三者に対して、第三者による取得時点で自らの通常実施権が存在していたことを証明することにより、当然に自らの権利を対抗できることとなった。

また、ライセンサーが倒産した場合について、通常実施権者は、破産法56条の対抗要件を備えたものとされ、管財人の解除権は制限される。仮通常実施権（34条の5）、実用新案法、意匠法についても同様の措置がとられる。

通常実施権の登録制度が廃止されたことに伴い、通常実施権の移転等の対抗要件については、譲渡人から特許権者に対する「確定日付のある通知」または特許権者の「確定日付がある承諾」（民467条）によることになる。当然対抗制度は、改正法の施行前に締結されたライセンス契約により許諾された通常実施権であっても、第三者が対象特許権を買い受けたのが改正法施行後であれば、適用を受ける（改正附則2条11項）。

実施契約においては、許諾の合意、ライセンス料の支払、技術情報やノウハウの提供など、様々な債権・債務について合意がなされており、包括、ク

ロス・ライセンス等多種多様な契約形態が見られる。

　通常実施権者と特許権の譲渡人との間のライセンス契約関係が、通常実施権者と特許権の譲受人（第三者）との間にどこまで承継されるか否かについては、個々の事案に応じて判断されるべきものとして、特許法には特段の規定は設けられていない。

　特許権者と譲受人との合意、および通常実施権者の承諾がない限り、ライセンス契約上の地位は移転しないのが原則であり、契約関係は従前の当事者間に存続するものと考えられる。契約関係は維持されるとした場合も、たとえば、現在および将来の実施料債権を債権譲渡し、通常実施権者に通知を行うことにより、譲受人から実施料の請求を行うことは可能である。

（2）専用実施権

　特許権者は、その特許権について専用実施権を設定することができる（77条1項）。専用実施権者は、設定行為で定めた範囲内において、業としてその特許発明の実施をする権利を専有しており（同条2項）、当該範囲内については、特許権者も実施できない（68条但書）。

　特許権が共有に係るときは、各共有者は、他の共有者の同意を得なければ、その特許権について専用実施権を設定することができない（73条3項）。

　通常実施権と異なり、専用実施権については、100条1項において排他性が明定されており、第三者に公示するため、登録が効力発生要件とされている（98条1項2号）。

　専用実施権を設定した特許権者は、自ら特許発明を実施できなくなるが、侵害者に対する差止請求権も行使できなくなるわけではない。最判平成17・6・17民集59巻5号1074頁〔生体高分子―リガンド分子の安定複合体構造の探索方法事件〕は、その理由として、①100条1項の文言上、専用実施権を設定した特許権者について差止請求権が制限される根拠は見当たらないこと、②実質的にみても、専用実施権者の売り上げに基づいて実施料が定まる場合には、特許権者には、実施料確保という観点から、特許権の侵害を排除すべき現実的な利益があること、③特許権の侵害を放置していると、専用実施権が何らかの事情で消滅し、特許権者自らが特許発明を実施する際に不利益を被る可能性があること、をあげている。

専用実施権は、実施の事業とともにする場合、特許権者の承諾を得た場合および相続その他の一般承継の場合に限り、移転することができる（77条3項）。

•••••• **参 考 文 献** ••••••

- ●川口冨男「**判解**」『最判解民事篇昭和 48 年度』75 頁〔生体高分子—リガンド分子の安定複合体構造の探索方法事件〕
- ●三村量一「**特許実施許諾契約**」椙山敬士ほか編『ビジネス法務大系I ライセンス契約』101 頁（日本評論社、2007 年）
- ●中山信弘＝小泉直樹編『**新・注解特許法（別冊）平成 23 年改正特許法解説**』（青林書院、2012 年）
- ●小泉直樹「**数量制限違反の特許法上の評価**」牧野利秋判事退官記念『知的財産法と現代社会』354 頁（信山社、1999 年）
- ●飯田圭「**当然対抗制度—解釈論上の課題と実務上の留意事項**」ジュリスト 1436 号 54 頁（2012 年）
- ●飯塚卓也「**当然対抗制度**」ジュリスト 1437 号 73 頁（2012 年）

122　第 2 章 特許法

第3章 実用新案法

I ► 登録要件

　産業上利用することができる新規でありかつ進歩性のある考案であって、物品の形状、構造または組合せに係るものをした者のうち、最先の出願人のみがその考案について実用新案登録を受けることができる（3条1項・2項、7条）。

　考案とは、自然法則を利用した技術的思想の創作である（2条1項）。高度性が要求されていない点で、特許法における発明（特2条1項）とは異なる。

　物品の構造とは、二以上の部材または部分から成り立っていて、それが抽象的表現のものにとどまらず、客観的に具体化されかつ特定の形態的関連をもって一体をなしている場合を指す。平面的なものも抽象的表現のものではなく、客観的に具体化された特定の形態を有せば、物品の構造とみることができる（書籍、雑誌等の余白に入れる小さな挿絵は物品の構造に当たらないとされた事例として、東京高判昭和26・7・31行集2巻8号1273頁〔カット事件〕がある。旧法〔大正10年法〕1条〔物品ニ関シ形状、構造又ハ組合ハセニ係ル実用アル新規ノ型ノ工業的考案ヲ為シタル者ハ其ノ物品ノ型ニ付実用新案ノ登録ヲ受クルコトヲ得〕に関する判断であるが、現行法についても参考になる）。

II ► 実用新案登録手続

　実用新案登録出願には、実用新案登録願（願書）、明細書、実用新案登録請求の範囲、要約書、図面の提出が必要である（5条）。実用新案法の対象

は物品の形状、構造または組合せに係るものであるため、図面は必ず必要となる。この点で、特許法において図面の提出は必要な場合にのみなされる（特36条2項）のとは異なる。

　実用新案制度においては、早期の権利保護の観点から、審査官による考案の新規性・進歩性などの実体審査は行われない（無審査制度）。

　他方、実用新案法は、著作権法とは異なり、登録公示を権利付与の要件とする登録主義を採用しているため、登録を受けるに足る基礎的要件については、これをみたしている必要がある。このため、提出された書類が法定の様式に従って作成されているか否かの方式要件（2条の2第4項）、登録するために必要な事項をみたしているか否かの基礎的要件（6条の2）については審査の対象となる。方式要件としては、①考案の単一性の要件をみたしているか（6条）、②明細書、請求の範囲、図面に必要な事項が記載されているか（5条6項4号）、その記載が著しく不明確でないか、実体要件としては、③出願に係る考案が物品の形状、構造または組合せに係るものであるか（3条1項柱書）、④公序良俗に反する考案でないか（4条）、が審査の対象となる。

　これらの要件をみたしていない場合は補正命令が出され、補正がなされない場合には出願手続が却下されることがある（2条の3）。却下処分についての特別の不服申立制度は設けられておらず、行政不服審査法による異議申立ての対象となる。

　実用新案登録出願が放棄され、取り下げられ、または却下された場合を除き、実用新案権の設定登録がなされる（14条2項）。

　実用新案登録出願をした後に特許出願へ変更すること、また、特許出願をした後に実用新案登録出願へ変更することは、原則として、元の出願が特許庁に係属している限り可能である（10条1項、特46条1項）。無審査制度の下では、実用新案登録出願から短期間に設定登録がなされるため、実用新案登録出願から特許出願への出願変更の機会は時間的に限定されたものとなる。

　そこで、①実用新案登録出願から3年以内で、②出願人または権利者による実用新案技術評価請求がなされておらず、③第三者による実用新案技術評価請求がなされた旨の通知を受けてから30日を経過しておらず、④無効審

124　　第3章 実用新案法

判請求に対する答弁書の提出期間が経過していない、という要件をみたす場合には、実用新案権の設定登録後であっても、実用新案登録に基づく特許出願が許容されている（特46条の2）。

実用新案権は設定登録により発生し（14条1項）、存続期間は出願の日から10年である（15条）。

実用新案権者は、業として登録実用新案の実施をする権利を専有する（16条）。実用新案の実施とは、考案に係る物品を製造し、使用し、譲渡し、貸し渡し、輸出し、もしくは輸入し、またはその譲渡もしくは貸し渡しの申出（譲渡または貸し渡しのための展示を含む）をする行為をいう（2条3項）。

Ⅲ ▶ 実用新案技術評価

実用新案権は、実体要件の審査を経ずに付与され、登録された権利が実体的要件をみたしているか否かは、原則として、当事者間の判断に委ねられるため、第三者が不測の損害を被ることがありうる。そこで、権利の濫用を防止し、第三者が不測の損害を被ることのないようにするため、実用新案権者または専用実施権者は、実用新案技術評価書（12条）を提示して警告した後でなければ、権利を行使することができないものとされている（29条の2）。

実用新案登録出願または実用新案登録については、何人も、特許庁長官に、その実用新案登録出願に係る考案または登録実用新案に関する技術的評価を請求することができる（12条1項）。評価の対象となるのは、文献等公知（3条1項3号。公知〔同項1号〕、公然実施〔同項2号〕は対象とならない）、公知文献から見た進歩性（3条2項）、拡大先願（3条の2）、先願（7条）の要件である。

実用新案技術評価は、実体的要件を審査せずに登録された実用新案権の有効性を判断する客観的な判断材料を提供するものであって、その評価自体により登録された権利の有効性または無効が確定するなど権利の消長に影響を及ぼすものではない。評価によって直接国民の権利義務を形成しまたはその範囲を確定することが法律上認められていないため、行政事件訴訟法3条2項の「処分」には該当せず、その取消しを求めることはできない（東京高判

平成 12・5・17 平成 12（行コ）22 号〔照明装置付歯鏡事件〕）。

Ⅳ ▸ 審判・審決取消訴訟

実用新案法においては、特許法と異なり、審判としては実用新案登録無効審判のみが存在する（37 条）。無効審判において、実用新案登録を無効にすべき審決が確定したときは、実用新案権は、初めから存在しなかったものとみなされる（41 条において準用する特 125 条）。

審決に対して不服のある者は、東京高等裁判所（知財高裁設置法 2 条 2 号により、東京高裁の特別支部である知的財産高等裁判所に事件配分される）に対して訴えを提起できる（47 条 1 項）。

Ⅴ ▸ 侵害

実用新案権者または専用実施権者に無断で、業として登録実用新案の実施をすることは、実用新案権の侵害となる（直接侵害）。

①業として、登録実用新案に係る物品の製造にのみ用いられる物の生産等をする行為、②登録実用新案に係る物品の製造に用いる物であってその考案による課題の解決に不可欠なものにつき、その考案が登録実用新案であることおよびその物が考案の実施に用いられることを知りながら、業として、その生産等を行う行為、③登録実用新案に係る物品を業としての譲渡、貸し渡しまたは輸出のために所持する行為は、実用新案権または専用実施権の侵害とみなされる（間接侵害、みなし侵害。28 条）。

登録実用新案の技術的範囲は、実用新案請求の範囲に基づき定められ、請求の範囲の用語の意義の解釈においては、願書に添付した明細書の記載および図面が考慮される（26 条による特 70 条の準用）。

実用新案登録の対象となるのは物品の形状、構造または組合せに係る考案であり、実用新案登録の請求の範囲に方法の記載がある場合にも、技術的範囲の画定にあたりその方法自体を当該登録実用新案の構成要件とすることはできない（最判昭和 56・6・30 民集 35 巻 4 号 848 頁〔長押事件〕）。物の発明に

ついての特許に係る特許請求の範囲にその物の製造方法が記載されている場合であっても、その特許発明の技術的範囲は、当該製造方法により製造された物と構造、特性等が同一である物として画定される（最判平成27・6・5民集69巻4号904頁〔プラバスタチンナトリウム事件〕）のと同様である。

　一方、方法に関する記載を除外して解釈すると、技術的範囲は、出願人の認識や明細書に開示するところに反して広すぎることになるおそれがある。方法に関する記載は、物品の構造等の特定、説明としての意味を有するものと解すべきである（東京地判平成5・1・22知的裁集25巻1号1頁〔双眼鏡事件〕）。なお、方法に関する記載によって実用新案登録を受けようとする考案が著しく不明確である場合、出願段階において特許庁長官は請求の範囲の補正を命ずることができ（5条6項2号、6条の2第4項）、実用新案登録については無効審判の請求事由となり（37条1項4号）、権利行使を受けた場合は無効の抗弁（30条による特104条の3の準用）によって対抗できる。

VI ► 侵害に対する救済

　実用新案権者または専用実施権者は、その侵害に対する救済手段として、侵害者に対して差止請求権（27条1項）、侵害組成物等廃棄請求権（同条2項）、損害賠償請求権（民709条）、不当利得返還請求権（民703条）を行使できる。

　業として実用新案権侵害品を輸入する行為については、関税法による水際措置の対象となる（関税69条の11第1項9号）。

　故意による実用新案権または専用実施権侵害行為については、罰則の対象となる（56条）。

　実用新案権者または専用実施権者が侵害者等に対しその権利を行使し、または警告をした場合において、実用新案登録を無効にすべき旨の審決が確定したときは、その者は、その権利の行使またはその警告により相手方に与えた損害を賠償しなければならない（29条の3第1項本文）。ただし、実用新案技術評価書の技術評価に基づきその権利を行使し、またはその警告をしたとき、その他相当の注意をもってその権利を行使し、またはその警告をしたと

きは、免責される（同条1項但書）。行使した権利が無効であった場合には、権利者が注意義務に違反したものとして、立証責任の転換を図り、権利者が相当の注意をもって権利を行使したことを立証しない限り、損害賠償責任を負うとしたものである。相当の注意をもって権利を行使したことを立証するためには、権利者は、実用新案技術評価書の請求、自己調査、鑑定等により自己の権利の有効性を確保する必要がある。

　一方、当業者に権利の有効性まで調査すべき義務を負わせるのは妥当でないため、実用新案法は特許法103条（過失の推定）を準用していない。権利者は、侵害者に対し損害賠償を請求する場合、侵害者の故意または過失を立証する必要がある。

　実用新案法30条は無効の抗弁に関する特許法104条の3を準用している。

•••••• 参 考 文 献 ••••••

- ●特許庁編『工業所有権法（産業財産権法）逐条解説』（一般社団法人発明推進協会、第20版、2017年）
- ●特許庁総務部総務課工業所有権制度改正審議室編著『改正特許法・実用新案法解説』（有斐閣、1993年）
- ●特許庁総務部総務課制度改正審議室編『平成16年特許法等の一部改正 産業財産権法の解説』（社団法人発明協会、2004年）
- ●清永利亮「判解」『最判解民事篇昭和56年度』409頁〔長押事件〕
- ●知的財産裁判実務研究会編『知的財産訴訟の実務』88頁、284頁（法曹会、改訂版、2014年）
- ●光石俊郎「実用新案権侵害訴訟の特徴」大渕哲也ほか編『専門訴訟講座⑥特許訴訟（上巻）』516頁（民事法研究会、2012年）
- ●渋谷達紀『知的財産法講義I』388頁（有斐閣、第2版、2006年）
- ●紋谷暢男「我が国実用新案制度の下における保護客体の推移（1）（2）」成蹊法学創刊号383頁（1969年）、6号184頁（1974年）
- ●紋谷暢男「わが国実用新案法の現代的課題―日本およびドイツ法におけるその保護客体を中心として」F. K. バイヤー教授古稀記念『知的財産と競争法の理論』197頁（第一法規出版、1996年）
- ●玉井克哉「無審査特許としての再生か緩慢な死か―わが実用新案法の改正論議に寄せて」ジュリスト1007号63頁（1992年）

第**4**章 半導体集積回路法

I ► 登録要件

　回路配置の創作をした者またはその承継人は、その商業的利用から2年以内にその回路配置について回路配置利用権の設定の登録を受けることができる（3条1項、6条）。創作者は、創作という事実行為によって、設定登録（7条）という方式を備えさえすれば、排他的独占権を原始的に取得する。2年以内に、創作者は、その回路配置の市場調査等を確認し、登録申請を行うか判断可能となる。

　回路配置とは、半導体集積回路における回路素子およびこれらを接続する導線の配置をいう（2条2項）。具体的な回路素子等の配置にいたらない抽象的な回路配置の設計構想段階にとどまるものは登録制度の対象とならない。

　半導体集積回路とは、半導体材料もしくは絶縁材料の表面または半導体材料の内部に、トランジスターその他の回路素子を生成させ、かつ、不可分の状態にした製品であって、電子回路の機能を有するように設計したものをいう（2条1項）。「生成」とは、その場において回路素子が生まれ、形をとることをいい、プリント基板やハイブリッド集積回路は本定義から除外されている。

　回路配置の創作をするとは、他人の模倣ではなく、一定の資金、労力を投入し、自らの知的努力の結果として回路配置を作り出すことをいう。回路配置のマイナーな変更は、新たな保護の対象とはならない。

129

Ⅱ ‒ 設定登録手続

　回路配置利用権の設定登録を受けるためには、所定の申請書と添付図面その他の資料を提出しなければならない（3条2項・3項）。申請書の提出先および登録の可否を決定する機関は経済産業大臣であり（3条2項、8条1項）、経済産業大臣は、省令に基づき、登録事務を設定登録機関に委ねることができる（28条1項）。現在、一般財団法人ソフトウェア情報センターが設定登録機関とされている。

　設定登録機関は、申請書と添付図面その他の資料から所定の要件を欠くことが明らかであるため申請を却下する場合を除き、回路配置原簿に設定登録を行う（7条1項、8条1項）。

　所定の要件を欠く場合とは、①申請者が創作者等でないこと、②創作者等が二人以上ある場合において、これらの者が共同して設定登録の申請をしていないこと、③申請に係る回路配置が申請の日から2年さかのぼった日前に商業的利用されていたこと、④申請書が方式に適合しないことその他の政令で定める事由があること、のいずれかである。

　申請却下処分に対して不服のある申請者は、経済産業大臣に対して審査請求（44条、行審5条）をなすことができる。

　設定登録後に、設定登録の申請が実体要件（8条1項1～3号）を欠いていたことが明らかとなったときは、経済産業大臣は、登録名義人を聴聞して、職権により登録を抹消しなければならない（9条）。

　登録抹消理由の存することが明らかであるのに、その状態が放置されているときは、その不作為について不服のある者は、経済産業大臣に対して、行政不服審査法に基づいて審査請求をすることができる（44条）。

　半導体集積回路法上は、特許無効審判のような私人による登録抹消請求の制度は存在しない。

Ⅲ ► 回路配置利用権

　回路配置利用権は、設定登録により発生する（10条1項）。回路配置利用権の存続期間は、設定登録の日から10年である（同条2項）。

　回路配置利用権者は、業として設定登録を受けている回路配置を利用する権利を専有する（11条本文）。ただし、その回路配置利用権について専用利用権を設定したときは、専用利用権者がその登録回路配置を利用する権利を専有する範囲については、この限りでない（同条但書）。

　回路配置の利用とは、その回路配置を用いて半導体集積回路を製造する行為と、その回路配置を用いて製造した半導体集積回路（当該半導体集積回路を組み込んだ物品を含む）を譲渡し、貸し渡し、譲渡もしくは貸し渡しのために展示し、または輸入する行為をいう（2条3項）。

Ⅳ ► 侵害

1　侵害の態様

　回路配置権者に無断で、業として設定登録を受けている回路配置を利用することは、回路配置権の侵害となる（直接侵害）。

　専ら登録回路配置を模倣するために使用される物を業として生産し、譲渡し、貸し渡し、譲渡もしくは貸し渡しのために展示し、または輸入する行為は、回路配置利用権を侵害するものとみなされる（間接侵害。23条）。

2　侵害主張に対する防御

　第1に、第三者が独自に創作した回路配置については、登録回路配置と同一であっても回路配置利用権の侵害とならない（12条1項）。

　第2に、解析または評価のために登録回路配置を用いて半導体集積回路を製造する行為は回路配置利用権の侵害とならない（12条2項）。いわゆるリバースエンジニアリングを適法とするものである。

　第3に、回路配置利用権者等が登録回路配置を用いて製造した半導体集積

回路を譲渡したときは、その譲渡された半導体集積回路を譲渡し、貸し渡し、譲渡もしくは貸し渡しのために展示し、または輸入する行為は、回路配置利用権の侵害とならない（12条3項）。いわゆる消尽に関する規定である。

第4に、半導体集積回路の引渡しを受けた時点において、当該半導体集積回路が他人の回路配置利用権に係る登録回路配置を模倣した回路配置を用いて製造されたものであること（模倣の事実）を知らず、かつ、知らないことにつき過失がない者が業として当該半導体集積回路を譲渡し、貸し渡し、譲渡もしくは貸し渡しのために展示し、または輸入する行為は、回路配置利用権の侵害とならない（24条1項）。回路配置利用権者は、善意無過失者が模倣の事実を知った後、業として譲渡等をなす場合には、その者に対し、通常受けるべき金銭の額に相当する額の金銭の支払いを請求できる（同条2項）。善意無過失者が上記金銭の支払いをなした場合は、回路配置利用権者が半導体集積回路を譲渡したものとみなし（同条3項）、以降の再譲渡等に対してはもはや回路配置利用権は及ばない（12条3項）。

V ► 侵害に対する救済

回路配置権者または専用利用権者は、侵害に対する救済手段として、差止請求権（22条1項）、侵害組成物等廃棄請求権（同条2項）、損害賠償請求権（民709条）、不当利得返還請求権（民703条）を行使できる。

業として回路配置利用権を侵害する半導体集積回路を輸入する行為は、関税法による水際措置の対象となる（関税69条の11第1項9号）。

故意による回路配置利用権の侵害については、罰則の対象となる（51条）。

●●●●●●　**参 考 文 献**　●●●●●●

- 半導体集積回路法制問題研究会編『**解説半導体集積回路法**』（ぎょうせい、1986年）
- 中山信弘「**半導体集積回路の権利保護制度―通称半導体チップ法**」ジュリスト843号34頁（1985年）
- 平嶋竜太『**システムLSIの保護法制**』（信山社、1998年）
- 田村善之『**知的財産法**』388頁（有斐閣、第5版、2010年）
- 渋谷達紀『**知的財産法講義III**』324頁（有斐閣、第2版、2005年）

- Leon Radomsky, *Sixteen Years after the Passage of the U.S. Semiconductor Chip Protection Act: Is International Protection Working,* 15 Berkeley Tech. L. J. 1049 (2000).

第5章 意匠法

I ► 登録要件

　工業上利用することができる新規かつ創作非容易な意匠の創作をした者のうち、最先の出願人のみがその意匠について意匠登録を受けることができる（3条1項・2項、6条、9条）。

1　意匠

　意匠とは、物品（物品の部分を含む）の形状、模様もしくは色彩またはこれらの結合であって、視覚を通じて美感を起こさせるものをいう（2条1項）。

　第1に、物品とは、有体物である動産をいう。

　ただし、組み立て式の建物など、量産可能で土地定着前に動産として取引の対象となるものは、審査実務上、物品として扱われる（意匠審査基準第2部第1章21.1.1.1.(2)）。

　また、意匠法上の物品には、それ自体単独で取引の対象とならない物品の部分も含まれる（部分意匠）。

　第2に、意匠法の保護対象は、物品の形状等、すなわち物品と一体化されたデザインであり、物品に化体するデザイン自体ではない。このため、単なるモチーフやタイプフェイスは意匠法上の意匠に含まれない。

　ただし、例外的に、携帯電話などの画面デザインについては、物品から離れて存在するものではあるが、画面デザインの保護を促進する観点から、物品全体の意匠の一部を構成するものとして、または部分意匠を構成するものとして明文上保護の対象とされている（2条2項）。

135

また、審査実務上、物品に表された文字は原則として意匠を構成するものとして扱われるが、専ら情報伝達のためだけに使用されているものは、模様と認められない（意匠審査基準 21.1.2(1)）。

　第3に、意匠は、「視覚を通じて美感を起こさせるもの」であるので、外部から視覚を通じて認識されないもの（たとえば、分解しない限り見えないような部位。知財高判平成 20・1・31 平成 18（行ケ）10388 号〔商品陳列台事件〕）や、機能、作用効果を主目的にしており、美的配慮がほとんどなされていないものは意匠ではない。

2　工業上の利用可能性

　工業的技術を利用して同一物を反復して多量に生産しうるものをいう。いわゆる一品製作物、自然界に存在する天然物は、工業上利用することができるものには含まれない。

3　新規性

　①意匠登録出願前に日本国内または外国において公然知られた意匠（3条1項1号）、②意匠登録出願前に日本国内または外国において、頒布された刊行物に記載された意匠または電気通信回線を通じて公衆に利用可能となった意匠（同項2号）、③①または②に掲げる意匠（公知意匠）に類似する意匠（同項3号）は、新規性がないとして登録要件をみたさない。

　3条1項1号の「公然知られた」意匠とは、不特定人または多数の者が知りうる状態になったことでは足りず、現実に知られている状態にいたったことを要する（知財高判平成 26・3・27 平成 25（行ケ）10315 号〔シール事件〕）。

4　創作非容易性

　出願時を基準として、出願意匠の属する分野における通常の知識を有する者（当業者）が、日本国内または外国における公知の形態に基づいて、その意匠の創作を容易にすることができた場合は、その意匠について登録は認められない（3条2項）。

　3条1項3号が物品の意匠について一般需要者の立場からみた美感の類否

を問題にするのに対して、同条2項は、物品の同一または類似という要件をはずし、公然知られたモチーフを基準として、当業者の立場からみた意匠の着想の新しさないし独創性を問題とする、という違いがある（最判昭和49・3・19民集28巻2号308号〔可撓伸縮ホース事件〕）。たとえば、出願前、エッフェル塔のモチーフは公知であり、エッフェル塔のモチーフを置物に置き換えることは当業者にとって容易であったが、エッフェル塔のモチーフを用いた置物の意匠に関する意匠登録は存在しなかったとする。この場合、エッフェル塔を象った置物の意匠についての意匠登録出願については、新規性は認められるが、創作非容易性は否定される。

3条2項所定の「公然知られた」とは、一般第三者たる不特定人または多数者に、単に知りうる状態になったことでは足りず、現実に知られている状態になったことを要する（前掲知財高判平成26・3・27〔シール事件〕）。

5 新規性喪失の例外

意匠登録を受ける権利を有する者の意に反して3条1項1号または同2号に該当してしまった意匠（たとえば、秘密にしておいた意匠を第三者が盗んで公開した場合。4条1項）、および、意匠登録を受ける権利を有する者の行為に起因して3条1項1号または同2号に該当してしまった意匠（たとえば、見本として展示した場合。4条2項）について、その該当するにいたった日から6か月以内に意匠登録を受ける権利を有する者が意匠登録出願をすることにより、その出願意匠の3条1項、同2項の適用について新規性を喪失するにいたらなかったものとみなされる。公報に掲載されたことにより3条1項1号または同2号に該当するにいたった意匠については、意匠登録を受ける権利を有する者の行為に起因する場合には当たらない（4条2項括弧書）。

6 みなし公知

意匠登録出願した意匠が、当該意匠登録出願よりも先の意匠登録出願であって当該意匠登録出願の後に意匠公報に掲載されたものの願書の記載および願書に添付した図面、写真、ひな形または見本に現された意匠の一部と同一または類似であるときは、意匠登録を受けることができない（3条の2）。

ただし、後願意匠の出願人と先願意匠の出願人が同一の者である場合、先願意匠の意匠公報の発行の日前に後願意匠の意匠登録出願をしていれば3条の2は適用されない（同条但書）。但書により、同一人の出願である場合は、先願の意匠公報の発行の日前までを後願意匠の出願期限として、この期限までに出願された後願意匠については同条により拒絶を受けることはない。

7 先願

同一または類似の意匠については最先の出願にかかる意匠のみが登録される（先願主義。9条1項）。同日の出願が競合したときは協議により解決する（同条2〜5項）。

同一人による競合する出願については、関連意匠制度（10条）を利用することができる。この制度を利用することにより、出願人は自己の複数個の意匠のうち、1つの意匠を本意匠とし、これに類似する意匠につき、同日に関連意匠として出願することにより、意匠登録を受けることができる。意匠権は登録意匠またはこれに類似する意匠を独占的に実施できる権利であり、この制度を利用することにより、登録意匠に類似する意匠をあらかじめ登録して自らの意匠権の権利範囲を明確にできるとともに、権利の範囲の拡張をしておくことが可能となる。

8 不登録意匠

公序良俗を害するおそれがある意匠（5条1号）、他人の業務に係る物品と混同を生じるおそれがある意匠（同条2号）、物品の機能を確保するために不可欠な形状のみからなる意匠（同条3号）は、意匠登録を受けることができない。

II ► 意匠の類似

1 意匠の類否

(1) 意義

公知意匠に類似する意匠について新規性は否定され（3条1項3号）、意匠

権の効力は類似する意匠に及ぶ（23条）など、類似は登録意匠の出願・審査段階、侵害訴訟段階に共通の重要概念であるが、類似とは何かについて定義規定は存在しない。対比される意匠は、出願・審査段階においては本願意匠と引用意匠、侵害訴訟段階においては登録意匠と侵害疑義意匠（イ号意匠）という違いはあるが、意匠法の規定における類似概念は同一である。

（2）意匠の類否の判別方法

登録意匠とそれ以外の意匠が類似であるか否かの判断は、需要者の視覚を通じて起こさせる美感に基づいて行われる（24条2項）。

類否判断の具体的手順はおおむね次のとおりである（大阪地判平成23・9・15平成22（ワ）9966号〔マニキュア用やすり事件〕ほか近時の裁判例の多数）。

①登録意匠の基本的構成態様と具体的構成態様とを文章によって明らかにする。意匠登録出願の願書に添付されるのは図面、写真、ひな形または見本のみであり、特許法において技術的範囲を定める基礎となる（特70条）特許請求の範囲（特36条6項）に相当する文章での記載はないからである。

②被告意匠の構成を登録意匠の構成と対応するように文章によって明らかにする。

③意匠に係る物品の性質、用途、使用態様、さらには公知意匠にない新規の創作部分の存否等を参酌して、当該意匠に係る物品の看者となる需要者が視覚を通じて注意を惹きやすい部分（要部）をまず把握する。

④登録意匠と被告意匠とを対比し、共通点と差異点を明らかにする。

⑤登録意匠と被告意匠とが要部において構成態様を共通にするか否かを観察する。

⑥登録意匠と被告意匠を全体的に観察し、全体としての美感を共通にするか否かによって類否を判断する。

出願・審査段階における意匠の類否判断の一例として、タイアの溝の意匠の類否に関して、知財高判平成20・3・31平成19（行ケ）10344号〔ピレリ事件〕は、以下のように判示している。

「本願意匠は、溝のすべてが直線で構成され、主傾斜溝に突出溝が設けられていること、主傾斜溝における突出溝が、副傾斜溝における『ヘ』ないし『逆ヘ』文字と対応するように配置されていること、他方、側面視において

主傾斜溝と副傾斜溝とは交互に等間隔で平行に伸びていること等を総合すると、同意匠は、全体として、『ゴツゴツ』とした、荒削りで、男性的な印象を与えているとともに、規則的な模様であるとの美的な印象を生じさせている。これに対して、引用意匠は、溝のすべてが、細く柔らかい曲線で構成され、先端がすぼまり、最先端が尖っていること、他方、主傾斜溝は副傾斜溝より長く伸びて、その傾斜角度が同一でないために、伸びる方向が不揃いであること等を総合すると、同意匠は、全体として、柔らかく、繊細で洗練されていて、女性的な印象を与えているとともに、不揃いで、不規則的で、より自由な模様であるとの美的な印象を生じさせている。上記によれば、本願意匠と引用意匠とは、前記中央溝、主傾斜溝及び副傾斜溝の配置ないし相互の位置関係という基本的な構成において共通する点を有するが、具体的な中央溝、主傾斜溝及び副傾斜溝の構成や配置において、上記のとおり、見る者に異なる美感を与えているものというべきである。したがって、本願意匠は、引用意匠に類似しない。」

意匠の類否判断は、物品と形態の両面から行われ、物品が同一・類似でなければ、形態が同一・類似であっても、意匠は非類似とされる。前掲最判昭和49・3・19〔可撓伸縮ホース事件〕は、「意匠は物品と一体をなすものであ

るから、……法3条1項により登録を拒絶するためには、まずその意匠に
かかる物品が同一又は類似であることを必要とし、更に、意匠自体において
も同一又は類似と認められるものでなければならない」と述べている。

2　部分意匠の類否

　部分意匠の類否判断も、意匠の類否判断と基本的には同様であるが、部分
意匠については、破線で示された全体形状における、部分意匠の位置や大き
さ、範囲が考慮されるべきであるかという問題がある。

　部分意匠においては、部分意匠に係る物品とともに、物品の有する機能お
よび用途との関係で、意匠登録を受けた部分がどのような機能および用途を
有するものであるかが、その類否判断の際には確定される必要がある。部分
意匠は、物品の部分であり、意匠登録を受けた部分だけでは完結しないから、
破線によって示された形状等は、それ自体は意匠を構成するものではないと
しても、意匠登録を受けた部分がどのような用途および機能を有するといえ
るものであるかを定めるとともに、その位置等を事実上画する機能を有する
ものであり、意匠登録を受けた部分の機能および用途を確定するにあたって
は、破線によって具体的に示された形状等が参酌される。もっとも、部分意
匠制度は、破線で示された物品全体の形態について、同一または類似の物品
の意匠と異なるところがあっても、部分意匠に係る部分の意匠と同一または
類似の場合に、登録を受けた部分意匠を保護しようとするものであることに
照らせば、部分意匠の類否判断において、意匠登録に係る部分とそれに相当
する部分の位置等の差異については、上記部分意匠制度の趣旨を没却するこ
とがないようにしなければならず、破線部の形状等や部分意匠の内容等に照
らし、通常考えうる範囲での位置等の変更など、予定されていると解釈しう
る位置等の差異は、部分意匠の類否判断に影響を及ぼすものではない（知財
高判平成19・1・31平成18（行ケ）10317号〔プーリー事件〕）。

　たとえば、菓子用包装箱の部分意匠の類否について、東京地判平成27・
5・15平成26（ワ）12985号〔包装用箱事件〕は、「本件意匠は、部分意匠で
あるため、類否判断にあたっては、当該意匠それ自体のみならず、当該部分
の物品全体における位置等についても参酌すべきことは、前記1のとおりで

あるところ、本件意匠では、アクセントパネルとは別の面に包装用箱の開口部が設けられ、アクセントパネルは開口部としての機能を有していないのに対し、被告意匠では、アクセントパネルが開口部として配置されていることにより、開口部としての機能を有している点においても差異がある。本件意匠に係る物品である包装用箱の機能として、収納された物品を取り出すことは必須であることからすると、開口部の配置は、包装用箱の需要者たる事業者や箱に収納された品物を購入する一般消費者にとってみれば、箱を開口してもアクセントパネルとしての美観に全く影響がないか、箱の開口によりアクセントパネルとしての美観が消失してしまうかは大きな差異であるというべきで、本件意匠と被告意匠とは、この点においても美観を共通にするものとはいえない。」と判示している。

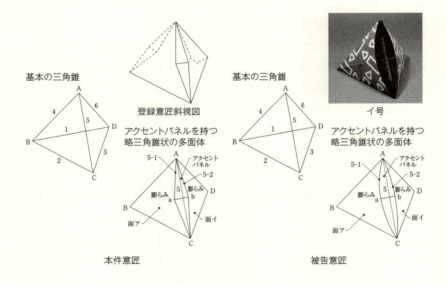

III ▶ 意匠登録出願手続

　意匠登録を受けようとする者は、特許庁長官に対して意匠登録出願をしなければならない。出願には、願書と、願書に添付する図面、写真、ひな形または見本が必要である（6条）。願書の記載および図面等は、意匠の創作者

および意匠登録出願人を特定し、登録意匠の範囲を定める機能を有する（24条）。

意匠登録出願は、経済産業省令（意匠施規別表第1）で定める物品の区分により意匠ごとにしなければならない（一意匠一出願の原則。7条）。意匠権の権利内容を明確化する趣旨で、意匠登録出願は一意匠ごとにすべきことを定めたものである。

意匠登録出願に係る物品が上記の物品の区分に該当しない場合には、願書における「意匠に係る物品」欄および「意匠に係る物品の説明」欄の記載を参照した上、①意匠登録出願に係る物品の内容、製造方法、流通形態および使用形態、②意匠登録出願に係る物品の一部分がその外観を保ったまま他の部分から分離することができるか、ならびに③当該部分が通常の状態で独立して取引の対象となるか等の観点を考慮して、社会通念に照らし、当該物品が1つの特定の用途および機能を有する一物品といえるかを判断する。たとえば、「容器付冷菓」は、社会通念上、1つの特定の用途および機能を有する一物品であると認められ、「冷菓」の部分のみが「容器」の部分とは独立した用途および機能を有する一物品とはいえない（知財高判平成28・9・21判時2341号127頁〔容器付冷菓事件〕）。

一意匠一出願の例外として、第1に、組物の意匠がある（8条）。同時に使用される二以上の物品であって経済産業省令（意匠施規別表第2）で定めるもの（たとえば、一組の装身具セット）を構成する物品について全体として統一があるときは、これらの物品に係る意匠を1つの意匠として登録を認める。

例外の第2は、意匠に係る物品の形態がその物品の有する機能に基づいて変化する場合（動的意匠。たとえば、傘、カバン）には、変化の前後にわたるその物品の複数の意匠について、1つの出願に含めることができる。この場合、変化する旨およびその物品の当該機能の説明を願書に記載しなければならない（6条4項）。

なお、出願人は、出願意匠の特徴を記載した特徴記載書を提出することができる（意匠施規6条）。特徴記載書の提出は、義務ではなく、出願人の選択によって行われる。特許庁は、特徴記載書の内容の適否についての実体的判

Ⅲ. 意匠登録出願手続　　143

断を示さないため、登録意匠の範囲を定める場合においては、特徴記載書の記載を考慮してはならない（同条3項）。

　意匠は最先の出願人にかかる意匠のみ登録を受けられる。そのため創作と同時に出願しなければならないこともある。その出願意匠が実施予定時期よりも早期に登録され公表されると、他社に商品化計画を知られて不利になることも生じる。そこで、あらかじめ出願の際に請求することにより、登録意匠を一定期間（3年以内）秘密にすることができることを認め、必要となったときに意匠公報で公表して権利行使をすることができる（秘密意匠制度。14条）。

Ⅳ ► 審判・審決取消訴訟

1　審判

　拒絶をすべき旨の査定を受けた者は、その査定に不服があるときは、定められた期間内に審判を請求することができる（拒絶査定不服審判）。すなわち、この審判は、査定に不服のある出願人が請求する審判である。審判では、当該査定の当否について判断するだけでなく、さらにすすんで当該出願に係る意匠が登録要件を備えるかどうかについて審理する（46条）。

　意匠権の設定の登録がなされた意匠登録について、その意匠登録を無効にすることを請求することができる（無効審判）。原則として何人も無効審判を請求することができるが、権利帰属にかかわる無効理由、すなわち冒認出願（48条1項3号）、共同出願要件違反の出願（15条1項において準用する特38条）については、利害関係人にのみ請求人適格が認められる。無効審判の請求時期については特に制限がなく、いつでも請求することができる。無効審判の審理構造は、特許無効審判と同様、審判請求人と意匠権者との間の当事者対立構造としつつ、職権探知も可能とする（52条において準用する特153条）。

　願書の記載または図面等についてした補正がこれらの要旨を変更するものであるときは、審査官は決定をもってその補正を却下するが、この決定に不服があるときは、一定の期間内に審判を請求することができる（補正却下決

144　第5章 意匠法

定不服審判。47条)。

2 審決取消訴訟

　①拒絶査定不服審判請求不成立審決、②補正却下決定不服審判請求不成立審決、③意匠登録無効審決、④拒絶査定不服審判における補正却下決定、⑤再審手続における補正却下決定、⑥審判または再審の請求書の却下決定に対して不服のある者は、東京高等裁判所（知財高裁設置法2条2号により、東京高裁の特別支部である知的財産高等裁判所に事件配分される）に対して訴えを提起できる（59条1項）。

V ► 意匠権

　意匠登録出願の審査の結果、登録査定がなされ、登録料を1年分以上納付し、特許庁の登録原簿に記載されることにより意匠権が発生する（20条）。存続期間は、登録の日から20年である。ただし、関連登録意匠は本意匠とともに消滅する（21条、22条）。

　権利の移転は原則自由であるが、例外として本意匠および関連意匠の意匠権は分離して移転することができない（22条1項）。

　意匠権者（関連意匠の意匠権者を含む）は、登録意匠およびこれに類似する意匠について業として実施する権利を専有する。ただし、当該意匠権に専用実施権を設定したときは（本意匠およびすべての関連意匠の意匠権は、同一の者に対して同時に設定する場合に限り認められる）、専用実施権者の専有する部分は除かれる（23条）。

　意匠の実施とは、意匠に係る物品を製造し、使用し、譲渡し、貸し渡し、輸出しもしくは輸入し、またはその譲渡もしくは貸し渡しの申出をする行為をいう（2条3項）。

　登録意匠の範囲は願書の記載、および願書に添付した図面、写真、ひな形もしくは見本に現された意匠に基づいて定められる（24条）。

　意匠権者、専用実施権者または通常実施権者は、その登録意匠がその意匠登録出願の日前の出願に係る他人の登録意匠もしくはこれに類似する意匠、

V. 意匠権　　145

特許発明もしくは登録実用新案を利用するものであるとき、またはその意匠権のうち登録意匠に係る部分がその意匠登録出願の日前の出願に係る他人の特許権、実用新案権もしくは商標権もしくはその意匠登録出願の日前に生じた他人の著作権と抵触するときは、業としてその登録意匠の実施をすることができない（26条1項）。

意匠権者、専用実施権者または通常実施権者は、その登録意匠に類似する意匠がその意匠登録出願の日前の出願に係る他人の登録意匠もしくはこれに類似する意匠、特許発明もしくは登録実用新案を利用するものであるとき、またはその意匠権のうち登録意匠に類似する意匠に係る部分がその意匠登録出願の日前の出願に係る他人の意匠権、特許権、実用新案権もしくは商標権もしくはその意匠登録出願の日前に生じた他人の著作権と抵触するときは、業としてその登録意匠に類似する意匠の実施をすることができない（26条2項）。

意匠権は、存続期間の満了、相続人の不存在（36条が準用する特76条）、放棄（36条が準用する特97条1項）、登録料の不納（42～44条）、無効審決の確定（49条）によって消滅する。

許諾が得られない場合、意匠権者は、特許権または実用新案権については通常実施権の裁定を求めることができる（33条）。なお、商標権については、もし裁定許諾を認めると、意匠の実施により混同を惹起し、競業秩序を乱すので望ましくないこと、著作権を侵害する意匠の実施については、著作権者の任意の許諾に委ねるべきことから、いずれも裁定制度の対象となっていない。

VI ► 意匠権侵害

1　侵害

意匠権者に無断で、業として登録意匠と同一・類似の意匠を実施することは、意匠権の侵害となる（直接侵害）。

意匠権が他人の意匠権と抵触関係にあるときは、その優劣は出願日（著作権は創作日）を基準として判断され、自己のものが遅い場合には、権利者で

ある他人の許諾を得なければ意匠権の侵害となる（26 条 1 項）。

　また、意匠権に係る意匠に類似する意匠が他人の登録意匠もしくはこれと類似する意匠を利用するものであるときには、その権利者の許諾を得なければ意匠権の侵害となる（26 条 2 項）。

　対象物件の意匠 B が登録意匠 A を利用する関係に立つというためには、意匠 B がその構成要素中に、登録意匠 A（これに類似する意匠を含む）の全部を、その特徴を損なうことなく、意匠 B の他の構成要素と区別しうる態様で包含し、この部分と他の構成要素との結合により全体としては登録意匠 A とは非類似の一個の意匠をなし、この意匠 B を実施すると必然的に登録意匠 A を実施する関係になる場合をいう（東京地判平成 16・10・29 判時 1902 号 135 頁〔ラップフィルム摘み具事件〕）。

　登録意匠またはこれに類似する意匠に係る物品の製造にのみ用いる物を業として生産、譲渡等する行為は侵害とみなされる（間接侵害。38 条 1 号）。2 条 1 項の物品は有体物に限られるが、38 条 1 号の「物」には、意匠に係る物品の製造に用いられる工作機械の制御プログラム等の「プログラム等」も含まれる（同号括弧書）。

　登録意匠またはこれに類似する意匠に係る物品を業としての譲渡、貸し渡しまたは輸出のために所持する行為は、侵害とみなされる。（みなし侵害。38 条 2 号）。

2　侵害主張に対する防御

　第 1 に、試験または研究のためにする実施、単に日本国内を通過するにすぎない交通機関等、意匠登録出願前から日本国内にある物については意匠権の効力は及ばない（36 条が準用する特 69 条 1 項・2 項）。

　第 2 に、意匠権に係る実施品を再譲渡することは、意匠権の侵害とならない（消尽）。ただし、譲渡された実施品に修理・改造が施され、意匠権に係る実施品が新たに製造されたと評価できる場合には、意匠権の侵害が成立しよう。この点、最判平成 19・11・8 民集 61 巻 8 号 2989 頁〔インクタンク事件〕は特許権に関する事件であるが、意匠の解釈についても参考になろう。

　第 3 に、41 条は、特許法 104 条の 3（無効の抗弁）を準用している。

第4に、他人の意匠登録出願に係る意匠と同一・類似の意匠の創作をなし
たが、当該出願より遅れて出願した者あるいは出願しなかった者は、当該出
願時にその意匠の実施である事業または事業の準備をしていれば、当該出願
に係る意匠権について法定通常実施権を有し、その意匠を実施できる（先使
用権。29条）。

　第5に、意匠登録出願に係る意匠を知らないで自らその意匠もしくはこれ
に類似する意匠の創作をし、または意匠登録出願に係る意匠を知らないでそ
の意匠もしくはこれに類似する意匠の創作をした者から知得して、意匠権の
設定の登録の際、現に日本国内においてその意匠またはこれに類似する意匠
の実施である事業をしている者またはその事業の準備をしている者が、①そ
の意匠登録出願の日前に、自らその意匠またはこれに類似する意匠について
意匠登録出願をし、当該意匠登録出願に係る意匠の実施である事業をしてい
る者またはその事業の準備をしている者であるか、および、②自らした意匠
登録出願について、その意匠登録出願に係る意匠が3条1項各号の一に該
当し、拒絶をすべき旨の査定または審決が確定した者である場合には、その
実施または準備をしている意匠および事業の目的の範囲内において、その意
匠登録出願に係る意匠権について法定通常実施権を有し、その意匠を実施で
きる（先願に基づく通常実施権。29条の2）。拒絶確定出願は先願の地位を有
しない（9条3項）。このため、拒絶確定出願に係る意匠に類似する意匠に
係る後願が意匠登録された場合、拒絶確定出願に係る意匠を拒絶確定出願の
出願人が実施すると、後願の意匠権の侵害になるという出願人にとって不測
の不利益が生ずる。先願の出願人と後願の意匠権者の利益調整の観点から設
けられたのが29条の2である。

　その他、法定通常実施権として、無効審判請求の登録前の実施による通常
実施権（30条）、意匠権等の存続期間満了後の通常実施権（31条）、職務創作
において使用者が有する通常実施権（15条3項が準用する特35条）、再審請
求の登録前実施による通常実施権（56条）が存在する。

3　侵害に対する救済

　意匠権者または専用実施権者は、その侵害に対する救済手段として、侵害

者に対して差止請求権（37条1項）、侵害組成物等廃棄請求権（同条2項）、損害賠償請求権（民709条）、信用回復措置請求権（41条が準用する特106条）、不当利得返還請求権（民703条）を行使できる。

　業として意匠権侵害品を輸入する行為については、関税法による水際措置の対象となる（関税69条の11第1項9号）。

　故意による意匠権侵害行為については、罰則の対象となる（69条）。

●●●●●●●　　**参 考 文 献**　　●●●●●●

- ●佐藤繁「**判解**」『最判解民事篇昭和49年度』325頁〔可撓性ホース事件最高裁判決〕
- ●満田重昭＝松尾和子編『**注解意匠法**』（青林書院、2010年）
- ●寒河江孝允＝峯唯夫＝金井重彦編著『**意匠法コンメンタール**』（レクシスネクシス・ジャパン、第2版、2012年）
- ●茶園成樹編『**意匠法**』（有斐閣、2012年）
- ●牧野利秋「意匠法の諸問題」ジュリスト1326号92頁（2007年）
- ●青木大也「意匠法における物品の類似性について」論究ジュリスト7号166頁（2013年）
- ●小松一雄「**最近の意匠権侵害訴訟における意匠の類否について**」飯村敏明先生退官記念『現代知的財産法―実務と課題』851頁（一般社団法人発明推進協会、2015年）
- ●山田真紀「意匠権侵害訴訟」知的財産裁判実務研究会編『知的財産権訴訟の実務』137頁（法曹会、改訂版、2014年）

第6章 種苗法

I ► 登録要件

既存品種と明確に区別され、同一繁殖世代において均一性を有し、繁殖世代間で安定性を有する農林水産植物の品種を育成した者のうち、最先の出願人のみがその品種について品種登録を受けることができる（3条1項・2項、5条、9条）。

1 農林水産植物の品種

種苗法の保護対象は農林水産植物の新品種である。

農林水産植物とは、農産物、林産物および水産物の生産のために栽培される種子植物、しだ類、せんたい類、多細胞の藻類その他政令で定める植物（えのきたけ、エリンギなど。種苗施令1条）をいう（2条1項）。

品種とは、重要な形質に係る特性（以下、単に「特性」）の全部または一部によって他の植物体の集合と区別することができ、かつ、その特性の全部を保持しつつ繁殖させることができる一の植物体の集合をいう（2条2項）。農林水産大臣は、農業資材審議会の意見を聴き、農林水産植物の区分（種苗施規1条、別表第1）ごとに重要な形質を定める（2条7項）。農林水産省告示「種苗法第2条第7項の規定に基づく重要な形質」によると、たとえば、らっかせいの重要な形質は、「一　草性、茎の形状、葉の形状、花の形状、さやの形状、子実の形状、子実の粒重及び子実の品質、二　熟性、着花習性、休眠性、食味及び子実の成分、病害抵抗性及び虫害抵抗性」とされている。

2 区別性

品種登録を受けるためには、出願された品種が、品種登録出願前に日本国内または外国において公然知られた他の品種と、特性（2条2項）の全部または一部によって明確に区別されることが必要となる（3条1項1号）。

「公然知られた」とは、当該品種の種苗が販売などによって一般に入手可能となり、植物体の存在が秘密の状態を脱し、守秘義務を負わない不特定多数の者に知られていることをいう（知財高判平成18・12・21判時1961号150頁〔エリンギ・ホクト2号事件〕）。

なお、種苗法の保護対象は植物体であるため、種苗や収穫物が第三者の手に渡った段階ではじめて第三者に利用可能となり、いまだ刊行物に品種に関する記載がなされただけでは、第三者が利用することは極めて困難であるとの理由から、特許法における刊行物記載（特29条1項3号）に相当する規定は種苗法には置かれていない。

「他の品種」とは、その品種以外の品種、すなわち、出願品種と育成行為（3条1項柱書）を異にする既存の品種をいう。出願品種は「他の品種」には含まれないため、出願品種自体が出願前に公知となっていた場合も、区別性は否定されず、未譲渡性要件（4条2項）の充足が別途問題となるにすぎない（前掲知財高判平成18・12・21〔エリンギ・ホクト2号事件〕）。

3 均一性

品種登録を受けるためには、出願された品種について、同一の繁殖の段階に属する植物体のすべてが、その特性の全部において十分に類似していること、換言すると、播いた種からすべて同じものができることが必要である（3条1項2号）。栽培した植物体間で所定の特性が現れる確率が低いときには、当初の特性が維持されていることを期待して種苗を譲り受けた者が不測の損害を受けるおそれがあることから設けられた要件である。

たとえば、栄養繁殖性品種および完全自家受精品種の場合、異形固体の混入数が、繁殖された出願品種の個体数に応じ最大混入許容数を超えないとき（たとえば、個体数が83〜137の場合は最大3）、均一性があると判定される

152　第6章 種苗法

（農産園芸局長通知「登録出願品種審査要領」別添 4「区別性、均一性及び安定性（DUS）審査のための一般基準」第 4）。

4　安定性

　品種登録を受けるためには、出願された品種が、植物体を繰り返し繁殖させた後においても、特性の全部が変化しないこと、換言すると、何世代増殖を繰り返しても同じものができる必要がある（3条1項3号）。

　植物体は、繁殖を繰り返すことにより再生産され、利用されるのが通常であり、繰り返し繁殖させた後も特性が安定していなければ、当初の特性が維持されていることを期待して種苗を譲り受けた第三者が不測の損害を被るおそれがあり、当該植物体を事業的に利用することが困難となるからである。

5　準公知

　日本で品種登録出願がされた品種または外国で品種登録出願に相当する出願がされた品種について、育成に関する保護が認められた場合、当該品種は、出願時にさかのぼって公然知られた品種とみなされる（3条2項）。

　種苗法上「公然知られた」というためには、当該種苗が一般に入手可能となったことを要する。受理された出願は公表されるが（13条）、当該種苗自体が一般的に入手可能となったとはいまだいえない。品種登録（18条）がなされた段階でも同様である。一方で、先願について育成に関する保護が認められた場合には、当該品種と特性により明確に区別されない後願品種の登録を認める必要はもはやない。このような趣旨から、先願の出願時を基準日として公知であったものと擬制するものである。

6　品種名称の適切性

　第1に、1つの出願品種については、1つの名称のみを付さなければならない（4条1項1号）。品種の識別の混同を防止する趣旨である。

　第2に、植物新品種の名称について、品種名称とし、かつ商標によって保護することは認められていない（たとえば、イチゴのブランドである「あまおう」は登録商標〔第 461515573 号〕であり、品種登録名称は「福岡 S6 号」〔第

I. 登録要件　　153

12572 号〕である）。種苗法上、登録品種の名称は品種を特定するために当該品種を一般的に指す普通名称として用いられ、育成権者以外の者であっても、登録品種の種苗を業として譲渡する者すべてに当該登録品種の名称を使用することが義務付けられている（22 条 1 項）。一方、商標は、出所表示機能を有する標章であり、原則として特定人に使用を独占させなければ、かかる機能を発揮し得ないため、名称の使用を義務付ける品種登録制度と名称の使用の専有を認める商標制度との調整を図る必要が生ずる。このような趣旨から、出願品種の名称が、当該出願品種の種苗に係る登録商標または当該種苗と類似の商品・役務に係る登録商標と同一または類似のものであるときは、品種登録を受けることができず（4 条 1 項 2・3 号）、また、品種登録を受けた品種の名称と同一または類似の商標であって、その品種の種苗またはこれに類似する商品もしくは役務について使用するものは、商標登録を受けることができない（商標 4 条 1 項 14 号）。

第 3 に、出願品種に関し誤認を生じ、または識別に関して混同を生じさせるおそれがあるものは登録できない（4 条 1 項 4 号）。

7 未譲渡性

品種登録を受けるためには、出願された品種が、出願日から 1 年さかのぼった日、または外国において出願日から 4 年（特定の永年性作物の場合は 6 年）さかのぼった日よりも前に、出願品種の「種苗」や「収穫物」を業として譲渡していないことが必要である（4 条 2 項）。ただし、上記要件をみたさない場合でも、その譲渡が、試験研究のためである場合または育成者の意に反してなされたものである場合は、例外的に未譲渡性の要件をみたす（同項但書）。

品種登録出願前に当該出願品種が譲渡された場合、すでにその譲渡された種苗を業として生産、販売等している者がいることが想定され、その後の品種登録により取引の安全を害するおそれがある。一方、育成者やその承継人が、出願前に試験販売を行うなどして市場性を調査したうえで出願することができるようにする必要がある。さらに、新品種が育成された場合に早期出願を促す必要もある。これらの趣旨から設けられたのが本要件である。

8　先願

　同一の品種または特性により明確に区別されない品種について二以上の出願があったときは、最先の出願者に限り、品種登録を受けることができる（9条1項）。

II ► 品種登録出願手続

　出願手続は、出願書類を農林水産省食料産業局知的財産課種苗室に提出することにより行われる。

　種苗法には、特許微生物のような寄託制度はなく、出願において出願品種の寄託は必須ではない。特許微生物の寄託は、特許法の実施可能要件を担保するための制度であるのに対し、種苗法では、登録要件として実施可能要件は要求されていない。

　農林水産大臣は、品種登録出願を受理したときは、遅滞なく、品種登録出願番号等を公示して、その品種登録出願について出願公表をしなければならない（13条1項）。

　種苗法の品種登録制度においては、品種登録の適否の決定は、農林水産大臣が審査することとされ（15条1項）、実際の審査は、国立研究開発法人農業・食品産業技術総合研究機構に栽培試験を行わせ、または農林水産省の職員（審査官）が現地調査を行う方法によってされる（同条2項）。

　たとえば、東京地判平成17・7・5判時1912号119頁〔芸北の晩秋事件〕は、品種登録出願審査の具体的手法について以下のように認定している。

　「(5)　本件品種の現地調査

　E審査官は、平成12年10月5日、本件品種につき、以下のとおり現地調査を実施した。

　ア　区別性については、E審査官がCの圃場において実際に観察したところ、Cが出願時に特性表に記載していた特性と現物の芸北の晩秋の特性が、97項目中、以下の38項目において異なっていることが判明した。……

　イ　均一性については、現地調査の際、Cの圃場において栽培されていた

『芸北の晩秋』について、圃場全体を観察し、平均的な大きさの株を約30株抽出し、それぞれの株の中から中庸な茎1本を選択し、それらの花茎の草姿、草丈及び花色等について特性の調査を行った。その結果、同時に栽培されていた登録品種『ホワイトウッド』（品種登録番号2603号）等と比較して、本件品種の均一性は、同等かそれ以上の揃いであると確認したことから、E審査官は、均一性に問題がないと判断した（乙18）」。

出願者は、出願公表があった後、一定要件の下、出願品種等を業として利用している者に対し、当該出願品種が登録された場合に補償金を請求できる（14条）。

Ⅲ ► 不服申立

1　品種登録出願拒絶処分に対する不服

種苗法には、特許法等における拒絶査定不服審判に相当する制度は存在しない。

拒絶処分（17条）に不服のある者は、行政不服審査法に基づき、農林水産大臣に審査請求を行うことができ、また、行政事件訴訟法に基づき、裁判所に拒絶処分の取消訴訟を提起することができる。

2　品種登録処分に対する不服

種苗法には、特許法等における無効審判に相当する制度は存在しない。

品種登録（18条）に対して不服のある者は、行政不服審査法に基づき、農林水産大臣に審査請求をすることができる。また、行政事件訴訟法に基づき、裁判所に登録処分の取消訴訟を提起することができる。

品種登録に対する審査請求においては、行政不服審査法における期間制限が排除されており、審査請求の利益がある限り、育成者権存続期間中のみならず、育成者権が消滅した後であっても審査請求を行うことができる（51条1項）。審査請求の審理にあたり、農林水産大臣は、育成者権者および専用利用権者その他育成者権について登録した権利を有する者へ相当な期間をおいて通知しなければならない（同条2項。行政不服審査法では、通知義務は

ない）。

　登録処分については、さらに、行政事件訴訟法に基づく品種登録の無効確認訴訟を提起することも可能である。前掲東京地判平成17・7・5〔芸北の晩秋事件〕は、「品種登録の内容及び性質並びに出願拒絶理由の趣旨及び目的に、品種の育成の振興のために新品種の育成者に育成者権という強力な権利を与えることとしている種苗法全体の趣旨及び目的を勘案すれば、種苗法17条1項1号は、品種登録出願に係る新品種に対して品種登録を認めるか否かの判断にあたっては、それが区別性、均一性又は安定性を欠き1つの独立した品種として認められない場合には品種登録出願を拒絶することとして、広く公衆による種苗の合理的な利用を妨げることのないように配慮するとともに、既存品種の育成者権を有する者に帰属する経済的利益をも個々人の個別的利益としても保護すべきものとする趣旨を含むものと解すべきであ」り、「少なくとも当該品種登録出願に係る品種及びこれと特性により明確に区別されない既存の品種を現に育成し、あるいは今後具体的に育成する蓋然性の高い者」に無効確認訴訟の原告適格が認められると述べている。

Ⅳ ► 育成者権

　品種登録により、独占排他権である育成者権が発生する（19条1項）。育成者権の存続期間は、品種登録の日から25年（特定の永年性植物は30年）である（同条2項）。

　育成者権者は、品種登録を受けている品種（登録品種）および当該登録品種と特性により明確に区別されない品種を業として利用する権利を専有する（20条1項）。ただし、専用利用権を設定した場合、その範囲についてはこの限りでない。

　原登録品種についての従属品種（種苗施規15条に定められる育種方法〔変異体の選抜、戻し交配、遺伝子組換え、細胞融合〕により原登録品種のごくわずかな特性のみを変化させて育成された品種。たとえば、ササニシキを戻し交配により育成したササニシキBL〔異なる特性はいもち病耐性のみ〕）が育成された場合、本来、従属品種は、原登録品種と「特性により当該登録品種と明確に区別で

Ⅳ. 育成者権　　157

きる品種」であることから（20条2項1号）、育成者権が及ばないのが原則であるが、原登録品種の育成者権者は、その従属品種が登録されたならば、その育成者が「従属品種」について有することになる権利と同一種類の権利を専有する（同号）。従属品種は、育成の素材として登録品種を使用していること、その使用の方法が常套的なものであること、登録品種と特性の一部しか相違しないこと、を理由とする。従属品種が現実に登録されているか否かにかかわらず同号は適用される。

従属品種が品種登録された場合には、従属品種自体についても育成者権が発生する結果、従属品種の原品種の育成者権と従属品種の育成者権とが併存する。第三者が当該従属品種を利用するときは、原品種の育成者権者と従属品種の育成者権者の双方の許諾を得る必要がある。この点で、従属品種に関する権利関係は、二次的著作物に関する著作権法28条と類似する。

登録品種自体が従属品種である場合には、当該登録品種に係る育成者権は、当該登録品種の従属品種には及ばない（20条3項）。主として原品種に由来する品種を育成した場合には、原品種と大きく異なった画期的な品種を育成する場合と比べて、育成に要する投資は極めて少ないため、そのような品種が登録された場合には、当該品種の育成者権の効力を従属品種にまで及ぼす必要はないとの判断に基づくものである。

登録品種の育成者権者は、その品種の繁殖のため常に登録品種の植物体を交雑させる必要がある品種（交雑品種）について品種登録された場合に、これらの品種の育成者が当該交雑品種について有することとなる権利と同一の権利を専有する（20条2項2号）。

交雑品種の親品種を育成するにあたって、親品種の育成者が費やした資金、労力と、親品種が存続し続けなければ交雑品種は存続し得ないことに鑑み、交雑品種に親品種の育成者権の効力を及ぼすものである。

V ► 育成者権侵害

1　侵害

育成者権者または専用利用権者に無断で、品種登録を受けている品種（登

録品種）および当該登録品種と特性により明確に区別されない品種を業として利用する行為は、育成者権者または専用利用権者に対する権利侵害となる。

種苗法には、育成者権の権利範囲の解釈について、特許法70条のような指針は置かれていない。品種登録がなされると、登録品種の特性（重要な形質に係る特性）が品種登録簿の特性表に記載される（18条2項4号）が、品種登録簿の特性表に記載された品種の特性は、審査において確認された登録品種の主要な特徴を相当程度表すものということができるものの、育成者権の範囲を直接的に定めるものということはできず、育成者権の効力が及ぶ品種であるか否かを判定するためには、最終的には、植物体自体を比較して、侵害が疑われる品種が、登録品種とその特性により明確に区別されないものであるかどうかを検討する必要がある（いわゆる「現物主義」。知財高判平成27・6・24平成27（ネ）10002号〔なめこ育成者権事件〕）。

現物主義を採るべき理由としては、第1に、品種登録簿の特性表は、登録品種の特徴を標準品種との相対評価によって数値化して表すものであるが、植物体の特性を数値化して評価することには方法的に限界があること、第2に、品種登録の保護対象が品種という植物の集団であるため、育成者権の効力が及ぶ品種であるかは、植物体自体を比較する必要があること、にある。

種苗法では、権利の段階的行使の原則（カスケイドの原則）が採用されている。すなわち、収穫物の生産等に対して育成者権を行使できるのは、育成者権者等が種苗の生産等について権利行使をする適当な機会がなかった場合に限られる（2条5項2号括弧書）。また、加工品の生産等に対して育成者権を行使できるのは、育成者権者等が種苗および収穫物の生産等について権利行使をする適当な機会がなかった場合に限られる（同項3号括弧書）。

2　侵害主張に対する防御

第1に、試験研究のためにする品種の利用（21条1項1号）には育成者権の効力は及ばない。新品種の育成のためには既存の品種の利用が不可欠であるところ、既存品種が登録品種であっても新品種の育成のために当該登録品種の利用を自由に行うことができるようにすることが、品種の育成の振興という品種登録制度の目的に合致するとの趣旨に基づく。試験研究のためにす

V. 育成者権侵害　　*159*

る品種の利用の具体例としては、新品種の育成のための交配に用いるために登録品種の種苗を増殖することがあげられる。なお、登録品種を利用して得られた種苗や収穫物を販売することは、試験研究の範囲を超える行為であり、育成者権が及ぶ。

第2に、①登録品種（特性により明確に区別されない品種を含む）を育成する方法について特許権が付与された場合に当該特許に係る方法による登録品種の利用については、育成者権の効力は及ばない（21条1項2号）。②当該特許権の消滅後は、何人も当該特許に係る方法により登録品種の種苗を利用することができる（同項3号）。

③①②の種苗を用いることにより得られる収穫物および当該収穫物に係る加工品の利用についても育成者権の効力は及ばない（21条1項4・5号）。

第3に、農業者の自家増殖行為には、育成者権の効力は及ばない（21条2項）。

自家増殖とは、「農業を営む者で政令で定めるもの」が、育成者権者から最初に適法に譲り受けた登録品種の種苗を用いて収穫物を得て、当該収穫物の一部を、自己の農業経営においてさらに種苗として使用すること（具体的には、農業を営む者が育成者権者から品種登録に係る「稲」を購入し、当該稲を田で栽培して収穫物である「米」を得て、その一部を来年度栽培する種苗として使用すること）をいう。農業者は慣行的に自家増殖行為を行っており、生産現場での混乱を避けるために本規定が設けられた。

ただし、例外の例外として、契約で別段の定めをした場合や、登録品種が農林水産省令で定める特定の栄養繁殖性植物である場合（メリクロン増殖等の方法により、短期間かつ大量に同品種の種苗を生産することが可能であるため）には、農業者の自家増殖であっても、育成者権の効力が及ぶ（21条3項）。

第4に、育成者権者、専用利用権者もしくは通常利用権者の行為、または21条1項各号（育成者権の効力が及ばない範囲）に掲げる行為により、登録品種等（同条2項）の種苗、収穫物または加工品が譲渡された場合、当該譲渡された登録品種等の種苗、収穫物または加工品の利用（2条5項）には、育成者権の効力は及ばない（消尽。21条4項）。ただし、当該登録品種等の種苗を生産する行為や、当該登録品種につき品種の育成に関する保護を認め

ていない国に対し種苗を輸出する行為および当該国に対し最終消費以外の目的をもって収穫物を輸出する行為については、育成者権の効力が及ぶ（同項但書）。

　当該登録品種につき品種の育成に関する保護を認めていない国への輸出を自由に認めると、当該国内において日本の育成者権者が育成者権を行使することができないことから、かかる不都合を防ぐために、例外的に一度育成者権者が流通に置いた登録品種であっても、輸出する行為にも育成者権が及ぶこととしている。

　第5に、種苗法には、特許法等における無効の抗弁（特104条の3）に相当する規定は存在しない。前掲知財高判18・12・21〔エリンギ・ホクト2号事件〕は、品種登録が登録要件に違反してなされたものであって、取り消されるべきものであることが明らかな場合には、その育成者権に基づく権利行使は、権利の濫用に当たり許されない旨を判示している。

　第6に、登録品種の育成をした者よりも先に、当該登録品種と同一の品種または特性により明確に区別されない品種を育成した者は、その登録品種に係る育成者権について、通常利用権（以下、「先利用権」）を有する（先育成による通常実施権。27条）。

3　侵害に対する救済

　育成者権者または専用利用権者は、育成者権を侵害する者または侵害するおそれがある者に対して、侵害の停止または予防を請求することができる（33条1項）。請求をするに際して、侵害行為を組成した種苗、収穫物もしくは加工品または侵害の行為に供した物の廃棄その他の侵害の予防に必要な行為を請求することができる（同条2項）。

　侵害の行為に供した物の廃棄は「侵害の予防に必要な行為」の例示であるから、侵害の行為に供した物であるからといって当然に廃棄を求めることができるものではない。33条2項に基づく侵害の予防に必要な行為としての侵害の行為に供した物の廃棄請求は、現に行われまたは将来行われるおそれがある侵害行為の態様、育成者権者が行使する差止請求権の具体的内容等に照らし、差止請求権の行使を実効あらしめるものであって、かつ、差止請求

V. 育成者権侵害　　161

権の実現のために必要な範囲内のものである場合に限り許される。

　育成者権者が、被告による登録品種Ａまたは登録品種Ｂの種菌から菌床を製造するなどして種苗を生産し、さらには同種苗について調整し、譲渡の申出をし、譲渡し、またはこれらの行為をする目的をもって保管する行為の差止めとともに、被告の菌床仕込設備および培養設備の廃棄を求めた事例において、上記設備はいずれもしいたけ菌床の製造工程に使用するものとしては汎用性のあるものであること、被告は登録品種Ａまたは登録品種Ｂの種菌以外の種菌からも菌床を製造し、販売していたことに照らすならば、上記「菌床仕込設備」および「培養設備」は、専ら登録品種Ａまたは登録品種Ｂの種菌を用いた菌床の製造の用に供されたものではなく、被告において他の種菌を用いた菌床の製造にも用いることができるものであるといえるから、「菌床仕込設備」および「培養設備」についての廃棄請求は、差止請求権の実現のために必要な範囲を超えるものとされた（東京地判平成20・8・29判時2026号138頁〔しいたけ育成者権事件〕）。

　育成者権の侵害に対しては、不法行為に基づく損害賠償請求権（民709条）、信用回復措置請求権（44条）、不当利得返還請求権（民703条）を行使できる。

　故意による育成者権の侵害については、罰則の対象となる（67条）。

•••••••　**参 考 文 献**　•••••••

- 農林水産省生産局知的財産課編著『**最新逐条解説種苗法**』（ぎょうせい、2009年）
- 渋谷達紀『**種苗法の概要**』（経済産業調査会、2014年）
- 嶋末和秀＝西村康夫「種苗法における『**現物主義**』について」飯村敏明先生退官記念『**現代知的財産法―実務と課題**』1351頁（一般社団法人発明推進協会、2015年）
- 滝井朋子「**品種登録上の特性と育成者権の範囲**」牧野利秋先生傘寿記念『**知的財産権―法理と提言**』810頁（青林書院、2013年）
- 伊原友己「**種苗法**」牧野利秋ほか編『**知的財産訴訟実務大系Ⅲ―著作権法、その他、全体問題**』319頁（青林書院、2014年）
- 三井寿一＝末信真二「**イチゴ『あまおう』の開発・普及と知的財産の保護**」特技懇256号49頁（2010年）

第7章 商標法

I ► 商標と商標の使用

1 商標

（1）商標の定義

　一般に、商標とは、事業者が、自己の取り扱う商品・サービスを他人のものと区別するために使用するマーク（識別標識）のことをいう。

　商標法上、商標とは、人の知覚によって認識することができるもののうち、文字、図形、記号、立体的形状もしくは色彩またはこれらの結合、音その他政令で定めるもの（以下、「標章」）であって、①業として商品を生産し、証明し、または譲渡する者がその商品について使用をするもの、②業として役務を提供し、または証明する者がその役務について使用をするものと定義されている（2条1項）。

　標章には、2条1項に明示されている文字、図形、記号、立体的形状、色彩、音のほかに、動き、ホログラム、位置商標が解釈上含まれる。なお、香、におい、触覚、味の商標は、現状では、商標法上の標章には含まれない。その他、将来的なニーズの高まりに迅速に対応し保護対象を追加できるよう、商標の定義は政令に委任されている。

　「業として」とは、一定の目的のもとに継続反復して行うことをいう。営利性は必要ではなく、地方公共団体、公益法人等の行為も含まれる。

（2）商品

　商標法には、「商品」の定義規定は存在しない。商品性が問題となりうるものとして、たとえば、無体物、不動産、無償で配布されるノベルティ・グッズがあり、これまで、当該財が、独立して商取引の対象となりうるか、お

よび、流通性・代替性を有するかをメルクマールとして論じられてきた。

第1に、商品は伝統的には有体物と解されてきたが、今日では、インターネットを通じて販売されるプログラムや電子書籍のデータ等の電子情報財のように、取引を通じ、利用・管理を排他的になしうる状態で流通される無体物については、商品に含まれる（平成13年に、商標法施行規則別表に、商品分類第9類「電子計算機用プログラム」「電子出版物」が追加された）。

第2に、審査実務上、土地に固定された不動産は商品として扱われていない。商標法施行令別表の商品区分の中に不動産は見当たらない。一方、裁判例には、分譲マンションや建売住宅のような不動産は、市場における販売に供されることを予定して生産され、市場において取引される有体物であると認めることができ、これに付された標章によってその出所が表示されるという性質を備えており、商品に該当すると述べたものがある（東京地判平成11・10・21判時1701号152頁〔ヴィラージュ事件第1審〕）。分譲マンションについては、施工業者は同じであっても、建築場所、周辺環境、さらには各戸ごとに間取りや位置に個性があり、流通性・代替性が相対的に低いという点をどうみるかが結論の分かれ目となろう。

なお、不動産の取引は、役務として分類されている（商標施令別表第36類）。たとえば、分譲マンションの表示板等に標章を付す行為は、「土地の売買、建物の売買」を指定役務とする登録商標の使用に当たる（東京高判平成12・9・28判タ1056号275頁〔ヴィラージュ事件控訴審〕）。

第3に、宣伝広告や販売促進のため無償で配布されるノベルティ・グッズについて、商品に当たらないとした裁判例がある（大阪地判昭和62・8・26判時1251号129頁〔BOSS事件〕）。ただし、この裁判例は、無償で配布されたことの一事をもって直ちに商品性を否定しているわけではない。当該ノベルティ・グッズの価格が宣伝対象商品に比べて格段に低いこと、配布対象者が商品の購入者に限定されていること、将来市場で流通する蓋然性も認められないことを考慮したうえで、最終的には独立の商取引の対象の目的物とはいえない、という理由で商品性を否定している。無償性は独立の商取引の対象であるかの一判断要素とされているにとどまる。言い換えると、宣伝対象の商品よりも価格的価値が高いものや、オークション等により将来市場で流

通する可能性があるものについては、無償であっても商品性を認める余地は
あろう。なお、本件は、商標「BOSS」を付して電子楽器等を製造販売等す
る際に配布するノベルティ T シャツに商標「BOSS」を使用したことが、指
定商品を被服等とする商標「BOSS」の登録商標権を侵害するかが問題とな
った事案である。上記のとおり、判旨はノベルティ・グッズの商品性を否定
したが、本件については、別途、T シャツについての商標「BOSS」の使用
は電子楽器等の広告・宣伝としてなされており、被服等を指定商品とする登
録商標の自他識別機能を果たす態様とはいえない（商標的使用に当たらない。
26 条 1 項 6 号）とみる余地もあろう。

　無償で配布される物についての商品性を肯定した近時の裁判例である知財
高判平成 19・9・27 平成 19（行ケ）10008 号〔東京メトロ事件〕は、「商標法
上の『商品』といえるためには、商取引の対象であって、出所表示機能を保
護する必要のあるものでなければならない」と述べたうえで、読者には無償
で配布されるが、掲載される広告について広告料を得ている新聞の商品性に
ついて、「無料紙の読者は、掲載された広告のみならず、記事にも注目して
いる、あるいは、広告よりもむしろ記事に注目している場合があり、記事に
よって読者からの人気を得れば、広告が読者の目に止まる機会が増すことに
なり、広告主との関係でも広告媒体としての当該無料紙の価値が高まる関係
にある。このような関係が成り立つときに、同一又は類似の商標を付した無
料紙が現れれば、ある無料紙が築き上げた信用にフリーライドされたり、希
釈化されたりする事態も起こり得る。したがって、無料紙においても、付さ
れた商標による出所表示機能を保護する必要性があり、『商品』が読者との
間で対価と引換えに交換されないことのみをもって、出所表示機能の保護を
否定することはできない。」としてこれを肯定している。

　このように、商品性の要件について一律に有償性を求めることは適切では
なく、むしろ、それ自体に表示を使用してその出所が識別される物であるか、
あるいはその物に付された商標の出所表示機能を保護する必要があるかに、
より焦点が当てられるべきであろう。

（3）役務

　「役務」は、他人のために提供する労務または便益であって、商取引の対

象となりうるものをいう。役務には、小売および卸売の業務において行われる顧客に対する便益の提供が含まれる（「小売等役務商標」。2条2項）。

2　商標の使用

(1)　商品についての使用

　(a)　商品または商品の包装に標章を付する行為（2条3項1号）　　インターネット上で取引されるプログラム等の電子情報財については、商品である電子情報財の起動時または作業時のインターフェイスに、商標の電磁的情報を視認できるように組み込むことも、本号に該当する。

　(b)　商品または商品の包装に標章を付したものを譲渡し、引き渡し、譲渡もしくは引渡しのために展示し、輸出し、輸入し、または電気通信回線を通じて提供する行為（2条3項2号）　　輸出は平成18年改正において追加された。

(2)　役務についての使用

　(a)　役務の提供にあたりその提供を受ける者の利用に供する物（譲渡し、または貸し渡す物を含む。以下同じ）に標章を付する行為（2条3項3号）　　「役務の提供に当たりその提供を受ける者の利用に供する物」とは、たとえば、ホテル・旅館における寝具、洗面用具、浴衣、レストランにおける食器、ナプキン、タクシー会社における自動車、銀行における預金通帳などがこれに当たる。指定役務を「土地の売買、建物の売買」とする登録商標に類似する商標をマンションの名称として使用し、マンションの階段入口部分の表示板に付し、当該商標を付した立て看板、垂れ幕等を掲示し、当該商標を付したチラシ、パンフレットを配布する行為は、「役務の提供に当たりその提供を受ける者の利用に供する物」についての使用に該当する（前掲東京高判平成12・9・28〔ヴィラージュ事件控訴審〕）。

　(b)　役務の提供にあたりその提供を受ける者の利用に供する物に標章を付したものを用いて役務を提供する行為（2条3項4号）　　たとえば、自社標章を付したトラックを用いて運送サービスを行う行為がこれに当たる。

　(c)　役務の提供の用に供する物（役務の提供にあたりその提供を受ける者の利用に供する物を含む。以下同じ）に標章を付したものを役務の提供のために展示する行為（2条3項5号）　　たとえば、レストランにおいて、標章を付したコーヒ

ーカップを店内に設置し、並べることを指す。

　（d）役務の提供にあたりその提供を受ける者の当該役務の提供に係る物に標章を付する行為（2条3項6号）　クリーニング業者がクリーニングした顧客の衣服に役務商標を付す場合などがこれに当たる。

　（e）電磁的方法（電子的方法、磁気的方法その他の人の知覚によって認識することができない方法をいう。次号において同じ）により行う映像面を介した役務の提供にあたりその映像面に標章を表示して役務を提供する行為（2条3項7号）　ネットワークを通じたサービスの提供行為について商標の使用行為とするものである。「電磁的方法」とは、放送のように一方向性のものも含む趣旨である。

　なお、立体商標については、商品もしくは商品の包装、役務の提供の用に供する物または商品もしくは役務に関する広告を標章の形状とすることは商標の使用に含まれる旨が明確にされている（2条4項1号）。

（3）商品・役務についての広告的使用

　商品もしくは役務に関する広告、価格表もしくは取引書類に標章を付して展示し、もしくは頒布し、またはこれらを内容とする情報に標章を付して電磁的方法により提供する行為（2条3項8号）　インターネットの検索エンジンの検索結果において表示されるウェブページの説明は、ウェブサイトの概要等を示す広告であるということができるから、これが表示されるようにhtmlファイルにメタタグないしタイトルタグを記載することは、役務に関する広告を内容とする情報を電磁的方法により提供する行為に当たる（東京地判平成27・1・29判時2249号86頁〔IKEA事件〕）。

（4）音商標の使用

　音の標章にあっては、2条3項1〜8号に掲げるもののほか、商品の譲渡もしくは引渡しまたは役務の提供のために音の標章を発する行為（2条3項9号）　「商品の譲渡若しくは引渡し又は役務の提供のために音の標章を発する行為」とは、機器を用いて再生する行為や楽器を用いて演奏する行為などをいう。

　なお、音の標章については、商品、役務の提供の用に供する物または商品もしくは役務に関する広告に記録媒体が取り付けられている場合（商品、役務の提供の用に供する物または商品もしくは役務に関する広告自体が記録媒体である場合を含む）において、当該記録媒体に標章を記録することも商標の使

用に含まれる（2条4項2号）。

2条4項2号括弧書は、DVDカタログのように、商品等それ自体が記録媒体である場合を念頭に置いた規定である。

（5）その他

前各号に掲げるもののほか、政令で定める行為（2条3項10号）　2条1項柱書に規定する「その他政令で定める」標章が追加された場合、当該標章に必要な使用行為についても併せて政令委任するものである。

Ⅱ ► 登録要件

①自己の業務に係る商品または役務について使用をする商標であること（3条1項柱書）、②自他商品・役務識別力があること（同条）、③公益的理由および私益的理由から登録を受けることができない商標に当たらないこと（4条）、が登録要件である。

1 自己の業務に係る商品または役務について使用をする商標であること

「使用をする商標」（3条1項柱書）とは、現に使用している商標、あるいは、将来使用する意思を有する商標をいう。使用の意思が存在すれば未使用の段階から商標権の発生が認められる。審査段階においては、願書に記載された指定商品または指定役務が、①小売等役務に関する出願について、「衣料品、飲食料品及び生活用品に係る各種商品を一括して取り扱う小売又は卸売の業務において行われる顧客に対する便益の提供」（以下、「総合小売等役務」）に該当する役務を個人（自然人）が指定してきた場合等、②1区分内での商品または役務の指定が広範な範囲に及んでいるため、指定商品または指定役務について商標の使用または使用の意思があることに疑義がある場合、のいずれかに該当するときは、原則として、商標の使用意思および使用の意思があるかについて合理的疑義があるものとして、3条1項柱書により登録を受けることができる商標に該当しない旨の拒絶理由の通知を行い、出願人の業務を通じて、商標の使用または使用意思を確認する（商標審査便覧41.

100.03「商標の使用又は商標の使用の意思を確認するための審査に関する運用について」)。

　墓地または納骨堂の提供を指定役務とする商標の登録当時、出願人において、当該商標を自己の業務に現に使用していたとも、また、使用する意思があったとも認められないとして、商標登録に3条1項柱書に違反する無効理由があることは明らかであるとされた事例がある（東京地判平成24・2・28平成22（ワ）11604号〔グレイブガーデンみどりの森事件〕）。さらに、他人の使用する商標について、多岐にわたる指定役務について商標登録をし、登録された商標を収集しているにすぎないとして、使用意思を否定した事例がある（知財高判平成24・5・31判時2170号107頁〔アールシータバーン事件〕）。

2　自他商品・役務識別力があること

　自己の商品・役務と他人の商品・役務を識別することができることを自他商品・役務識別力という。3条1項は、「自己の業務に係る商品又は役務について使用をする商標については、次に掲げる商標を除き、商標登録を受けることができる。」としたうえで、同項1号から5号まで自己の業務に係る商品または役務についての識別力あるいは出所表示機能を欠く商標を列挙し、同項6号では、「前各号に掲げるもののほか、需要者が何人かの業務に係る商品又は役務であることを認識することができない商標」と総括的な規定を置き、同条2項では、「前項第3号から第5号までに該当する商標であつても、使用をされた結果需要者が何人かの業務に係る商品又は役務であることを認識することができるものについては、同項の規定にかかわらず、商標登録を受けることができる。」として、同条1項3号から5号までに該当する商標について、使用により識別力を取得したものにつき登録を受けることができると規定している。

　出願商標が3条1項各号に該当するときは拒絶査定を受け（15条1項）、誤って登録を受けた場合は無効理由となる（46条1項1号）。3条1項各号に該当するかの基準時は、査定時（審決時）である。

（1）普通名称

　商品または役務の普通名称を普通に用いられる方法で表示する標章のみか

らなる商標は登録することができない（3条1項1号）。商品・役務の普通名称とは、たとえば、商品「時計」について「時計」、商品「アルミニウム」について「アルミニウム」のように、取引界においてその名称が特定の業務を営む者から流出した商品または特定の業務を営む者から提供された役務を表示するものではなく、その商品または役務の一般的な名称であると意識されるにいたっているものをいう。このように、取引界において特定の業務に係る商品または役務であることが意識されないようになった名称をその商品または役務について使っても自他商品・役務の識別力を有しない。1号に該当するのは普通名称をふつうに用いられる方法で表示されている場合に限られる。特殊な態様で表示された場合には自他識別力を獲得する余地があるからである。

　3条1項各号に該当するかの判断基準時は査定時であり、査定時において1号に該当しなかった商標が後に普通名称化した場合も、登録自体は無効とならない。普通名称を普通に用いられる方法で表示する商標には商標権の効力は及ばない（26条1項2・3号。登録後に普通名称化したため、同項2号が適用された例として、大阪高判平成22・1・22判時2077号145頁〔招福巻事件〕）ため、商標権者の権利行使は制限を受ける。

(2) 慣用商標

　商品または役務について慣用されている商標は登録することができない（3条1項2号）。商品・役務の慣用商標とは、商品「清酒」について「正宗」、商品「カステラ」について「オランダ船」の図形、役務「婚礼の執行」について「赤色および白色の組合わせ」、役務「屋台における中華そばの提供」について「夜鳴きそばのチャルメラの音」のように、同種類の商品・役務について同業者間において普通に使用されるにいたった結果、自己の商品・役務と他人の商品・役務を識別することができなくなった商標をいう。東京高判平成11・6・24判時1698号120頁〔茶福豆事件〕は、煮豆製品の名称「茶福豆」について、慣用化の有無に関する原材料輸入業者、卸売業者の認識が分かれていること等を理由として、2号該当性を否定している。

(3) 記述的商標

　(a) 趣旨　　商品の産地、販売地、品質、原材料、効能、用途、形状（包

装の形状を含む）、生産もしくは使用の方法もしくは時期その他の特徴、数量もしくは価格またはその役務の提供の場所、質、提供の用に供する物、効能、用途、態様、提供の方法もしくは時期その他の特徴、数量もしくは価格を普通に用いられる方法で表示する標章のみからなる商標（いわゆる「記述的商標」）は登録できない（3条1項3号）。記述的商標は、特定人によるその独占使用を認めるのを公益上適当としないものであるとともに、一般的に使用される標章であって自他商品識別力を欠き、商標としての機能を果たし得ないものとして、商標登録の要件を欠くものとされる（最判昭和54・4・10判時927号233頁〔ワイキキ事件〕）。このため、3号は、査定・審決時において、当該商標が指定商品の原材料または品質を表すものと取引者、需要者に広く認識されている場合（自他商品・役務識別力がない場合）はもとより、将来を含め、取引者、需要者にその商品の原材料または品質を表すものと認識される可能性があり、これを特定人に独占使用させることが公益上適当でないと判断されるとき（いわゆる独占適用性がない場合）にも適用される「ポリフェノールを含有する植物エキスを主原料とする粉末状・顆粒状・カプセル状・液状の加工食品」および「ポリフェノールを含有する植物エキスを主原料とする清涼飲料」の原材料または品質を表示したものである本願商標「FLA-VAN」は、取引に際し必要適切な表示として何人もその使用を欲するものであり、特定人によるその独占使用を認めるのは公益上適当でないとされた（知財高判平成17・6・9平成17（行ケ）10342号〔FLAVAN事件〕）。

　（b）記述的商標の例　　「商品の産地、販売地」については、必ずしも当該指定商品が当該商標の表示する土地において現実に生産されまたは販売されていることを要せず、需要者または取引者によって、当該指定商品が当該商標の表示する土地において生産されまたは販売されているであろうと一般に認識されることをもって足りる。指定商品「コーヒー」の商標「GEORGIA」は、そのコーヒーがアメリカ合衆国ジョージア州で生産されていると一般に認識されるとして、3号該当性が認められた（最判昭和61・1・23判時1186号131頁〔ジョージア事件〕）。

　「商品の品質、原材料」を表示するものとして3号該当性が認められた例として、指定商品「紅芋を用いたタルト」の商標「紅いもタルト」（知財高

判平成 22・6・30 判タ 1338 号 244 頁〔紅いもタルト事件〕)、指定商品「デジタルオーディオプレーヤー」等の商標「MULTI-TOUCH」(品質、機能を表示するものとされた。知財高判平成 23・12・15 判時 2140 号 66 頁〔MULTI-TOUCH 事件〕)、指定商品「あずきを加味してなる菓子」の商標「あずきバー」(知財高判平成 25・1・24 判時 2177 号 114 頁〔あずきバー事件〕。ただし 3 条 2 項により登録が認められた)がある。

書籍の題号、放送番組名は、直ちに書籍、番組の内容を示すものと認められる場合は、商品の「品質」を示すものとして、3 号に該当する。定期刊行物の題号は、その題号とかかわりなく様々な内容の記事を編集して刊行され、必ずしも題号が定期刊行物の内容を表示しているとはいえないとして、原則として、自他商品役務識別力を有するものとして扱われる。アーティスト名の表示は、著作物や実演を収録した記録媒体を指定商品とする場合には、その内容を表示するものとして 3 号に該当するとした裁判例がある(知財高判平成 25・12・17 平成 25(行ケ)10158 号〔LADY GAGA 事件〕)。

(c) 立体商標　　立体商標については、4 条 1 項 18 号において、商品および商品の包装の機能を確保するために不可欠な立体的形状のみからなる商標については、登録を受けられないものとし、その機能を確保するために不可欠な立体的形状については、特定の者が独占することはできない。裁判例は、以下の基準を適用し、立体商標についてはほぼ原則的に 3 号該当とされる傾向にある(知財高判平成 19・6・27 判時 1984 号 3 頁〔ミニマグライト事件〕、知財高判平成 20・5・29 判時 2006 号 36 頁〔コカコーラボトル事件〕、知財高判平成 22・11・16 判時 2113 号 135 頁〔ヤクルト容器事件〕、知財高判平成 23・6・29 判時 2122 号 33 頁〔Y チェア事件〕。いずれの事例においても、結論的には 3 条 2 項により登録が認められた)。すなわち、①商品等の機能または美観に資することを目的として採用される形状は、特段の事情のない限り、3 号に該当する。②同種の商品等について、機能または美観上の理由による形状の選択と予測しうる範囲のものであれば、当該形状が特徴を有していたとしても、商品等の機能または美観に資することを目的とする形状として、3 号に該当する。商品等の機能または美観に資することを目的とする形状は、同種の商品等に関与する者が当該形状を使用することを欲するものであるから、先に商

標出願したことのみを理由として当該形状を特定の者に独占させることは、公益上の観点から必ずしも適切でないからである。③商品等に、需要者において予測し得ないような斬新な形状が用いられた場合であっても、当該形状が専ら商品等の機能向上の観点から選択されたものであるときには、4条1項18号の趣旨を勘案すれば、3号に該当する。商標権は存続期間の更新を繰り返すことにより半永久的に保有することができる点を踏まえると、特許法、意匠法等による権利の存続期間を超えて半永久的に特定の者に独占権を認める結果を生じさせることになり、自由競争の不当な制限に当たり公益に反するからとされる。なお、工業所有権審議会答申「商標法等の改正に関する答申」(1995年)は、「指定商品やその商品の容器の形状そのものである場合には不登録とするとの運用を厳しくすることを前提として立体商標制度と意匠権との併存を認めるべきである」と記載していたところである。

　上記Yチェア事件では、下記の現代家具デザインの巨匠と称される者のデザインに係る肘掛椅子について、次のように3号該当性が認められている。「本願商標は、看者に対し、シンプルで素朴な印象、及び斬新で洗練されたとの印象を与えているといえる。他方、本願商標の形状における特徴は、いずれも、すわり心地等の肘掛椅子としての機能を高め、美感を惹起させることを目的としたものであり、本願商標の上記形状は、これを見た需要者に対して、肘掛椅子としての機能性及び美観を兼ね備えた、優れた製品であるとの印象を与えるであろうが、それを超えて、上記形状の特徴をもって、当然に、商品の出所を識別する標識と認識させるものとまではいえない。」

Yチェア

一方、知財高判平成 20・6・30 判時 2056 号 133 頁〔GuyLian チョコレート事件〕は、③の基準に言及せず、3 号該当性を否定し、登録を認めている。

(d) 使用による識別性　　3 条 1 項 3 号ないし 5 号に該当する商標であっても、使用された結果需要者が何人かの業務に係る商品または役務であることを認識することができるものについては、同項の規定にかかわらず、商標登録を受けることができる（3 条 2 項）。

記述的商標が使用により自他商品識別力を獲得したかどうかは、実際に使用している商標および商品・役務、使用開始時期および使用期間、使用地域、商品の販売等数量、広告宣伝のされた期間・地域および規模、一般紙、インターネット等における記事掲載の回数・内容、需要者の商標の認識度を調査したアンケート調査の結果が考慮される。

(4) ありふれた氏・名称のみからなる商標

ありふれた氏または名称を普通に用いられる方法で表示する標章のみからなる商標は登録できない（3 条 1 項 4 号）。「ありふれた氏又は名称」とは、原則として、同種の氏または名称が多数存在するものをいう。

4 号に該当する商標であっても、使用された結果識別力を有するにいたった場合は商標登録を受けることができる（3 条 2 項）。

(5) 極めて簡単で、かつ、ありふれた標章のみからなる商標

極めて簡単で、かつ、ありふれた標章のみからなる商標は、登録できない（3 条 1 項 5 号）。知財高判平成 24・10・25 平成 23（行ケ）10359 号〔AO 事件〕は、商標「AO」について、「商標法 3 条 1 項 5 号は、『極めて簡単で、かつ、ありふれた標章のみからなる商標』は、一般的に使用されるものであり、多くの場合自他商品識別力を欠き、商標としての機能を果たし得ないものであるうえ、通常、特定人による独占的使用を認めるのに適しないことから、商標登録を受けることができない旨規定している。この点、本願商標は、アルファベットの標準文字 2 文字からなる商標であるところ、極めて簡単で、かつ、ありふれた標章のみからなるうえ、かかる商標は、本願商標に係る指定商品および指定役務との関係でみても、格別自他商品識別力を有するとはいえず、特定人による独占的使用を認めるのに適しているともいえない。」と判示している。

174　　第 7 章　商標法

5号に該当する商標であっても、使用された結果識別力を有するにいたった場合は商標登録を受けることができる（3条2項）。

(6) 総括規定

3条1項1号ないし5号に掲げるもののほか、需要者が何人かの業務に係る商品または役務であることを認識することができない商標は登録できない（同項6号）。

同項1号ないし5号に例示されるような、識別力のない商標は、特定人によるその独占使用を認めるのを公益上適当としないものであるとともに、一般的に使用される標章であって、自他商品の識別力を欠くために、商標としての機能を果たし得ないものであることに基づく規定である。たとえば、知財高判平成19・11・22平成19（行ケ）10127号〔新しいタイプの居酒屋事件〕では、指定役務「飲食物の提供」についての本願商標「新しいタイプの居酒屋」は、役務の特徴を表した宣伝文句と理解され、いわゆるキャッチフレーズとしてのみ機能し、自他識別力が認められないとして、6号に該当するとした。また、指定商品を「スプレー式の薬剤」とし、右手にスプレーを持ち、首筋から背中にかけてスプレーを噴霧して、薬剤を使用している人物の様子を表した図形から成る商標について、スプレー式の薬剤および薬剤と需要者の共通性が高い化粧品や衛生用品等の分野において、その商品の用途や使用方法等を説明するために、商品の包装用箱等に、商品を身体の特定の部位に使用している人物を示す図を用いることは、広く一般的に行われており、現に、背中に生じるニキビ用の薬用化粧品について、本願商標に類似の図形からなるものが存在するなど、一般的に使用される標章であるとして、6号に該当するとされた（知財高判平成25・1・10判時2189号115頁〔スプレ

「スプレー式の薬剤」の図

一式の薬剤事件〕）。

3 不登録事由

　3条の要件をみたす商標であっても、商品・役務の品質の誤認を生ずるお
それのある商標、他人の商品・役務と混同を生ずるおそれのある商標などは、
公益的理由および私益的理由から商標登録を受けることができない（4条1
項）。出願された商標が4条1項各号に該当する場合は拒絶査定を受け（15
条1項）、過誤登録の場合は無効理由となり、利害関係人は、無効審判を請
求することができる（46条1項1号、同条2項）。ただし、私益的理由による
無効理由（4条1項8号、10号から15号、17号）については、除斥期間が適
用され、商標権の設定登録の日から5年を経過した後は無効審判を請求する
ことができない（47条）。これらの事由は私益保護の要請による不登録事由
であるからである。

　4条1項各号の判断基準時は、査定時である。ただし、8号、10号、15
号、17号、19号の判断基準時は、出願時および査定時（または審決時）であ
り、出願時に該当しない場合には、適用されない（4条3項）。これらの各
号の場合には商標登録出願時に該当しないのであれば、出願後これらの規定
に該当するようになったものまで不登録にするのは酷に失するための救済規
定である。8号、10号、15号、17号は私益保護による不登録事由であり、
19号は公益的要請と私益的要素を有する不登録事由であるからである。

　4条1項1号、2号、3号、5号、7号、16号については、査定時には該
当しなかったが登録後に該当するにいたった場合も無効理由となる（後発的
無効理由。46条1項6号）。公益保護の要請が最も強い不登録事由であるため
である。

（1）公共の機関の標章と紛らわしい等公益性に反する商標

　（a）国旗、菊花紋章、勲章、褒章または外国の国旗と同一または類似の商標

　国旗等の重要なマークについては、一私人に独占させることが、取引上適
切でないだけでなく、当該国の尊厳を傷つけ国際信義に反するため、登録で
きない（4条1項1号）。

　（b）パリ条約（1900年12月14日にブラッセルで、1911年6月2日にワシントンで、

1925 年 11 月 6 日にヘーグで、1934 年 6 月 2 日にロンドンで、1958 年 10 月 31 日にリスボンでおよび 1967 年 7 月 14 日にストックホルムで改正された工業所有権の保護に関する 1883 年 3 月 20 日のパリ条約）の同盟国、世界貿易機関の加盟国または商標法条約の締約国の国の紋章その他の記章（パリ条約の同盟国、世界貿易機関の加盟国または商標法条約の締約国の国旗を除く）であって、経済産業大臣が指定するものと同一又は類似の商標　　工業所有権に関するパリ条約の同盟国の国の紋章その他の記章を一私人に独占させることは、取引上適切でないだけでなく同盟国の権威を害し国際信義のうえからも望ましくないため登録できない（4 条 1 項 2 号）。

　（c）国際連合その他の国際機関（4 条 1 項 3 号ロにおいて「国際機関」という）を表示する標章であって経済産業大臣が指定するものと同一または類似の商標（次に掲げるものを除く）　　自己の業務に係る商品もしくは役務を表示するものとして需要者の間に広く認識されている商標またはこれに類似するものであって、その商品もしくは役務またはこれらに類似する商品もしくは役務について使用をするもの（イ）。国際機関の略称を表示する標章と同一または類似の標章からなる商標であって、その国際機関と関係があるとの誤認を生ずるおそれがない商品または役務について使用をするもの（ロ）。

　国際機関の表示については、特定人に独占させることは適切でないため登録できない（4 条 1 項 3 号）。

　（d）赤十字の標章および名称等の使用の制限に関する法律 1 条の標章もしくは名称または武力攻撃事態等における国民の保護のための措置に関する法律 158 条 1 項の特殊標章と同一または類似の商標　　戦地にある軍隊の傷者および病者の改善に関するジュネーヴ条約等のジュネーヴ諸条約および同追加議定書において加盟国に求められている各種表彰の使用規制措置を担保するため、登録できない（4 条 1 項 4 号）。

　4 号該当の商標については、後発的無効理由とはされていない。事後的に赤十字標章と抵触することは想定し難いからである。

　（e）日本国またはパリ条約の同盟国、世界貿易機関の加盟国もしくは商標法条約の締約国の政府または地方公共団体の監督用または証明用の印章または記号のうち経済産業大臣が指定するものと同一または類似の標章を有する商標であって、その印章または記号が用いられている商品または役務と同一または類似の商品ま

たは役務について使用をするもの　　これらは、国家、国際機関の尊厳を保護する見地から登録できない（4条1項5号）。

　(f) 国もしくは地方公共団体もしくはこれらの機関、公益に関する団体であって営利を目的としないものまたは公益に関する事業であって営利を目的としないものを表示する標章であって著名なものと同一または類似の商標　　これらの商標は、各団体等の公共性に鑑み、その信用を尊重し、出所の混同を防いで取引者、需要者の利益を保護するため、登録できない（4条1項6号）。「著名」とは、指定商品・役務に係る一商圏以上の範囲の取引者、需要者に広く認識されていることを要すると解するのが相当であるところ、日南市章については、同市の公共施設やホームページ等に表示されてはいるが、本願商標の指定商品の取引者、需要者が一般に目にするとは認められないとして、著名性が否定された（知財高判平成24・10・30 判時2184号130頁〔日南市章事件〕）。

本願商標　　　　日南市章

　6号については、後発的無効理由とはならない。登録後に出現したものまで、法的安定性を犠牲にして保護しなければならないほどの強い公益性は認められないからである。

　(g) 政府もしくは地方公共団体（以下、「政府等」）が開設する博覧会もしくは政府等以外の者が開設する博覧会であって特許庁長官の定める基準に適合するものまたは外国でその政府等もしくはその許可を受けた者が開設する国際的な博覧会の賞と同一または類似の標章を有する商標（その賞を受けた者が商標の一部としてその標章の使用をするものを除く）　　これらの商標は、博論会の権威を維持し、商品の品質・役務の誤認を防止するため、登録できない（4条1項9号）。

　9号については、後発的無効理由とはならない。登録後に出現したものまで、法的安定性を犠牲にして保護しなければならないほどの強い公益性は認

められないからである。

(h) 公の秩序または善良の風俗を害するおそれがある商標　社会秩序や道徳的秩序を維持するため、公の秩序または善良の風俗を害するおそれがある商標は登録できない（4条1項7号）。

これまでの実務運用において、7号に該当するとされてきた商標のカテゴリーは、以下のように多様である。

①商標の構成自体がきょう激、卑わい、差別的もしくは他人に不快な印象を与えるような文字、図形、記号、立体的形状もしくは色彩またはこれらの結合、音である場合　上記場合に該当するか否かは、歴史的背景、社会的影響等、多面的な視野から判断される（商標審査基準）。スリまたはサギを意味する「ごまの蠅」の使用は「不徳漢を礼賛し、善良の社会感情を嘲弄する如き印象を与えるとされた（特許庁抗告審決昭和31・10・9昭和29年825号〔ごまの蠅事件〕）。

②商標の構成自体は公序良俗には反しないが、指定商品または指定役務について使用することが社会公共の利益に反し、または社会の一般的道徳観念に反するような場合　皇室の別邸を意味する「御用邸」を用いることは、皇室の尊厳を損ね、国民一般の不快感や反発を招くとされた（知財高判平成25・5・30判時2195号125頁〔御用邸事件〕）。

③歴史上の人物名からなる商標　当該商標の使用や登録が社会公共の利益に反し、または社会の一般的道徳観念に反するような場合は7号に該当する。7号適否の判断の際には、次のような事情が総合的に勘案される。ⓐ当該該歴史上の人物の周知・著名性、ⓑ当該歴史上の人物名に対する国民または地域住民の認識、ⓒ当該歴史上の人物名の利用状況、ⓓ当該歴史上の人物名の利用状況と指定商品・役務との関係、ⓔ出願の経緯・目的・理由、ⓕ当該歴史上の人物と出願人との関係（商標審査便覧42.107.04「歴史上の人物名（周知・著名な故人の人物名）からなる商標登録出願の取扱いについて」）。知財高判平成26・3・26判時2239号104頁〔遠山の金さん事件〕は、指定商品「耳栓」「遊戯用器具」の商標「遠山の金さん」について、本件は剽窃的に出願されたものでないこと、本件商標の使用によって遠山景元という歴史上の人物の名前が独占できるわけではないこと、等を考慮したうえで、7号該当

性を否定している。一方、世界的に著名な死者の著名な略称の名声に便乗し、指定商品についての使用の独占をもたらすことになり、故人の名声、名誉を傷つけるだけでなく、公正な取引の秩序を乱し、ひいては国際信義に反するとして7号該当性が認められた例もある（東京高判平成14・7・31判時1802号139頁〔ダリ事件〕）。

④他の法律によって、その使用等が禁止されている商標、特定の国もしくはその国民を侮辱する商標または一般に国際信義に反する商標　「××士」「××博士」等からなる商標が、ⓐ国家、地方公共団体もしくはこれらの機関または公益に関する団体が認定する資格（以下、「国家資格等」）を表す場合、またはⓑ一般世人において、国家資格等と一見紛らわしく誤認を生ずるおそれのある場合は、国家資格等への社会的信頼を失わせ、ひいては公序良俗に反するものとされる。「特許管理士」は、国家資格を付与されたものと誤信され、弁理士と混同されるおそれがあり、弁理士法上禁止されている弁理士に類似する名称に該当するとされた（東京高判平成11・11・30判時1713号108頁〔特許管理士事件〕）。

暴力団員による不当な行為の防止等に関する法律3条に基づく指定を受けた指定暴力団については、代紋等の指定暴力団員による使用が制限されている。これは、当該団体が自己を示すために用いる代紋等自体に反社会性、一般市民に与える威嚇効果等が付加されていることによるものであり、指定暴力団が自己を示すために用いている標章（代紋等）と同一または類似の商標について商標登録出願があった場合には、7号に該当する（商標審査便覧42.107.03「暴力団に係る標章（代紋等）の取扱い」）。

⑤他人の著作物や著作物に関連したキャラクター、題号等を利用した商標　一定の価値を有する標章やキャラクターを生み出した原作小説の著作権が存続し、かつその文化的・経済的価値の維持・管理に努力を払ってきた団体が存在する状況の中で、上記著作権管理団体等とかかわりのない第三者が最先の商標出願を行った結果、特定の指定商品または指定役務との関係で当該商標を独占的に利用できるようになり、上記著作権管理団体による利用を排除できる結果となることは、商標登録の更新が容易に認められており、その権利を半永久的に継続することも可能であることなども考慮すると、公正

180　第7章 商標法

な取引秩序の維持の観点からみても相当とはいい難いとして、本号該当性が認められた事例がある（知財高判平成24・6・27判時2159号109頁〔ターザン事件〕。なお、本件は、「我が国で『ターザン』の語のみから成る本件商標登録を維持することは、たとえその指定商品の関係で『ターザン』の語に顧客吸引力がないとしても、国際信義に反するものというべきである」とも指摘している）。

⑥他人の商標を不正目的で先回りして出願する剽窃的な出願　町の振興を図る地方公共団体としての政策目的に基づく公益的な施策に便乗して、その遂行を阻害する結果になることを知りながら名称の独占を図るための出願であるとして7号該当性を認めた例がある（東京高判平成11・11・29判時1710号141頁〔母衣旗事件〕）。外国業者から商品を輸入販売する準備をしつつ、その外国業者の当該商品に係る商標を無断で登録した登録商標について、国際商道徳に反し公正な取引秩序を乱すとして7号該当性が認められた（東京高判平成11・12・22判時1710号147頁〔ドゥーセラム事件〕）。

フランチャイズ方式により飲食店を経営する企業が各店舗の屋号として使用する商標について、フランチャイジーが、その経営店舗をフランチャイザーに高値で買い取らせる目的で、商標権の存続期間が満了することに乗じ、無断で出願を行った事例について、公正な取引秩序を混乱させるおそれがあるとして7号該当性が認められた（知財高判平成27・8・3平成27（行ケ）10023号〔のらや事件〕）。

引用商標の著名であることを知り、全体として引用商標に酷似した構成態様の商標について、取引者、需要者に引用商標を連想、想起させ、引用商標に化体した信用、名声および顧客吸引力にただ乗り（フリーライド）する不正な目的で採択・出願し登録を受けたとして、7号該当性が認められた（知財高判平成25・6・27平成24（行ケ）10454号〔KUMA事件〕。いわゆるパロディ的商標について7号該当性が認められた例といえる。

特定の検定試験を考案した者が当該検定試験を実施する公益法人を設立し、当該検定は公的資格とみなされるほど著名となっていたところ、当該考案者が当該法人の理事長となっている間に当該検定試験を標章する商標の出願を行ったため、当該考案者と当該法人の間で当該商標の帰属が争われ、当該考案者は、紛争発生後も、当該商標を積極的に使用していなかったという事例において、7号該当性が認められている（知財高判平成24・11・15判時2185号107頁〔漢検事件〕）。

一方、上記知財高判平成24・11・15〔漢検事件〕と類似の事例において、当該商標の登録後も、商標権者である考案者と法人が同時期に同様な検定を実施していたという事例において、民事上の紛争が生じていることを根拠として、当該商標が社会通念に照らし著しく妥当性を欠くとか、公益を害するとはいえない、として7号該当性が否定されている（知財高判平成25・2・6判時2189号121頁〔数検事件〕）。

製造委託代金の未払い金を回収する目的で行われた商標登録出願について、7号該当性が否定された例がある（東京地判平成26・1・31平成24（ワ）24872号〔ピエラレジェンヌ事件〕）。

知財高判平成20・6・26判時2038号97頁〔CONMAR事件〕は、当該出願人が本来商標登録を受けるべき者であるか否かを判断するに際して、先願主義を採用している日本の商標法の制度趣旨や、国際調和や不正目的に基づく商標出願を排除する目的で設けられた4条1項19号の趣旨に照らすならば、それらの趣旨から離れて、同項7号の「公の秩序又は善良の風俗を害するおそれ」を私的領域にまで拡大解釈することによって商標登録出願を排除することは、商標登録の適格性に関する予測可能性および法的安定性を著しく損なうことになるので、特段の事情のある例外的な場合を除くほか許されないこと、出願人と本来商標登録を受けるべきと主張する者との間の商標権の帰属等をめぐる問題は、あくまでも、当事者同士の私的な問題として解決すべきであるから、そのような場合にまで、「公の秩序又は善良の風俗を害する」特段の事情がある例外的な場合と解するのは妥当でないとして、7号の限定解釈の必要性について述べている。

商標の選択はそれ自体に保護価値を含む「商標登録を受ける権利」を発生

させるものではなく、商標法上、「悪意の出願」あるいは冒認出願一般が違法とされるわけではない。そのような前提の下、公正な取引秩序、社会通念に照らし7号を一般条項として適用しているのが実務の現状である。

（i）**商品の品質または役務の質の誤認を生ずるおそれがある商標**　商品の品質または役務の質の誤認を生ずるおそれがある商標は登録できない（4条1項16号）。需要者の保護を図る規定である。3条1項3号に該当する商標は、特定の商品の品質等を表示する商標であり、そのような商標が特定の商品以外の商品に使用された結果、その商品が特定の商品であるかのようにその品質を誤認させるおそれがある場合には、4条1項16号に該当する。

（j）**商品等（商品もしくは商品の包装または役務。26条1項5号において同じ）が当然に備える特徴のうち政令で定めるもののみからなる商標**　商品が当然に備える立体的形状（例、自動車のタイヤについての丸い立体的形状のように、当該商品と同種の商品は必ず採らざるを得ない立体的形状）、色彩または音のみから成る商標（例、自動車のタイヤについての黒）、商品の包装が当然に備える立体的形状、色彩または音のみから成る商標、役務の提供の用に供する物が当然備える音のみから成る商標（例、役務「焼肉の提供」についての肉が焼ける音）は登録できない（4条1項18号および商標施令1条）。商標権は更新によって半永久的に保有することができる権利であるところ、これらの商標について登録を認めると、特許法、意匠法等による権利の存続期間を超えて、その商品自体や商品の包装自体についての独占を認める結果となり、競争を不当に阻害する、というのが18号の趣旨である。

（2）他人の登録商標または周知・著名商標等と紛らわしい商標

（a）**他人の肖像または他人の氏名もしくは名称もしくは著名な雅号、芸名もしくは筆名もしくはこれらの著名な略称を含む商標（その他人の承諾を得ているものを除く）**　他人の人格権を保護する趣旨で、これらの商標は登録できない（4条1項8号）。当該他人から承諾を得ている場合には、人格権を害することはないので、登録を受けることができる（同号括弧書）。

「他人」とは、自己以外の者で、生存する自然人、現存する法人、権利能力なき社団をいう。株式会社の「名称」は株式会社の文字を含めた商号全体、株式会社の文字部分を除いた部分は「略称」として扱われる（最判昭和57・

11・12 民集 36 巻 11 号 2233 頁〔月の友の会事件〕）。

「雅号、芸名若しくは筆名」は、届出方法がなく、各人が自由につけられるため、認識が困難であり、著名なものに限定されている。8 号の趣旨は、人（法人等の団体を含む）の肖像、氏名、名称等に対する人格的利益を保護することにあるため、人の名称等の略称が 8 号にいう「著名な略称」に該当するか否かを判断するにあたっても、常に、問題とされた商標の指定商品または指定役務の需要者のみを基準とすることは相当でなく、その略称が本人を指し示すものとして一般に受け入れられているか否かを基準として判断される（最判平成 17・7・22 判時 1908 号 164 頁〔国際自由学園事件〕）。

8 号に該当する商標であっても、出願時に同号に該当しないものについては、同号の規定は適用されない（4 条 3 項）。これは、4 条 1 項各号所定の商標登録を受けることができない商標に当たるかどうかを判断する基準時が、原則として査定時であることを前提として、出願時には、他人の肖像または他人の氏名、名称、その著名な略称等を含む商標に当たらず、8 号本文に該当しなかった商標につき、その後、査定時までの間に、出願された商標と同一名称の他人が現れたり、他人の氏名の略称が著名となったりするなどの出願人の関与し得ない客観的事情の変化が生じたため、その商標が 8 号本文に該当することとなった場合に、当該出願人が商標登録を受けられないとするのは相当ではないことから、このような場合には商標登録を認めるものとする趣旨の規定である。したがって、4 条 3 項にいう出願時に 8 号に該当しない商標とは、出願時に同号本文に該当しない商標を指し、出願時において同号本文に該当するが同号括弧書の承諾があることにより 8 号に該当しないとされる商標については、3 項の規定の適用を受けない。出願時に 8 号本文に該当する商標について商標登録を受けるためには、査定時において同号括弧書の承諾があることを要し、出願時に承諾があったとしても、査定時にこれを欠くときは、商標登録を受けることはできない（最判平成 16・6・8 判時 1867 号 108 頁〔LEONARD KAMHOUT 事件〕）。

出願時および審決時において、同姓同名の者が複数生存していた場合には、その者全員の承諾が必要である（知財高判平成 28・8・10 平成 28（行ケ）10066 号〔山岸一雄事件〕）。

（b）**他人の周知商標と同一・類似の商標**　他人の業務に係る商品もしくは役務を表示するものとして需要者の間に広く認識されている商標またはこれに類似する商標であって、その商品もしくは役務またはこれらに類似する商品もしくは役務について使用をするものは登録できない（4条1項10号）。

　商品・役務の出所の混同を防止するとともに、一定の信用を蓄積した未登録周知商標の利益を保護するための規定である。

　需要者には、最終消費者のみならず、取引者も含まれる。「広く認識」とは、同一または類似の商品・役務の範囲内において出所の混同が生ずるレベルであれば足り、また、必ずしも全国的に認識されている必要はなく、少なくとも、1県程度ではなく隣接数県の相当範囲の地域にわたり、少なくとも同種商品取扱業者の半ばに達する程度の層に知られていれば足りる（東京高判昭和58・6・16無体裁集15巻2号501頁〔DCC事件〕）。周知であるかは、商品・役務の性格、商品・役務の取引の実情、商標として使用された期間、使用された商品・役務の数量・提供量などを総合考慮して判断する。

（c）**他人の登録商標と同一または類似の商標であって、同一または類似の指定商品・役務に使用するもの**　当該商標登録出願の日前の商標登録出願に係る他人の登録商標またはこれに類似する商標であって、その商標登録に係る指定商品もしくは指定役務（6条1項〔68条1項において準用する場合を含む〕の規定により指定した商品または役務。以下同じ）またはこれらに類似する商品もしくは役務について使用をするものは登録できない（4条1項11号）。

　商標の二重登録を排除し、出所の混同を防止する趣旨で、取引の経験則上具体的に出所の混同のおそれのある商標を規制したものである。

　先願が未だ登録されていない段階では、後願について11号の適用はない。審査官は、先願の商標が登録されることにより後願が15条1号（4条1項該当の出願についての拒絶査定）に該当することとなる旨を後願の出願人に通知し、意見書を提出する機会を与えることができる（15条の3）。なお、最先の出願人のみが商標登録を受けることができる旨定める8条1項（先願主義）の違反は、拒絶理由とされていないため、先願が未登録の段階では、後願は、先願主義によって拒絶されることもない。

　後願が先願より先に登録されることもありうる。この場合、先願について

Ⅱ. 登録要件　　185

11 号の適用はなく、先願と後願の二重登録の状態が発生する。先願主義を定める 8 条 1 項は、上記のとおり拒絶理由ではないが、無効理由であるため（46 条 1 項 1 号）、後願の登録商標には無効理由が存することになる。

　(d) 他人の業務に係る商品または役務と混同を生ずるおそれのある商標　　他人の業務に係る商品または役務と混同を生ずるおそれがある商標（4 条 1 項 10 号から 14 号までに掲げるものを除く）は登録できない（同項 15 号）。「他人の業務に係る商品又は役務と混同を生ずるおそれがある商標」には、当該商標をその指定商品または指定役務に使用したときに、当該商品等が他人の商品または役務に係るものであると誤信されるおそれがある商標のみならず、当該商品等が右他人との間にいわゆる親子会社や系列会社等の緊密な営業上の関係または同一の表示による商品化事業を営むグループに属する関係にある営業主の業務に係る商品等であると誤信されるおそれ（以下、「広義の混同を生ずるおそれ」）がある商標も含まれる。15 号は、周知表示または著名表示へのただ乗り（いわゆるフリーライド）および当該表示の希釈化（いわゆるダイリューション）を防止し、商標の自他識別機能を保護することによって、商標を使用する者の業務上の信用の維持を図り、需要者の利益を保護することを目的とするものである。たとえば、企業経営の多角化、同一の表示による商品化事業を通して結束する企業グループの形成、有名ブランドの成立等、企業や市場の変化に応じて、周知または著名な商品等の表示を使用する者の正当な利益を保護するため、広義の混同を生ずるおそれがある商標も商標登録を受けることができないものとされている（最判平成 12・7・11 民集 54 巻 6 号 1848 頁〔レールデュタン事件〕）。「混同を生ずるおそれ」の有無は、当該商標と他人の表示との類似性の程度、他人の表示の周知著名性および独創性の程度や、当該商標の指定商品等と他人の業務に係る商品等との間の性質、用途または目的における関連性の程度ならびに商品等の取引者および需要者の共通性その他取引の実情などに照らし、当該商標の指定商品等の取引者および需要者において普通に払われる注意力を基準として、総合的に判断される。15 号の判断において一般需要者以外が基準とされた例として、知財高判平成 22・1・13 平成 21（行ケ）10274 号〔ローリングストーンズ事件〕は、指定商品を第 9 類（レコード等）および第 41 類（映画等）とする商標につい

186　第 7 章 商標法

て、音楽について通暁していることが一般であるレコード店や音楽業界関係者等である取引者が出所を混同するおそれはないと判断している。

(e) **他人の著名商標を不正の目的で使用する商標**　他人の業務に係る商品または役務を表示するものとして日本国内または外国における需要者の間に広く認識されている商標と同一または類似の商標であって、不正の目的（不正の利益を得る目的、他人に損害を加える目的その他の不正の目的。以下同じ）をもって使用をするもの（前各号に掲げるものを除く）は登録できない（4条1項19号）。

外国で周知な商標について外国での商標権者に無断で不正の目的をもってなされる出願・登録を排除することと、全国的に著名な商標について出所の混同のおそれがなくても出所表示機能の希釈化から保護する趣旨である。

「不正の目的」とは、不正の利益を得る目的、あるいは、他人に損害を加える目的その他取引上の信義則に反する目的のことをいう。周知商標がわが国で登録されていないことを奇貨として、高額で買い取らせたり、外国の権利者の国内参入を阻止したり、国内代理店契約を強制したりする等の目的で先取り的に出願した場合等がこれに当たる。東京高判平成 15・11・20 平成14 (行ケ) 593 号〔Manhattan Passage 事件〕は、本件商標は、米国内で広く認識されているにいたっていた引用商標を使用する許諾を得ていないことを認識しつつ、日本でこれと外観において類似する本件商標の登録出願を行ったものとした。

　　　本件商標　　　　　　　　　　　引用商標

(f) **他人の登録防護標章と同一の商標**　他人の登録防護標章（防護標章登録を受けている標章。以下同じ）と同一の商標であって、その防護標章登録に係る指定商品または指定役務について使用をするものは登録できない（4条

1 項 12 号)。

他人の登録防護標章の使用は禁止されており（67 条 1 号）、登録防護標章と同一の商標について商標登録を認めるべきではないからである。

（g）登録品種の名称と同一・類似の商標　種苗法に基づく品種登録を受けた品種の名称と同一または類似の商標であって、その品種の種苗またはこれに類似する商品もしくは役務について使用をするものは登録できない（4 条 1 項 14 号）。

種苗法では、登録品種の種苗を業として譲渡等する場合に当該登録品種の名称の使用を義務付けており、当該品種またはこれに類似する品種以外の品種の種苗を譲渡等する場合に当該品種の名称を使用することを禁止している（種苗 22 条）。登録品種の種苗またはこれに類似する商品・役務について登録品種の名称と同一・類似の商標が商標登録を受けて、商標権が発生するのを防ぐ規定である。

（h）ぶどう酒または蒸留酒の産地を表示する標章を有する商標　日本国のぶどう酒もしくは蒸留酒の産地のうち特許庁長官が指定するものを表示する標章または世界貿易機関の加盟国のぶどう酒もしくは蒸留酒の産地を表示する標章のうち、当該加盟国において当該産地以外の地域を産地とするぶどう酒もしくは蒸留酒について使用をすることが禁止されているものを有する商標であって、当該産地以外の地域を産地とするぶどう酒または蒸留酒について使用をするものは登録できない（4 条 1 項 17 号）。

世界貿易機関の加盟国としての義務履行のために設けられた規定である。ぶどう酒（ワイン）と蒸留酒（スピリッツ）に関する地理的表示（ある商品に関し、その確立した品質、社会的評価その他の特性が当該商品の地理的原産地に主として帰せられる場合において、当該商品が加盟国の領域またはその領域内の地域もしくは地方を原産地とするものであることを特定する表示〔TRIPs 協定 22 条 1 項〕）については、公衆を誤認させるものでなくても保護する趣旨である。品質の誤認がある商標を不登録事由とする 4 条 1 項 16 号の例外として位置づけられる。

Ⅲ ► 商標の類似、商品・役務の類似

1 商標の類似

商標の類似は、不登録事由に関する 4 条 1 項 1〜6 号、9〜11 号、14 号、19 号、先後願に関する 8 条、15 条の 3、商標権の行使に関する 32 条、33 条、33 条の 2、37 条、60 条、登録取消審判に関する 51 条、52 条の 2、53 条、53 条の 2 等商標法の多くの規定に表れ、商標の同一および商品・役務の同一と並んで重要な役割を果たしている。

(1) 登録要件に関する商標の類否

最判昭和 43・2・27 民集 22 巻 2 号 399 頁〔氷山印事件〕は、①商標の類否は、対比される両商標が同一または類似の商品に使用された場合に、商品の出所につき誤認混同を生ずるおそれがあるか否かによって決せられるべきである。②出所の誤認混同を生ずるおそれがあるかは、商標がその外観、観念、称呼等によって取引者に与える印象、記憶、連想等を総合して全体的に考察し、③商品の取引の実情を明らかにしうるかぎり、その具体的な取引状況に基づいて判断すべきである、との基準を明らかにしている。本判決は、現行の 4 条 1 項 11 号に相当する旧商標法（大正 10 年法）2 条 1 項 9 号に関するものであるが、同判決の示した判断基準は後の判例によって踏襲され（現行法に関する最判平成 20・9・8 判時 2021 号 92 頁〔つつみのおひなっこや事件〕）、現在の確定した基準となっている。

「外観」とは、商標が構成上有する外観的形象、「観念」とは、商標を構成する文字・図形・記号または色彩等から生ずる意味内容、「称呼」とは、商標を構成する文字・図形・記号または色彩等から生ずる呼び方のことである。いずれも、商標の類似という主要事実に対する間接事実であり、裁判所は類似する理由の説明の仕方について当事者の主張に拘束されるものではない（最判昭和 35・9・13 民集 14 巻 11 号 2135 頁〔蛇の目事件〕）。

氷山印事件の示した基準の下では、商標の外観、称呼、観念の 1 つにおいて類似していたとしても、直ちに両商標は類似と判断されるわけではなく、取引の実情をふまえた総合考慮が行われる。類否の判断は、需要者の有する

通常の注意力を基準として行われる。

　商標の類否判断において考慮される取引の実情は、登録要件に関する商標の類否判断において浮動的、一時的、局所的なものであってはならず、その指定商品全般についての一般的、恒常的なそれを指す（最判昭和49・4・25昭和47（行ツ）33号〔保土谷化学社標事件〕）。

　たとえば、氷山印事件においては、取引の実情をふまえた総合判断は以下のように行われている。すなわち、同事件の本願商標は「氷山印」の文字を含むものであり、引用商標は「しょうざん」の文字を含むものであるところ、特許庁は、前者から生ずる「ひょうざん」と後者より生ずる「しょうざん」は一連に呼称すると称呼において類似であるとの審決をなした。これに対し、最高裁は、本願商標の指定商品である硝子繊維糸の取引では商標の称呼のみによって商標を識別し、ひいては商品の出所を知り品質を認識するようなことはほとんど行なわれないため、称呼の対比考察を比較的緩やかに解しても、商品の出所の誤認混同を生ずるおそれがないとして、特許庁の審決を取消した原審東京高裁の判断を維持している。

　文字、図形、記号等が二以上結合して構成される商標である結合商標の類否判断については、次のとおり行われる。①各構成部分が分離して観察することが取引上不自然であると思われるほど不可分的に結合しているものと認められる場合には、構成部分の一部を抽出して、この部分を他人の商標と比較して商標そのものの類否を判断することは原則として許されない（最判昭和38・12・5民集17巻12号1621頁〔リラ宝塚事件〕。ただし、結論的には、「リラ」の図形と「宝塚」等との結合から成る本願商標について分離して観察し、引用商標「宝塚」との類似性を肯定している）。②商標の各構成部分がそれを分離して観察することが取引上不自然であると思われるほど不可分に結合しているとは認められない場合（リラ宝塚事件）、商標の構成部分の一部が取引者に対し強く支配的な印象を与えるものと認められる場合、およびそれ以外の部分から出所識別商標としての呼称、観念が生じない場合など（前掲最判平成20・9・8〔つつみのおひなっこや事件〕。結論的には、「つつみのおひなっこや」の文字を横書きして成り、土人形等を指定商品とする登録商標について、「つつみ」の部分を分離することは許されないとしている）については、構成部分の一部

190　第7章 商標法

だけを他人の商標と比較して商標そのものの類否を判断することが許される。最判平成5・9・10民集47巻7号5009頁〔SEIKO EYE事件〕は、「SEIKO」の文字と「EYE」の文字の結合から成る引用商標が指定商品である眼鏡に使用された場合、「SEIKO」の部分が商品の出所の識別標識として需要者に強く支配的な印象を与え、眼鏡と密接に関連しかつ一般的、普遍的な文字である「EYE」からは特段の事情がない限り出所の識別標識としての称呼、観念は生じず、「SEIKO EYE」全体として、あるいは「SEIKO」の部分のみ称呼、観念が生ずるとして、「eYe」と「miyuki」の文字から成る本願商標との類似性を否定している。

(2) 侵害訴訟における商標の類否

侵害訴訟における商標の類否についても、上記氷山印事件の判断基準が大枠としてそのまま適用される。最判平成4・9・22判時1437号139頁〔大森林事件〕は、「大森林」の漢字を楷書体で横書きした文字から成る本件商標と、頭皮用育毛剤およびシャンプーに用いられる「木林森」の漢字を行書体で縦書きまたは横書きした文字から成る被告標章との類否に関し、氷山印判決を引用したうえで、被告標章が付された商品が訪問販売によっているのかあるいは店頭販売によっているのか、後者であるとしてその展示態様はいかなるものであるのかなどの取引の状況についての具体的な認定のないままに、本件商標と被告標章との間の類否を認定判断した原審を破棄している。登録要件に関する商標の類否判断において考慮される取引の実情は、登録要件に関する商標の類否判断において浮動的、一時的、局所的なものであってはならず、その指定商品全般についての一般的、恒常的なそれを指すとされている（前掲最判昭和49・4・25〔保土谷化学社標事件〕）。一方、大森林事件では、被告標章が付される商品である頭皮用育毛剤およびシャンプー全般についての事情というよりは、本件被告による販売の具体的態様について考慮されている。

最判平成9・3・11民集51巻3号1055頁〔小僧寿し事件〕も、「小僧」の2文字を縦書きした標章と、「小僧寿し」等の文字標章等の類否に関し、氷山印事件の基準を引用しつつ、被告標章が著名な企業グループである小僧寿しチェーンまたはその製造販売に係る商品を観念するものであり、非類似で

あるとした。本件においても、被告の標章の著名性という具体的事情を考慮に入れたうえで、類否判断が行われている。

　立体商標は、立体的形状または立体的形状と平面標章との結合により構成されるものであり、見る方向によって視覚に映る姿が異なるという特殊性を有し、実際に使用される場合において、一時にその全体の形状を視認することができない。このため、立体商標の類否を判断するに際しては、看者がこれを観察する場合に主として視認するであろう一または二以上の特定の方向（所定方向）を想定し、所定方向からこれを見たときに看者の視覚に映る姿の特徴によって商品または役務の出所を識別することができるものとすることが通常である。したがって、立体商標においては、その全体の形状のみならず、所定方向から見たときの看者の視覚に映る外観（印象）が自他商品または自他役務の識別標識としての機能を果たすことになり、当該所定方向から見たときに視覚に映る姿が特定の平面商標と同一または近似する場合には、原則として、当該立体商標と当該平面商標との間に外観類似の関係があるというべきである。また、そのような所定方向が二方向以上ある場合には、いずれの所定方向から見たときの看者の視覚に映る姿にも、それぞれ独立に商品または役務の出所識別機能が付与されていることになるから、いずれか一方向の所定方向から見たときに視覚に映る姿が特定の平面商標と同一または近似していればこのような外観類似の関係があるというべきであるが、およそ所定方向には当たらない方向から立体商標を見た場合に看者の視覚に映る姿は、このような外観類似に係る類否判断の要素とはならない。その際、いずれの方向が所定方向であるかは、当該立体商標の構成態様に基づき、個別的、客観的に判断される（東京地判平成26・5・21平成25（ワ）31446号〔エルメス・バーキン事件〕）。

2　商品・役務の類似

　商品・役務の類似については、同一・類似の商標が使用される場合に出所の混同が生じるかどうかを基準として判断される（登録要件について、最判昭和36・6・27民集15巻6号1730頁〔橘正宗事件〕、侵害訴訟について、最判昭和38・10・4民集17巻9号1155頁〔サンヨウタイヤ事件〕。いずれも、旧法に関す

192　第7章 商標法

る事例である）。

　他方、審査実務においては、「類似商品・役務審査基準」によって判断されている。類似審査基準は、特許庁における商標登録出願審査事務の便宜と統一のため定められた内規に過ぎず、法規としての拘束力はないが、商品の類否の判断にあたり、参酌される（最判平成23・12・20民集65巻9号3568頁〔ARIKA事件〕）。

　商標登録出願の際には、政令で定める商品・役務の区分に従ってしなければならない（6条2項）。

　商品または役務の区分が異なっていても類似とされる場合がある（6条3項）。東京地判平成24・1・12平成22（ワ）10785号〔ゆうメール事件〕は、広告物のポスティング（「広告物の配布」〔35類〕）とダイレクトメールの配布（荷物の運送業〔39類〕）は、広告物を配るという点において共通し、類似する関係にあるとした。

Ⅳ ► 登録出願手続

　商標登録出願は、商標の使用をする一または二以上の商品・役務を指定して行わなければならない（6条1項）。同一・類似の商標については、最も先に出願した者に商標権が付与される（先願主義。8条1項）。

　先願主義の例外として、博覧会に出品する場合（9条1項）と、パリ条約等による優先権を主張する場合（パリ条約4条c（1）、商標9条の2）がある。

　商標登録出願があったときは、出願が公開される（12条の2）。出願人は、出願から設定登録までの間に第三者が権限なく出願に係る商標をその指定商品または指定役務について使用したときは、あらかじめ書面による警告をしたうえで、設定登録後に金銭的請求権を行使することができる（13条の2）。特許法の補償金請求権（特65条1項）と異なり、当該使用によって生じた業務上の損失に相当する額に限られる（13条の2第1項）。

　出願は、方式審査を経た後、審査官によって拒絶の理由がないか実体審査される。特許法と異なり、審査請求制度はなく、却下または取下げ・放棄された出願を除きすべてについて審査される。審査官は、拒絶の理由を発見し

Ⅳ. 登録出願手続　　193

たときは、拒絶の理由を通知し（15条の2）、これに対して出願人は意見書の提出や出願書類の補正等を行うことができる。これを承けて審査官は再度審査を行い、登録査定または拒絶査定を行う。

登録査定後、登録料が納付されると商標権が発生する（18条）。商標権の存続期間は設定登録の日から10年であり（19条1項）、更新登録の申請により、何度でも更新できる（同条2項）。

V ► 異議申立て・審判・審決取消訴訟

1 異議申立て

商標掲載公報の発行日から2か月間に限り、何人も登録異議の申立てをすることができる（43条の2）。過誤登録を排除し、権利の法的安定性を高める趣旨で設けられている。登録異議申立て理由は、原則として出願の拒絶理由（15条）と同一である。例外としては、6条1項、2項違反（一商標一出願、商品・役務の区分）については異議申立て理由とはなっていない。また、8条1項違反（先願）については、審査段階では4条1項11号で処理されるため拒絶理由とはされていないが、登録後は、異議申立て理由となる。登録異議申立てについての決定には、取消決定（43条の3第2項）と登録維持決定（同条4項）がある。取消決定が確定すると、その商標権は初めから存在しなかったものとみなされる（同条3項）。

2 拒絶査定に対する審判

拒絶査定（15条）を受けた者は、その査定に不服があるときは、査定の謄本の送達の日から3月以内に審判を請求することができる（44条1項）。拒絶査定不服審判の審決には、請求認容審決（登録審決）、請求不成立審決（拒絶審決）、差戻し審決（56条1項により準用される特160条1項）がある。

3 無効審判

商標登録が所定の無効理由に該当するときは、利害関係人は、無効審判を請求することができる（46条）。過誤登録を排除する趣旨の制度である。コ

ーヒー、コーヒー豆を指定商品とする登録商標に対し、コーヒー関係業者を会員とする社団法人による無効審判請求がなされた事例について、当該登録商標が有効である限り、指定商品について右商標を使用できないという点で右法人の会員には利害関係があり、会員が右商標を使用できるかどうかは、社団法人の目的の実現に関連した事項である等として、利害関係が認められた（知財高判平成22・3・29判時2080号80頁〔SIDAMO事件〕）。

　無効理由は、原則として拒絶理由と同じである。例外として、6条1項、2項違反（一商標一出願、商品・役務の区分）については無効理由とはなっていない。また、8条1項違反（先願）については、審査段階では4条1項11号で処理されるため拒絶理由とはされていないが、無効理由となる。そのほか、商標登録より生じた権利を承継しない者に対する商標登録（46条1項4号）、および、4条1項1号から3号、5号、7号または16号違反（後発的無効理由。46条1項6号）については、拒絶理由ではないが無効理由とされている。

　無効審判は、商標権の消滅後においても、請求することができる（46条3項）。商標権の存続期間中の侵害が、商標権消滅後に争われる場合があるからである。ただし、一定の無効理由に基づく無効審判の請求には、除斥期間の定めがあり、商標権の設定登録の日から5年を経過した後は請求することができない（47条）。設定登録の日から一定期間経過後は、商標登録の有効性を争い得ないものとすることにより、商標登録がされたことにより生じた既存の継続的な状態を保護する趣旨である（最判平成17・7・11判時1907号125頁〔RUDOLPH VALENTINO事件〕）。

　無効審判の審決には、請求認容審決（無効審決）、請求不成立審決がある。請求認容審決が確定したときは、商標権は、初めから存在しなかったものとみなされる（46条の2第1項）。ただし、後発的無効理由の場合は、商標登録がその理由に該当するにいたった時から存在しなかったものとみなされる（同項但書）。請求不成立審決が確定したときは、当事者、参加人は、同一の事実および同一の証拠に基づいて再び審判を請求することができない（56条1項により準用される特167条）。

　「同一の事実」とは、同一の無効理由に係る主張事実を指し、「同一の証

拠」とは、当該主張事実を根拠づけるための実質的に同一の証拠を指す。同一の事実（同一の立証命題）を根拠づけるための証拠である以上、証拠方法が相違することは、直ちには、証拠の実質的同一性を否定する理由にはならない（知財高判平成 26・3・13 判時 2227 号 120 頁〔KAMUI 事件〕）。

4 不使用取消審判

(1) 趣旨

継続して 3 年以上日本国内において商標権者、専用使用権者または通常使用権者のいずれもが各指定商品または指定役務についての登録商標（書体のみに変更を加えた同一の文字からなる商標、平仮名、片仮名およびローマ字の文字の表示を相互に変更するものであって、同一の称呼および観念を生ずる商標、外観において同視される図形からなる商標その他の当該登録商標と社会通念上同一と認められる商標を含む）の使用をしていないときは、何人も、その指定商品または指定役務に係る商標登録を取り消すことについて審判を請求することができる（50 条 1 項）。

商標法の保護対象である業務上の信用は、商標が使用されて初めて蓄積するところ、不使用であり業務上の信用が発生しないか、あるいは消滅した商標の登録を放置すると、国民一般の利益を害し、商標の選択の余地を狭めることになる。このため、一定期間使用されていない登録商標の商標登録を取消すために採用された制度である。

(2) 継続して 3 年以上

不使用は「継続して 3 年以上」である必要があり、3 年間のうちで一度でも使用の事実があれば該当しない。もっとも、取消審判の請求の 3 か月前からその審判の請求の登録の日までの間に、日本国内において商標権者、専用使用権者または通常使用権者のいずれかがその請求に係る指定商品または指定役務についての登録商標の使用をした場合であって、その登録商標の使用がその審判の請求がされることを知った後であることを請求人が証明したときは、その登録商標の使用は 50 条 1 項が規定する登録商標の使用に該当しない（50 条 3 項）。このようないわゆる「駆け込み使用」をも登録商標の使用として認める制度の下では、登録商標権者は、商標権の譲渡交渉等におい

て相手方による不使用取消審判請求の動きを察知し、審判請求登録前に駆け込み使用を行い、不使用取消を免れることが可能となる。このため、交渉の相手方は、まず不使用取消審判を請求してから譲渡等の交渉を開始し、結果として、不使用取消審判の請求が増加するという弊害が生ずる。このような弊害を防ぐ趣旨で駆け込み使用は登録商標の使用とは認められない。ただし、登録商標権者において、登録商標の具体的な使用計画や準備があり、これに基づいて使用したこと等、その登録商標の使用をしたことについて正当な理由があることを明らかにしたときは、この限りでない（50条3項但書）。

（3）使用の主体

50条は、不使用取消しの要件として、商標権者、専用使用権者、通常使用権者のいずれもが、登録商標の使用をしていないことをあげている。これに対して、知財高判平成25・3・25判時2219号100頁〔ファッションウォーカー事件〕は、「商標権者等が登録商標の使用をしている場合とは、特段の事情のある場合はさておき、商標権者等が、その製造に係る商品の販売等の行為をするにあたり、登録商標を使用する場合のみを指すのではなく、商標権者等によって市場に置かれた商品が流通する過程において、流通業者等が、商標権者等の製造に係る当該商品を販売等するにあたり、当該登録商標を使用する場合を含む」と述べている。なお、同判決は、当該商品が、流通業者を介して、消費者に販売することを前提として、市場に置かれた商品であることが明確に認識でき、通常使用権者もそのことを念頭に置いていると指摘しているため、商標権者等によって市場に置かれた商品が、商標権者等の想定していない第三者により流通させられる場合については、登録商標の使用とは認められない可能性がある。

（4）社会通念上同一の商標

不使用取消しを免れるためには、登録商標と同一の商標が使用されていなければならない。

50条1項括弧書は、書体のみに変更を加えた同一の文字からなる商標、平仮名、片仮名およびローマ字の文字の表示を相互に変更するものであって、同一の称呼および観念を生ずる商標、外観において同視される図形からなる商標その他の当該登録商標と社会通念上同一と認められる商標については、

同一の商標に含むものと規定している。

　50 条の「登録商標の使用」については、登録商標が単に「使用」（2 条 3 項）されているだけでなく、それが出所を識別する表示として、すなわち商標として使用されていることが必要とされる（東京高判平成 13・2・28 判時 1749 号 138 頁〔DALE CARNEGIE 事件〕）。ただし、不使用取消を免れるために必要な「商標としての使用」と、商標権侵害訴訟における「商標としての使用」とでは、求められる出所識別機能の程度は必ずしも同じでない。たとえば、知財高判平成 18・1・31 平成 17（行ケ）10527 号〔がんばれ！ニッポン！事件〕は、登録商標のスローガン的使用について、当該標章の周知著名性や、大きな文字で目立つように記載されていた等の理由により、商標的使用に当たると認定している。一方、侵害事件である東京地判平成 10・7・22 判時 1651 号 130 頁〔オールウェイズ・コカコーラ事件〕では、登録商標のキャッチフレーズ的使用について、出所識別機能を果たす態様の使用でないとされている。また、知財高判平成 27・9・30 平成 27（行ケ）10032 号〔ヨーロピアン事件〕では、「ヨーロピアン」との標章は、コーヒーあるいはコーヒー豆に使用されていて、ほかに強い自他商品識別機能を有する商標と併用されているときには、単なる品質を表示するものとして使用されていると解される場合が多いものの、本件包装袋における「ヨーロピアン コーヒー」の二段書き標章のように、他の自他商品識別機能の強い商標と併用されることなく、単独で使用され、かつ、他の文字に比べると大きく、商品の目立つ位置に表示され、さらに R マーク（Ⓡ）が付されて表示されているときには、「それ程強いものではないけれども、一応自他商品識別機能を有する商標として使用されているものと認められる」として、商標としての使用が認められている。裁判例の中には、不使用取消審判における登録商標の使用とは、そもそも商標としての使用である必要はないとするものもある（知財高判平成 27・11・26 判時 2296 号 116 頁〔アイライト事件〕）。

(5) 正当な理由

　不使用について正当な理由がある場合は、その正当な理由を証明すれば、不使用取消しを免れることができる（50 条 2 項但書）。フランチャイジー交渉により 3 年以上経過したという事情は、「商標権者において登録商標を使

198　　第 7 章 商標法

用できなかったことが真にやむを得ないと認められる特別の事情」とはいえないとされた事例がある（知財高判平成 17・12・20 判時 1922 号 130 頁〔PAPA JOHN'S 事件〕）。

5　不正使用による取消審判

　商標権者が故意に指定商品もしくは指定役務についての登録商標に類似する商標の使用または指定商品もしくは指定役務に類似する商品もしくは役務についての登録商標もしくはこれに類似する商標の使用であって商品の品質もしくは役務の質の誤認または他人の業務に係る商品もしくは役務と混同を生ずるものをしたときは、何人も、その商標登録を取り消すことについて審判を請求することができる（51 条）。

　商標権者が登録商標を不正に使用することによって、一般公衆が商品の品質を誤認したりまたは他人の業務に係る商品との間に混同を生じたりすることがないように、登録商標の不正使用者に対し、その登録商標の登録を取消し、もって一般公衆の利益を保護することを主要な目的とするものである（最判昭和 61・4・22 判時 1207 号 114 頁〔ユーハイム・コンフェクト事件〕）。このような不正使用の事実がなくなった日から 5 年を経過した後は、審判を請求することはできない（52 条）。その間に蓄積された信用を破壊することを防ぐ趣旨である。

6　使用権者による不正使用取消審判

　専用使用権者または通常使用権者が指定商品もしくは指定役務またはこれらに類似する商品もしくは役務についての登録商標またはこれに類似する商標の使用であって、商品の品質もしくは役務の質の誤認または他人の業務に係る商品もしくは役務と混同を生ずるものをしたときは、何人も、当該商標登録を取り消すことについて審判を請求することができる。ただし、当該商標権者がその事実を知らなかった場合において、相当の注意をしていたときは、この限りでない（53 条 1 項）。商標権者は使用権者による不正使用を防止する義務があり、そのような義務の違反に対する制裁として設けられた規定である。不正使用の事実がなくなった日から 5 年を経過した後は、審判を

請求することができない（53条3項）。

7　審決取消訴訟

　審決に不服のある当事者は、東京高等裁判所の特別支部である知的財産高等裁判所に審決取消訴訟を提起して、争うことができる（63条1項、知財高裁設置法2条1号）。

　審決取消訴訟においては、当事者、参加人または当該審判に参加を申請して拒否された者が原告適格を有する（63条2項によって準用される特178条2項）。

　被告は、原則として、特許庁長官とする必要があるが、当事者系審判（商標登録無効審判、商標登録取消審判）については、審判の相手方を被告としなければならない（63条2項によって準用される特179条）。

　複数人が共同で行った商標登録出願に関し、拒絶審決がなされた場合、拒絶審決の取消訴訟は固有必要的共同訴訟であり、共有者の一人による訴訟提起は認められない（実用新案についての事案であるが、最判平成7・3・7民集49巻3号944頁〔磁気治療器事件〕）。

　一方、いったん商標権が成立した後に請求される商標登録無効審判の無効審決に関する審決取消訴訟については、保存行為に当たるため、商標権の共有者の一人でも提起することができる（最判平成14・2・22民集56巻2号348頁〔ETNIES事件〕）。

　商標の審決取消訴訟において、審判段階で審理、判断されていなかった拒絶理由、無効理由等を追加的に主張することはできない（特許法に関する事案であるが、最大判昭和51・3・10民集30巻2号79頁〔メリヤス編機事件〕）。

　一方、不使用取消審判の審決取消訴訟においては、審判において主張・立証していない使用の事実を提出することが許される（最判平成3・4・23民集45巻4号538頁〔シェトア事件〕は、商標登録の不使用取消審判で審理の対象となるのは、その審判請求の登録前3年以内における登録商標の使用の事実の存否であるが、その審決取消訴訟においては、上記事実の立証は事実審の口頭弁論終結時にいたるまで許されると述べている）。

　特定の公知技術との対比における発明の新規性、進歩性の存否と、他の公

200　　第7章 商標法

知技術との対比における発明の新規性・進歩性の存否とは、別個の無効事由を構成するというのが昭和51年最大判の示すところである。一方、商標の不使用取消審決の取消訴訟では、使用の事実を証明するために新証拠を提出することによって、当事者の主張に何らの変更もなく、不使用取消事由の範囲内であるという違いがある。

　請求に理由がある場合、取消判決（63条2項により準用される特181条1項）がなされ、請求に理由がない場合には、請求が棄却される。

　審決または決定の取消判決が確定した場合、審判官は、引き続き審理を行い、再度審決または決定をなす（63条2項によって準用される特181条2項）。その際、審判官は、審決取消訴訟においてなされた判断に拘束される（取消判決の拘束力。行訴33条1項）。

Ⅵ ▸ 商標権

　商標権は、設定の登録により発生する（18条1項）。商標権の存続期間は、設定登録の日から10年をもって終了するが、商標権者の更新登録の申請により更新することができる（19条1・2項）。

　商標権者は、指定商品・役務について登録商標の使用をする権利を専有する（専用権。25条）。専用権を実効あるものにするため、商標権者は、登録商標の類似範囲の商標を第三者が使用することを禁止することができる（禁止権。37条1号）。

　商標権者、専用使用権者または通常使用権者は、指定商品または指定役務についての登録商標の使用がその使用の態様によりその商標登録出願の日前の出願に係る他人の特許権、実用新案権もしくは意匠権またはその商標登録出願の日前に生じた他人の著作権もしくは著作隣接権と抵触するときは、指定商品または指定役務のうち抵触する部分についてその態様により登録商標の使用をすることができない（29条）。

　同条は、専用権についての規定であり、禁止権については規定されていないが、商標権がその出願日前に成立した著作権と抵触する場合には、右商標権の禁止権も当該著作権に及ばない。したがって、著作権者ないしその複製

権者は当該著作物の複製行為として当該著作物の複製物を商標に使用する行為が自己の商標権と抵触しても差止めを求めることができない（大阪地判昭和59・2・28判タ536号418頁〔ポパイ・マフラー事件第1審〕）。禁止権は専用権を実効あるものにするために付与されており、専用権を行使できない場合について、禁止権を認める理由は存しない。

商標権が共有に係る場合については、特許法73条が準用される（35条）。

Ⅶ ► 商標権侵害

1 侵害

商標権の侵害とは、他人の登録商標をその指定商品・役務について使用する行為（25条）、および、他人の登録商標の類似範囲において使用する行為等（37条1〜8号）のことである。

商標の類否、商品・役務の類否については、Ⅲ参照。

商標の使用については、Ⅰ参照。

2 侵害主張に対する防御

（1）商標登録無効の抗弁

商標権侵害訴訟において、登録商標が商標登録無効審判により無効とされるべきものであると認められるときは、商標権者はその権利を行使することができない（商標登録無効の抗弁。39条による特104条の3の準用）。商標登録無効審判については、Ⅴ参照。

47条は、一定の無効理由について、5年の除斥期間を設けており、5年を経過すると、無効審判を請求することができない。その趣旨は、同号の規定に違反する商標登録は無効とされるべきものであるが、商標登録の無効審判が請求されることなく除斥期間が経過したときは、商標登録がされたことにより生じた既存の継続的な状態を保護するために、商標登録の有効性を争い得ないものとしたことにある。39条において準用される特許法104条の3第1項は、商標権侵害訴訟において、商標登録が無効審判により無効にされるべきものと認められるときは、商標権者は相手方に対しその権利を行使す

202 第7章 商標法

ることができないとされているところ、商標権の設定登録の日から5年を経過した後は47条1項の規定により商標登録の無効審判を請求することができないのであるから、この無効審判が請求されないまま上記の期間を経過した後に商標権侵害訴訟の相手方が商標登録の無効理由の存在を主張しても、同訴訟において商標登録が無効審判により無効にされるべきものと認められない。除斥期間経過後であっても商標権侵害訴訟において4条1項10号に該当することを理由として無効の抗弁を主張しうることとすると、商標権者は、商標権侵害訴訟を提起しても、相手方からそのような抗弁を主張されることによって自らの権利を行使することができなくなり、商標登録がされたことによる既存の継続的な状態を保護するものとした47条1項の上記趣旨が没却される（最判平成29・2・28民集71巻2号221頁〔エマックス事件〕）。

（2）商標権の効力の制限の抗弁

（a）趣旨　業務を行う者がその商品または役務について26条1項各号に掲げる商標を普通に用いられる方法で使用する行為については、商標権の効力は及ばない。商標権侵害訴訟においては、被告の抗弁事由として位置づけられる。

（b）自己の氏名等　第1に、自己の肖像、自己の氏名・名称、自己の氏名・名称の著名な略称、自己の著名な雅号・芸名・筆名、自己の著名な雅号・芸名・筆名の著名な略称、を普通に用いられる方法で表示する商標には商標権の効力は及ばない（26条1項1号）。同号の掲げる内容は、不登録事由に関する4条1項8号と共通する。

会社の「名称」とは会社の種類を示す株式会社等の文字部分を含む商号の全体であり（会社は、その種類に従い、商号中に株式会社等の文字を用いなければならない〔会6条2項〕）、商号から会社の種類を示す文字部分を除いたものは会社の「略称」に当たるため、著名でない限り、26条1項1号には該当しない（4条1項8号について、最判昭和57・11・12民集36巻11号2233頁〔月の友の会事件〕）。「普通に用いられる方法で表示する」に当たるかは、商標の表示態様によって判断され、会社の名称であっても、特殊な字体を用いるなどして需要者の目を惹く態様で使用する場合には、「普通に用いられる方法で表示する」には該当しない。

(c) **普通名称等**　　第2に、普通名称や商品の属性、慣用商標等を普通に用いられる方法で表示する商標には商標権の効力は及ばない（26条1項2～4号）。

　地域団体商標として登録された商標について、地域内アウトサイダーが、自身の製造・販売する商品等の産地およびその一般名称から成る当該地域団体商標またはその類似の標章を使用する行為について、当該使用態様が地域団体商標が有する自他商品の出所識別機能を害するものである場合は、26条1項2号には該当しない（絹織物の伝統的製法の由来地を示す「博多」と商品としての絹織物に関する慣用的な名称である「織」との組合せからなる地域団体商標について、福岡高判平成26・1・29判時2273号116頁〔博多織事件控訴審〕）。

(d) **商品等が当然に備える特徴**　　第3に、商品などが当然に備える特徴のうち政令で定めるもののみからなる商標には、商標権の効力は及ばない（26条1項5号）。4条1項18号の不登録事由に対応する。政令で定める特徴は、「立体的形状、色彩又は音（役務にあっては、役務の提供の用に供する物の立体的形状、色彩又は音）」である（商標施令1条）。

(e) **商標的使用**　　第4に、需要者が何人かの業務に係る商品または役務であることを認識することができる態様により使用されていない商標には、商標権の効力は及ばない（26条1項6号）。従前から、第三者が登録商標と同一または類似する商標を、指定商品と同一または類似する商品等に使用していたとしても、商標の機能である自他商品識別機能や出所表示機能を果たさない態様で使用している場合には、商標的な使用に該当せず、商標権侵害にはならないとする事例が存在した。同号は、平成26年改正によって導入されたものであり、右事例において採用された考え方を明文化するものである。

　商標の使用に当たらないとされた例として、製品の規格表示としての使用（商標権者の有する「brother」または「ブラザー」商標について、第三者が、商標権者の製造に係るファクシミリに使用するためのインクリボンの外函に「For brother」または「ブラザー用」と表示する行為。東京地判平成16・6・23判時1872号109頁〔ブラザー事件〕）、宣伝文言としての使用（「塾なのに家庭教師」

204　　第7章 商標法

なる商標を、広告の他の記載部分とあいまって、役務の出所の表示ではなく宣伝文句と認識される態様で使用する行為。東京地判平成 22・11・25 判時 2111 号 122 頁〔塾なのに家庭教師事件〕)、イラスト表示としての使用（T シャツに平和の表現としてピースマークを描く行為。東京地判平成 22・9・30 判時 2109 号 129 頁〔ピースマーク事件〕) がある。

　一方、インターネットサイトを表示するための html ファイルにメタタグないしタイトルタグとして商標が記載された結果、検索エンジンの検索結果において、当該サイトの内容の説明文ないし概要やホームページタイトルとして表示され、これらが当該サイトにおいて提供される商品の小売業務の出所等を表示し、インターネットユーザーの目に触れることにより、顧客が当該サイトにアクセスするよう誘引される場合には、右メタタグないしタイトルタグとしての登録商標の使用は、商標的使用に当たるとされた（東京地判平成 27・1・29 判時 2249 号 86 頁〔IKEA 事件〕)。

　(f) 地理的表示　　第 5 に、商品または商品の包装に登録を受けた特定農林水産物等の地名表示を付する行為等には商標権の効力は及ばない（26 条 3 項)。農水省所管の「特定農林水産物等の名称の保護に関する法律」（以下、「地理的表示法」) は、特定の場所、地域または国を生産地とするものであって、品質、社会的評価その他の確立した特性が当該生産地に主として帰せられるものの名称の表示についての登録制度である。地理的表示について先に商標登録が存在し、その後、商標権者の承諾を得て（地理的表示法 13 条 2 項）地理的表示の登録がなされた場合の調整規定が 26 条 3 項である。

(3) 使用権原の抗弁

　第 1 に、商標権者との間で、専用使用権の設定を受け、当該専用使用権について設定登録を受けたことは、抗弁事由となる。専用使用権者は、設定行為で定めた範囲内において、指定商品・役務について登録商標の使用をする権利を有する（30 条 2 項)。

　第 2 に、商標権者との間で、通常使用権の設定の許諾を受けたことは、抗弁事由となる。通常使用権者は、設定行為で定めた範囲内において、指定商品・役務について登録商標の使用をする権利を有する（31 条 2 項)。

　第 3 に、原告の商標登録前から、不正競争の目的でなく、その商標登録出

願の際、現にその商標が自己の業務に係る商品または役務を表示するものとして需要者の間に広く認識されており、継続してその商品または役務についてその商標の使用をしていることは、抗弁事由となる（先使用権。32条）。

4条1項10号における周知性は、必ずしも全国的に認識されている必要はなく、少なくとも、1県程度ではなく隣接数県の相当範囲の地域にわたり、同種商品取扱業者の半ばに達する程度の層に知られていれば足りるとされる（東京高判昭和58・6・16無体裁集15巻2号501頁〔DCC事件〕）。一方、先使用権の制度の趣旨は、識別性を備えるにいたった商標の先使用者による使用状態の保護という点にあり、しかも、その適用は、使用に係る商標が登録商標出願前に使用していたのと同一の構成であり、かつこれが使用される商品も同一である場合に限られるのに対し、登録商標権者または専用使用権者の指定商品全般についての独占的使用権は右の限度で制限されるにすぎない。そして、両商標の併存状態を認めることにより、登録商標権者、その専用使用権者の受ける不利益とこれを認めないことによる先使用者の不利益を対比すれば、後者の場合にあっては、先使用者は全く商標を使用できないのであるから、後者の不利益が前者に比し大きい。したがって、32条1項における「需要者間に広く認識されているとき」の要件は、同一文言により登録障害事由として規定されている4条1項10号に比し緩やかに解し、取引の実情に応じ、具体的に判断され（東京高判平成5・7・22判時1491号131頁〔ゼルダ事件〕）、たとえば、1県より狭い範囲であっても認められることもありうる。

なお、商標権者は、先使用権が成立する場合であっても、先使用権者に対し、その者の業務に係る商品・役務と自己の業務に係る商品・役務との混同を防止するために適当な表示を付すことを請求することができる（32条2項）。

（4）商標権の濫用の抗弁

他人の著名標章を冒用して出願する等された商標権の取得経緯に問題がある場合や、登録商標に出所識別力が認められない場合等、商標権の権利行使が権利濫用（民1条3項）に当たることは抗弁事由となる。

他人の著名標章を冒用して出願された商標権の例として、「POPEYE」

「ポパイ」の文字と水兵風の男性の絵を表した本件商標の商標権者が、連載漫画「ポパイ」の著作権者からライセンスを受けて「ポパイ」の絵柄や「POPEYE」の文字を表したマフラーを販売している業者に対して権利行使した事案において、本件商標による権利行使は、右連載漫画の著名性を無償で利用したものに外ならないとして権利濫用に当たるとされた（最判平成2・7・20民集44巻5号876頁〔ポパイ・マフラー事件〕。なお、同判決後、平成16年改正によって4条1項19号が導入されており、現在では、同種事案については19号該当に基づく無効の抗弁が別途認められる余地がある）。

本件商標　　　　　マフラー

　商標登録出願が被告による広告宣伝に便乗し、その事業展開を妨げる目的で行われたものであり、出所識別機能・自他商品識別機能が極めて弱い登録商標に基づく権利行使が、権利濫用に当たるとされた例がある（東京地判平成27・3・25平成25（ワ）13862号〔インディアンモトサイクル事件〕）。
　被告各標章には特段の自他識別能力がある一方、原告商標は、登録後、少なくとも、流通におかれた商品に使用されてはおらず、原告商標自体、原告の信用を化体するものでもなく、何らの顧客誘因力も有しているともいえないこと、原告商標と被告各標章との間で出所を誤認混同するおそれは極めて低いにもかかわらず、原告が、原告商標権に基づき損害賠償請求をする行為は、本件キャラクターが周知性、著名性を獲得し、強い顧客吸引力を得たことを奇貨として、権利行使をするものである等として、権利濫用とされた例がある（大阪地判平成26・8・28判時2269号94頁〔メロン熊事件〕）。
　4条1項10号該当を理由とする商標登録の無効審判が請求されないまま商標権の設定登録の日から5年を経過した後であっても、当該商標登録を不正競争の目的で受けたものであるか否かにかかわらず、商標権侵害訴訟の相

手方は、その登録商標が自己の業務に係る商品等を表示するものとして当該商標登録の出願時において需要者の間に広く認識されている商標またはこれに類似する商標であるために同号に該当することを理由として、自己に対する商標権の行使が権利の濫用に当たることを抗弁として主張することが許される。10号の趣旨は、需要者の間に広く認識されている商標との関係で商品等の出所の混同の防止を図るとともに、当該商標につき自己の業務に係る商品等を表示するものとして認識されている者の利益と商標登録出願人の利益との調整を図ることにある。したがって、登録商標が同号に該当するものであるにもかかわらず同号の規定に違反して商標登録がされた場合に、当該登録商標と同一または類似の商標につき自己の業務に係る商品等を表示するものとして当該商標登録の出願時において需要者の間に広く認識されている者に対してまでも、商標権者が当該登録商標に係る商標権の侵害を主張して商標の使用の差止め等を求めることは、特段の事情がない限り、商標法の法目的の1つである客観的に公正な競争秩序の維持を害するものとして、権利の濫用に当たり許されないからである。この点で、除斥期間経過後に4条1項10号該当を理由とする無効の抗弁を主張できないのとは事情が異なる（前掲最判平成29・2・28〔エマックス事件〕）。

(5) 商標機能論による違法性阻却

　第1に、商標権者によって適法に登録商標を付され、その意思に基づいて流通過程に置かれた商品（真正商品）を取得して販売等する行為は、商標の機能である出所表示機能および品質保証機能を害するものではなく、一般消費者に損害を及ぼすおそれもないから、商標権侵害としての違法性を欠く（商標機能論による違法性阻却。大阪地判平成7・7・11判時1544号110頁〔Y's事件〕）。

　これに対し、いったん商標権者が適法に商標を付した商品であっても、たとえば、サンプル品、キズ物であって商標権者がその意思により流通に置いたとは認められない商品を第三者が販売する行為（前掲大阪地判平成7・7・11〔Y's事件〕）や、商標権者から購入した商品の包装を解いて小分けし、再包装し、当該登録商標と類似した標章を付して販売する行為（大阪地判平成6・2・24判時1522号139頁〔マグアンプ事件〕）、真正商品に改造を加えた商

品に登録商標を付したまま販売する行為（東京地判平成 4・5・27 知的裁集 24 巻 2 号 412 頁〔Nintendo 事件〕）、顧客から使用済みの空インクボトルの引渡しを受けて、同形のインクボトルにインクを充填し、登録商標を付したまま販売する行為（東京高判平成 16・8・31 判時 1883 号 87 頁〔インクボトル事件控訴審〕）は、商標の出所表示機能または品質保証機能を害するおそれがあるから、商標権を侵害する。

　第 2 に、①外国における商標権者または当該商標権者から使用許諾を受けた者により適法に登録商標を付された真正商品については、②当該外国における商標権者とわが国の商標権者とが同一人であるかまたは法律的もしくは経済的に同一人と同視しうるような関係があることにより、当該商標がわが国の登録商標と同一の出所を表示するものであって、③わが国の商標権者が直接的にまたは間接的に当該商品の品質管理を行いうる立場にあることから、当該商品とわが国の商標権者が登録商標を付した商品とが当該登録商標の保証する品質において実質的に差異がないと評価される場合には、商標権侵害としての実質的違法性を欠く（〔商標機能論による違法性阻却としての〕並行輸入の抗弁。最判平成 15・2・27 民集 57 巻 2 号 125 頁〔フレッドペリー事件〕）。

　上記①の要件について、外国における商標権者から使用許諾を受けた者が、当該使用許諾の条件である製造国および下請の制限を逸脱して第三国で下請け製造し登録商標を付した商品は、「適法に登録商標を付された」商品には当たらないため、並行輸入の抗弁は成立しない。製造国・下請の制限を逸脱して製造された商品に登録商標を付すことは、商標の出所表示機能を害し、製造国の制限および下請の制限に違反して製造され本件標章が付された商品は、商標権者による品質管理が及ばず、商標の品質保証機能が害されるおそれがあるからである。

　上記②の要件について、国内の商標権者が登録商標の宣伝広告等によって当該商標について独自のグッドウイル（顧客吸引力）を形成し、当該商標と国外で適法に付された商標の表示または保証する出所、品質が異なるものであると認められるときは、前記商標権の機能からして、真正商品の並行輸入として許容されない（大阪地判平成 8・5・30 判時 1591 号 99 頁〔クロコダイル事件〕）。

上記③の要件は、商品の客観的な品質そのものではなく、品質に対する商標権者のコントロール（品質管理）、品質管理主体の同一性を問題にするものである。

Ⅷ ► 救済

1　差止請求

商標権が侵害または侵害されるおそれがある場合、商標権者は侵害の停止、予防を請求することができる（36条1項）。

差止請求の相手方は、「侵害する者又は侵害するおそれがある者」である。インターネットショッピングモールに商標権侵害品が出品された場合、当該モールの運営者が、単に出店者によるウェブページの開設のための環境等を整備するにとどまらず、運営システムの提供・出店者からの出店申込みの許否・出店者へのサービスの一時停止や出店停止等の管理・支配を行い、出店者からの基本出店料やシステム利用料の受領等の利益を受けている者であって、その者が出店者による商標権侵害があることを知ったときまたは知ることができたと認めるに足りる相当の理由があるにいたったときは、その後の合理的期間内に侵害内容のウェブページからの削除がなされない限り、上記期間経過後から商標権者はウェブページの運営者に対し、商標権侵害を理由に、出店者に対するのと同様の差止請求と損害賠償請求をすることができるとした裁判例がある（知財高判平成24・2・14判時2161号86頁〔チュッパチャプス事件〕。結論的には、本件被告は、本件商標権侵害行為を知った日から8日以内という合理的期間内にこれを是正したと認められている）。

右判決は、運営者の商標権侵害を肯定する理由を次のように説明している。「(1)ウェブページを利用して多くの出店者からインターネットショッピングをすることができる販売方法は、販売者・購入者の双方にとって便利であり、社会的にも有益な方法である上、ウェブページに表示される商品の多くは、第三者の商標権を侵害するものではないから、本件のような商品の販売方法は、基本的には商標権侵害を惹起する危険は少ないものであること、(2)仮に出店者によるウェブページ上の出品が既存の商標権の内容と抵触する可能性

があるものであったとしても、出店者が先使用権者であったり、商標権者から使用許諾を受けていたり、並行輸入品であったりすること等もありうることから、上記出品がなされたからといって、ウェブページの運営者が直ちに商標権侵害の蓋然性が高いと認識すべきとはいえないこと、(3)しかし、商標権を侵害する行為は商標法違反として刑罰法規にも触れる犯罪行為であり、ウェブページの運営者であっても、出店者による出品が第三者の商標権を侵害するものであることを具体的に認識、認容するにいたったときは、同法違反の幇助犯となる可能性があること、(4)ウェブページの運営者は、出店者との間で出店契約を締結していて、上記ウェブページの運営により、出店料やシステム利用料という営業上の利益を得ているものであること、(5)さらにウェブページの運営者は、商標権侵害行為の存在を認識できたときは、出店者との契約により、コンテンツの削除、出店停止等の結果回避措置を執ることができること等の事情があり、これらを併せ考えれば、ウェブページの運営者は、商標権者等から商標法違反の指摘を受けたときは、出店者に対しその意見を聴くなどして、その侵害の有無を速やかに調査すべきであり、これを履行している限りは、商標権侵害を理由として差止めや損害賠償の責任を負うことはないが、これを怠ったときは、出店者と同様、これらの責任を負うものと解されるからである。」「侵害者が商標法2条3項に規定する『使用』をしている場合に限らず、社会的・経済的な観点から行為の主体を検討することも可能というべきであり、商標法が、間接侵害に関する上記明文規定（同法37条）を置いているからといって、商標権侵害となるのは上記明文規定に該当する場合に限られるとまで解する必要はないというべきである。」

本判決は、行為主体を規範的に捉え、一定の場合に、物理的な侵害主体以外の者に侵害行為の主体性を肯定するものであり、定立された判断基準には、プロバイダ責任制限法の規定におけるプロバイダの免責要件が取り込まれている。

2　損害賠償請求

商標権侵害によって損害を受けた商標権者は、侵害者に対し、損害賠償を請求することができる（民709条）。商標権者は、侵害の事実、故意または

過失の存在、損害の発生およびその額、侵害行為と損害との相当因果関係を立証しなければならない。損害賠償請求権は、損害および加害者を知った時から3年で時効消滅する（民724条）。

商標権者は、38条1項に基づき、商標権者において侵害行為がなければ販売することができた逸失利益を損害額とし（具体的には、侵害者の譲渡数量に権利者の商品の単位数量あたりの利益額を乗じた額を、使用の能力に応じた額の限度において、損害額とする）、同条2項に基づき、侵害者の利益の額を損害額と推定し、同条3項に基づき、登録商標の使用に対し受けるべき金銭の額に相当する額を損害額とし、または民法709条により得べかりし利益を請求することができる。

38条2項の適用が認められるためには、権利者について、被告の商標権侵害がなかったならば利益が得られたであろうという事情が認められれば足りる（東京地判平成26・12・4平成24（ワ）25506号〔極真事件〕）。

38条3項は、不法行為に基づく損害賠償請求において損害に関する被害者の主張立証責任を軽減する趣旨の規定であって、損害の発生していないことが明らかな場合にまで侵害者に損害賠償義務があるとすることは、不法行為法の基本的枠組みを超えるものといえる。したがって、登録商標に類似する標章を第三者がその製造販売する商品につき商標として使用した場合であっても、当該登録商標に顧客吸引力が全く認められず、登録商標に類似する標章を使用することが第三者の商品の売上げに全く寄与していないことが明らかなときは、得べかりし利益としての実施料相当額の損害も生じていないのであり、侵害者は、損害の発生があり得ないことを抗弁として主張立証して、損害賠償の責めを免れることができる（損害不発生の抗弁。最判平成9・3・11民集51巻3号1055頁〔小僧寿し事件〕）。

3　不当利得返還請求

商標権者は、侵害行為により商標権者の財産から利益を受けた者に対して、自らが被った損失を不当利得として返還請求することができる（民703条）。不当利得返還請求権の消滅時効期間は10年である（民167条1項）。不当利得返還請求権については、38条の適用はない。

Ⅸ ► 特殊の商標

1 防護標章

　著名な登録商標を他人が指定商品または指定役務と非類似の商品・役務に使用した場合に出所の混同を生ずるおそれのある商品・役務について、その登録商標と同一の標章について防護標章登録が認められる（64条）。商標権者が標章を商品・役務に使用しない分野において、商品・役務の出所の混同を防止し、著名商標登録に係る商標権者の業務上の信用を維持することを目的とする制度である。

2 地域団体商標

　地域名と商品・役務の名称から成る商標が特定の者の商標として全国的な知名度を獲得するにいたっていない場合でも、出願人が法人格を有する事業協同組合その他の特別の法律により設立された組合であり、組合の根拠法に構成員たる資格を有する者の加入を不当に制限してはならない旨が規定されており、商標構成中の地域の名称と出願人が商標を使用している商品とが密接関連性を有し、商標が使用された結果、出願人またはその構成員の業務に係る商品または役務を表すものとして、需要者の間に広く認識されている場合には、商標登録を受けることができる（地域団体商標。7条の2）。

　地域団体商標は、地域産業の活性化を図るための地域ブランドの保護の観点から、地域名と商品名または役務名とからなる商標について、登録要件を緩和するものである。地域における複数の事業者等が、当該地域の特産品に、当該地域名と商品等の普通名称を組み合わせた標章を付して商品を売り出すことがあるが、従前、このような標章については原則として商標登録を行うことができず（3条1項3号）、同標章について、商標登録を受けるためには、3条2項によりそれが特定の出所を示すものとして需要者に認識される必要があった。しかし、上記のような地域ブランドが、同項が規定する特別顕著性の要件を充足することは困難なことが多く、そのような識別性を獲得するまでの間、他の地域の事業者等が地域ブランドの名称を便乗使用することを

排除できないなど弊害が多かったことから、地域産業の振興の観点から、同項が規定する特別顕著性を獲得する以前の地域ブランドについて、所定の要件の下で特別の商標登録ができるように、平成17年改正によって新たに規定を設けたのが地域団体商標の制度である（産業政策説。福岡高判平成26・1・29判時2273号116頁〔博多織事件控訴審〕）。

　原告（その前身たる団体を含む）またはその構成員が「喜多方ラーメン」の表示ないし名称を使用し、喜多方市内においてラーメンの提供を行うとともに、指定役務「福島県喜多方市におけるラーメンの提供」に関する広告宣伝活動を積極的に行っていたとしても、喜多方市内のラーメン店の原告への加入状況や、原告の構成員でない者が喜多方市外で相当長期間にわたって「喜多方ラーメン」の表示ないし名称を含むラーメン店やラーメン店チェーンを展開・運営し、かつ「喜多方ラーメン」の文字を含む商標の登録を受けてこれを使用している点にも鑑みると、たとえば福島県およびその隣接県に及ぶ程度の需要者の間において、本願商標が原告またはその構成員の業務に係る役務を表示するものとして、広く認識されているとまでいうことはできないとされた（知財高判平成22・11・15判時2111号109頁〔喜多方ラーメン事件〕）。

●●●●●●　**参　考　文　献**　●●●●●●
- ●特許庁編『工業所有権法（産業財産権法）逐条解説』（一般社団法人発明推進協会、第20版、2017年）
- ●特許庁総務部総務課制度審議室編『**平成26年特許法等の一部改正 産業財産権法の解説**』（発明推進協会、2014年）
- ●清水利亮「**判解**」『最判解民事篇昭和57年度』838頁〔月の友事件〕
- ●髙部眞規子「判解」『最判解民事篇平成12年度（下）』650頁〔レールデュタン事件〕
- ●矢野邦雄「**判解**」『最判解民事篇昭和43年度（上）』56頁〔氷山印事件〕
- ●高林龍「**判解**」『最判解民事篇平成5年度（下）』869頁〔SEIKO EYE事件〕
- ●渡部吉隆「**判解**」『最判解民事篇昭和38年度』383頁〔リラ宝塚事件〕
- ●三村量一「**判解**」『最判解民事篇平成9年度（上）』370頁〔小僧寿し事件〕
- ●渡部吉隆「**判解**」『最判解民事篇昭和36年度』253頁〔橘正宗事件〕
- ●山田真紀「**判解**」『最判解民事篇平成23年度（下）』799頁〔ARIKA事件〕
- ●髙部眞規子「判解」『最判解民事篇平成14年度』204頁〔ETNIS事件〕
- ●塩月秀平「**判解**」『最判解民事篇平成3年度』253頁〔シェトワ事件〕
- ●塩月秀平「**判解**」『最判解民事篇平成2年度』266頁〔ポパイ・マフラー事件〕

- 髙部眞規子「**判解**」『最判解民事篇平成 15 年度』104 頁〔フレッドペリー事件〕
- 清水知恵子「**最高裁重要判例解説**」Ｌ＆Ｔ 76 号 63 頁（2017 年）〔エマックス事件〕
- 小野昌延＝三山峻司編『**新・注解商標法（上巻）（下巻）**』（青林書院、2016 年）
- 金井重彦＝鈴木将文＝松嶋隆弘編著『**商標法コンメンタール**』（レクシスネクシス・ジャパン、2015 年）
- 知的財産裁判実務研究会編『**知的財産権訴訟の実務**』141 頁、295 頁（法曹会、改訂版、2014 年）
- 牧野利秋ほか編『**知的財産訴訟実務大系 II**』（青林書院、2014 年）
- 髙部眞規子編『**著作権・商標・不競法関係訴訟の実務**』（商事法務、2015 年）
- 髙部眞規子『**実務詳説商標関係訴訟**』（きんざい、2015 年）
- 小野昌延＝三山峻司『**新・商標法概説**』（青林書院、第 2 版、2013 年）
- 櫻木信義『**商標の類否**』（発明協会、2011 年）
- 青木博通『**新しい商標と商標権侵害**』（青林書院、2015 年）
- 網野誠『**商標**』（有斐閣、第 6 版、2002 年）
- 竹田稔『**知的財産権訴訟要論〔特許・意匠・商標編〕**』（一般社団法人発明推進協会、第 6 版、2012 年）
- 茶園成樹編『**商標法**』（有斐閣、2014 年）
- 田村善之『**商標法概説**』（弘文堂、第 2 版、2000 年）
- 渋谷達紀『**知的財産法講義 II 著作権法・商標法**』（有斐閣、第 2 版、2007 年）
- 青木博通『**知的財産権としてのブランドとデザイン**』（有斐閣、2007 年）
- 土肥一史『**商標法の研究**』（中央経済社、2016 年）
- 上田卓哉「**商標法の『商品』の意義について**」牧野利秋ほか編『知的財産法の理論と実務 3』14 頁（新日本法規出版、2007 年）
- 宮脇正晴「**商標法 3 条 1 項各号の趣旨**」高林龍ほか編『現代知的財産法講座 知的財産法の理論的探究』351 頁（日本評論社、2012 年）
- 井関涼子「**商品・包装の形状の立体商標登録―『Ｙチェア』事件を契機として**」Ｌ＆Ｔ 56 号 37 頁（2012 年）
- 平成 26 年度特許庁産業財産権制度問題調査研究報告書「**キャッチフレーズ等の識別力に関する調査研究報告書**」（2015 年）
- 髙部眞規子「**商標登録と公序良俗**」飯村敏明先生退官記念『現代知的財産法―実務と課題』951 頁（一般社団法人発明推進協会、2015 年）
- 井関涼子「**公序良俗違反に基づく商標の不登録事由―米国『REDSKINS』商標登録取消審決を題材に**」中山信弘先生古稀記念『はばたき― 21 世紀の知的財産法』812 頁（弘文堂、2015 年）
- 小泉直樹「**いわゆる『悪意の出願』について**」日本工業所有権法学会年報 31 号 153 頁（2007 年）
- 飯村敏明「**判例の読み方と先例拘束性について―商標の類否を中心として**」『松田治躬先生古稀記念論文集』17 頁（東洋法規出版、2011 年）
- 牧野利秋「**商標の類似判断の要件事実的考察**」伊藤滋夫編『知的財産法の要件事

実』157 頁（日本評論社、2016 年）
- ●平澤卓人「**商標的使用論の機能的考察（1）（2・完）**」知的財産法政策学研究 48 号 213 頁（2016 年）、49 号 201 頁（2017 年）
- ●今村哲也「**地域団体商標の効力と商品の普通名称等に商標権の効力が及ばない旨を規定した商標法 26 条 1 項 2 号との関係等について判断した事例**」判例評論 690 号 158 頁（2016 年）
- ●前田健「**地域団体商標制度の意義について**」同志社大学知的財産法研究会編『知的財産法の挑戦』243 頁（弘文堂、2013 年）
- ●伊藤成美＝鈴木将文「**地理的表示保護制度に関する一考察―我が国の地理的表示法の位置づけを中心として**」知的財産法政策学研究 47 号 223 頁（2015 年）

_第**8**_章 パブリシティ権

I ► パブリシティ権の意義

1 人格権としてのパブリシティ権

　パブリシティ権は、人格権に由来し、氏名、肖像等（肖像、サイン、署名、声、ペンネーム、芸名等識別情報を広く含む。以下同じ）が有する顧客吸引力を排他的に利用する権利である。現行法上、パブリシティ権を認める明文規定は存在せず、最判平成 24・2・2 民集 66 巻 2 号 89 頁〔ピンク・レディー事件〕が、最高裁判決として初めてパブリシティ権を承認した。

　人の氏名、肖像等は、個人の人格の象徴であり、人は、一般に、人格権に由来するものとして、その氏名、肖像等をみだりに利用されない権利または利益を有するものと認められてきた（他人に氏名を冒用されない権利〔最判昭和 63・2・16 民集 42 巻 2 号 27 頁〔NHK 日本語読み事件〕〕、みだりに容貌等を撮影、公表されない利益〔最判平成 17・11・10 民集 59 巻 9 号 2428 頁〔和歌山毒入りカレー事件〕〕等）。

　氏名権、肖像権は、氏名、肖像の有する精神的価値に着目するものといえる。

　一方、芸能人、スポーツ選手などいわゆる有名人の場合を典型として、氏名、肖像等が商品の販売等を促進する顧客吸引力を有する場合がある。パブリシティ権は、このような顧客吸引力を排他的に利用する権利であり、上記の氏名権、肖像権と同様、人格権に由来しつつ、肖像等それ自体の商業的・経済的価値を保護するものとして位置づけられる。パブリシティ権は、母権たる人格権と「へその緒」でつながっていると表現されることもある。氏名、肖像等の有する商業的・経済的価値に着目する点において、氏名権、肖像権

とは異なる。

　このように、パブリシティ権を人格権に由来するものと位置づけると、物あるいはその名称等が顧客吸引力を獲得した場合についてパブリシティ権を観念する余地はない。芸能人のパブリシティに関するピンク・レディー事件判決に先立ち、最判平成 16・2・13 民集 58 巻 2 号 311 頁〔ギャロップレーサー事件〕は、競走馬の名称の無断利用に関する事件において、物の所有者は、当該物の名称等が有する顧客吸引力などを独占的に支配する財産的権利（いわゆる物のパブリシティ権）を有しないと説示していた。ギャロップレーサー事件判決は、結論的に、物のパブリシティ権を否定したものであるが、同判決は、パブリシティ権の意義、法的性質についての判断を直接示すことはせず、法令等の根拠もなく物の名称の顧客吸引力について排他的使用権を認めることは許されないと述べるにとどまっていた。

　ピンク・レディー事件は、歌手を被写体とする写真を無断で週刊誌の記事に掲載する行為について、損害賠償が請求され、棄却された事例である。同判決は、パブリシティ権を人格権に由来するものと初めて承認した点に意義があり、とりわけ、今後、人格権に基づく差止請求の途が開かれたという点は重要であろう。

2　主体、譲渡性、故人のパブリシティ権

　一方、今後に残された課題も多い。

　第 1 に、主体について。現実に氏名、肖像等が顧客吸引力を獲得するのは芸能人、スポーツ選手等の場合が多いのは確かであろうが、パブリシティ権の主体としては、氏名、肖像等に顧客吸引力が認められる者であれば足り、それに加えていわゆる有名人であることは求められない（有名人とはいえないが顧客吸引力を獲得しうる者の例として、長寿者、ミスコン優勝者等）。

　一方、主体は自然人である本人に限られ、法人、たとえば芸能人の所属事務所の固有のパブリシティ権については、人格権に由来するとの位置づけの下では認めることは困難となろう。ピンク・レディー事件判決は、人格権に関する過去の複数の最高裁判決を引用しているが、その中には、宗教法人について人格権由来の名称権を認めた最判平成 18・1・20 民集 60 巻 1 号 137

頁〔天理教豊文教会事件〕は含まれていないことからもこのことは裏付けられよう。なお、法人の氏名等については、不正競争防止法上の商品等表示に該当する場合に、同法に基づく保護を受ける余地がある。

第2に、人格権に由来するとの位置づけは、パブリシティ権の譲渡性を否定し、また、パブリシティ権は本人の死亡と同時に消滅し相続はできない、との結論まで導くのかという問題がある。ピンク・レディー事件判決はこの点については特に述べていない。

一般に、芸能人等と所属事務所との間で締結される専属実演家契約において、当該芸能人の肖像に関する権利は所属事務所に帰属する旨定められることは多い。また、死亡した芸能人、スポーツ選手の肖像権の商業的利用についてライセンス事業が行われる例は多い。

東京地判平成22・4・28平成21（ワ）25633号〔ラーメン「我聞」事件〕は、ピンク・レディー事件判決前の事例であるが、パブリシティ権は人格権に由来する権利であるとの理解を前提に、タレントと所属事務所の間で締結された専属実演家契約中の「本契約の有効期間中前2条の業務により制作された著作物、商品その他のものに関する著作権……パブリシティ権……その他一切の権利は、本契約又は第三者との契約に別段の定めのある場合を除き、すべて○○所属事務所に帰属するものとします。」との条項について、タレントが有するパブリシティ権全体ではなく、契約上特定された当該タレントの実演に関する限りでのパブリシティ権の帰属を事務所に認めたものと認定している。同事件においては、パブリシティ権の一身専属性を根拠として、事務所への移転帰属を一律に否定するという解釈は採られていないことが注目される。写真、フィルム等に具体化された肖像等についての商業的利用、氏名に関する商標的・装飾的利用に関する権限といった形に限定された人格権たるパブリシティ権の一部譲渡については、許容される余地が十分にあろう。

パブリシティ権が事務所等に「帰属する」という文言について、独占的利用許諾を意味するものと解した例もある。同じくピンク・レディー事件判決前の事例であるが、知財高判平成20・2・25平成18（ネ）10072号〔プロ野球選手肖像権事件〕は、パブリシティ権を人格権と位置づけたうえで、その独占的利用許諾の有効性を認めている。

故人である芸能人、スポーツ選手の氏名、肖像が死後も顧客吸引力を有している とみられる例は多い。現に、このような氏名、肖像は、不正競争防止法上の商品等表示性をみたす限り、死後も保護を受ける。また、商標登録も可能である。故人である著名ミュージシャンの氏名および肖像を使用する権利を有しない者が、ウェブサイト上でその故人の氏名および肖像を用いたビジネスアイディアを募集するなどの「広告」を行う行為は、上記故人の氏名および肖像の使用権を第三者に許諾する「役務」の「質、内容」について「誤認させるような表示」に該当するとされた事例がある（東京地判平成27・8・31平成25（ワ）23293号〔マイケル・ジャクソン遺産財団事件〕）。

　一方、パブリシティ権は、人格権に由来するものであるため、本人の一身に専属し、その死亡と同時に消滅するとも考えられる。著作権法において、著作者人格権は一身専属とされ（59条）、しかし、その死後においても故人が存したならば著作者人格権の侵害となるべき行為は禁止され（60条）、一定範囲の遺族に民事上の請求権が付与され（116条）、罰則が科されている（120条）。著作者人格権は著作者の死亡により消滅するが、文化的所産の国家的見地からの保護という趣旨から、特に上記のような制度が設けられたものとされる。パブリシティ権については著作者人格権のような立法的手当てがなされていない以上、本人の死後について一定の保護を継続する手立てはないとも考えられる。

　しかしながら、著作者人格権は人格権に由来し、かつその保護対象もまさに著作者の精神的・人格的利益であるのに対し、パブリシティ権は「母権」こそ人格権ではあるものの、その保護対象はあくまで顧客吸引力という経済的利益にすぎないという点は見逃されるべきではない。著作者人格権については相対的に人格権の一身専属性の縛りが強く働くため死後に保護を認めるためには立法的根拠が必要であったが、パブリシティ権については、著作者人格権ほどには、一身専属性を重視する必要はないと理解することも可能であろう。パブリシティ権については、本人の死後においても現に顧客吸引力という保護対象が健在であるという事実を直視し、正当な管理権限をもつ者による第三者の無断利用の禁止および当該管理権限を有する者が受けた損害の賠償を認める方向で議論が進むことが期待される。

Ⅱ ► 侵害

　肖像等に顧客吸引力を有する者は、社会の耳目を集めるなどして、その肖像等を時事報道、論説、創作物等に使用されることもあるのであって、その使用は正当な表現行為等として受忍すべき場合もある。具体的には、パブリシティ権を侵害するものとして、不法行為法上違法となるのは、①肖像等それ自体を独立して鑑賞の対象となる商品等として使用し、②商品等の差別化を図る目的で肖像等を商品等に付し、③肖像等を商品等の広告として使用するなど、専ら肖像等の有する顧客吸引力の利用を目的とするといえる場合に限られる（前掲最判平成 24・2・2〔ピンク・レディー事件〕）。

　上記のうち、①②は肖像等の有するキャラクター価値を「商品化 merchandising」する行為、③は肖像等を「広告化 advertising」する行為にそれぞれ対応する。

　①の典型例としては、ブロマイド、ポスター、ステッカー、シール、写真集、画像の配信サービス等がある。なお、ピンク・レディー事件判決の法廷意見には言及が見当たらないが、同判決の金築判事補足意見には、「グラビア写真」も①に当たりうるとの示唆がなされている。グラビア写真にも様々なものがありうるところ、①に当たりうるのは、あくまで独立して鑑賞の対象となるものに限定される。

　②の例としては、Ｔシャツ、マグカップ、タオル、カレンダー、スポーツ用品、実在の人物を採用したいわゆるキャラクターゲームなど多様なものが想定される。「差別化」とは、「キャラクター商品化」の意味である。①は肖像それ自体の鑑賞性に着目し、これを商品化するのに対し、②は商品全体を差別化することに着目するという違いがある。

　③の例としては、肖像等を商品等の広告として使用する類型である。わが国のパブリシティ権のリーディングケースである東京地判昭和 51・6・29 判時 817 号 23 頁〔マーク・レスター事件〕は、芸能人が主演した映画のシーンを用いたテレビ CM が無断で放映された事例である。

　「専ら」とは、100％ すべてという意味ではなく、主として、という意味

Ⅱ. 侵害　　221

を含む。ピンク・レディー事件判決の金築判事補足意見は、「例えば肖像写真と記事が同一出版物に掲載されている場合、写真の大きさ、取り扱われ方等と、記事の内容等を比較検討し、記事は添え物で独立した意義を認め難いようなものであったり、記事と関連なく写真が大きく扱われていたりする場合には、『専ら』といってよく、この文言を過度に厳密に解することは相当でない」と指摘している。

ピンク・レディー事件判決のあてはめ部分は以下の通りである。「本件記事の内容は、ピンク・レディーそのものを紹介するものではなく、前年秋頃に流行していたピンク・レディーの曲の振り付けを利用したダイエット法につき、その効果を見出しに掲げ、イラストと文字によって、これを解説するとともに、子供の頃にピンク・レディーの曲の振り付けをまねていたタレントの思い出等を紹介するというものである。そして、本件記事に使用された本件各写真は、約200頁の本件雑誌全体の3頁の中で使用されたにすぎない上、いずれも白黒写真であって、その大きさも、縦2.8 cm、横3.6 cmないし縦8 cm、横10 cm 程度のものであったというのである。これらの事情に照らせば、本件各写真は、上記振り付けを利用したダイエット法を解説し、これに付随して子供の頃に上記振り付けをまねていたタレントの思い出等を紹介するにあたって、読者の記憶を喚起するなど、本件記事の内容を補足する目的で使用されたものというべきである。したがって、Yが本件各写真をXらに無断で本件雑誌に掲載する行為は、専らXらの肖像の有する顧客吸引力の利用を目的とするものとはいえず、不法行為法上違法であるということはできない。」

一方、ピンク・レディー事件判決前の事例であるが、東京地判平成22・10・21平成21（ワ）4331号〔ペ・ヨンジュン事件〕は、ピンク・レディー事件判決と同様「専ら」基準の下、著名俳優の氏名が雑誌の表表紙に大書され、その写真がほぼ全面にわたり多数掲載されたという事例について、「独立して鑑賞の対象とすることができる」と認定している。

ピンク・レディー事件判決後の事例として、東京地判平成25・4・26判タ1416号276頁〔ENJOY MAX 事件〕は、芸能人の写真をグラビア写真のように使用しつつも、コメントを付したものであり、そのコメントのほとん

どが読者の性的な関心を喚起する内容となっていることに加え、独立した意義が認められないとして、パブリシティ権の侵害を認めている。①の類型に属する判断例といえよう。

Ⅲ ► 侵害に対する救済

　ピンク・レディー事件判決はパブリシティ権を人格権に由来するものと位置づけている。同事件は損害賠償請求事件であり、差止請求がなされたものではないが、同判決は、今後のパブリシティ権侵害に対する差止請求の途を開いたものといえよう。

　パブリシティ権の主体は本人に限られるが、タレントから肖像等の独占的利用を許諾された芸能プロダクションのように、本人から独占的利用許諾を受けた者が商品化ビジネスを展開している場合、少なくとも独占利用許諾契約にライセンサーによる侵害排除義務が明記されている場合には、債権者代位権を行使して、ライセンシー自身が侵害者に対して差止請求をすることも可能であろう。

　ピンク・レディー事件判決後に損害賠償請求が認められた例として、前掲東京地判平成 25・4・26〔ENJOY MAX 事件〕においては、①使用料相当額、②パブリシティ価値毀損の損害（現時点では算定する手法がないとして、民訴248 条を適用）の賠償請求が認容されている。従来から、不正競争防止法に基づいて著名ブランドの侵害が認められた事案について、高級イメージの毀損による損害賠償が認められた例が存在する（横浜地判昭和 60・3・22 判時1159 号 147 頁〔シャネルバッグ事件〕）。

　一方、ENJOY MAX 事件判決は、③パブリシティ権侵害に基づく精神的損害の賠償については以下のように述べて否定した。すなわち、「パブリシティ権は、人格権に由来する権利の一内容であっても、肖像等それ自体の商業的価値に基づくものであるから、精神的損害を認めることは困難である。したがって、パブリシティ権に係る精神的損害（慰謝料）は認められない」。

　由来は人格権ではあっても、保護対象はあくまで商業的価値である、との認識は、パブリシティ権の譲渡、相続、死後のパブリシティ保護といった別

の論点を考察する際にも、常に念頭に置かれるべきであろう。

　なお、古い判例の中には、少数ではあるが、パブリシティ権侵害に基づく精神的損害の賠償を認めたものもある。前掲東京地判昭和51・6・29〔マーク・レスター事件〕は、「俳優等が自己の氏名や肖像の権限なき使用により精神的苦痛を被ったことを理由として損害賠償を求め得るのは、その使用の方法、態様、目的等からみて、彼の俳優等としての評価、名声、印象等を毀損もしくは低下させるような場合、その他特段の事情が存する場合（例えば、自己の氏名や肖像を商品宣伝に利用させないことを信念としているような場合）に限定されるものというべきである」と述べたうえで、慰謝料請求を認容している（同様に慰謝料を認めた事例として、富山地判昭和61・10・31判時1218号128頁〔藤岡弘事件〕）。

　パブリシティ権の主体は本人に限られるが、タレントから肖像等の独占的利用を許諾された芸能プロダクションのように、本人から独占的利用許諾を受けた者が商品化ビジネスを展開している場合に第三者が無断で肖像等を利用するときは、債権侵害として不法行為が成立する場合もあろう。

●●●●●●　**参 考 文 献**　●●●●●●

- ●中島基至「**判解**」『最判解民事篇平成24年度（上）』18頁〔ピンク・レディー事件〕
- ●瀬戸口壯夫「**判解**」『最判解民事篇平成16年度（上）』97頁〔ギャロップレーサー事件〕
- ●中島基至「**パブリシティ権**」牧野利秋ほか編『知的財産訴訟実務大系 III』331頁（青林書院、2014年）
- ●横山経通「**パブリシティ権**」小泉直樹＝末吉亙編『実務に効く 知的財産判例精選』221頁（有斐閣、2014年）
- ●内藤篤＝田代貞之『**パブリシティ権概説**』（木鐸社、第3版、2014年）
- ●五十嵐清『**人格権法概説**』（有斐閣、2003年）
- ●田村善之『**不正競争法概説**』505頁（有斐閣、第2版、2003年）
- ●上野達弘「**人のパブリシティ権**」吉田克己＝片山直也編『財の多様化と民法学』399頁（商事法務、2014年）
- ●松尾和子「『**ピンク・レディー de ダイエット**』事件」中村合同特許法律事務所編『知的財産訴訟の現在―訴訟代理人による判例評釈』139頁（有斐閣、2014年）
- ●小泉直樹「**プロ野球選手の肖像等使用許諾権限の所在をめぐる統一契約書の解釈**」斉藤博先生御退職記念『現代社会と著作権法』1頁（弘文堂、2008年）

第**9**章 著作権法

I ► 著作物の定義

1 創作性

（1）作成者の個性の表現

　著作物とは、思想または感情を創作的に表現したものであって、文芸、学術、美術または音楽の範囲に属するものをいう（2条1項）。

　著作物を創作する者である著作者（2条1項2号）は、著作者人格権（18〜20条）、著作権（21〜28条）を無方式で享有する（17条）。

　著作物性の第1の要件は、創作性である。

　「創作的」に表現したものというためには、厳密な意味で独創性が発揮されていることは必要でないが、作成者の何らかの個性が表現されていることが必要である。言語表現による記述等の場合、①ごく短いものであるとき、②表現形式に制約があるため、他の表現が想定できないときや、③表現が平凡かつありふれたものであるときは、記述者の個性が現われていないものとして、「創作的に表現したもの」であるということはできない（知財高判平成20・7・17判時2011号137頁〔ライブドア裁判傍聴記事件〕等多数）。

　①ごく短い作品であるからという理由で直ちに創作性が否定されるわけではなく、表現形式に個性が認められるかが個別に判断される。たとえば、東京高判平成13・10・30判時1773号127頁〔交通標語事件〕は、「ボク安心　ママの膝より　チャイルドシート」なる標語の創作性を肯定したが、交通標語については、創作性が認められる場合、その保護範囲は一般的に狭いと指摘したうえで、「ママの胸より　チャイルドシート」について、著作権侵害の成立を否定した。一方、知財高判平成17・10・6平成17（ネ）10049号

225

〔YOL 事件〕は、「マナー知らず大学教授、マナー本海賊版作り販売」等の新聞の見出しについて、ありふれた表現であるとの理由で創作性を否定している。

②表現形式に制約があり、選択の余地がないため、他の表現が想定できない場合に、創作性が否定されることがある。この場合、作成者の個性が作品に発揮される余地はないとの理由による。東京地判平成 6・4・25 判時 1509 号 130 頁〔日本の城の基礎知識事件〕は、「城とは人によって住居、軍事、政治目的をもって選ばれた一区画の土地と、そこに設けられた防御的構築物をいう」という定義について、同じ学問的思想に立つ限り同一または類似の文言を採用して記述する外はなく、全く別の文言を採用すれば、別の学問的思想による定義になってしまうこと、すなわち、表現形式に選択の余地がないか極めて限られていることを 1 つの根拠として、創作性を否定している。

言語表現以外についても同様であり、たとえば、版画を紹介するために撮影された写真について、撮影対象が平面的な作品である場合には、正面から撮影する以外に撮影位置を選択する余地がない上、原画をできるだけ忠実に再現するためになされる技術的配慮も、独自に何かを付け加えるというものではないとの理由により、創作性が否定された例がある（東京地判平成 10・11・30 判時 1679 号 153 頁〔版画写真事件〕）。

なお、近時、学説上、創作性概念を「思想・感情の流出物」としての個性ではなく、「表現の選択の幅」と捉える考え方もある。具体的には、ある作品に著作権を付与しても、なお他の者には創作を行う選択の余地（幅）が残されている場合に、創作性が認められるとする。プログラム、設計図のように、個性よりもその機能が重要である作品類型を念頭に、新たな創作性概念を構想する試みとして注目される。ただし、裁判規範としては、以下の点に留意が必要である。

上記②の通り、表現に選択の余地がない場合には、創作性は認められない。他方、選択の余地（幅）があるからといって、必ずしも創作性が認められるわけではない。選択の余地があったとしても、実際に作成された表現がありふれたものにすぎないことがありうるからである（知財高判平成 22・5・27 判時 2099 号 125 頁〔ニューロレポート事件〕）。選択の幅があることのみでは、

226　第 9 章 著作権法

創作性の必要条件となりえても、十分条件とはいえない。

（2）ありふれた表現

③表現が平凡かつありふれたものであると評価される場合も、同様に創作性が否定されることがある。雑誌の休刊の挨拶文について、東京地判平成7・12・18 判時 1567 号 126 頁〔ラストメッセージ in 最終号事件〕は、当該雑誌が今号限りで休刊となる旨の告知、読者に対する感謝の念、お詫びの表明、残念である旨の感情の表明、当該雑誌のこれまでの編集方針の骨子、休刊後の再発行や新雑誌刊の予定の説明、引き続き購読してほしい旨の要望、が記事の内容となることは常識上当然であり、これらをありふれた表現で記述しても創作性は認められない、とした。

釣りゲームにおいて、水中のみを描くことや、水中の画像に魚影、釣り糸および岩陰を描くこと、水中の画像の配色が全体的に青色であることは、他の釣りゲームにも存在するものである上、実際の水中の影像と比較しても、ありふれた表現であって、創作性が認められないとされた例がある（知財高判平成 24・8・8 判時 2165 号 42 頁〔釣りゲーム事件〕）。

2　表現性

著作物性の第 2 の要件は、思想または感情そのもの（アイデア）ではなく、表現であることである。

前掲東京地判平成 6・4・25〔日本の城の基礎知識事件〕では、創作性を否定したうえで、著作物性を否定するもう 1 つの理由として、定義が城の学問的研究のための基礎として城の概念の不可欠の特性を簡潔に言語で記述したものであり、学問的思想（アイデア）そのものであるとされている。

大阪高判平成 6・2・25 判時 1500 号 180 頁〔脳波数理解析論文事件〕は、一般に、学問分野における出版の目的は、知見を伝達し、他の学者等をして、これをさらに展開する機会を与えることにあり、学問上の定義や数学的命題の解明過程そのものが著作権によって独占されると、同じ学問思想に立つ者が同一または類似の定義を採用することが妨げられ、また、論文等に書かれた命題の解明過程を発展させることもできないことになり、適切でない、と述べている。

I. 著作物の定義　　227

釣りゲームにおいて、水中を真横から水平方向に描き、魚影が動き回る際にも背景の画像は静止しているような手法で水中の様子を描くこと自体は、アイデアというべきものであるとされた（前掲知財高判平成24・8・8〔釣りゲーム事件〕）。

3 文芸・学術・美術・音楽の範囲

一般に、ある著作物を厳格にジャンル分けしてこれらのカテゴリに当てはまるかを検討する必要はなく、知的・文化的精神活動の所産全般といえればこの要件をみたす。

ただし、応用美術については例外的扱いがなされており、最近まで、純粋美術と同視しうる程度の高度の鑑賞可能性が認められる場合にのみ、「美術」の著作物として保護対象となるとの考え方を採用する裁判例が支配的であった。

●●●●●● **参 考 文 献** ●●●●●●
- 加戸守行『著作権法逐条講義』（公益社団法人著作権情報センター、6訂新版、2013年）
- 半田正夫＝松田政行編『著作権法コンメンタール1〜3』（勁草書房、第2版、2015年）
- 東海林保「著作物性」高部眞規子編『著作権・商標・不競法関係訴訟の実務』22頁（商事法務、2015年）
- 中山信弘「創作性についての基本的考え方」著作権研究28号2頁（2001年）

II ▸ 著作物の例示

1 例示の意義

著作物として保護されるためには、2条1項1号の要件をみたせば十分である。10条は、どのようなものが著作物であるかをより明確にするために置かれた例示規定である。「おおむね次のとおりである」との文言からも明らかなとおり、仮にこれらの各号に例示されている分野に該当しなくても、2条1項1号の要件をみたす限り、著作物として保護を受ける。

著作権侵害訴訟における原告は、請求の基礎となる著作物が 10 条列挙の
どれに属するかを特定する必要は、原則としてない。例外として、24 条、
25 条、26 条 1 項のように、特定の種類の著作物についてのみ与えられる権
利に基づく主張を行う場合は、請求の基礎となる著作物が当該種類（口述権
については言語の著作物、展示権については美術・写真の著作物、頒布権につい
ては映画の著作物）に該当することを主張・立証しなければならない。

2　言語の著作物

　「小説、脚本、論文、講演その他の言語の著作物」（10 条 1 項 1 号）である。
例示されているもののほか、たとえば、詩歌、手紙（東京高判平成 12・5・23
判時 1725 号 165 頁〔三島由紀夫手紙事件〕）なども言語の著作物になりうる。
文書のような形で有形的に作成されているものだけでなく、講演のように口
頭で無形的に作成される場合も含む。

　小説等の題号（タイトル）、新聞記事の見出し（知財高判平成 17・10・6 平
成 17（ネ）10049 号〔YOL 事件〕）、広告コピー、キャッチフレーズのように、
数単語の短い表現については、その表現の選択の幅が小さいため、一般論と
して、著作物性が認められることは比較的容易ではないといえる。

　契約書や各種規約については、性質上、取り決める事項は、ある程度一般
化、定型化されたものであって、これを表現しようとすれば、一般的な表現、
定型的な表現になることが多い。このため、その表現方法はおのずと限られ
たものとなるというべきであって、ありふれた表現として著作物性は否定さ
れる場合が多い。しかしながら、当然に著作物性がないと断ずることは相当
ではなく、その表現に全体として作成者の個性が表れているような特別な場
合には、創作的な表現と認め、著作物として保護すべき場合もあり得る。東
京地判平成 26・7・30 平成 25（ワ）28434 号〔時計修理規約事件〕は、時計修
理サービスの修理規約の文言について、疑義が生じないよう同一の事項を多
面的な角度から繰り返し記述していることなどに個性が表れ、特徴的な表現
がなされているとして、創作性を肯定している。

　事実の伝達にすぎない雑報および時事の報道は、著作物に該当しない（10
条 2 項）。簡単な訃報人事異動の記事のようなものについては、創作性が認

II. 著作物の例示　　*229*

められず、2条1項1号の著作物に該当しない、ということを確認的に規定
したものである。

なお、13条に列挙されている憲法その他の法令等の創作物については、
著作物ではあるが、公益的理由により、著作権法による保護を受けることが
ないという点で異なる。

小説等の言語の著作物の登場人物、動物等について、その名称や姿態、容
貌、性格、役柄その他の特徴の総体として、読者に一定のイメージとして感
得されるものをキャラクター（文学的キャラクター）と呼ぶ。

言語で説明された登場人物等の特徴自体はアイデアであるため、その利用
が、言語の著作物の表現部分の複製または翻案となる事例は視覚的なキャラ
クターの利用の場合に比べて相対的には少ないと考えられるが、およそ成立
の余地はないとまでいうことはできないであろう。文学的キャラクターの
様々な構成要素が、当該言語の著作物のその他の表現要素との相関関係で、
表現において著作者の個性が現れた部分であると判断される場合には、侵害
が肯定されることになろう。

3 音楽の著作物

音楽の著作物（10条1項2号）とは、音によって表現される著作物であり、
メロディ、ハーモニー、リズム、形式により表現される楽曲、および楽曲に
伴う歌詞が音楽の著作物となる。特定の音楽作品の表現について創作性が認
められるかの判断においては、これらのすべての要素が考慮されるが、打楽
器のみによる音楽のような特殊な例を除き、一般に、楽曲の表現上の創作性
は、メロディーに現れる（東京高判平成14・9・6判時1794号3頁〔記念樹事
件〕。リズム、旋律について比較を行い、侵害を否定した近時の例として、東京地
判平成28・5・19平成27（ワ）21850号〔テレビ番組子供ダンスコーナー音楽事
件〕）。

楽譜に固定されていることは保護の要件となっていないため、即興演奏等
も、音楽の著作物として保護されうる。

4　舞踊または無言劇の著作物

　身振り、動作によって表現される著作物である（10条1項3号）。著作物として保護されるのは、振付自体であり、舞踏行為は、別途、実演として著作隣接権の対象となる。

　モダンバレエの振付（東京地判平成10・11・20知的裁集30巻4号841頁〔アダージェット振付事件〕）、日本舞踊の振付（福岡高判平成14・12・26平成11（ネ）358号〔日本舞踊事件〕）について創作性が認められた例がある。一方、手遊び歌の振付（東京地判平成21・8・28平成20（ワ）4692号〔手あそび歌事件〕）、社交ダンスの振付（東京地判平成24・2・28平成20（ワ）9300号〔Shall we ダンス？事件〕）、ファッションショーにおけるモデルのポーズ、動作の振付（知財高判平成26・8・28判時2238号91頁〔ファッション・ショー事件〕）について、創作性が否定された例がある。いずれも、当該事案限りの判断である。

　一般論として、フィギュア・スケート、シンクロナイズドスイミング、社交ダンスなどの競技の振付については、定型化された部分の占める割合が大きいため、著作物性が認められる余地は相対的には小さいといえよう。

5　絵画、版画、彫刻その他の美術の著作物

　10条1項4号は、美術の著作物として「絵画、版画、彫刻」を例示する。平面的な絵画、版画のほか、立体的な彫刻、書、舞台装置なども、美術の著作物として保護されうる。

　2条2項は、「『美術の著作物』には、美術工芸品を含むものとする」と規定しているが、美術工芸品とは何かについて定義はおかれていない。立法担当者は「壺・壁掛けなどの一品製作の手工的な美術作品」のことであると解説している。一方、近時の裁判例は、美術工芸品とは、「絵画、版画、彫刻」と同様に、主として鑑賞を目的とする工芸品をいい（知財高判平成27・4・14判時2267号91頁〔TRIPP TRAPP事件〕）、一品製作の美術工芸品と量産される美術工芸品との間に客観的に見た場合の差異は存しないのであるから、量産される美術工芸品であっても、全体が美的鑑賞目的のために製作される

II. 著作物の例示　　231

ものであれば、美術の著作物として保護される（前掲知財高判平成26・8・28〔ファッション・ショー事件〕）とするなど、一品製作性を美術工芸品の要件とは解していない。

（1）応用美術

　美術工芸品の意義について広狭いずれに解するとしても、鑑賞目的でなく、実用に供され、あるいは産業上の利用を目的とする表現物であるいわゆる応用美術は、その範疇に含まれない。それでは、（美術工芸品に当たらない）応用美術については、美術の著作物として保護を受けることができるか。この点については、いまだ定説はなく、おおむね、以下のような見解が併存する。

　第1に、立法担当者は、2条2項は美術の著作物の保護範囲を限定する規定であり、一品製作の美術工芸品に当たらない応用美術は美術の著作物には該当せず、その保護は専ら意匠法に委ねられると解説している。

　しかしながら、2条2項は、「美術工芸品を含む」と規定するのみであり、美術の著作物の保護対象を美術工芸品に限定するとの趣旨を読み取ることは困難である。裁判例は、2条2項は例示規定に過ぎず、美術工芸品以外であっても、一定の要件の下、美術の著作物として保護されると解している（前掲知財高判平成27・4・14〔TRIPP TRAPP事件〕、前掲知財高判平成26・8・28〔ファッション・ショー事件〕）。

　第2に、鑑賞目的ではなく実用目的で製作される著作物であっても、純粋美術と同視できる美的鑑賞性を有するものについては、美術の範疇に入るものとして、著作物性を肯定する裁判例が従来、多数を占めてきた。応用美術全般に著作物性が及ぶとすると、意匠法の存在意義が失われることが理由とされる。

　実際に、この基準の下で、結論的に美術の著作物性が肯定されたデザインは、神戸地姫路支判昭和54・7・9無体裁集11巻2号371頁〔仏壇彫刻事件〕、大阪高判平成17・7・28判時1928号116頁〔チョコエッグ事件〕等ごく少数にとどまる。

　本基準は、美術工芸品以外およそ美術の著作物の対象とはならないという上記第1の見解とは一見大きく異なるように見えるものの、裁判例での適用は厳格であり、結論を比較する限り、実は両見解の差は小さい。

第3に、実用目的の応用美術であっても、実用目的に必要な構成と分離して、美的鑑賞の対象となる美的特性を備えている部分を把握できるものについては、「思想又は感情を創作的に表現した（純粋）美術の著作物」と客観的に同一なものとみることができるのであるから、当該部分美術の著作物として保護すべきであると解すべきとの考え方がある（前掲知財高判平成26・8・28〔ファッション・ショー事件〕）。

　この基準の課題は、実際の運用においていかに分離判断を行うかにあろう。実用品自体が応用美術である場合、当該表現物につき、実用的な機能に係る部分とそれ以外の部分とを分けることは、相当な困難を伴うことが多いものと解されるため、上記両部分を区別できないものについて、常に著作物性を認めないと考えることは、実用品自体が応用美術である場合の大半について著作物性を否定することにつながる可能性があり、必ずしも相当とはいえない。

　第4に、表現物につき、実用に供されることまたは産業上の利用を目的とすることをもって、直ちに著作物性を一律に否定することは、相当ではなく、著作物と同様、2条1項1号の要件をみたすものについては、「美術の著作物」として、同法上保護されるとの考え方がある（前掲知財高判平成27・4・14〔TRIPP TRAPP 事件〕）。

　たしかに、著作権法の条文上は、意匠法との調整を考慮する必要性は見当たらない。とはいうものの、意匠法を全く度外視して一般の著作物と同様に扱えば足りる、とするこの考え方は、従来上記第2の見解が支配的である中で、現時点では、大方の支持を得るにはいたっていない。

（2）印刷用書体（タイプフェイス）・デザイン文字

　最判平成12・9・7民集54巻7号2481頁〔ゴナ書体事件〕は、印刷用書体が著作物に該当するためには、従来の書体に比して顕著な特徴を有する独創性が必要であり、かつ、それ自体が美術鑑賞の対象となりうる美的特性を備えていなければならない、との基準を示し、具体的あてはめとしては、本件書体は従来のゴシック体から大きく外れていない、として著作物性を否定した。

　仮にこれらの書体を著作権により保護した場合、書体を用いた印刷等につ

いて許諾が必要となってしまうこと、文字の情報伝達機能は重要であること、および、わずかな差異の多数の書体が無登録で保護されることになり、権利関係が複雑になること、が理由としてあげられている。印刷用書体（タイプフェイス）の著作物性についての長い論争に終止符を打ったものとしての意義がある。

広告用のロゴマークとなったデザイン文字（ロゴタイプ）についても、文字が有する情報伝達機能に照らし、著作権法による保護が認められることは一般的に困難である（東京高判平成8・1・25判時1568号119頁〔Asahiロゴマーク事件〕）。

これに対して、美的鑑賞性を有する美術としての「書」については、美術の著作物として保護される（大阪地判平成11・9・21判時1732号137頁〔装飾文字「趣」事件〕）。

(3) 漫画、アニメ等の視覚的表現をともなう著作物の登場人物のキャラクター

漫画、アニメ等の視覚的表現を伴う作品の登場人物を描いた原画等は、美術の著作物として保護を受けることができる。商品化の目的で創作され視覚的に表現されたキャラクター（オリジナル・キャラクター）についても同様である（東京高判平成13・1・23判時1751号122頁〔ケロケロケロッピ事件〕）。

漫画等の登場人物のキャラクター（ファンシフル・キャラクター）は、具体的表現から昇華した登場人物の人格ともいうべき抽象的概念であって、具体的表現そのものではなく、それ自体が思想または感情を創作的に表現したものということができない（最判平成9・7・17民集51巻6号2714頁〔ポパイ・ネクタイ事件〕）。

たとえば、漫画の登場人物の図柄を第三者が無断利用して商品化したような事例においては、漫画と別個に漫画の「キャラクターの著作権」の侵害が問題となるのではなく、あくまで、当該漫画の著作物の創作的表現の利用が認められるか、を問題にすれば足りる。その際、複製というためには、第三者の作品が漫画の特定の画面に描かれた登場人物の絵と細部で一致することを要求するものではなく、その特徴から当該登場人物を描いたものであることを知り得るものであれば足りる。ある程度のデフォルメがなされていても、

当該キャラクターであると認識可能な程度に似ていれば複製権侵害は成立する。

6　建築の著作物

（1）建築

10 条 1 項 5 号は、建築の著作物を例示している。著作権法には、建築の定義規定は存在しない。建築基準法 2 条 1 項 1 号は、建築物の定義として、「土地に定着する工作物のうち、屋根及び柱若しくは壁を有するもの（これに類する構造のものを含む。）、これに附属する門若しくは塀、観覧のための工作物又は地下若しくは高架の工作物内に設ける事務所、店舗、興行場、倉庫その他これらに類する施設（鉄道及び軌道の線路敷地内の運転保安に関する施設並びに跨線橋、プラットホームの上家、貯蔵槽その他これらに類する施設を除く。）をいい、建築設備を含むものとする」と規定しており、原則としてこれが基準となろう。

建築の著作物に該当するかが問題となるのは、庭園である。これまで、建物と庭園が一体のものとして建築の著作物に該当するとされた例（東京地決平成 15・6・11 判時 1840 号 106 頁〔ノグチ・ルーム移築事件〕）、庭園について、建築の著作物ではなく一般の著作物と認められた例（大阪地決平成 25・9・6 判時 2222 号 93 頁〔新梅田シティ庭園事件〕）があるものの、庭園単独で建築の著作物に該当すると述べた裁判例は見当たらない。建築の著作物に該当する場合、利害調整規定である 20 条 2 項 2 号および 46 条 2 号を適用できるというメリットがある一方、建築の著作物に求められる「建築芸術」のハードルを超える必要が生ずる。

（2）建築芸術

建築の著作物性について、福島地決平成 3・4・9 知的裁集 23 巻 1 号 228 頁〔シノブ設計事件〕は、「『建築の著作物』とは（現に存在する建築物または）設計図に表現されている観念的な建物自体をいうのであり、そしてそれは単に建築物であるばかりでなく、いわゆる建築芸術と見られるものでなければならない。……『建築芸術』と言えるか否かを判断するにあたっては、使い勝手のよさ等の実用性、機能性などではなく、専ら、その文化的精神性の表

II. 著作物の例示　　235

現としての建物の外観を中心に検討すべきところ、右観念的な建物は一般人をして、設計者の文化的精神性を感得せしめるような芸術性を備えたものとは認められず、いまだ一般住宅の域を出ず、建築芸術に高められているものとは評価できない。」と述べている。

建築の著作物としての保護について芸術性が要求される理由について、大阪地判平成 15・10・30 判時 1861 号 110 頁〔グルニエ・ダイン事件〕は、次のように述べる。一般住宅の建築において通常加味される程度の美的創作性が認められる場合に、その程度を問わず著作権法の保護を与えることは、広きに失し、社会一般の住宅建築の実情にもそぐわない。したがって、建築の著作物として保護されるための基準としては、一般人をして、一般住宅において通常加味される程度の美的要素を超えて、建築家、設計者の思想または感情といった文化的精神性を感得させるような芸術性ないし美術性を備えた場合、すなわち、いわゆる建築芸術と言いうるような創作性を備えた場合である。

(3) 建築の著作物の特則

建物に居住する者が、居住のために建物を増改築することは当然想定されることから、建築の著作物については、20 条 2 項 2 号により、増改築・修繕、模様替えの場合には同一性保持権が働かないこととされている。また、46 条 2 号は、建築の著作物を建築により複製する場合、すなわち模倣建築だけを複製権侵害としており、たとえば、建築を写真撮影により複製する場合については、著作権者の許諾を要しない。

なお、建築設計図は、建築とは別個に図形著作物（10 条 1 項 6 号）として保護される。図面に従って建築物を完成させることは、設計図の複製ないし翻案ではなく、建築の著作物の複製とみなされる（2 条 1 項 15 号ロ）。

7 地図または学術的な性質を有する図面、図表、模型の著作物

(1) 地図

地図、設計図、グラフ、図表、図解などの平面的なものおよび地球儀や人体模型のような立体的で学術的な性質を有するものが対象となる（10 条 1 項

6号)。

地図は、実際の地形、地理的事項を正確に表現するものであるから、おのずと表現の幅は制約されるが、どのような情報を選択、表現するかということについて創作性を発揮できる（住宅地図について創作性の余地は特に限定されていると述べるものとして、富山地判昭和53・9・22判タ375号144頁〔住宅地図事件〕）。

(2) 機械の設計図

設計図について創作性が認められる可能性があるのは、大別して、①線の引き方、記号、数値の用い方といった作図法と、②建築、機械部品など表現された図形、の2つである。

設計図の中でも、機械・工業製品の設計図については、①作図法は、そのための基本的な訓練を受けた者であれば、誰でも理解できる共通のルールに従って表現されているのが普通であり、同一の機械を設計図に表現するときは、おのずと類似の表現にならざるを得ず、著作物性の認められる余地は限られる（東京地判平成9・4・25判時1605号136頁〔スモーキングスタンド事件〕）。また、②表現対象である図形についても、機械、工業製品のデザインについてはそもそも実用品として著作物性が認められないことが多いので、そのような著作物性の認められないデザインを図面で表現した設計図についても、創作性が認められる余地は小さい（前掲東京地判平成9・4・25〔スモーキングスタンド事件〕）。ただし、およそ創作性が認められないわけではない（肯定例として、大阪地判平成4・4・30判時1436号104頁〔丸棒矯正機設計図事件〕）。

(3) 建築の設計図

一方、建築の設計図については、①作図法・表現方法は、機械、工業製品の図面に比べて個性発揮の余地はあり、また、②少なくとも著作物性が認められる建築については、その建物の形状、寸法を含めた表現にも個性が認められることが多いであろう。

知財高判平成27・5・25平成26（ネ）10130号〔マンション設計図事件〕は、「建築物の設計図は、設計士としての専門的知識に基づき、依頼者からの様々な要望、及び、立地その他の環境的条件と法的規制等の条件を総合的に

勘案して決定される設計事項をベースとして作成されるものであり、その創作性は、作図上の表現方法やその具体的な表現内容に作成者の個性が発揮されている場合に認められると解すべきである。」と述べて、作図上の表現としての工夫、具体的な表現内容のいずれかに個性が発揮されていれば創作性は認められるとした。具体的には、①本件設計図の作図上の表現方法については、通常の基本設計図の表記法に従って作成された平面的な図面であり、個性の発揮の余地はなく、創作性は認められないが、②建物の全体形状、寸法および敷地における建物配置ならびに建物内部の住戸配置、既存杭を前提とした場合の合理的な位置の選択の幅は狭いとはいえ、各部屋や通路等の具体的な形状や組合せ等も含めた具体的な設計については、その限定的な範囲で設計者による個性が発揮される余地は残されているといえるから、一級建築士としての専門的知識および技術に基づいてこれらが具体的に表現された図面全体については、これに作成者の個性が発揮されていると解することができ、創作性が認められる。ただし、本件においては設計者による選択の幅が限定されている状況下において作成者の個性が発揮されているだけであるから、その創作性は、その具体的に表現された図面について極めて限定的な範囲で認められるにすぎず、その著作物性を肯定するとしても、そのデッドコピーのような場合に限って、これを保護しうるものであるとされた。

8　映画の著作物

(1)　意義

　10条1項7号は映画の著作物を例示している。定義規定はないが、フィルムによる劇場用映画が念頭におかれていると説明されている。

　加えて、映画の著作物には、映画の効果に類似する視覚的または視聴覚的効果を生じさせる方法で表現され、かつ、物に固定されている著作物を含む（2条3項）。たとえば、ビデオテープ、DVD、ブルーレイなどに固定されたものも映画の著作物に含まれる。

　映画の著作物については、権利の帰属（16条、29条）、権利（26条）、保護期間（54条）について特則が置かれており、一般の著作物とは異なる扱いを受けるため、映画の著作物の該当性が問題となる。

「映画の効果に類似する視覚的効果」とは、映写される影像が動きをもって見える（影像の連続〔2条1項14号〕）という効果である（東京地判昭和59・9・28判時1129号120頁〔パックマン事件〕）。一部に静止画が含まれていても、映像の連続性が認められる限り、映画の効果に類似する視覚的効果は認められる。静止画が圧倒的に多いシミュレーションゲームについて、本要件をみたさないとされた例がある（東京高判平成11・3・18判時1684号112頁〔三国志III事件〕）。

(2) 固定

「固定」とは、著作物がなんらかの方法で物に結びつくことにより、その存在・内容・帰属等が明らかになる状態にあることをいう。テレビの生放送番組を除外する趣旨である。動画投稿サイトに投稿された生放送動画（ニコニコ生放送）で、タイムシフト機能と称するサービスによって、ライブストリーミング配信後もその内容を視聴することができたものについて、その配信と同時にサーバに保存され、その後視聴可能な状態に置かれたものと認められるとして、「固定」要件をみたすとされた例がある（大阪地判平成25・6・20判時2218号112頁〔ロケットニュース24事件〕）。

なお、ゲームソフトの場合、プレイヤーの操作によりプレイごとに映像や音声が変化するが、無限な変化が生ずるわけではなく、プログラムによってあらかじめ設定された範囲内においてプレイヤーが映像等を選択しているにすぎないため、固定性の要件はみたされる（大阪高判平成13・3・29民集56巻4号867頁〔中古ゲームソフト大阪事件控訴審〕。なお、上告審である最判平成14・4・25民集56巻4号808頁〔中古ゲームソフト事件〕においては、映画の著作物性の争点は上告受理申立ての対象となっていないため、判決は右争点について説示していないが、原審の確定事実を引用しつつ、本件ゲームソフトが映画の著作物に該当するとの原審の解釈を前提としている）。

(3) 映画の著作物の創作性

創作性が認められるのは、映像表現、カメラワーク、フィルム編集などにおける創意工夫である。したがって、ビデオカメラを設置して、自動的、機械的に単に撮影した映像は、映画の著作物とはならない。前掲大阪地判平成25・6・20〔ロケットニュース24事件〕は、特徴的なアングルで撮影された音

声付動画の創作性を認めている。

(4) 映画の著作物としての完成

　映画製作者が映画の著作権を取得するためには、著作物と認められるに足りる映画が完成することが必要であるところ、映画の著作物が完成したというためには、当初予定されていた映画が予定通り完成しなければならないというものではないが、撮影済みフィルムを編集するなど、映画製作過程に入った後、製作が途中で打ち切られてもその時点までに製作されたものに創作性が認められる必要がある（東京高判平成 5・9・9 判時 1477 号 27 頁〔三沢市勢映画製作事件〕）。

9　写真の著作物

(1) 意義

　10 条 1 項 8 号は、写真の著作物を例示している。写真の定義規定はおかれていない。2 条 4 項は、写真の著作物には、写真の製作方法に類似する方法を用いて表現される著作物を含むと規定する。写真の製作方法に類似する方法を用いた著作物としては、写真染め、写真織がこれに当たるとされる。

　著作権法は、写真の著作者は発行されていない写真の著作物を原作品により公に展示する権利を専有し（25 条）、公表や展示の同意に関する特別の規定（4 条 4 項、18 条 2 項 2 号、45 条 1 項）を設けるなど、写真の著作物に特有の、特に美術の著作物に類する規定を置いている。その一方で、写真の著作物の創作性を表現する方法である「写真」については、有形的再製である複製の方法として規定しており（2 条 1 項 15 号）、写真それ自体が被写体に何らの創作性を加えない場合もありうることを著作権法は予定している。

(2) 写真の著作物の創作性

　写真は、被写体の選択・組合せ・配置、構図・カメラアングルの設定、シャッターチャンスの捕捉、被写体と光線との関係（順光、逆光、斜光等）、陰影の付け方、色彩の配合、部分の強調・省略、背景等の諸要素を総合してなる 1 つの表現である。こうした写真の表現方法は、レンズの選択、露光の調節、シャッタースピードや被写界深度の設定、照明等の撮影技法を駆使した成果として得られることもあれば、オートフォーカスカメラやデジタルカメ

240　第 9 章 著作権法

ラの機械的作用を利用した結果として得られることもある。また、このうちの構図やシャッターチャンスのように人為的操作により決定されることの多い要素についても、偶然にシャッターチャンスを捉えた場合のように、撮影者の意図を離れて偶然の結果に左右されることもある。その写真について、どのような撮影技法を用いて得られたものであるのかを写真自体から知ることは困難な場合もあり、写真から知りうるのは結果として得られた表現の内容ではあるものの、静物や風景を撮影した写真であっても、その構図、光線、背景等、上記諸要素の設定や取捨選択等に何らかの個性が表れることが多く、結果として得られた写真の表現にこうした独自性が表れているのであれば、そこに写真の著作物の創作性を肯定することができる（東京地判平成27・12・9平成27（ワ）14747号〔ヘアスタイル写真事件〕）。

被写体の選択・組合せ・配置についての創作性に基づき写真の著作物性を認めた例として、すいか、籠、氷などを組み合わせた人為的な被写体の選択（東京高判平成13・6・21判時1765号96頁〔西瓜写真事件〕）、商品紹介用写真における商品の組合せ・配置（知財高判平成18・3・29判タ1234号295頁〔スメルゲット事件〕、前掲東京地判平成27・12・9〔ヘアスタイル写真事件〕）があげられる。なお、被写体そのものに著作物性が認められる場合には、これを創作的に撮影した写真は被写体を原著作物とする二次的著作物となる。この場合、写真の利用については、被写体の著作者、写真の撮影者双方の許諾を要する（28条）。

一方、既存の廃墟建造物を被写体とする写真については、撮影者が意図的に被写体を配置したり、撮影対象物を自ら付加したものでないから、撮影対象自体をもって表現上の本質的な特徴があるとすることはできないとされた（知財高判平成23・5・10平成23（ネ）10010号〔廃墟写真事件〕）。撮影者が被写体（撮影対象）そのものに手を加えることができない既存の建造物や自然物については、被写体の選択・配布・組合せについて撮影者の個性が発揮される余地はなく、写真としての著作物性は、専ら撮影手法に創作性が認められるかによることになる。

構図、カメラアングル等の撮影手法について、平面的な作品である版画を原画に忠実に紹介する目的で撮影される写真については、正面から撮影する

ことには他に選択の余地がなく、光線の照射方法についても、創作性が認められないとされた例がある（東京地判平成 10・11・30 判時 1679 号 153 頁〔版画写真事件〕）。いわゆるプロの写真家でなく、一般人が撮影したスナップ写真についても、被写体の構図、シャッターチャンスにおいて創作性が認められることがある（知財高判平成 19・5・31 判時 1977 号 144 頁〔東京アウトサイダーズ事件〕）。

写真の著作物の侵害は、ネガを焼く、スキャナでコピーする、といった原作品そのままの利用によってだけでなく、既存の写真の著作物に依拠し、その本質的特徴を直接感得させるような別個の写真を撮影する行為によっても生じうる（前掲東京高判平成 13・6・21〔西瓜写真事件〕）。

10 プログラムの著作物

（1）定義

プログラムとは、電子計算機を機能させて一の結果を得ることができるように、これに対する指令を組み合わせたものとして表現したものをいう（2条1項10号の2）。

プログラムの設計書、フローチャートは、電子計算機に対する指令に当たらないため、プログラムの著作物ではなく、言語の著作物または図表等の著作物として保護を受ける。

（2）言語、規約、解法

10条3項は、プログラムの著作物の表現部分ではなくアイデアとして保護されるべきではない部分について、確認的に規定している。「プログラム言語」とは、プログラムを表現する文字、数字、記号であり、これらの用法の体系、文法は著作権法による保護の対象とはならない。

「規約」とは、特定のプログラムにおける表現の特別の約束事を指す。たとえば、利用する PC の OS との関係で遵守すべきルール、通信プロトコルがこれに当たる。これらのルールに従いプログラミングすることは著作権侵害とならないが、プロトコルなどがプログラムの著作物の形で表現されている場合、それを複製等する行為は著作権侵害に当たると考えられている。規約自体はアイデアであるが、それを表現する方法に創作性が認められる余地

242　第9章 著作権法

はゼロとはいえないであろう。しかしながら、ルールというものの性格上、その表現形式にはおのずと制約が伴い、実際に著作物性が認められる部分は限定されよう。

解法とは、PC に一定の処理をさせる一連の手順、プロセスの設定、論理的な構成法をいう。

（3）プログラムの著作物の創作性

著作権法の保護の対象となる著作物に当たるというためには、思想、感情を創作的に表現したものであることが必要であり、創作的に表現したものというためには、作成者の何らかの個性が発揮されたものであることが必要である。この点は、プログラムであっても異なるところはないが、プログラムは、所定のプログラム言語、規約および解法に制約されつつ、コンピュータに対する指令をどのように表現するか、その指令の表現をどのように組み合わせ、どのような表現順序とするかなどについて、著作権法により保護されるべき作成者の個性が表れる。したがって、プログラムに著作物性があるというためには、指令の表現自体、その指令の表現の組合せ、その表現順序からなるプログラムの全体に選択の幅があり、かつ、それがありふれた表現ではなく、作成者の個性、すなわち、表現上の創作性が表れていることを要する（知財高判平成 26・3・12 判時 2229 号 85 頁〔ディスクパブリッシャーソフト事件〕）。

●●●●●● **参 考 文 献** ●●●●●●
● 奥邨弘司「設計図の著作物性の判断基準―初台マンション建替事件をきっかけとして」Ｌ＆Ｔ 72 号 22 頁（2016 年）

Ⅲ ► 二次的著作物

1 二次的著作物の意義

著作物を翻訳し、編曲し、もしくは変形し、または脚色し、映画化し、その他翻案することにより創作した著作物を二次的著作物と呼ぶ（2 条 1 項 11号）。翻訳とは、言語の著作物を言語体系の違う他の言語に表現し直すこと、

Ⅲ. 二次的著作物　　243

編曲とは、音楽の著作物について、楽曲をアレンジして原曲に付加的価値を生み出すこと、変形とは、美術の著作物について、絵画を彫刻にしたり、彫刻を絵画にするように次元を異にしたりすること、翻案とは、ストーリー性等をそのまま維持しながら、具体的表現を変える、シチュエーションを変えるような場合をそれぞれいう。

漫画を原著作物として映画の著作物が創作され、その映画の著作物をもとにしてさらにゲームの著作物が創作される場合のように、三次的、さらには四次的以降の著作物も、「二次的」著作物と呼ばれる。

二次的著作物も、保護を受けるためには、思想または感情の創作的表現であること（2条1項1号）を要する。既存の著作物に依拠し、新たな創作的表現を付け加えることなく終わっている場合は既存の著作物のたんなる複製物にすぎず、二次的著作物として保護を受けることはできない（浮世絵の模写作品について、原画に新たな創作的表現を付与したものと認められず、原画の複製物にすぎないとされた例として、知財高判平成18・9・26平成18（ネ）10037号、10050号〔江戸考古学研究事典事件〕）。

言語の著作物の翻案の意義について、最判平成13・6・28民集55巻4号837頁〔江差追分事件〕は、既存の著作物に依拠し、かつ、その表現の本質的な特徴の同一性を維持しつつ、具体的表現に修正・増減・変更等を加えて、新たに思想または感情を創作的に表現することにより、これに接する者が既存の著作物の表現の本質的な特徴を直接感得することのできる別の著作物を創作する行為であると述べている。翻訳、編曲などの翻案以外の行為によって作られた二次的著作物も、同様の基準があてはまる（楽曲の編曲について江差追分事件判決の基準を適用した例として、東京高判平成14・9・6判時1794号3頁〔記念樹事件〕）。

2　原著作物と二次的著作物の権利関係

（1）　二次的著作物に関して当該二次的著作物の著作者が有する権利

二次的著作者の権利は、原著作物の著作者の権利とは別個のものである（11条）。原著作物の著作権者の許諾なく二次的著作物を作成する行為は原著作物の著作権者が有する翻案権（27条）の侵害となるが、作成された二次的

著作物自体は二次的著作物として保護される。

　二次的著作物が原著作物から独立した別個の著作物として保護を受けるのは、原著作物に新たな創作が付与されているためであるから、二次的著作物の著作権は、二次的著作物において新たに付与された創作的部分にのみ生じ、原著作物と共通しその実質を同じくする部分には生じない（最判平成 9・7・17 民集 51 巻 6 号 2714 頁〔ポパイ・ネクタイ事件〕）。

（2）二次的著作物に関して原著作者が有する権利

　原著作物を翻案して二次的著作物（2 条 1 項 11 号）が創作された場合、原著作物の著作者は、当該二次的著作物の利用に関し、21～27 条に規定する権利で当該二次的著作物の著作者が有するものと同一の種類の権利を有する（28 条）。二次的著作物が利用される場合には原著作物もまた利用されることとなるから、二次的著作物の利用に関し、原著作物の著作者が二次的著作物の著作者が有するのと同様の排他的権利を有する旨を定め、二次的著作物を利用する場合には原著作物の著作者の許諾が必要であることを明らかにしたのが 28 条の趣旨とされる。

　28 条は「同一の種類の権利」と規定しており、たとえば、小説を原作として美術の著作物である漫画が二次著作された場合、原著作者は、小説の著作者としては有していない美術の著作物の展示権を、二次著作物である漫画について有する。その意味で、著作権法は、原著作物の利用態様を超えた利用に原著作物の著作者の権利が及ぶことを想定していることになる。

　二次的著作物は、その性質上、原著作物の創作性に依拠しそれを引き継ぐ部分と、二次的著作物の著作者の独自の創作性のみが発揮されている部分との双方を有する。28 条の文言上、両者は区別されていないように読める。このため、原著作物の著作者は、二次的著作物の著作者の独自の創作性のみが発揮されている部分についても権利を行使することができるかが問題となる。

　最判平成 13・10・25 判時 1767 号 115 頁〔キャンディ・キャンディ事件〕は、二次的著作物である連載漫画の原著作物である原稿の著作者は、同連載漫画の著作者に対し、同連載漫画の主人公を描いた絵画を合意によることなく作成し、複製し、または配布することの差止めを求めることができると述

べた。判旨は、原著作者が権利行使しうる場合やその範囲について特に限定を加えておらず、原著作者の創作性を引き継ぐ部分と二次的著作物の著作者の独自の創作性のみが発揮されている部分との区別なく、二次的著作物の全部について、原著作物の著作者は、二次的著作物の著作者と同じ権利を行使できるとの見解に立っているものと考えられる。右の結論を導くにあたり、判旨は、二次的著作物である本件連載漫画の利用に関し、原著作物の著作者であるＸは本件連載漫画の著作者であるＹが有するものと同一の種類の権利を専有し、Ｙの権利とＸの権利とが併存することになる、として、28条の存在に言及しているにすぎない。同条の文理上、本件の結論は当然であるとみなされているのかもしれない。

この点、原審（東京高判平成 12・3・30 判時 1726 号 162 頁）は、二次的著作物の著作者の独自の創作性のみが発揮されている部分についても、原著作者の権利が及ぶと解すべき理由について以下のように詳論している。「二次的著作物は、その性質上、ある面からみれば、原著作物の創作性に依拠しそれを引き継ぐ要素（部分）と、二次的著作物の著作者の独自の創作性のみが発揮されている要素（部分）との双方を常に有するものであることは、当然のことというべきであるにもかかわらず、著作権法が上記のように上記両要素（部分）を区別することなく規定しているのは、1 つには、上記両者を区別することが現実には困難または不可能なことが多く、この区別を要求することになれば権利関係が著しく不安定にならざるを得ないこと、1 つには、二次的著作物である以上、厳格にいえば、それを形成する要素（部分）で原著作物の創作性に依拠しないものはあり得ないとみることも可能であることから、両者を区別しないで、いずれも原著作物の創作性に依拠しているものとみなすことにしたものと考えるのが合理的であるから」である。

本判決の判示事項は、「二次的著作物である連載漫画の原著作物である原稿の著作者から同連載漫画の著作者に対する同連載漫画の主人公を描いた絵画の作成、複製、又は配布の差止請求の可否」であり（判タ 1077 号 174 頁）、28 条に関する法理判例ではなく、同条に関する一定の解釈を前提として、連載漫画という事案についての適用の可否を示した事例判例であると位置づけられる。一方、本判決は、小説の著作物を原著作物とする二次的著作物で

246 第 9 章 著作権法

ある映画脚本について、右小説の著作者が雑誌への掲載を拒んだことが、著作権の濫用とはいえないとされた事例である東京地判平成 22・9・10 判時 2108 号 135 頁〔「やわらかい生活」事件〕において引用されており（控訴審である知財高判平成 23・3・23 判時 2109 号 117 頁によって結論は維持されている）、連載漫画以外の事案についても前提とされた例がある。

●●●●●●　参 考 文 献　●●●●●●

- 髙部眞規子「**判解**」『最判解民事篇平成 12 年度（下）』831 頁〔ゴナ書体事件〕
- 三村量一「**判解**」『最判解民事篇平成 9 年度（中）』919 頁〔ポパイ事件〕
- 髙部眞規子「**判解**」『最判解民事篇平成 14 年度（上）』404 頁〔中古ゲームソフト事件〕
- 君嶋祐子「キャラクターの侵害」牧野利秋＝飯村敏明編『新・裁判実務大系 22 著作権関係訴訟法』383 頁（青林書院、2004 年）
- シンポジウム「応用美術と著作権―保護と限界」著作権研究 43 号（2016 年）
- 設楽隆一「応用美術についての一考察―知財高裁ファッションショー事件を契機として」野村豊弘先生古稀記念『知的財産・コンピュータと法』275 頁（商事法務、2016 年）
- 清水節「応用美術に関する裁判例について―『TRIPP TRAPP 事件』以降の裁判例を中心として」土肥一史先生古稀記念『知的財産法のモルゲンロート』605 頁（中央経済社、2017 年）
- 井上由里子「建築設計図の創作性―初台マンション建替え事件」IP マネジメントレビュー 23 号 26 頁（2016 年）
- 東海林保「建築物及び庭園を巡る著作権法上の問題に関する実務的考察」野村豊弘先生古稀記念『知的財産・コンピュータと法』291 頁（商事法務、2016 年）
- 井上由里子「地図の著作物の創作性についての一考察―編集著作物の観点からみた地図」牧野利秋先生傘寿記念『知的財産権―法理と提言』1082 頁（青林書院、2013 年）
- 内藤篤＝升本喜郎『映画・ゲームビジネスの著作権』（公益社団法人著作権情報センター、第 2 版、2015 年）
- 張睿暎「ヘアドレッサーはヘアスタイル写真の著作者でないとされた事例」TKC ローライブラリー新・判例解説 Watch 知的財産法 No. 112（2017 年）
- 中山信弘『ソフトウェアの法的保護』（有斐閣、新版、1988 年）
- 末吉亙「プログラム著作物の創作性について」中山信弘先生古稀記念『はばたき―21 世紀の知的財産法』548 頁（弘文堂、2015 年）

Ⅳ ─ 編集著作物・データベースの著作物

1 編集著作物

(1) 定義

編集物で素材の選択または配列によって創作性を有するものを編集著作物という（12条1項）。編集著作物の中には著作物を素材とするものと、著作物ではない事実等を素材とするものとがある。ある著作物が編集著作物の素材として収録されても、その権利にはなんら影響はない（同条2項）。

素材の収集の資本・労力自体は、創作性の根拠とはならない（東京地判平成11・2・25判時1677号130頁〔松本清張小説リスト事件〕)。

東京地判平成12・3・23判時1717号140頁〔色画用紙見本帳事件〕は、①編集著作権において保護されるのは素材の選択・配列の具体的表現であり、実在の編集物を離れた抽象的な選択・配列ではないこと、②編集物の素材が何であるかは当該編集物の用途、当該編集物における実際の表現形式を総合して判断すべきであること、を述べている。具体的判断としては、色画用紙の販売活動用の見本帳における「素材」とは、色彩、色名自体ではなく、原告の取扱商品である色画用紙の色、材質、用途、サイズ、包装状態等の商品情報に限られるとした。仮に色彩、色名を素材として認定すると、「実在の編集物を離れ」た「抽象的な選択・配列」の保護につながる、との判断であると考えられる。

類似の例として、東京高判平成11・10・28判時1701号146頁〔知恵蔵事件〕は、ブックデザイナーによる、用語辞典のレイアウト・フォーマットにおける柱、ノンブル、ツメの態様、分野見出し、といった点を編集著作物の素材とみなすべきであるとの主張に対して、これをしりぞけ、用語、解説文、図表を素材とみるべきであるとした。

(2) 選択・配列の侵害

異なる素材を、同一の選択・配列で並べた場合にも、編集著作権侵害が生ずるかについては見解が分かれている。たとえば、東京の職業別電話帳について編集著作権が成立するとして、同様の職業別分類体系を用いて、大阪の

電話番号情報を選択・配列した場合に、大阪の電話帳について、東京の電話帳の編集著作権侵害が成立するか、という問題である。

素材の違いを理由として侵害を否定した例として、大阪高判平成7・3・28知的裁集27巻1号210頁〔商品カタログ事件〕は、編集著作権においても、保護の対象とするのは素材の選択、配列方法という抽象的なアイデア自体ではなく、素材の選択、配列についての具体的な表現形式であるから、素材において本件カタログと全く異なる被告カタログが本件カタログの編集著作権を侵害するものであるということはできないとした。

素材を異にする作品を全体的に比較して侵害を肯定した例として、東京高判平成7・1・31判時1525号150頁〔会社パンフ事件〕は、共通のレイアウトで作成された異なる二社の会社案内について、記事内容の配列および配当頁数の同一性、同一頁の同一箇所におけるイメージ写真の選択、イメージ写真が与える印象の強度の類似性等、両会社案内を特徴づける構成（レイアウト）には強度の共通性が認められるとして、個々のイメージ写真、記事という素材自体を異にする場合であっても、その選択、配列において共通性が見られるとして、侵害が成立するとしている。また、東京高判平成6・10・27判時1524号118頁〔ウォール・ストリート・ジャーナル事件〕は、原告新聞の特定日付の紙面のほぼすべての記事を要約したものを、紙面と同様の分類・順序に配列した被告文書について、被告文書は、内容において、当該記事の核心事項である原告新聞が伝達すべき価値あるものとして選択し、記事に具現化された客観的な出来事に関する表現と共通している上、原告新聞における記事等の配列と類似しているとして、侵害が肯定された。

2　データベースの著作物

データベースとは、論文、数値、図形その他の情報の集合物であって、それらの情報を電子計算機を用いて検索することができるように体系的に構成したものをいう（2条1項10号の3）。データベースでその情報の選択または体系的な構成によって創作性を有するものは、著作物として保護を受ける（12条の2）。

情報の選択における創作性が認められるためには、情報の選別、決定にお

けるデータベース作成者の創作的な精神活動が必要とされる。裁判例においては、職業別電話帳の各職業分類への個々の電話番号情報のあてはめ行為について選択の創作性が否定され（東京地判平成 12・3・17 判時 1714 号 128 頁〔タウンページ事件〕）、また、国内自動車整備業者用のデータベースにおいて実在の自動車、車検証記載項目、車種といった項目を選択する行為についても創作性は認められなかった（東京地中間判平成 13・5・25 判時 1774 号 132 頁〔翼システム事件〕）。

　創作性が認められた例としては、新築分譲マンション開発業者向けのデータベースで、7 個のエントリーテーブル内に合計 311 のフィールド項目、12 個のマスターテーブル内に 78 のフィールド項目を配し、しかも、各フィールド項目に、新築分譲マンションに関して業者が必要とする情報が多項目にわたり詳細に採り上げられていると認められたものがあげられる（東京地中間判平成 14・2・21 平成 12（ワ）9426 号〔オフィス・キャスター事件〕）。

　体系的な構成における創作性とは、抽象的には、コンピュータによるデータ検索のための論理構造における創作性といえる。一般的に、他のデータベースとは多少異なる構成をとっていても、その分野のデータベースにおいて通常用いられる構成にすぎないものやごくありふれた構成にすぎないものについては、「体系的な構成」に創作性があると認めるべきではない。

●●●●●●●　**参 考 文 献**　●●●●●●
- 蘆立順美「**編集著作物の創作的表現の類似**」中山信弘先生古稀記念『はばたき──21 世紀の知的財産法』548 頁（弘文堂、2015 年）
- 東海林保「**データベースの著作物性**」牧野利秋＝飯村敏明編『新・裁判実務大系 22 著作権関係訴訟法』187 頁（青林書院、2004 年）

Ⅴ ► 保護を受ける著作物

（1）わが国の著作権法によって保護される著作物
　わが国の著作権法によって保護を受けるためには、2 条 1 項 1 号所定の著作物であり、かつ、6 条のいずれかに該当する必要がある。

第 1 に、日本国民（わが国の法令に基づいて設立された法人および国内に主たる事務所を有する法人を含む。以下同じ）の著作物である場合（6 条 1 号）。

第 2 に、最初に国内において発行された著作物（最初に国外において発行されたが、その発行の日から 30 日以内に国内において発行されたものを含む）である場合（6 条 2 号）。著作物は、その性質に応じ公衆の要求をみたすことができる相当程度の部数の複製物が、21 条に規定する権利（複製権）を有する者またはその許諾を得た者もしくは出版権（79 条）の設定を受けた者もしくはその複製許諾を得た者によって作成され、頒布された場合において、発行されたものとする（3 条）。

第 3 に、条約によりわが国が保護の義務を負う著作物である場合（6 条 3 号）。わが国が外国著作物に関して保護義務を負う条約として、ベルヌ条約、万国著作権条約、TRIPs 協定がある。

最判平成 23・12・8 民集 65 巻 9 号 3275 頁〔北朝鮮事件〕は、わが国と未承認国である北朝鮮国民の著作物について、条約により保護の義務を負わないと説示している。理由は次の通りである。

一般に、わが国についてすでに効力が生じている多数国間条約に未承認国が事後に加入した場合、当該条約に基づき締約国が負担する義務が普遍的価値を有する一般国際法上の義務であるときなどは格別、未承認国の加入により未承認国との間に当該条約上の権利義務関係が直ちに生ずると解することはできず、わが国は、当該未承認国との間における当該条約に基づく権利義務関係を発生させるか否かを選択することができる。

これをベルヌ条約についてみると、同条約は、同盟国の国民を著作者とする著作物を保護する一方（3 条(1)(a)）、非同盟国の国民を著作者とする著作物については、同盟国において最初に発行されるか、非同盟国と同盟国において同時に発行された場合に保護するにとどまる（同(b)）など、非同盟国の国民の著作物を一般的に保護するものではない。したがって、同条約は、同盟国という国家の枠組みを前提として著作権の保護を図るものであり、普遍的価値を有する一般国際法上の義務を締約国に負担させるものではない。

そして、わが国についてすでに効力を生じている同条約に未承認国である北朝鮮が加入した際、同条約が北朝鮮について効力を生じた旨の告示は行わ

れておらず、外務省や文部科学省は、わが国が北朝鮮の国民の著作物について、同条約の同盟国の国民の著作物として保護する義務を同条約により負うものではないとの見解を示しており、わが国は、未承認国である北朝鮮の加入にかかわらず、同国との間における同条約に基づく権利義務関係は発生しないという立場を採っているものというべきである。

(2) 一般不法行為による保護

なお、同事件においては、6条に該当せず、わが国著作権法によって保護されない著作物の複製等について、別途一般不法行為が成立するかについても争われた。この点について、同判決は、「著作権法が規律の対象とする著作物の利用による利益とは異なる法的に保護された利益を侵害するなどの特段の事情がない限り、不法行為を構成するものではない」と述べつつ、結論的には、不法行為の成立を否定している。

具体的には、本件映画を利用することにより享受する利益は、著作権法が規律の対象とする日本国内における独占的な利用の利益をいうものにほかならず、また、仮に、原告が、本件放送によってその営業上の利益が侵害されたことを主張するものであると解しうるとしても、本件放送は、テレビニュース番組において、北朝鮮の国家の現状等を紹介することを目的とする約6分間の企画の中で、その目的上正当な範囲内で、2時間を超える長さの本件映画のうちの合計2分8秒間分を放送したものにすぎず、本件放送が、自由競争の範囲を逸脱し原告の営業を妨害するものであるとはいえないとされた。

●●●●●● **参 考 文 献** ●●●●●●
- ●山田真紀「**判解**」『最判解民事篇平成 23 年度（下）』727 頁〔北朝鮮事件〕
- ●張睿瑛「**未承認国の著作物と不法行為―北朝鮮映画放映事件**」著作権研究 36 号 182 頁（2009 年）

Ⅵ ► 著作者

1 著作者

著作者とは、著作物を創作する者をいう（2条1項2号）。

編集著作物の編集方針を決定した者は、著作者となり得る（東京地判昭和55・9・17判時975号3頁〔地のさざめごと事件〕、知財高決平成28・11・11判時2323号23頁〔判例解説雑誌事件保全抗告審〕）。

著作物作成のための企画案（最判平成5・3・30判時1461号3頁〔智恵子抄事件〕）・素材提供者（東京地判平成10・10・29判時1658号166頁〔SMAP大研究事件〕）、アイデアの提供や助言を期待されるにとどまるアドバイザー（前掲知財高決平成28・11・11〔判例解説雑誌事件保全抗告審〕）、自ら創作を行う技能・経験を有しない著作物作成の依頼者（東京高判平成10・11・26判時1678号133頁〔だれでもできる在宅介護事件〕）・発注者（大阪地判平成5・3・23判時1464号139頁〔山口組襲名式ビデオ事件〕）、たんなる補助的作業者、資金的援助者のように、その関与の程度、態様からして当該著作物につき自己の思想または感情を創作的に表現したと評価できない者については、著作者性が否定された例がある。

著作者には、創作と同時に、出願・登録など何らの手続も要さずに、著作者人格権と著作権が帰属する（17条1・2項。無方式主義）。

著作者性の立証の負担を軽減するため、著作物の原作品に、または著作物の公衆への提供・提示に際して氏名もしくは名称として周知のものが著作者名として表示されている者は、当該著作物の著作者と推定される（14条）。

また、無名・変名で公表された著作物の著作者は、その実名の登録を受けることができ（75条1項）、実名の登録がなされている場合は、登録されている者が当該登録に係る著作物の著作者と推定される（同条3項）。

14条、75条3項は法律上の事実推定規定であり、表示・登録された者以外の者が創作したという事実を立証すれば推定を覆しうる。14条の推定の覆滅が認められた例として、知財高判平成18・2・27平成17（ネ）10100号、10116号〔ジョン万次郎像事件〕、前掲知財高決平成28・11・11〔判例解説雑

誌事件保全抗告審〕がある。

2　共同著作

共同著作物とは、二人以上の者が共同して創作した著作物であって、その各人の寄与を分離して個別的に利用できないものをいう（2条1項12号）。

第1に、複数の者が創作的に関与したこと（創作的関与）が必要となる。

創作性のあるもの、ないものを問わず複数の者による様々な関与の下で共同編集著作物が作成された場合に、ある者の行為につき著作者となり得る程度の創作性を認めることができるか否かは、当該行為の具体的内容を踏まえるべきことは当然として、さらに、当該行為者の当該著作物作成過程における地位、権限、当該行為のされた時期、状況等に鑑みて理解、把握される当該行為の当該著作物作成過程における意味ないし位置付けをも考慮して判断されるべきである。著作者性の判断にあたって、当該行為が行われた状況や立場といった背景事情を捨象し、専ら創作的表現のみに着目して判断されなければならないとの考え方は、複数人の関与のもとに著作物が作成される場合の実情にそぐわないものである（前掲知財高決平成28・11・11〔判例解説雑誌事件保全抗告審〕）。

第2に、複数の者による創作行為が共同して行われたこと（共同性）が必要である。

たとえば、1つの絵について、まずAが描き、その後、Bがこれを完成した場合のように、創作的関与が時間的にずれて行われるときであっても、AとBとの間に共同性が認められれば、A、Bは共同著作者となり、共同性が認められない場合は、Aは原著作物の著作者、Bは二次的著作物の著作者となる。共同性は、AとBに共同創作の意思が存するかによって判断され、共同創作の意思の有無が明示的に表示されていない場合には、各行為者の作成過程における地位、権限、当該行為のされた時期、状況等に鑑みて理解、把握される当該行為の当該著作物作成過程における意味ないし位置付けをも考慮して客観的に把握することになる。

第3の要件である分離不可能性は、1個の著作物を構成する個々の表現部分について、経済的利用可能性がない場合に認められる（前掲東京高判平成

254　第9章 著作権法

10・11・26〔だれでもできる在宅介護事件〕においては、四コマ漫画とその吹き出し部分について、分離不可能性が認められ、一方、イラストと説明文については、分離して利用可能であるとされた）。

3　共同著作物に関する権利関係

（1）保護期間の起算
　共同著作物の著作権は、最終に死亡した著作者の死後 50 年を経過するまでの間、存続する（51 条 2 項）。

（2）著作者人格権
　共同著作物の著作者の人格権は、著作者全員の合意によらなければ、行使できない（64 条 1 項）。ここでいう「行使」とは、侵害者に対する差止請求等ではなく、共同著作物について、自ら公表・氏名表示・改変（18〜20 条）すること、またはこれを第三者に許諾することをいう。各共有者は、信義に反しない限り、行使に関する合意の成立を拒むことが許される（64 条 2 項）。信義に反して合意を拒む共有者に対しては、他の共有者は、同意を求める訴え（民執 174 条）を提起することになる。現行制度は、共同著作物の利用に関し、各共有者の自律を出来る限り尊重する制度となっている。
　一方、著作者人格権を侵害する第三者に対しては、各共同著作者は、他の共有者の同意なく、単独で、差止請求および持分に応じた損害賠償請求を行うことができる（117 条 1 項）。

（3）著作権
　共同著作権および著作権が共有されるときは、各共有者は、他の共有者の同意なくして持分を譲渡等することができず（65 条 1 項）、また、全員の合意によらなければ、共有著作権を行使することはできない（同条 2 項）。ここでも、権利の行使とは、複製、翻案などの著作権の内容となる行為を自ら主体的に行い、または、他者に許諾することを指す。
　著作者人格権については、信義に反しない限り合意成立を拒めるのに対して、著作権については、各共有者は「正当な理由がない限り」、同意を拒めない（65 条 3 項）。正当な理由なく同意を拒む者に対しては、他の共有者は、同意を求める訴え（民執 174 条）を提起することができる。

VI. 著作者　　255

著作者人格権の場合と比べ、著作権については、各共有者の自律よりも、共有された著作権の対象である著作物の利用の円滑化が重視されているといえよう。

同意を拒む正当な理由が認められた例としては、学問的な著述について、執筆者が、執筆時点から相当期間経過しているため、手を入れないまま増刷することを拒んだ場合があげられる（東京地判平成12・9・28平成11（ワ）7209号〔戦後日本経済の50年事件〕）。

著作権侵害訴訟において、65条3項の正当な理由がないことを抗弁として主張できるかという論点がある。65条2項は「共有著作権は、その共有者全員の合意によらなければ、行使することができない。」と規定しているところ、同条3項は、その「合意」の成立を妨げることができるかについて、「各共有者は、正当な理由がない限り、……前項の合意の成立を妨げることができない。」旨定めているにすぎないのであるから、仮に上記「正当な理由」がなかったとしても、直ちに「合意」の成立が擬制されることになるものではない。同様に、64条1項も、「共同著作物の著作者人格権は、著作者全員の合意によらなければ、行使することができない。」と規定しているところ、同条2項は、その「合意」の成立を妨げることができるかについて、「共同著作物の各著作者は、信義に反して前項の合意の成立を妨げることができない。」旨定めているにすぎないのであるから、仮に上記「信義に反」すると認められたとしても、直ちに「合意」の成立が擬制されることになるものではない。たとえば、共同著作者A、BのうちAが信義に反してCに対する共同著作物の著作権の行使の同意を拒み、または、正当な理由なく共同著作物の著作者人格権の行使の合意の成立を妨げ、Bのみの合意に基づいてCが右著作物を利用したところ、AがCに対し著作権、著作者人格権の侵害に基づき差止請求等訴訟を提起したとする。この訴訟において、Cは、Aが右同意・合意を妨げたことに正当の理由がなく、また、信義に反していることを抗弁として主張することはできない（東京地決平成27・10・26平成27（ヨ）22071号）。

4　職務著作

（1）趣旨

　法人その他使用者（法人等）の発意に基づきその法人等の業務に従事する者が職務上作成する著作物で、その法人等が自己の著作の名義のもとに公表するものの著作者は、その作成の時における契約、勤務規則その他に別段の定めがない限り、その法人等とする（職務著作。15条1項）。プログラムの著作物については、法人名義での公表要件をみたさない場合も、職務著作となる（同条2項）。

　最判平成15・4・11判時1822号133頁〔RGBアドベンチャー事件〕は、「法人等において、その業務に従事する者が指揮監督下における職務の遂行として法人等の発意に基づいて著作物を作成し、これが法人等の名義で公表されるという実態があること」を、法人等を著作者とすることの趣旨として説明している。

　このほか、当該著作物に対する社会的評価、信頼、責任の主体は従業員ではなく法人であると考えられること、および、著作物の円滑な利用の必要性も、職務著作制度の趣旨として言及されることがある。

（2）要件

　（a）法人等の発意　著作物の創作についての意思決定が直接間接に法人等の判断によっていることである。法人等が著作物の作成を企画、構想し、業務に従事する者に具体的に作成を命ずる場合、あるいは、業務に従事する者が法人等の承諾を得て著作物を作成する場合のみならず、法人等の具体的な指示あるいは承諾がなくとも、業務に従事する者の職務の遂行上、当該著作物の作成が予定または予測される限り、発意の要件をみたす（知財高判平成18・12・26判時2019号92頁〔宇宙開発事業団プログラム事件〕）。

　（b）業務に従事する者　①雇用関係　業務性が認められる典型は当該法人等と雇用関係にある者である。前掲最判平成15・4・11〔RGBアドベンチャー事件〕は、「法人等が著作者とされるためには、著作物を作成した者が『法人等の業務に従事する者』であることを要する。そして、法人等と雇用関係にある者がこれに当たることは明らかであるが、雇用関係の存否が争

われた場合には、法人等と著作物を作成した者との関係を実質的にみたとき
に、法人等の指揮監督下において労務を提供するという実態にあり、法人等
がその者に対して支払う金銭が労務提供の対価であると評価できるかどうか
を、業務態様、指揮監督の有無、対価の額及び支払方法に関する具体的事情
を総合的に考慮して、判断すべき」であると述べている。

　具体的には、「これを本件についてみると、上述のとおり、被上告人は、1
回目の来日の直後から、上告人の従業員宅に居住し、上告人のオフィスで作
業を行い、上告人から毎月基本給名目で一定額の金銭の支払を受け、給料支
払明細書も受領していたのであり、しかも、被上告人は、上告人の企画した
アニメーション作品等に使用するものとして本件図画を作成したのである。
これらの事実は、被上告人が上告人の指揮監督下で労務を提供し、その対価
として金銭の支払を受けていたことをうかがわせるものとみるべきである。
ところが、原審は、被上告人の在留資格の種別、雇用契約書の存否、雇用保
険料、所得税等の控除の有無等といった形式的な事由を主たる根拠として、
上記の具体的事情を考慮することなく、また、被上告人が上告人のオフィス
でした作業について、上告人がその作業内容、方法等について指揮監督をし
ていたかどうかを確定することなく、直ちに3回目の来日前における雇用関
係の存在を否定したのである。そうすると、原判決には、著作権法15条1
項にいう『法人等の業務に従事する者』の解釈適用を誤った違法があるとい
わざるを得ず、論旨は理由がある。」として、雇用関係の存在を否定した原
審を破棄している。

　このように、本判決はあくまで雇用関係の認定例であり、雇用関係が認め
られない場合にも15条の業務性が肯定され得るかについて直接指針を与え
るものではない。

　②指揮命令関係　　そこで下級審をみると、雇用関係が存在しない場合で
あっても、指揮命令関係があり、法人に著作権全体を原始的に帰属させるこ
とを当然の前提としているような関係にある場合に、業務性を肯定した例が
ある（法人から依頼を受けて学習塾の試験問題を作成した講師に関して東京地判
平成8・9・27判時1645号134頁〔四進レクチャー事件〕、出版社からインタビュ
ー記事の作成依頼を受けたフリーライターについて前掲東京地判平成10・10・29

〔SMAP 大研究事件〕)。

　一方で、雑誌に写真を掲載されたフリーカメラマンについて業務性が否定された例もある（大阪地判平成17・1・17判時1913号154頁〔ツーユー評判記事件〕)。ただし、同判決は、「原告が本件契約の履行として行った行為は、写真を撮影したうえで、掲載される『ツーユー評判記』に適切なものを選び出し、そのフィルムを被告エスピー・センターに引き渡すというものであって、その性質は、単なる労務の提供というべきものではなく、むしろ仕事の完成とその引き渡しというべきものである（なお、同被告自身、本件契約が請負契約というべきことを争っていない)。したがって、原告が、同項にいう『法人等の業務に従事する者』に当たるということはできない。また、著作物の作成者が、法人等からその作成を依頼され、その指揮命令に従いながらこれを作成し、かつ、その著作権を法人等に原始的に帰属させるという認識を有していた場合には、その作成者を同項にいう『法人等の業務に従事する者』に当たるということができるとしても、本件において、原告が、撮影した写真の著作権を同被告に原始的に帰属させるという認識を有していたことを認めるに足りる主張も証拠もないから、結局、原告が、同項にいう『法人等の業務に従事する者』に当たるということはできない。」と述べている。本判決においては、結論的には、業務性は否定されたものの、少なくとも一般論として、業務性は、労務の提供（雇用関係）の場合に限らず、「著作物の作成者が、法人等からその作成を依頼され、その指揮命令に従いながらこれを作成し、かつ、その著作権を法人等に原始的に帰属させるという認識を有していた場合」にも認められるとされている点で、前掲四進レクチャー事件・SMAP大研究事件と方向性を共有している。

　これらの裁判例を手がかりとして、業務性については、上記場合に当たるかを、個別的に判断することになろう。この点で、立法担当者は、派遣労働者は、派遣先の指揮命令下でその業務に従事している点を重視して、業務性を肯定できると解説していることも参考となろう。

　（c）職務上　　勤務時間の内外を問わず、自己の職務として作成することを意味する。業務に従事する者に直接命令されたもののほかに、業務に従事する者の職務上、当該著作物を作成することが予定または予測される行為も

VI. 著作者　　259

含まれる（前掲知財高判平成 18・12・26〔宇宙開発事業団プログラム事件〕）。

　（d）法人等の著作名義　　たんに法人名が著作物に記載されているだけでは足りず、当該著作物の著作者名として表示されている必要がある。職務著作制度の趣旨の 1 つは、当該著作物に対する社会的評価、信頼、責任の主体は従業員ではなく法人であると考えられることにある。したがって、著作名義の判断においても、当該著作物の内容について誰が責任を負うか、という点は鍵となろう。

　（e）公表するもの　　「公表したもの」ではなく、「公表するもの」と規定されているのは、未公表の著作物であっても、法人名義での公表が予定されているものを含む趣旨である。さらに、内部資料として公表を予定していないものであっても、仮に公表するとすれば法人の名義を付すような性格のものは、職務著作となる（東京高判昭和 60・12・4 判時 1190 号 143 頁〔新潟鉄工事件〕）。内部資料とすることにより、かえって作成者個人の著作物となることは不合理であるからである。

　なお、プログラムの著作物については、公表要件が不要とされている（15条 2 項）。プログラムの中には、公表を予定されていないものが多数あることを理由とする。

　（f）別段の定め　　上記の要件をみたしている場合であっても、著作物の作成の時点における契約、勤務規則等に従業員の著作とする旨の別段の定めがおかれている場合には、著作者は当該従業員となる。一方、職務性などの要件をみたさない著作物について、契約、勤務規則によって著作者を法人とすることは許されない。著作権法上は、事実行為としての創作行為を行った者が著作者となるのが原則であるところ、15 条は、職務性などの要件をみたした場合に限り、例外的に法人に著作者としての地位を認めている。したがって、同条に定められた要件をみたしている場合に、あえて契約によって従業者を著作者とすることは、「例外」を「原則」に戻すものとして許容されるが、逆に、同条の要件をみたさない著作物について、「原則」を「例外」扱いし、法人を著作者とすることはできない。要するに、15 条は、片面的な強行規定ということになる。

260　第 9 章 著作権法

5 映画の著作者、著作権者

(1) 映画の著作者

映画の著作物の著作者は、その映画の著作物において翻案され、または複製された小説、脚本、音楽その他の著作物の著作者を除き、制作、監督、演出、撮影、美術等を担当してその映画の著作物の全体的形成に創作的に寄与した者（いわゆるモダンオーサー）である（16条）。

第1に、映画の著作物の原作となった小説、脚本、サントラ音楽その他の著作物については、映画の著作物とは別個に、それぞれの著作権者が著作権を有する（いわゆるクラシカルオーサー）。すなわち、原作、脚本等の著作物は映画において「翻案」され、サントラ音楽の著作物は、映画の著作物に「複製」されている、という関係にある。

第2に、映画に関与する多数の者のうち、制作（プロデューサー）、監督、演出、撮影、美術等を担当してその映画の著作物の「全体的形成に創作的に寄与した者」のみが著作者となる。監督「等」は例示であり、列挙されていない者、たとえば録音、照明担当者についても、「全体的形成に創作的に寄与」したと認められれば、映画の著作者となりうる。たとえば、映画の企画段階から完成にいたるまでの全製作過程に関与し、監督を務め、創作性の高い部分を決定し、自ら撮影、編集作業の全般にわたって指示を行った者について、「全体的形成に創作的に寄与した」として、映画の著作者と認められた例がある（知財高判平成18・9・13判時1956号148頁〔グッドバイ・キャロル事件〕）。他方、例示されている職を務めた者、たとえばタイトルバックに「監督」として氏名表示されている者であっても、当該映画全体への創作的寄与が認められず、映画の著作者と認められないこともありうる（東京地判平成14・3・25判時1789号141頁〔宇宙戦艦ヤマト事件II〕）。

第3に、監督等について職務著作が成立する場合には、16条は適用されない（同条但書）。たとえば、映画制作会社が自己の従業員にプロデュース、監督を行わせて作成する映画については、15条所定の要件をみたせば、当該映画制作会社が職務著作者となる。

(2) 映画の著作権の法定帰属

　制作、監督等を行った者に発生した著作者の権利のうち、著作権は、映画製作への参加約束によって、映画製作者に自動的に移転する（29条）。著作権に関する規定であり、著作者人格権については、著作者である監督等に帰属したままである。映画分野では、映画著作物の利用に関して、映画製作者と著作者との間の契約によって、映画製作者の権利行使に委ねられていること、映画製作者が自己のリスクのもとに巨額の製作費を投資していること、そして、多数の著作者すべてに著作権行使を認めると映画の円滑な利用が阻害されること、が本条の趣旨である。

　映画製作者とは、映画の著作物の製作に発意と責任を有する者をいう（2条1項10号）。

　「発意」とは、自己の計算において製作にとりかかることをいう。自ら企画を立案した場合でなくても、他人からの働きかけで製作意思を有するにいたった場合には、「発意」したものと認められる（東京高判平成15・9・25平成15（ネ）1107号〔マクロス事件Ⅱ〕）。

　「責任」とは、法律上の権利義務の主体となり、また、経済的な収入・支出の主体となることをいう。映画製作のためには企画、資金調達、制作、配給の各段階において様々な契約を締結する必要があり、多様な法律上の権利義務が発生する。この主体が誰であるかが、「発意と責任」を有する者を認定する際の重要な要素となる（東京地判平成18・12・27判タ1275号265頁〔CRフィーバー大ヤマト事件〕）。

　著作権法は「制作」と「製作」の語を使い分けている。16条にいう「制作」は、映画の著作物の創作行為を指し、29条の「製作」は、映画制作のための企画と資金調達を担うことをいう。

　テレビCM原版については、制作費、出演料等を出捐し、広告効果を得られるかというリスクを専ら負担している広告主が映画製作者に当たる（知財高判平成24・10・25平成24（ネ）10008号〔テレビCM事件〕）。

　参加約束がなされ、製作が開始されたが途中で中止された場合、未編集部分のフィルムについては、映画の著作物としては完成していないので、29条の適用はない。当該フィルムに創作性が認められる場合には、（原則通り、

262　第9章 著作権法

2条1項2号により）著作者は撮影者（本件では監督）であるとした事例がある（東京高判平成5・9・9判時1477号27頁〔三沢市勢映画製作事件〕）。

映画製作者が投じた資金の回収という観点からみてその結論には異論もきかれるが、29条の文理上は「映画の著作物」についてのみ適用があることが明確であり、解釈としてはやむを得ないところであろう。

（3）テレビ放送用固定物

29条2項により、テレビ局（放送事業者）が製作する番組著作物のうち所定のものについては、その著作権の一部がテレビ局に法定帰属する。有線放送事業者についても同様の規定がある（同条3項）。

著作物の対象にも限定があり、第1に、専ら当該放送事業者により、単独で製作する場合に限られる。外部の制作会社が映画製作者となる場合には、本項は適用されない。第2に、製作目的が放送のための技術的手段としてでなければならず、たとえば、後にDVD化することを予定しつつ製作する場合には該当しないことになる。

29条2項が適用される映画の著作物の放送権等（同項1号）、複製権および複製物により放送事業者に頒布する権利（同項2号）については、放送事業者に法定移転される。

たとえば、テレビ局Aが単独で、外部の監督B等を用いてDVD化を予定せずに映画の著作物である番組Cを製作した場合、映画の著作権はB等に原始的に帰属するが、それらの権利のうち、放送権等と複製権は当然にAに移転する。なお、29条2項2号によって移転されるのは、「複製物により放送事業者に頒布する権利」であるので、Aが有するのは、番組Cの複製物を他のテレビ局に提供する権利のみであり、DVDを市販する権利ではない。

●●●●●●　**参 考 文 献**　●●●●●●
- 横山経通「**著作者の認定**」牧野利秋ほか編『知的財産法の理論と実務第4巻〔著作権法・意匠法〕』79頁（新日本法規出版、2007年）
- 上野達弘「**共同著作の要件論**」牧野利秋ほか編『知的財産法の理論と実務第4巻〔著作権法・意匠法〕』91頁（新日本法規出版、2007年）
- 横山久芳「**共同著作の成立要件について**」飯村敏明先生退官記念『現代知的財産法

―実務と課題』1093 頁（一般社団法人発明推進協会、2015 年）
- ●シンポジウム「職務著作」著作権研究 30 号（2004 年）
- ●潮海久雄『職務著作制度の基礎理論』（東京大学出版会、2005 年）
- ●半田正夫＝松田政行編『著作権法コンメンタール 1』720 頁〔作花文雄〕（勁草書房、第 2 版、2015 年）
- ●シンポジウム「知的財産権の帰属」日本工業所有権法学会年報 39 号（2016 年）
- ●シンポジウム「映画の著作物の著作者・著作権者」著作権研究 41 号（2015 年）
- ●内藤篤＝升本喜郎『映画・ゲームビジネスの著作権』（公益社団法人著作権情報センター、第 2 版、2015 年）
- ●升本喜郎「職務著作・映画の著作者」小泉直樹＝末吉亙編『実務に効く 知的財産判例精選』193 頁（有斐閣、2014 年）

Ⅶ ► 著作者人格権

1 著作者の権利

　著作物には、著作者の思想感情が創作的に表現されており、著作物の利用態様は、著作者の人格的利益と密接に結びついている。このため、著作権法は、著作者に、自己の著作物の利用態様についての自己決定権としての著作者人格権を与え（18〜20 条）、第三者による著作者人格権侵害行為に対する差止請求権等を認めている（112 条以下）。

　加えて、著作者には、著作物の経済的利用についての著作（財産）権が与えられ（21〜28 条）、第三者による著作権侵害に対する差止請求権等が認められている（112 条以下）。

　著作者人格権は、著作者の人格的利益を保護するものであり、当該著作者を離れては存在しえないため、一身に専属し、他人に譲渡することはできない（59 条）。相続の対象にもならない。放棄も認められない。これに対して、著作権は、譲渡できる（61 条 1 項）。相続も可能である。

　著作者人格権は、自然人の著作者の場合はその生存中、職務著作の場合は当該法人の存続する限り、保護が存続する。著作権については、原則として、著作者の死後 50 年を経過するまで保護が存続する。

　このように、著作財産権と著作者人格権は、保護法益、譲渡性、相続性、保護期間の定めの有無などの点で法的保護の態様を異にしており、ある著作

物に対する同一の行為によって著作財産権と著作者人格権が侵害された場合であっても、著作財産権に基づく差止請求権・損害賠償請求権と著作者人格権に基づく差止請求権・損害賠償請求権とは、訴訟物を異にする別個の請求である。最判昭和 61・5・30 民集 40 巻 4 号 725 頁〔モンタージュ写真事件第 2 次上告審〕は、旧著作権法下の損害賠償請求権について、著作財産権に基づく請求と著作者人格権に基づく請求は別個である旨判示している。

2　公表権

(1)　権利の内容

　著作者は、その著作物で未公表のものまたは著作者に無断で公表されたものについて、これを公衆に提供（複製物の書籍の譲渡等、有体物を伴う行為）し、または提示（上演等、有体物を伴わない無体的な行為）する権利を有する（公表権。18 条 1 項）。自己の著作物を公表するかしないか、また、いつ、どのように公表するかに関する著作者の人格的利益を保護する規定である。具体的には、未公表の著作物を公表するかどうかを決定する権利、未公表の著作物の公表方法を決定する権利、未公表の著作物の公表時期を決定する権利を内容とする。

　著作物の公表とは、著作物が発行され、または著作権者の許諾を得て上演、演奏、上映等の方法で公衆に提示された場合をいい、建築の著作物の場合は、複製権者の許諾を得て建設された場合を指す（4 条 1 項）。

　著作物は、その性質に応じ公衆の要求をみたすことができる相当程度の部数の複製物が、複製権者またはその許諾を得た者等により作成され、頒布された場合に発行されたものとする（3 条 1 項）。

　公衆には、不特定の者のみならず、特定かつ多数の者を含む（2 条 5 項）。親睦会や特定サークルのような特定人のグループであっても、多数であれば公衆に当たることになる。

　頒布とは、有償、無償を問わず、複製物を公衆に譲渡し、または貸与することをいう（2 条 1 項 19 号）。

　著名なスポーツ選手が創作した詩の著作物が中学校在学中に学年文集に掲載され、同中学校の教諭および卒業生に合計 300 部以上が配布された、と

いう事例について、教諭および卒業生300名以上という特定多数の者の要求をみたすに足りる部数の複製物が作成されて頒布されたものといえるので、本件詩の著作物は公表されたものといえ、また、本件のスポーツ選手は、本件詩が文集に掲載され、公表されることに同意していた、として言語の著作物の公表に当たると判断された（東京地判平成12・2・29判時1715号76頁〔中田英寿事件〕）。

　なお、著作者の同意を得ないで公表された著作物についても、公表権との関係では公表されていないものとされる（18条1項括弧書）。

　著作者は、その著作物を原著作物とする二次的著作物の公表についても、同様の権利を有する（18条1項後段）。このため、二次的著作物の公表について、二次的著作物の著作者が同意していても、原著作物の著作者が同意しない場合は、公表権侵害となる。一方、原著作物が公表された場合は、二次的著作物の公表について原著作者が公表権を行使することはできない。

(2) 同意の推定

　以下の場合には、著作者は、公表に同意したものと推定される（18条2項）。推定規定であるので、反証によって覆しうる。

　（a）未公表の著作物の著作権の譲渡があった場合に、その著作権の行使によって著作物を公衆に提供・提示すること（18条2項1号）　著作権を譲渡された譲受人は、その著作権を行使して経済的利益をあげることを予定しているところ、著作者の公表権の行使によって著作権者の権利行使が妨げられないように配慮した規定である。

　（b）未公表の美術の著作物または写真の著作物の原作品の譲渡があった場合に、これらの著作物を原作品の展示によって公衆に提示すること（18条2項2号）
原作品とは、美術作品の原画のようないわゆるオリジナル作品を指す。美術または写真の著作物の原作品の所有者は、著作権である展示権（25条）に基づく許諾を得ることなく、公衆に対して原作品を展示できる（45条1項）。当該作品が未公表作品の場合、著作者の公表権によって展示公開が妨げられると所有者は展示に制約を受けるため、著作者は公表に同意したものと推定される。

　（c）映画の著作権が映画製作者に帰属した場合に、映画製作者が著作権の行使

266　第9章 著作権法

によって未公表の著作物を公衆に提供・提示すること（18条2項3号）　29条に基づき、映画製作者は、その著作権に基づき、映画の著作物である劇場用映画を映画館で上映し、DVDソフト等として販売することができる。当該映画の著作物が未公表作品の場合、著作者の公表権が障害とならないように配慮したものである。

（3）情報公開法との調整

　国・地方公共団体等に対する行政手続等において、申請者からの提出資料などの中に未公表の著作物が含まれる場合があるが、情報公開制度との関係で公表権が障害とならないように調整規定が置かれている。

　行政機関情報公開法などの法令の定める手続に従った情報開示において、著作物が公衆に提供・提示されるときは、著作者は同意したものとみなされる（18条3項）。

　ただし、行政機関情報公開法などに基づき、申請者が、開示決定のときまでに公開を拒む旨の別段の意思表示を行った場合には、著作者は公表について同意したものとみなされることはない（18条3項1～3号各括弧書）。

　例外的に、人の生命、健康、財産の保護に関する情報や公益上の必要性があるため、国・地方公共団体などが法令上の開示義務を負う場合（行政機関情報公開法5条1号ロ、ハ、同2号）には、そもそも公表権は適用されない（18条4項）。

3　氏名表示権

（1）権利の内容

　著作物の原作品に、または著作物を公衆へ提供（複製物の書籍の譲渡等、有体物を伴う行為）、提示（上演等、有体物を伴わない無体的な行為）するに際して、著作者の実名や変名を著作者名として表示し、または著作者名を表示しないことに関する権利である（19条1項）。著作者名は、著作物と、それを創作した著作者の間を結びつけるものであり、匿名やペンネーム等を希望する著作者の意向を尊重する趣旨の規定である。

　二次的著作物が公衆へ提供・提示される場合には、二次的著作物の著作者とともに、原著作物の著作者も氏名表示権を行使できる（19条1項後段）。

VII. 著作者人格権　　*267*

氏名表示権の侵害に対しては、差止請求に加えて、115条に基づき、著作者であることを確保するための適当な措置としての訂正広告、通知等を行うよう請求できる。

（2）著作物の原作品または著作物の公衆への提供・提示

原作品への表示の例としては、絵画に画家が落款を付す場合があげられる。原作品については、公衆に提供、提示されない場合でも、氏名表示権の行使の対象となる点で、二次的著作物とは異なる。

（3）著作者名としての表示

氏名表示権がはたらくのは、「著作者名として表示」される場合である。映画監督Aの脚本を原著作物とする小説を発行する際、映画のスタッフとして「脚本・監督A」とのみ表記する行為について、右小説の原著作者名としての表記がなされていないとして、氏名表示権侵害とされた例がある（東京地判平成12・4・25平成11（ワ）12918号〔ちぎれ雲事件〕）。

（4）実名もしくは変名

「実名」とは著作者の氏名や法人等の名称のことである。「変名」とは、雅号、筆名、略称その他実名にかえて用いられるものをいう（14条）。

変名のうち、著作者を特定可能であり、社会的に認知されているものを「周知の変名」という。著作物の原作品または著作物の公衆への提供・提示の際に、周知の変名が著作者名として通常の方法で表示されている場合、その著作物の著作者として推定を受ける点で実名と同様の扱いを受ける。

無名または周知でない変名で公表された著作物の著作権については、原則として保護期間は公表から50年となるが（52条1項）、周知の変名については、実名で公表された著作物と同様、著作者の死後50年保護される（52条2項1号）。

周知でない変名についても、文化庁に実名登録を行えば、実名と同様、著作者の死後50年の保護を受けることが可能である（52条2項2号）。

（5）氏名表示権者の同意を得る必要がない場合

（a）**著作者自身による著作者名表示に従って表示する場合**　著作物の利用のたびごとに逐一著作者に氏名表示の方法を確認することは煩瑣であるため、著作物についてすでに著作者が特定の方法で著作者名を表示している場合に

268　第9章 著作権法

は、その著作物の利用者はその表示方法に従って著作者名を表示すれば足りる。ただし、著作者が別段の意思表示を行った場合は別である（19条2項）。

（b）氏名表示を省略できる場合　　利用の円滑化のため、著作物の利用の目的および態様に照らし、著作者が創作者であることを主張する利益を害するおそれがない場合には、公正な慣行に反しない限り、氏名表示を省略できる（19条3項）。

写真が新聞・雑誌に広告として用いられた際に氏名が省略された場合について、広告に写真を用いる場合には撮影者の氏名が省略されることが通例であるとの認定のもと、これを許容した例（大阪地判平成17・1・17判時1913号154頁〔ツーユー評判記事件〕）と、個々の著作物ごとにその脇に著者名を表示することが不適切であったとしても、頁ごと、あるいは記事のまとまりごとに写真を特定して著者名を表示することも不適切であるとする事情はないとして省略を認めなかった例（東京地判平成5・1・25判時1508号147頁〔ブランカ事件〕）がある。

「著作者が創作者であることを主張する利益を害するおそれがない場合」とは、著作者名を意図的に隠蔽したり、無名作品であるという錯覚を抱かせることがないことをいう。

（c）情報公開法との調整　　法令に従った情報の開示に際して氏名表示権を制限する規定が置かれている（19条4項）。

第1に、行政機関情報公開法、独立行政法人等情報公開法または情報公開条例の規定により行政機関の長、独立行政法人等または地方公共団体の機関もしくは地方独立行政法人が著作物を公衆に提供し、または提示する場合において、当該著作物につきすでにその著作者が表示しているところに従って著作者名を表示するとき（19条4項1号）。

第2に、行政機関情報公開法6条2項の規定、独立行政法人等情報公開法6条2項の規定または情報公開条例の規定で行政機関情報公開法6条2項の規定に相当するものにより行政機関の長、独立行政法人等または地方公共団体の機関もしくは地方独立行政法人が著作物を公衆に提供し、または提示する場合において、当該著作物の著作者名の表示を省略することとなるとき（2号）。

第3に、公文書管理法 16 条 1 項の規定または公文書管理条例の規定（同項の規定に相当する規定に限る）により国立公文書館等の長または地方公文書館等の長が著作物を公衆に提供し、または提示する場合において、当該著作物につきすでにその著作者が表示しているところに従って著作者名を表示するとき（3 号）。

4　同一性保持権

(1)　権利の内容

(a) 意に反する改変　　著作者は、その著作物およびその題号の同一性を保持する権利を有し、その意に反してこれらの変更、切除その他の改変を受けない（20 条 1 項）。

著作物の完全性を保持することにより、著作者の人格的利益を保護する規定である。

「及び」で接続されていることからわかるとおり、著作物の題号（作品の題名など）は、それ自体は一般的に著作物とはいえないが、著作物と不可分一体の存在として、同一性保持権の対象とする趣旨である。

20 条 1 項は、著作者の「意に反して」行われる改変であれば同一性保持権を侵害すると規定している。

懸賞論文の表記方法の無断改変（東京高判平成 3・12・19 判時 1422 号 123 頁〔法政大学懸賞論文事件〕）、ゲームソフトのストーリー展開の改変（最判平成 13・2・13 民集 55 巻 1 号 87 頁〔ときめきメモリアル事件〕）、観音像の頭部のすげ替え行為（知財高判平成 22・3・25 判時 2086 号 114 頁〔駒込大観音事件控訴審〕）について、同一性保持権侵害が肯定された例がある。

他人の著作物を大きく改変した結果、もはや他人の著作物の表現形式上の本質的特徴を感得できないといえる場合には、同一性保持権の侵害とはならない（最判平成 10・7・17 判時 1651 号 56 頁〔「諸君！」事件〕）。

著作者の意に反する改変を禁止する 20 条の文言は、著作者の主観的意思を尊重するかのようであり、また、立法担当者も、ベルヌ条約上の義務である名誉・声望を害する改変に対する著作者の保護に上乗せしたものである点を強調する。一方、具体的事案の解決においては、著者の「意」を杓子定規

に貫くと利用者側に酷な場合も生じるため、様々な構成により、同一性保持権の侵害を否定する例もある。

たとえば、著作者が、改変について黙示の許諾を与えていたという認定のもと、同一性保持権侵害が否定された例（知財高判平成 18・10・19 平成 18（ネ）10027 号〔空調機器講習資料事件〕）、形式的には同一性保持権侵害に当たるが、行使の態様が権利の濫用に当たるとする例（東京地判平成 8・2・23 判時 1561 号 123 頁〔やっぱりブスが好き事件〕）、投稿された俳句を選者が添削するための改変は事実たる慣習に従ったものであるとされた場合がある（東京高判平成 10・8・4 判時 1667 号 131 頁〔俳句の添削事件〕）。

なお、20 条 1 項は改変行為自体を禁止しており、改変された著作物を出版、公衆送信、放送など利用する行為については、同一性保持権侵害とならない（東京地判平成 15・12・19 判時 1847 号 70 頁〔記念樹事件第 1 審〕）。

（b）私的領域における改変　　ゲームのストーリーの展開の改変に関する前掲最判平成 13・2・13〔ときめきメモリアル事件〕においては、専ら原告ゲームソフトを改変する目的のメモリーカードを輸入・販売した被告に対して損害賠償責任が認められた。本判決は、同一性保持権の侵害の主体として、被告であるメモリーカード販売業者、また、ユーザーのいずれを想定したものであるか、明示していない。

仮に、メモリーカードのユーザーが同一性保持権の侵害主体であり、輸入・販売業者は侵害の幇助責任を負うという理解に立った場合、前提として、ユーザーが私的領域で行う改変行為も同一性保持権侵害に当たると解することになろう。

20 条には、私的領域における改変行為について適用除外とする規定は置かれていないので、文理上は、私的領域における改変を同一性保持権の侵害とみることも可能である。

もっとも、このような解釈に対しては、個人が購入したゲームを改変して遊ぶことにまで著作権法上の責任を問うのは妥当でないのではないか、という批判もありうるところであろう。いずれにせよ、判決は、ユーザーが侵害主体であるとまでは述べていない。

(2) 同一性保持権の制限

(a) 学校教育の目的上必要な用字・用語その他の改変（20条2項1号）　児童・生徒の発達段階に応じて学校教育上やむを得ない場合、たとえば、漢字をかな表記にしたり、言葉遣いを変更したり、文字や図形を拡大したり、編集上文章の一部を削除したりすることが認められている。

(b) 建築物の増築、改築、修繕または模様替えによる改変（20条2項2号）　建築物は、鑑賞の目的よりもむしろ住居、宿泊場所等として現実に使用されることを目的として製作されるものであることから、その所有者の経済的利用権と著作者の権利の調整を図り、著作物の社会的性質に由来する制約として、一定程度改変を容認する規定である。

法科大学院開設という公共目的のため、大学敷地内の限られた面積に新設するために既存の建物をいったん解体して移設したことが、本号に該当して同一性保持権侵害に当たらないとされた例がある（東京地決平成15・6・11判時1840号106頁〔ノグチ・ルーム移築事件〕）。

また、庭園内に工作物を設置する行為について、本号の類推適用が認められている（大阪地決平成25・9・6判時2222号93頁〔新梅田シティ事件〕）。

(c) コンピュータ・プログラムの著作物の改変（20条2項3号）　使用機種の変更に伴う改変やプログラムのバグを取るための修正（デバッグ）、処理速度の向上、機能付加のための修正（ヴァージョン・アップ）などがこれに当たる。

(d) 著作物の性質ならびに利用の目的および態様に照らしてやむを得ないと認められる改変（20条2項4号）　第1に、4号該当性が認められるためには、利用の目的および態様において1号から3号に列挙された場合と同様の改変の要請が認められる必要がある。

学生の研究論文が改変された事例について、そもそも1号の教科用図書の場合に匹敵する利用目的が認められないとして4号該当性が否定された例がある（前掲東京高判平成3・12・19〔法政大学懸賞論文事件〕）。

20条2項2号、3号において改変が認められている理由は著作物の実用的性格にある。実用目的での利用について4号の適用が認められた例として、ビスタサイズで撮影された映画をテレビ放送する際のトリミング・CM挿入

（東京高判平成 10・7・13 知的裁集 30 巻 3 号 427 頁〔スウィートホーム事件〕）、分担執筆された複数の原稿から成る書籍における法律名や仮名遣いの統一、不正確不適切な表現の修正（東京地判平成 16・11・12 平成 16（ワ）12686 号〔知的財産権入門事件〕）がある。第三者をモデルとする漫画の著作物のカットを自著に引用収録するにあたり、そのまま収録するとモデルの名誉感情を害するため（醜く描かれていた）、目隠しをする改変を施した場合にも、本号適用が認められ、同一性保持権侵害は否定された（東京高判平成 12・4・25 判時 1724 号 124 頁〔脱ゴーマニズム宣言事件〕）。

第 2 に、著作物の利用目的を実現するために、改変を加えることが他に選択肢のない唯一の方法といえる場合、やむを得ない改変に当たる。上記のビスタサイズ、分担執筆の例ではやむを得ないと認められたが、否定例としては、観音像の仏頭部分の無断すげ替え行為について、像全体の作り替えなどの他の選択肢もあり、やむを得ないとはいえないと判断されている（前掲知財高判平成 22・3・25〔駒込大観音事件〕）。

5　みなし著作者人格権侵害

著作者の名誉または声望を害する方法によりその著作物を利用する行為は、著作者人格権を侵害する行為とみなされる（113 条 6 項）。

著作者の名誉または声望とは、主観的な名誉感情ではなく、著作者がその品性、徳行、名声、信用等の人格的価値について社会から受ける客観的な評価、すなわち社会的名誉声望を指す（東京高判平成 14・11・27 判時 1814 号 140 頁〔古河市兵衛の生涯事件〕、最判昭和 61・5・30 民集 40 巻 4 号 725 頁〔モンタージュ写真事件第二次上告審〕）。

観音像の仏頭部がすげ替えられたことが、故人である著作者の客観的な評価に影響を与える行為であり、113 条 6 項に該当するとされた（前掲知財高判平成 22・3・25〔駒込大観音事件〕）。

漫画家が、漫画の販売促進の目的で、単行本を購入した顧客の希望する人物の似顔絵を描いて右顧客に送付したところ、当該漫画家やその作品が政治的傾向ないし思想的立場からの一面的な評価を受けるおそれを生じさせ、その名誉または声望を害する方法により動画投稿サイトにアップロードされた

として、113 条 6 項に該当すると認められた例がある（知財高判平成 25・12・11 平成 25（ネ）10064 号〔漫画 on web 事件〕）。

6 著作者が存しなくなった後における人格的利益の保護

著作（財産）権については、創作時から保護が開始され、原則として著作者の死後 50 年経過まで保護が存続する（51 条）。

一方、著作者人格権については、著作者の死亡によって権利も消滅する。ただし、著作物を公衆に提供し、または提示する者は、その著作物の著作者が存しなくなった後においても、著作者が存しているとしたならばその著作者人格権の侵害となるべき行為をしてはならない（60 条）。著作物が著作者の人格の発露ともいうべき永遠の文化遺産であり、かつ、一国の貴重な文化的所産であることに鑑み、国家的な見地において死亡した著作者の人格的利益を保護する趣旨の規定であると説明されている。

60 条違反行為については罰則が科される（120 条）。

侵害者に対する民事上の請求については、遺族の一定範囲の者（配偶者、子、父母、孫、祖父母または兄弟姉妹）が、故人に代わって救済を求めることができる（116 条 1 項）。

具体的には、第 1 に、116 条所定の範囲内の遺族は、60 条、101 条の 3 に違反する行為の停止・予防を請求することができる。差止可能な違反行為には、著作者の生存中に開始され、死後も継続しているものも含む。

第 2 に、著作者の生存中に故意・過失によってなされた著作者人格権侵害行為、および、故意・過失によって 60 条、101 条の 3 に違反する行為をなした者に対しては、115 条に規定する名誉、声望回復のための適当な措置を請求できる。

著名な作家が生前執筆した未公表の手紙が、その死後、受取人によって無断で公表されたという事件において、裁判所は、遺族の訴えを認めている（東京高判平成 12・5・23 判時 1725 号 165 頁〔三島由紀夫手紙事件〕）。

著作者は遺言により、遺族に代えて当該請求をできる者を指定することができる（116 条 3 項前段）。遺言により指定を受けた者は、当該著作者が死亡した翌年から 50 年経過した後においては、その請求をすることができない

（同項後段）。

　著作物の利用行為の性質や程度、社会的事情の変動その他によって著作者の意を害しないと客観的に認められる場合には、60 条は適用されない（同条但書）。公共目的のために必要に応じた建物を建築するためのものであり、その方法においても、著作物の現状を可能な限り復元するものである場合に、60 条但書の適用が認められている（前掲東京地決平成 15・6・11〔ノグチルーム移築事件〕）。

7　著作者人格権不行使特約

　著作者は、その著作物の公表、氏名表示、改変について、その都度利用者に個別に同意を与えることができる。

　個別の同意に代わるものとして、実務上、著作者人格権の不行使特約が常用される。とりわけ、著作権譲渡契約によって翻案権が譲渡される際、譲渡人である著作者によって、後に同一性保持権が行使される事態を防ぐために用いられることが多い。

　著作者人格権は一身専属権であり、譲渡できない（59 条）が、不行使について包括的に許諾を与えること自体は著作者の自由である。問題は、特約がなされた時点において著作者が想定しておらず、その名誉・声望が害されるような改変行為が後に行われた際にも、特約の効力を文字通り及ぼしてよいか、という点にある。この点について、裁判例は、著作物の利用目的にそくした範囲内では著作者人格権の不行使特約を有効としつつ、当初の想定を超える利用については認めない傾向にある。

　第 1 に、著作権譲渡や著作権包括的許諾が行われるにあたり、著作者人格権について明示の不行使特約が交わされなかった場合であっても、当事者が想定する著作物利用目的の範囲内にとどまり、著作者の名誉・声望を害しない改変については黙示に同意したものとされ、同一性保持権侵害が否定された事例がある。

　映像作品について、「対象作品に対する著作権および対象作品の全部または一部のあらゆる利用を可能にする一切の権利」を譲渡する契約がなされた事例において、著作者の著作者人格権を害するなど通常の利用形態に著しく

反する特段の事情の存在する場合はさておき、そのような事情の存在しない通常の利用行為に関する限りは、著作者は、本件譲渡契約によって、原告の有する著作者人格権に基づく権利を行使しない旨を約した（許諾した、あるいは、請求権を放棄する旨約した）と解するのが合理的であると認定された例がある（東京地判平成13・7・2平成11（ワ）17262号〔宇宙戦艦ヤマト事件I〕）。本件では、「著作者人格権を害するなど通常の利用形態に著しく反する特段の事情の存在する場合」については、著作者人格権侵害の成立の余地を留保している点に注意が必要であろう。

　知財高判平成25・12・25平成25（ネ）10076号〔ホンダ CB750FOUR 事件〕は、本件著作者は、その名誉・声望を害しない限りにおいて、写真の利用目的に応じて必要な限度での写真の改変については同意をしていたものと認めるのが相当であると述べたうえで、具体的には、本件写真の改変の態様は、いずれも本件書籍における写真の利用目的に応じた必要な限度のものにすぎず、しかも、その改変態様に照らしても、改変が著作者の名誉・声望を害するものとも認められないとした。

　第2に、明示的に著作者人格権を行使しない旨の特約がなされた場合であっても、当初想定された利用目的によって制約を受ける。

　「著作者人格権を行使しない」旨の覚書が交わされていた場合について、従来、類似の出版物には、分担執筆担当者の氏名が表示されていたとの事情の下では、本件覚書について、著作者は、自己の氏名が本件書籍に表示されることを前提として署名、捺印したものであって、本件原稿について氏名表示権の不行使を約したと認めることはできないと解釈された例がある（前掲東京地判平成16・11・12〔知的財産権入門事件〕）。

　また、東京高判平成11・9・21判時1702号140頁〔恐竜イラスト事件〕は、利用申込みの都度、希望されている本件著作物の利用の改変内容について説明して貸出しの可否を問い、著作者の承諾を求める必要があるものと定められていた著作物について、あらかじめ承諾された範囲を超える大幅な改変を行う場合、改めてその許諾を得る必要があるとしている。

　第3に、例外的ではあるが、公益性に反する人格権行使制限については無効とされることもあり得る。知財高判平成18・2・27平成17（ネ）10100号

〔ジョン万次郎像事件〕は、真の著作者でない者を著作者名として表示する合意について、「著作物あるいは複製物には、真の著作者名を表示することが公益上の理由からも求められている」として、強行規定の趣旨に反し無効であるとした。

●●●●●●● **参 考 文 献** ●●●●●●
- 髙部眞規子「判解」『最判解民事篇平成 13 年度（上）』121 頁〔ときめきメモリアル事件〕
- シンポジウム「著作者人格権に関する総合的考察」著作権研究 33 号（2006 年）
- 松田政行『同一性保持権の研究』（有斐閣、2006 年）
- 長谷川遼「著作者人格権に関わる契約」上野達弘＝西口元編著『出版をめぐる法的課題―その理論と実務』81 頁（日本評論社、2015 年）
- 高瀬亜富「著作者人格権不行使特約の有効性――実務家の視点から」コピライト 662 号 42 頁（2016 年）
- 小泉直樹「表現の自由、パロディ、著作権」ジュリスト 1395 号 149 頁（2010 年）

Ⅷ ► 著作権

1 複製権

（1）複製の定義

（a）有形的再製　著作者は、その著作物を複製する権利を専有する（21条）。

　著作権法上、複製は、印刷、写真、複写、録音、録画その他の方法により有形的に再製することと定義されている（2 条 1 項 15 号）。印刷、写真、複写、録音、録画は例示であり、あらゆる技術的手段が含まれる。

　「再製」とは、既存の著作物に依拠し、これと同一のものを作成し、または、具体的表現に修正、増減、変更等を加えても、新たに思想または感情を創作的に表現することなく、その表現上の本質的な特徴の同一性を維持し、これに接する者が既存の著作物の表現上の本質的な特徴を直接感得することのできるものを作成する行為をいう。

　依拠と同一性を複製の要件とする考え方は、旧法（明治 32 年法）に関する

判例である、最判昭和53・9・7民集32巻6号1145頁〔ワン・レイニー・ナイト・イン・トーキョー事件〕（複製とは、「既存の著作物に依拠し、その内容及び形式を覚知させるに足りるものを再製することをいう」）によって確立され、基本的に現行法にも受け継がれている。ただし、旧法における「複製」は、現行法の上演等の無形的利用や、翻案も広く含む概念であったため、現行法において右判決を参照するにあたっては、「有形的」再製という条件を加え、さらに、翻案の要件については複製と区別する必要がある。

翻案（27条）は、既存の著作物に依拠し、その表現上の本質的な特徴の同一性を維持している点では複製と同様であるが、具体的表現に修正、増減、変更等を加えて、新たに思想または感情を創作的に表現することにより、これに接する者が既存の著作物の表現上の本質的な特徴を直接感得することができる別の著作物を創作する行為である点で複製とは区別される（最判平成13・6・28民集55巻4号837頁〔江差追分事件〕）。

「有形的」再製とは、何らかの記録媒体に著作物を記録し、保存する行為をいう。印刷、写真のように一見して著作物を確認できる場合だけでなく、録音（音を物に固定し、またはその固定物を増製すること〔2条1項13号〕）、録画（同項14号）のように、再生装置を用いて著作物を確認できる場合も「有形的」再製に当たる。

インターネット上の動画投稿サイトに投稿された動画コンテンツをパソコンで視聴する際、パソコンの内部に作成されるキャッシュのように、情報処理上の必要性が認められる一時的な蓄積が、どの範囲で有形的再製に当たるかについては必ずしも明らかではないが、複製に当たる場合でも、47条の8（電子計算機による情報処理の過程において、当該情報処理を円滑かつ効率的に行うために必要と認められる限度の記録）の適用を受ける。

（b）脚本、建築物の特則　有形的再製という概念では十分には把握できないが、複製行為と同視して取り扱うべき性格の行為として、第1に、脚本その他これに類する演劇用の著作物について、その上演、放送または有線放送を録音し、録画することは複製に含まれる（2条1項15号イ）。舞台上演を録音・録画した場合や、テレビによる舞台中継を録音・録画する場合に、実際に録音・録画される対象は実演や放送などであるが、脚本が複製される

278　第9章 著作権法

ものとして取り扱われる。

　第2に、建築の著作物について建築に関する図面すなわち建築設計図に従って建物等を建築することは複製に当たる（2条1項15号ロ）。この規定について、立法担当者は、一般に著作物の保護というのは既存の著作物に権利が発生するところ、建築の著作物については、いまだできあがっておらず、設計図だけがあるだけの場合にも、できあがったものと同様に評価する特殊な例であると説明している。一方、建築の著作物の創作性はすでに図面において表現されているとみなすならば、仮にこの規定が存在しなくても、設計図を用いて建物を建築する行為は建築の著作物の複製行為に当たるとみることができ、後者の理解によるならば、本規定は確認規定にすぎないということになろう。

（2）依拠

　（a）意義　　依拠とは、既存の著作物の表現内容を知り、これを利用して自己の作品を作出することをいう。既存の著作物に接する機会がなく、したがって、その存在、内容を知らなかった者は、これを知らなかったことにつき過失があると否とにかかわらず、既存の著作物と同一性のある作品を作成しても著作権を侵害するものではない（前掲最判昭和53・9・7〔ワン・レイニー・ナイト・イン・トーキョー事件〕）。

　著作物として保護を受けるためには、厳格な意味での独創性は必要とされず、表現に作成者の個性が何らかの形で表れていれば足りる。既存の著作物と同一の表現であっても、それが独自に作成され、作成者の何らかの個性が表れたものである限り、著作物としての保護を受ける。その反面として、著作者に与えられる権利は、第三者が別個独立に行った表現については及ばない。

　依拠は、既存の著作物の表現内容の認識および自己の作品への利用の意思といった被告の心理状態が要件となるため、直接証拠によって立証することは必ずしも容易でなく、侵害を推認させる間接事実によって推認されることが多い。被告が原告の著作物の存在、内容を知っていたこと、これに接する合理的機会があったこと、原告の著作物の表現と被告の著作物の表現が同一であること、特に、誤字・脱字等の表現が同一であることは、依拠を推認さ

Ⅷ. 著作権　　279

せる間接事実である。ただし、誤字・脱字の表現が同一であることから依拠は推認できても、当該誤字・脱字部分の表現に創作性が認められない場合、複製のもう1つの要件である同一性をみたさないため、結論的には複製権侵害が成立しないことには注意が必要である。

(b) 依拠の認定例　　前掲最判昭和53・9・7〔ワン・レイニー・ナイト・イン・トーキョー事件〕では、原告の楽曲は被告の楽曲が作曲された当時、音楽の専門家または愛好家の一部に知られていただけで、音楽の専門家または愛好家であれば誰でもこれを知っていたほど著名ではなく、また、原告と被告の楽曲を対比すると類似する部分があるが、右類似部分の旋律は、いわゆる流行歌においてよく用いられている音型に属し、偶然類似のものがあらわれる可能性が少なくないなどの事実に基づき、依拠性が否定された。

東京地判平成11・1・29判時1680号119頁〔古文単語語呂合わせ事件第1審〕では、原告書籍と被告書籍は、いずれも、大学受験用に古文単語を語呂で記憶するための著書であり、執筆目的が共通であること、原告書籍は、被告書籍の発行よりも7、8年程度以前から発行され、現在まで相当部数が販売されていること、原告語呂合わせと被告語呂合わせとを対比すると、かなりの点において共通する部分が存在することに鑑みれば、被告語呂合わせ（著作権侵害部分に限る）は、原告語呂合わせに依拠して作成されたものと推認されるとした。

これに対して、東京高判平成11・9・30判タ1018号259頁〔古文単語語呂合わせ事件控訴審〕では、原告語呂合わせと実質的に同一と認められた被告語呂合わせは、被告語呂合わせ1だけであること、一般的に、古語に関する語呂合わせは、古語と現代語訳とを結び付けて、記憶しやすい一連の語句や文章として簡潔に表そうとするものであるところ、それぞれの古語や現代語訳自体は客観的に広く知られているものであるから、各作成者が独自に工夫しても、ある程度相互に似通った発想や表現が生じ得る必然性と可能性を有しているものであること、現に、原告書籍、被告書籍および他の同種書籍に掲載された語呂合わせの中には、これらより前に発行された書籍に掲載されている語呂合わせと類似した発想や表現を含むものがそれぞれ10%前後存在していること等の事情を総合すると、依拠性は認められないとされた。

280　　第9章 著作権法

二次的著作物のみに依拠し、その原著作物に接したことがなくても、二次的著作物を介して原著作物に依拠したことになる（大阪地判平成 21・3・26 判時 2076 号 119 頁〔マンション読本事件〕）。

(3) 同一性

著作物の一部を変更したり、文章の順序変更を行うなど、若干の修正増減が加えられていても、当該著作物の本質的特徴が実質的に同一に再生されていれば、複製に当たる。

最判平成 9・7・17 民集 51 巻 6 号 2714 頁〔ポパイ・ネクタイ事件〕は、漫画の著作物の著作権侵害の事例について、複製というためには、第三者の作品が漫画の特定の画面に描かれた登場人物の絵と細部まで一致することを要するものではなく、その特徴から当該登場人物を描いたものであることを知り得るものであれば足りるというべきであると述べている。

書の著作物が小さく広告用カタログに無断撮影収録されたという事例において、東京高判平成 14・2・18 判時 1786 号 136 頁〔雪月花事件〕は、一般人の通常の注意力を基準として、著作物としての美的要素を直接感得できないとして複製されたとはいえない、と判断している。

(4) 複製による著作物利用の主体

まず、複製の意思をもって自ら複製行為を行う者が複製の主体に当たることは争いがない。独立した事業者として、営利を目的としてサービスの内容を自ら決定し、サービスに必要な機器および事務所を準備・確保したうえで、インターネットで宣伝広告を行うことにより不特定多数の一般顧客である利用者を誘引し、その管理・支配の下で、利用者から送付された書籍を裁断し、スキャナで読み込んで電子ファイルを作成することにより書籍を複製し、当該電子ファイルの検品を行って利用者に納品し、利用者から対価を得る本件サービスを行っている事業者は、複製の主体に当たるとされた（知財高判平成 26・10・22 判時 2246 号 92 頁〔自炊代行事件〕）。

さらに、物理的、自然的に観察した場合に複製の主体とみられる者とは異なる者について、複製の対象、方法、複製への関与の内容、程度などの諸要素を考慮して、主体と認定されることがある（最判平成 23・1・20 民集 65 巻 1 号 399 頁〔ロクラク II 事件〕）。同判決は、「放送番組等の複製物を取得する

ことを可能にするサービスにおいて、サービスを提供する者（以下「サービス提供者」という。）が、その管理、支配下において、テレビアンテナで受信した放送を複製の機能を有する機器（以下「複製機器」という。）に入力していて、当該複製機器に録画の指示がされると放送番組等の複製が自動的に行われる場合には、その録画の指示を当該サービスの利用者がするものであっても、サービス提供者はその複製の主体であると解するのが相当である。すなわち、複製の主体の判断にあたっては、複製の対象、方法、複製への関与の内容、程度等の諸要素を考慮して、誰が当該著作物の複製をしているといえるかを判断するのが相当であるところ、上記の場合、サービス提供者は、単に複製を容易にするための環境等を整備しているにとどまらず、その管理、支配下において、放送を受信して複製機器に対して放送番組等に係る情報を入力するという、複製機器を用いた放送番組等の複製の実現における枢要な行為をしており、複製時におけるサービス提供者の上記各行為がなければ、当該サービスの利用者が録画の指示をしても、放送番組等の複製をすることはおよそ不可能なのであり、サービス提供者を複製の主体というに十分であるからである。」と説示している。なお、本件において、サービスの利用者も複製の主体となるかについて、判決は特にふれていない。

ロクラクⅡ判決は、まず、複製の主体に関する一般的判断要素として「複製の対象、方法、複製への関与の内容、程度等」をあげたうえで、本件へのあてはめの段階では、サービス提供者の行為について「管理」「支配」「枢要」との認定を行っている。「対象、方法、関与の内容・程度」を考慮して著作物の利用主体の規範的認定を行うべきことは、複製に限らず、送信等他の利用方法についても同様と想定されており（山田真紀「判解」『最判解民事篇平成23年度（上）』274頁注（19）〔まねきTV事件調査官解説〕）、演奏による著作物の利用主体について、「対象、方法、関与の内容・程度」を基準とするものとして、知財高判平成28・10・19平成28（ネ）10041号〔ライブハウス事件〕がある。

一方、ロクラクⅡ判決によって複製の主体認定において考慮された「管理」「支配」「枢要」の各要素は、送信等他の利用行為の主体認定において、必ずしも考慮されるわけではない。この点に関し、本判決の金築誠志判事補

足意見は、「著作権法 21 条以下に規定された『複製』、『上演』、『展示』、『頒布』等の行為の主体を判断するにあたっては、もちろん法律の文言の通常の意味からかけ離れた解釈は避けるべきであるが、単に物理的、自然的に観察するだけで足りるものではなく、社会的、経済的側面をも含め総合的に観察すべきものであって、このことは、著作物の利用が社会的、経済的側面を持つ行為であることからすれば、法的判断として当然のことであると思う。……考慮されるべき要素も、行為類型によって変わり得るのであり、行為に対する管理、支配と利益の帰属という二要素を固定的なものと考えるべきではない。この二要素は、社会的、経済的な観点から行為の主体を検討する際に、多くの場合、重要な要素であるというにとどまる」と指摘している。

なお、このほか、一般に、ある行為の直接的な行為主体でない者であっても、その者が、当該行為の直接的な行為主体を「自己の手足として利用してその行為を行わせている」と評価しうる程度に、その行為を管理・支配しているという関係が認められる場合には、その直接的な行為主体でない者を当該行為の実質的な行為主体であると法的に評価し、当該行為についての責任を負担させるべきこともあろう（一般論としてこの点にふれるものとして、前掲知財高判平成 26・10・22〔自炊代行事件〕）。

このこと自体に異論はないものの、右のような「手足」的類型を侵害主体の独立の類型として観念する実益は乏しい。なぜなら、前掲最判平成 23・1・20〔ロクラク II 判決〕の示す複製主体の規範的認定の下では、必ずしも手足と評価できるほどの管理・支配性が認められない場合であっても、諸事情の総合考慮によって主体性が肯定され得るのであり、手足性が肯定される場合は、侵害主体性が認められる一場面と位置づけておけば、さしあたり足りるからである。

2　上演権および演奏権

(1) 公の上演・演奏

著作者は、その著作物を、公衆に直接見せまたは聞かせることを目的として（「公に」）、上演し、または演奏する権利を専有する（22 条）。

演奏は音楽、上演は演劇、ダンス、落語、漫才など演奏以外の著作物を演

ずることをいう（2条1項16号）。

22条以下の無形的利用については、公衆に直接見せまたは聞かせること
を目的とする場合にだけ著作権侵害が成立する。見せまたは聞かせることを
目的としていれば足り、結果として聴衆がいない場合もこれに含まれる。

非営利の演奏については、権利が制限される（38条1項）。

公衆とは、不特定多数、不特定少数（一人も含む。貸与権について、東京地
判平成16・6・18判時1881号101頁〔NTTリース事件〕、公衆送信権について、
最判平成23・1・18民集65巻1号121頁〔まねきTV事件〕）をいう。

特定とは、家族、友人などの人的な結合関係が存在することをいい、事業
者と顧客との関係のような不特定者の関係とは区別される。

公衆に当たるかの判断は、著作物の種類・性質や利用態様を前提として、
著作権者の権利を及ぼすことが社会通念上適切か否かという観点から行われ
る。社交ダンス教室における音楽著作物の利用行為について、入会金さえ払
えば誰でも受講できること、一度に数十名の受講生を対象とすることも可能
であることなどを考慮して、公衆に対するものと認定した例がある（名古屋
地判平成15・2・7判時1840号126頁〔社交ダンス教授所事件〕）。前掲最判平成
23・1・18〔まねきTV事件〕においても、サービスの利用者が事業者と契約
を締結すればサービスの提供を受けられるという関係にある場合、事業者に
とって利用者は不特定者すなわち公衆に当たるとされた。

上演、演奏には、生演奏のように人が直接演じる場合だけでなく、CD、
DVD、カラオケのように著作物を録音・録画したものを再生することや、
ホールで行われているコンサートを楽屋に電気通信設備を使用して伝達する
行為なども含まれる（2条7項）。

（2）演奏による著作物利用の主体

最判昭和63・3・15民集42巻3号199頁〔クラブ・キャッツアイ事件〕は、
スナック等の経営者が、カラオケ装置と音楽著作物たる楽曲の録音されたカ
ラオケテープとを備え置き、客に歌唱を勧め、客の選択した曲目のカラオケ
テープの再生による伴奏により他の客の面前で歌唱させるなどし、もって店
の雰囲気作りをし、客の来集を図って利益をあげることを意図しているとき
は、右経営者は、当該音楽著作物の著作権者の許諾を得ない限り、客による

歌唱につき、その歌唱の主体として演奏権侵害による不法行為責任を免れないとした。

　同事件においては、スナック等の経営者らは、スナック等において、カラオケ装置と、被上告人が著作権者から著作権ないしその支分権たる演奏権等の信託的譲渡を受けて管理する音楽著作物たる楽曲が録音されたカラオケテープとを備え置き、ホステス等従業員においてカラオケ装置を操作し、客に曲目の索引リストとマイクを渡して歌唱を勧め、客の選択した曲目のカラオケテープの再生による演奏を伴奏として他の客の面前で歌唱させ、また、しばしばホステス等にも客とともにあるいは単独で歌唱させ、もって店の雰囲気作りをし、客の来集を図って利益をあげることを意図していたというのであり、かかる事実関係のもとにおいては、ホステス等が歌唱する場合はもちろん、客が歌唱する場合を含めて、演奏（歌唱）という形態による当該音楽著作物の利用主体は上告人らであり、かつ、その演奏は営利を目的として公にされたものであるというべきである。なぜなら、客やホステス等の歌唱が公衆たる他の客に直接聞かせることを目的とするものであること（22条参照）は明らかであり、客のみが歌唱する場合でも、客は、スナックの経営者らと無関係に歌唱しているわけではなく、経営者らの従業員による歌唱の勧誘、経営者らの備え置いたカラオケテープの範囲内での選曲、経営者らの設置したカラオケ装置の従業員による操作を通じて、経営者らの管理のもとに歌唱しているものと解され、他方、経営者らは、客の歌唱をも店の営業政策の一環として取り入れ、これを利用していわゆるカラオケスナックとしての雰囲気を醸成し、かかる雰囲気を好む客の来集を図って営業上の利益を増大させることを意図したというべきであって、前記のような客による歌唱も、著作権法上の規律の観点からは経営者らによる歌唱と同視しうるものであるとされた。

　客によるカラオケ歌唱行為の物理的主体は言うまでもなく客である。これをそのまま著作物の歌唱による利用主体とみるならば、客の歌唱行為は非営利実演（38条1項）に該当し、著作権者の許諾を要しない行為となる。

　一方、クラブ・キャッツアイ判決は、客ではなく、客の歌唱を「管理」し、営業上の「利益」の増大を図るカラオケスナック経営者こそ、著作権法上の

Ⅷ. 著作権　　285

歌唱主体と評価されるとしたものである。

　その際、クラブ・キャッツアイ判決は、演奏による著作物の利用主体における一般的基準にはふれていない。あくまで、上記の事実関係の下では、店に主体性が認められるとの判断が示されているにすぎない。

　一方、学説は、本判決の考え方、すなわち、物理的、自然的には行為の主体といえない者について、規範的な観点から行為の主体性を認め、行為に対する管理、支配と利益の帰属という2つの要素を中心に総合判断する手法を、いわゆる「カラオケ法理」と批判的なニュアンスを込めて呼んできた。

　このことに関し、前掲最判平成23・1・20〔ロクラクⅡ判決〕の金築判事補足意見は、「『カラオケ法理』は、物理的、自然的には行為の主体といえない者について、規範的な観点から行為の主体性を認めるものであって、行為に対する管理、支配と利益の帰属という2つの要素を中心に総合判断するものとされているところ、同法理については、その法的根拠が明らかでなく、要件が曖昧で適用範囲が不明確であるなどとする批判があるようである。しかし、21条以下に規定された『複製』、『上演』、『展示』、『頒布』等の行為の主体を判断するにあたっては、もちろん法律の文言の通常の意味からかけ離れた解釈は避けるべきであるが、単に物理的、自然的に観察するだけで足りるものではなく、社会的、経済的側面をも含め総合的に観察すべきものであって、このことは、著作物の利用が社会的、経済的側面をもつ行為であることからすれば、法的判断として当然のことであると思う。このように、『カラオケ法理』は、法概念の規範的解釈として、一般的な法解釈の手法の1つにすぎないのであり、これを何か特殊な法理論であるかのようにみなすのは適当ではないと思われる。したがって、考慮されるべき要素も、行為類型によって変わり得るのであり、行為に対する管理、支配と利益の帰属という二要素を固定的なものと考えるべきではない。この二要素は、社会的、経済的な観点から行為の主体を検討する際に、多くの場合、重要な要素であるというにとどまる。にもかかわらず、固定的な要件をもつ独自の法理であるかのように一人歩きしているとすれば、その点にこそ、『カラオケ法理』について反省すべきところがあるのではないかと思う。」と応えている。

　複製による利用主体の判断の中で、前掲最判平成23・1・20〔ロクラクⅡ

判決〕は、著作物の利用主体の認定における一般的基準として、「対象、方法、関与の内容・程度」をあげており、この基準は、複製に限らず、送信等他の利用方法についても同様にあてはまると想定されている（前掲山田「判解」274 頁注（19）〔まねき TV 事件〕）。

実際、ロクラク II 判決後に、演奏による著作物利用主体について、ロクラク II 判決の「対象、方法、関与の内容・程度」基準を引用しつつ判断した事例がある（前掲知財高判平成 28・10・19〔ライブハウス事件〕）。ただし、ライブハウス事件判決は、演奏による利用主体の具体的判断要素として、被告が「演奏を管理・支配し」「演奏の実現における枢要な行為を行い」「それによって利益を得ていると認められる」という点を認定しており、ロクラク II 判決において、「管理」「枢要な行為」が考慮されているのとは対照的である。この点は、ロクラク II 判決の金築補足意見が明らかにしているとおり、複製に関する具体的判断要素は、総合考慮する際のファクターであり、他の利用方法である演奏に関する主体的認定においても全く同じである必要性は必ずしもなく、さらには、同じ利用行為であっても、事案ごとに、規範性の高低等によって、判断要素は異なる、ということになろう。

3　上映権

著作者は、その著作物を公に上映する権利を専有する（22 条の 2）。

上映とは、著作物を映写幕その他の物に映写することをいう（2 条 1 項 17 号）。映画に伴って固定されている音楽、つまりサウンド・トラックを再生することも上映に含まれる（同号）。

「その他の物」への映写の例としては、ビデオ・ゲーム機への画面表示（東京地判昭和 59・9・28 判時 1129 号 120 頁〔パックマン事件〕）がある。

なお、スポーツバーにおいて集客目的で大型の映写設備を用いてスポーツイベントのテレビ中継番組を顧客に視聴させる行為のように、放送など公衆送信される著作物を映写する行為については、上映権ではなく、公衆伝達権（23 条 2 項）の対象となる。

上映権の対象は映画に限定されず、CG 画像をレーザー映像としてビルの壁面に映写する行為、講演会において OHP を用いて著作物を提示する行為

なども含まれる。

4　公衆送信権・公衆伝達権

(1)　公衆送信権

(a)　**公衆送信**　　著作者は、その著作物について、公衆送信（自動公衆送信の場合にあっては、送信可能化も含む）を行う権利を専有する（23条1項）。

公衆送信とは、公衆によって直接受信されることを目的として無線通信または有線電気通信の送信を行うことをいう（2条1項7号の2）。建物内の一箇所から他の同一構内の場所への送信は公衆送信に当たらないものとされているが（同号括弧書）、プログラムの著作物については同一構内であっても原則どおり公衆送信権が及ぶ（同号括弧書内の括弧書）。たとえば、プログラム著作物を一本だけ購入して社内LANを経由して同一構内の端末に送信して利用する行為については、公衆送信権侵害となる。

公衆送信の方法には、放送、有線放送、自動公衆送信等の3つがある。

放送とは、公衆によって同一内容の送信が同時に受信されることを目的として行う無線通信の送信をいう（2条1項8号）。テレビ、ラジオ、衛星放送、地上波デジタルがこれに当たる。

有線放送とは、公衆によって同一内容の送信が同時に受信されることを目的として行う有線電気通信の送信をいう（2条1項9号の2）。有線放送、ケーブルテレビ放送、ミュージックサプライ事業者の行う音楽の有線放送がこれに当たる。

(b)　**自動公衆送信**　　自動公衆送信とは、公衆送信のうち、公衆からの求めに応じ自動的に行うもので放送または有線放送以外のものをいう（2条1項9号の4）。有線電気通信を利用した例として、オンライン・データベース、無線による例として、CSによるオンデマンド音楽・ゲーム配信があげられる。

自動公衆送信には送信可能化も含まれる（23条1項括弧書）。送信可能化とは、ネットワークへのアップロード行為や入力行為をいう。2条1項9号の5には、次の5つの行為を送信可能化行為として特定されている。

第1に、すでにネットワークにつながっているサーバー等に情報を何らか

の形で入れ込む行為として、①公衆の用に供されている電気通信回線に接続している自動公衆送信装置の公衆送信用記録媒体に情報を記録する行為、②情報が記録された記録媒体を当該自動公衆送信装置の公衆送信用記録媒体として加える行為、③情報が記録された記録媒体を当該自動公衆送信装置の公衆送信用記録媒体に変換する行為、④当該自動公衆送信装置に情報を入力する行為がある（2条1項9号の5イ）。

　第2に、サーバー等の送信用コンピュータが公衆に向けたネットワークに未接続である場合で、接続しさえすれば、その中の情報がそのネットワークに流れるといったときに、その接続を行う行為であり、⑤その公衆送信用記録媒体に情報が記録され、または当該自動公衆送信装置に情報が入力されている自動公衆送信装置について、公衆の用に供されている電気通信回線への接続（配線、自動公衆送信装置の始動、送受信用プログラムの起動その他の一連の行為により行われる場合には、当該一連の行為のうち最後のものをいう）を行うこと（2条1項9号の5ロ）である。

　自動公衆送信装置とは、サーバーのように、公衆の用に供する電気通信回線に接続することにより、情報を自動公衆送信する機能を有する装置をいう（2条1項9号の5イ括弧書）。「情報」とは、その記録媒体のうち自動公衆送信の用に供する部分に記録され、または当該装置に入力される情報であり、右「供する部分」のことを公衆送信用記録媒体という。

　あらかじめ設定された単一の機器宛てに送信する機能しか有しない装置であっても、当該装置を用いて行われる送信が自動公衆送信（公衆からの求めに応じ自動的に行われる公衆送信であって、放送または有線放送以外のもの）であるといえるときは、自動公衆送信装置に当たる（前掲最判平成23・1・18〔まねきTV事件〕）。

（c）公衆送信・送信可能化による著作物利用の主体　　自動公衆送信が、当該装置に入力される情報を受信者からの求めに応じ自動的に送信する機能を有する装置の使用を前提としていることに鑑みると、その主体は、当該装置が受信者からの求めに応じ情報を自動的に送信することができる状態を作り出す行為を行う者と解するのが相当であり、当該装置が公衆の用に供されている電気通信回線に接続しており、これに継続的に情報が入力されている場

合には、当該装置に情報を入力する者が送信の主体である（前掲最判平成23・1・18〔まねきTV事件〕）。なお、入力する主体を考えるについて、一定の規範的な評価を行うことは、複製、演奏など他の行為主体を考える場合と異ならず、入力の対象、方法等が考慮される（前掲山田「判解」274頁〔まねきTV事件〕）。

前掲最判平成23・1・18〔まねきTV事件〕は、放送事業者である原告が、「まねきTV」という名称で、利用者所有の機器を自己の事務所内に設置することによって、利用者がインターネットを通じてテレビ番組を視聴することができるようにするサービスを有償で提供している被告に対し、右サービスが、放送についての送信可能化権（99条の2）侵害、放送番組についての公衆送信権（23条1項）侵害となる旨主張して、放送の送信可能化行為等の差止めおよび損害賠償の支払を求めた事案である。右サービスでは、地上波アナログ放送のテレビチューナーを内蔵し、利用者の端末機器とインターネットを介して1対1で対応するよう設定され、受信する放送を利用者の指示によりデジタルデータ化し、このデータを自動的に当該利用者に送信する機能を有する機器（ベースステーション）が用いられ、被告は、利用者が本件サービスを受けるために送付した利用者所有のベースステーションを自己の事務所内に設置してテレビアンテナに接続するとともに、インターネットへの接続を行っていた。

本判決は、被告は、ベースステーションを分配機を介するなどして自ら管理するテレビアンテナに接続し、当該テレビアンテナで受信された本件放送がベースステーションに継続的に入力されるように設定した上、ベースステーションをその事務所に設置し、これを管理しているというのであるから、利用者がベースステーションを所有しているとしても、ベースステーションに本件放送の入力をしている者は被告であり、ベースステーションを用いて行われる送信の主体は被告とみるのが相当であるとした。そして、何人も、被告との関係等を問題にされることなく、被告と右サービスを利用する契約を締結することにより同サービスを利用することができるのであって、送信の主体である被告からみて、右サービスの利用者は不特定の者として公衆に当たるから、ベースステーションを用いて行われる送信は自動公衆送信であ

り、したがって、ベースステーションは自動公衆送信装置に当たる。そうすると、インターネットに接続している自動公衆送信装置であるベースステーションに本件放送を入力する行為は、本件放送の送信可能化に当たるというべきであるとした。

続けて、本判決は、右サービスにおいて、テレビアンテナからベースステーションまでの送信の主体が被告であることは明らかである上、ベースステーションから利用者の端末機器までの送信の主体についても被告であるというべきであるから、テレビアンテナから利用者の端末機器に本件番組を送信することは、本件番組の公衆送信に当たるというべきであるとした。

本判決においては、被告によるアンテナ、ベースステーションの管理に言及がなされているものの、ロクラクII判決のおける「枢要」、クラブ・キャッツアイ判決における「利益」は特に認定されていない。これは、本件の主体性判断に、規範的な側面が大きいとはいえなかったことによると説明されている（前掲山田「判解」〔まねきTV事件〕）。

他人のウェブサイトにリンクを貼る行為は公衆送信に当たるか。このことは、たとえば、漫画等の著作物が無断でアップロードされたサイトのリンクを集めたサイト（いわゆるリーチサイト）を開設する者は、自ら違法ファイルをアップロードしていなくとも、当該違法サイトにリンクを貼ったこと自体によって著作権侵害の責任を負うのか、という場面で問題となる。

まず、著作物のデータの送信行為はリンク先のウェブサイトからユーザに対して行われており、リンク元は少なくとも物理的には著作物の複製・送信の主体とはいえない（大阪地判平成25・6・20判時2218号112頁〔ロケットニュース24事件〕）。たしかに、リンク元のウェブサイトにアクセスする者は、リンクをクリックするだけで、リンク先の情報を得ることができるため、あたかもリンク先の情報がリンク元から送信されているかのようにみられる。しかしながら、リンク元はリンク先のウェブサイトの所在を示すURLを記載しているにすぎず、リンク先の情報を蓄積しているわけではない。ただし、リンク元のウェブサイトが、リンク先の情報を自らが独自に送信しているとの外観を作出しているといえる場合等は、リンク元が送信していると評価できることもあろう。

Ⅷ. 著作権　　291

ただし、リンクを貼る行為自体は原則として著作権侵害に当たらないとしても、リンク先が侵害コンテンツである場合、当該侵害コンテンツの所在を知らしめるために、第三者の目に触れる場所にリンクを貼る行為は、それ自体、著作権者に生ずる被害を拡大する間接的な効果を有しうる。

　ロクラクⅡ判決によって示された利用主体の一般的基準である「対象、方法、関与の内容・程度」を、従来考慮要素とされてきた「管理」「枢要」「利益」といった要素（必ずしもこれらすべてではなく、またこれらに限られない）に着目して総合考慮した結果、リンクを貼る者を公衆送信・送信可能化主体とみるべき事例も想定できよう。

　この点に関連し、ツイッター上のリツイート行為（インライン〔自動〕リンク）について、東京地判平成 28・9・15 平成 27（ワ）17928 号〔リツイート事件〕は、画像ファイルをツイッターのサーバーに入力し、これを公衆送信しうる状態を作出したのはリツイート元のアカウント使用者であるから、右送信の主体はリツイート元のアカウント使用者であると認定している。その際、同判決は、まねき TV 事件判決を引用しつつ、本件リツイート者らが送信主体であると解すべき根拠として原告があげるものについて検討し、結論的には、ツイッターユーザーにとってリツイートは一般的な利用方法であること、本件リツイート行為によりリツイート元のツイートは形式も内容もそのままタイムラインに表示されており、リツイートであると明示されていることが認められ、本件リツイート行為がリツイート元のアカウントの使用者にとって想定外の利用方法であるとは評価できないし、本件リツイート者らが本件写真を表示させることによって利益を得たとも考え難いとして、本件リツイート者らが自動公衆送信の主体であるとみることはできないとした。

(2) 公衆伝達権

　著作者は、公衆送信される著作物を受信装置を用いて公に伝達する権利（公衆伝達権）を専有する（23 条 2 項）。伝達とは、いったん録音・録画し、再生したものではなく、生で伝えられ、かつ、テレビ・ラジオ等の受信装置を用いて、公になされるものに限られる。

　たとえば、大学のサテライトキャンパスの学生に、メインキャンパスから衛星放送を通じて送られてくる講義を受信し、受講生に見せまたは聞かせる

行為が例である。

放送され、または有線放送される著作物は非営利かつ料金を徴収しない場合には受信装置を用いて公に伝達できる（38条3項前段）。また、通常の家庭用受信装置を用いてする場合には営利・有料であっても伝達権侵害とならない（同項後段）。飲食店内に集客のために通常のテレビを置いて客に視聴させるような場合がこれに当たる。

公衆送信された著作物を録音・録画して公に伝達する行為は伝達権の対象ではなく、複製権、上演権、演奏権、上映権、口述権の侵害が問題となる。

5　口述権

著作者は、その言語の著作物を公に口述する権利を専有する（24条）。

口述とは、朗読その他の方法により著作物を口頭で伝達することをいう（2条1項18号）。ただし、実演に該当するものは除かれる。実演とは、著作物を演劇的に演じ、舞い、演奏し、歌い、口演し、朗詠し、またはその他の方法により演ずることをいう（2条1項3号）。口述権の対象となるのは、言語の著作物を非演劇的に伝達することに限られ、具体的には、例示されている朗読のほか、講演、授業などがこれに当たる。

口述権の対象は公に行われる口述に限定される。「公に」とは、公衆に直接聞かせることを目的にして、という意味である（22条参照）。直接に聞かせることを目的としていれば、生で口述が行われている必要はなく、録音・録画されたものの再生（公衆送信または上映に該当するものを除く）、電気通信設備を用いた伝達（公衆送信に該当するものを除く）も口述に含まれる（2条7項）。小説の朗読を吹き込んだCDブックを再生する場合が一例である。ただし、非営利の場合は権利制限の対象となり、口述権侵害とはならない（38条1項）。公衆には、不特定者のみならず特定多数者も含まれる（2条5項）。

6　展示権

著作者は、その美術の著作物またはまだ発行されていない写真の著作物をこれらの原作品により公に展示する権利（展示権）を専有する（25条）。

VIII. 著作権　　293

原作品とは、著作物が創作時点で有体の媒体に固定されたもののことをいう。絵画のように一点だけが作られる場合もあれば、写真のネガから最初に作られた複数のプリント（オリジナルコピー）を指すこともある。

公にとは、展示については公衆に直接見せることを指す（22条参照）。写真についてのみ未発行のものに限定されているのは、原作品と複製物の区別が困難であるためである。

著作権法上、展示は原作品という有体物を通じて無体物である著作物を利用する行為として位置づけられる。一方、展示行為は、原作品の所有権者による所有物の使用の一態様でもあり、両者の調整規定が置かれており、原作品の所有権者またはその同意を得た者は、展示権者の同意を得ることなく美術の著作物もしくは写真の著作物の原作品を公に展示できる（45条1項）。

ただし、公園など屋外の場所に恒常的に設置する形で展示する場合には、たとえ所有権者またはその同意を得た者であっても、展示権者の許諾を得る必要がある（45条2項）。

7 頒布権、譲渡権、貸与権

（1）頒布の定義

著作者は、その映画の著作物をその複製物により頒布する権利（頒布権。26条）、その著作物（映画の著作物を除く）をその原作品または複製物の譲渡により公衆に提供する権利（譲渡権。26条の2）、その著作物（映画の著作物を除く）をその複製物の貸与により公衆に提供する権利（貸与権。26条の3）を専有する。

頒布とは、有償であるかまたは無償であるかを問わず、複製物を公衆に譲渡し、または貸与することをいう（2条1項19号前段）。映画の著作物については譲渡と貸与を合わせた頒布権（26条）、それ以外の著作物については譲渡権（26条の2）と貸与権（26条の3）に分けて規定されている。違法複製物の頒布等をみなし侵害とする規定（113条1項1号）については、すべての著作物について適用がある。

譲渡は複製物の所有権の移転を伴い、貸与は伴わないという違いはあるが、いずれも、著作物の複製物（有体物）の占有の移転により、著作物へのアク

セスを可能とする行為である。

公衆には不特定者のみならず特定多数の者も含む（2条5項）。特定少数の者とは、家族や友人など個人的な結合関係がある者のことをいう。プログラムの著作物について、リース業者がリース先に貸与を行う場合、業者とリース先との関係は営業関係であり、人的な結合関係はなく、不特定少数者すなわち公衆への貸与に当たるとされた（東京地判平成16・6・18判時1881号101頁〔NTTリース事件〕）。

映画の著作物または映画の著作物において複製されている著作物（サウンドトラック等）については、公衆への譲渡・貸与に加えて、著作物を最終的に公衆に提示すること（上映等）を目的として特定少数の者に対して映画の著作物の複製物を譲渡し、または貸与することも頒布に含まれる（2条1項19号後段）。映画の場合は、たとえ一本であっても、フィルムをレンタルすれば、書籍を何百冊も販売している場合と同じような社会的利用の実態が生ずるため、特定人に対する譲渡・貸与であっても、公衆への上映目的の場合には、頒布権の対象とする趣旨である。

(2) 頒布権

(a) 公衆への頒布・公衆への提示を目的とした特定少数者への頒布　　映画の著作物については、昭和45年の現行法制定当初から頒布権が付与されてきた。一方、その他の著作物については、昭和59年改正によって貸与権、平成11年改正により譲渡権がそれぞれ創設されている。

他の著作物に先んじて映画について頒布権が与えられた趣旨は、主として2条1項19号後段の頒布を念頭に置いたものであった。すなわち、映画製作には多額の資本が投下されており、流通をコントロールして、効率的に資本を回収する必要があったこと、劇場用映画の取引については、専ら複製物の数次にわたる貸与を前提とする配給制度の慣行が存していたこと、および、著作権者の意図しない上映行為を規制することが困難であるため、その前段階である複製物の譲渡、貸与を含む頒布行為を規制する必要があったことによる。

一方、現行法制定後、現在の映画の頒布権の流通形態は、当初想定されていた劇場用映画の配給のみならず、2条1項19号前段に該当する、劇場用

Ⅷ. 著作権　　*295*

映画の著作物の DVD ソフトの公衆への譲渡・貸与、映画の著作物に当たるゲームソフトの公衆への譲渡・貸与へと広がっている。

映画の中に複製されている著作物、映画音楽、美術作品の著作者は、その映画に複製されている自己の著作物の映画としての一体的利用に関し、頒布権を有する（26 条 2 項）。

(b) 頒布権の消尽——中古ゲームソフト事件判決　　平成 11 年に新たに設けられた映画以外の著作物についての譲渡権については、最初の適法な譲渡により、その後の再譲渡にはもはや譲渡権が及ばない旨の規定（26 条の 2 第 2 項 1 号。譲渡権の消尽）が置かれている。一方、映画の著作物に関する 26 条には消尽の規定は存在しないため、映画の頒布権については消尽しないとの解釈が成り立ちうるところであった。

このような中、最判平成 14・4・25 民集 56 巻 4 号 808 頁〔中古ゲームソフト事件〕は、まず、2 条 1 項 19 号後段の頒布、すなわち配給制度という取引実態のある映画の著作物またはその複製物については、複製物を最初に譲渡した後についても公衆に提示することを目的として譲渡、貸与する権利は消尽しないと解されてきたと指摘する。一方、同号前段の対象である公衆に提示することを目的としない家庭用テレビゲーム機に用いられる映画の著作物の複製物の譲渡については、最初の譲渡ですでに著作権者は利得を得ており、もし中古販売の対価も与えると二重利得となること、著作権市場における商品の円滑な流通の確保が必要であることに基づき、頒布権は及ばない、すなわち消尽するとした。その際、判決は、特許権の消尽に関する最判平成 9・7・1 民集 51 巻 6 号 2299 頁〔BBS 事件〕を引用している。

本判決の趣旨に従うと、公衆に提示することを目的としないパッケージ型のソフトであれば、テレビ番組、劇場用映画の複製物（DVD）も、頒布権の消尽が認められることになろう（髙部眞規子「判解」『最判解民事篇平成 14 年度（上）』429 頁〔中古ゲームソフト事件調査官解説〕。ビデオソフトについて消尽を認めたものとして、東京地判平成 14・1・31 判時 1791 号 142 頁〔ビデオソフト事件〕）。

なお、「頒布権」の消尽と称されることが多いが、消尽の対象となるのは、正確には映画の頒布権のうち譲渡に関する権利のみであり、貸与については

第一譲渡後も消尽することはない。

　中古ゲームソフト事件において、ソフトのパッケージには中古販売を禁止する旨が記載されていたが、最高裁は消尽を認めて中古販売を許容していることから、頒布権消尽の効果は当事者の意思にかかわらず生じるとされているのであろう。

　本判決は、海外から輸入された映画の著作物の複製物が国内で譲渡された場合については論じていない。中古ゲームソフト判決前の裁判例には、劇場用映画のビデオソフトの輸入の事例において消尽を否定したものがあることには注意が必要であるが（東京地判平成6・7・1判時1501号78頁〔101匹ワンチャン事件〕）、中古ゲームソフト判決によって映画の著作物の国内消尽が認められ、譲渡権について26条の2第2項5号が立法された現在においては、同号に相当する場合、すなわち、国外において適法に譲渡された映画の著作物の複製物については、国内での譲渡について頒布権者の許諾を要しないと解されよう（前掲髙部「判解」429頁〔中古ゲームソフト事件〕）。

　なお、BBS事件最高裁判決は、特許製品の並行輸入に関し、外国での最初の譲渡の際、譲渡人が譲受人との間では輸出先から日本を除外する旨の合意、その後の転得者に対しては、輸出先から日本を除外する旨の明確な表示を条件として、日本の特許権者による並行輸入の差止の余地を認めている。一方、26条の2第2項5号が適用される場合、著作権者は、外国での譲渡について許諾をすれば、その後の日本での譲渡について「合意」「表示」により禁止することは許されないことになろう。

（3）譲渡権

　著作者は、映画の著作物を除くすべての著作物について、その原作品または複製物の譲渡により公衆に提供する権利を専有する（26条の2第1項）。譲渡とは、有体物の占有、所有権原を移転することである。

　公衆には、不特定者のみならず特定多数者を含む（2条5項）。

　譲渡権については、いったん適法な譲渡がなされた後は、その後の再譲渡についてもはや権利が及ばない旨の規定（消尽）が置かれている（26条の2第2項）。

　第1に、譲渡権者等により公衆への譲渡がなされた後の再譲渡について譲

渡権は及ばない（26条の2第2項1号）。第2に、裁定（67条、67条の2、69条）などにより公衆に譲渡された場合も同様である（26条の2第2項2・3号）。

　第3に、最初の譲渡が公衆には当たらない家族、友人など特定少数者に対するものである場合も、消尽が認められる（26条の2第2項4号）。BBS最高裁判決は、消尽の主たる根拠として、二重利得の禁止と、商品の自由流通・特許製品の円滑な流通の確保、の2つをあげている。このうち、二重利得の禁止という理由づけは、最初の譲渡が特定少数者である場合、あてはまらない。譲渡権の対象は対公衆のみであるので、特定少数者への譲渡によって、譲渡権者が利得する余地はないからである。「許諾」ではなく、「承諾」という文言が用いられているのは、最初の譲渡については譲渡権の許諾の対象ではないことを示す趣旨である。

　一方、商品の自由流通・製品の円滑な流通という要請は、最初の譲渡が特定少数者に対するものであっても、同じくあてはまる。4号は、通常の経済取引において、有体物（複製物）の所有という外形が信頼されることに鑑みて、取引の安全という要請から特に設けられたものである。

　第4に、国外で適法に譲渡された後の国内における再譲渡についても、譲渡権は及ばない（26条の2第2項5号）。ただし、「前項に規定する権利に相当する権利を害することなく」という条件が付されている。このため、譲渡権に相当する権利を認める外国において、当該権利を有する者の許諾なく譲渡された複製物については、5号の対象とならない。

（4）還流レコードに関するみなし侵害

　国内頒布目的の商業用レコードについて、一定期間に限って情を知って頒布する目的で輸入し、国内で頒布または頒布目的で所持する行為は著作権侵害とみなされる（113条5項）。

　26条の2第2項5号と同趣旨の規定は、レコード製作者に対しても適用される（97条の2第2項5号）。このため、国外で適法に譲渡されたレコードについては、原則として、レコード製作者の譲渡権侵害とならない。ただし、国内版と同一の国外版が発行されており、国外版の輸入により権利者の利益が不当に害される場合には、国内において最初に固定した日から7年以

内で政令で定める期間内に限り（著施令66条により4年）、輸入・頒布、所持は著作権侵害となる（113条5項但書）。

（5）譲渡権と複製権

著作物の原作品または複製物が、譲渡権者甲の許諾なく乙によって公衆丙に譲渡され、さらに公衆丁へと再譲渡されたとする。乙から丙への譲渡については甲の許諾がないため、甲の譲渡権について消尽は成立しない。

ただし、甲の許諾がなくても、乙による複製物の作成が図書館における複製（31条）などの権利制限によって適法に行われた場合には、複製後の乙から丙への譲渡も適法とされている（47条の10）。権利制限の目的以外の目的で公衆に譲渡される場合は、この限りではない（同条但書）。

乙による複製物の作成が47条の10に列挙されている権利制限のいずれにも該当せず、乙から丙への譲渡が甲の譲渡権を侵害する場合、丙から丁への再譲渡について甲の譲渡権は及ぶか。

まず、丙の信頼を保護するため、113条の2は、丙が、乙から複製物の譲渡を受けた時において、乙による譲渡権侵害につき悪意または有過失の場合に限り、丙による丁への譲渡を甲の譲渡権侵害とする。

ただし、当該複製物が同時に甲の複製権も侵害している場合には、たとえ乙からの譲受の時点では譲渡権侵害について丙が善意無過失であっても、丙から丁への譲渡の時点に乙の複製権侵害の事実につき丙が悪意のときには、丙について113条1項2号が適用される。

（6）貸与権

貸与とは、有体物の占有を移転することである。いわゆる漫画喫茶内での店内貸し出しは、店外への持ち出しが可能でないので占有は移転しておらず貸与に当たらないとされる。譲渡権と異なり、貸与権は著作物の原作品を対象としていない。原作品の貸与については契約処理により利益の確保が可能であり、また、権利を及ぼしたとしても所有権の大幅な調整が必要となるためと説明される。

買い戻し予約付の中古販売のように、脱法的な貸与類似行為を防止するため、貸与には、「いずれの名義又は方法をもってするかを問わず、これと同様の使用の権原を取得させる行為」を含むとされている（2条8項）。

Ⅷ. 著作権　　299

公衆には、不特定者のみならず特定多数者も含む（2条5項）。家族、友人などの特定少数者に対する貸与は貸与権の範囲外である。

非営利・無償の貸与については貸与権の侵害とならない（38条4項）。公共図書館での図書の貸し出しが典型例である。

貸与権については、消尽の適用はない。貸与は、最初の譲渡が行われた後に、著作権者に別個の利得機会を与える権利であり、著作権者が譲渡後に貸与による利益をあげても、「二重」の利得とはみなされない。また、譲渡と異なり、貸与においては、複製物は著作権者に返還されることが前提であり、転々流通の取引安全を考慮する必要もない。

8　翻案権（二次的著作物の作成に関する権利）

（1）意義

著作者は、その著作物を翻訳し、編曲し、もしくは変型し、または脚色し、映画化し、その他翻案する権利を専有する（27条）。

翻案とは、狭義では、要約や古文の現代語訳を作成する行為、既存の文学作品などのストーリー性等をそのまま維持しつつその具体的な表現を変える行為を指し、広義には、翻訳、編曲、変形、脚色、映画化といった二次的著作物作成行為の全般の総称としても用いられる。

（2）翻案権侵害の基準

前掲最判平成13・6・28〔江差追分事件〕は、言語の著作物の翻案権侵害の基準を示している。言語の著作物に関する判例であるが、その後の裁判例によって、翻案権一般の基準としても採用されている。

判旨は、まずその前段において、翻案とは、既存の著作物に依拠し、かつ、その表現上の本質的な特徴の同一性を維持しつつ、具体的な表現に修正、増減、変更等を加えて、新たに思想または感情を創作的に表現することにより、これに接する者が既存の著作物の本質的な特徴を直接感得することのできる別の著作物を創作する行為をいう、とする（以下、「基準1」）。

続く後段において、判旨は、既存の著作物に依拠して創作された著作物が、思想、感情もしくはアイデア、事実もしくは事件など表現それ自体ではない部分または表現上の創作性がない部分において、既存の著作物と同一性を有

するにすぎない場合には、翻案には当たらない、としている（以下、「基準2」）。

本件は、江差追分に関するノンフィクション「北の波濤に唄う」と題する書籍（以下、「本件著作物」）の著作者が、「ほっかいどうスペシャル・遥かなるユーラシアの歌声―江差追分のルーツを求めて」と題するテレビ番組（以下、「本件番組」）を製作した放送局に対し、本件番組のナレーションが、本件著作物のプロローグの翻案に当たると主張した事案である。

最高裁は、原告著作者の主張を次のようにしりぞけている。すなわち、「本件プロローグと本件ナレーションとは、江差町がかつてニシン漁で栄え、そのにぎわいが『江戸にもない』といわれた豊かな町であったこと、現在ではニシンが去ってその面影はないこと、江差町では9月に江差追分全国大会が開かれ、年に1度、かつてのにぎわいを取り戻し、町は一気に活気づくことを表現している点およびその表現の順序において共通し、同一性がある。しかし、本件ナレーションが本件プロローグと同一性を有する部分のうち、江差町がかつてニシン漁で栄え、そのにぎわいが『江戸にもない』といわれた豊かな町であったこと、現在ではニシンが去ってその面影はないことは、一般的知見に属し、江差町の紹介としてありふれた事実であって、表現それ自体ではない部分において同一性が認められるにすぎない。また、現在の江差町が最もにぎわうのが江差追分全国大会の時であるとすることが江差町民の一般的な考え方とは異なるもので被上告人に特有の認識ないしアイデアであるとしても、その認識自体は著作権法上保護されるべき表現とはいえず、これと同じ認識を表明することが著作権法上禁止されるいわれはなく、本件ナレーションにおいて、上告人らが被上告人の認識と同じ認識の上に立って、江差町では9月に江差追分全国大会が開かれ、年に1度、かつてのにぎわいを取り戻し、町は一気に活気づくと表現したことにより、本件プロローグと表現それ自体でない部分において同一性が認められることになったにすぎず、具体的な表現においても両者は異なったものとなっている。さらに、本件ナレーションの運び方は、本件プロローグの骨格を成す事項の記述順序と同一ではあるが、その記述順序自体は独創的なものとはいい難く、表現上の創作性が認められない部分において同一性を有するにすぎない」。判旨の右

Ⅷ. 著作権　　*301*

部分は、上記の「基準2」のあてはめである。

　これに続き、判旨は、以下のように述べる。「しかも、上記各部分から構成される本件ナレーション全体をみても、その量は本件プロローグに比べて格段に短く、上告人らが創作した影像を背景として放送されたのであるから、これに接する者が本件プロローグの表現上の本質的な特徴を直接感得することはできないというべきである」。この部分は、上記の「基準1」のあてはめである。

　結論として、「したがって、本件ナレーションは、本件著作物に依拠して創作されたものであるが、本件プロローグと同一性を有する部分は、表現それ自体ではない部分または表現上の創作性がない部分であって、本件ナレーションの表現から本件プロローグの表現上の本質的な特徴を直接感得することはできないから、本件プロローグを翻案したものとはいえない。」とされた。

(3) 江差追分事件判決の射程

　判旨は基準1と基準2を「そして」で結んでおり、翻案が成立するためには、2つの基準がともにみたされる必要がある。上記のあてはめによると、本件では、いずれの基準もみたさない事例であったということになる。

　基準2については、創作性のない部分、アイデアについて翻案権侵害は成立しない、と述べる部分であって、特に異論はないところであろう。これに対し、基準1は、基準2とは別個に定立されていることからみて、基準2をみたす場合、すなわち、原告、被告の作品の共通部分が原告著作物の創作性ある表現部分であったとしても、なお、「本質的特徴を直接感得」できない、として翻案の成立が否定される場面が理論的には想定されていることになろう。この点で注目されるのは、上記引用のあてはめ部分において、「上記各部分から構成される本件ナレーション全体をみても、その量は本件プロローグに比べて格段に短く、上告人らが創作した影像を背景として放送されたのであるから」との言及が見られることである。ここでは、本件で比較されるのは、本件著作物のうち創作的表現部分と本件ナレーションの対応箇所だけでなく、「本件ナレーション全体」であること、そして、本件著作者の関与していない、「上告人らが創作した影像」をも背景として比較すべきこ

とが示唆されている。

　著作物と疑義侵害作品を比較する際、著作物のうち創作的表現部分にだけ着目し、対応する疑義侵害作品の箇所だけにフォーカスするのではなく、「これに接する者」すなわち疑義侵害作品を読み、聞き等する者が、疑義侵害作品のなかの、著作物の創作的表現部分とは対応しない部分も含めて、著作物の本質的特徴を直接感得することができるかによって、翻案の成否を判断するという枠組みであると理解できる。

　知財高判平成24・8・8判時2165号42頁〔釣りゲーム事件〕は、次のように江差追分事件判決の基準1を敷衍する。

　「翻案権の侵害の成否が争われる訴訟において、著作権者である原告が、原告著作物の一部分が侵害されたと考える場合に、侵害されたと主張する部分を特定し、侵害したと主張するものと対比して主張立証すべきである。それがまとまりのある著作物といえる限り、当事者は、その範囲で侵害か非侵害かの主張立証を尽くす必要がある。しかし、本件において、第1審原告は、『魚の引き寄せ画面』についての翻案権侵害を主張するに際し、魚の引き寄せ画面は、同心円が表示された以降の画面をいい、魚の引き寄せ画面の冒頭の、同心円が現れる前に魚影が右から左へ移動し、さらに画面奥に移動する等の画面は、これに含まれないと主張した上、被告作品の魚の引き寄せ画面に現に存在する、たとえば、円の大きさやパネルの配色が変化することや、中央の円の部分に魚影がある際に決定キーを押すと、『必殺金縛り』『確変』および『一本釣りモード』などの表示がアニメーションとして表示される画面等を捨象して、原判決別紙比較対照表1における特定の画面のみを対比の対象として主張したものである。このように、著作権者が、まとまりのある著作物のうちから一部を捨象して特定の部分のみを対比の対象として主張した場合、相手方において、まとまりのある著作物のうち捨象された部分を含めて対比したときには、表現上の本質的な特徴を直接感得することができないと主張立証することは、魚の引き寄せ画面の範囲内のものである限り、訴訟物の観点からそれが許されないと解すべき理由はない。なお、本件訴訟の訴訟物は、原告作品に係る著作権に基づく差止請求権等であって、第1審原告の『魚の引き寄せ画面』に関する主張は、それを基礎付ける攻撃方法の1

つにすぎないから、第1審被告らの上記防御方法が、訴訟物の範囲外のものであるということはできない。」

なお、このように、「著作権者が、まとまりのある著作物のうちから一部を捨象して特定の部分のみを対比の対象として主張した場合、相手方において、まとまりのある著作物のうち捨象された部分を含めて対比したときには、表現上の本質的な特徴を直接感得することができないと主張立証すること」を許容する基準1については、学説上、「全体比較論」と批判的に呼ばれることもある。たしかに、江差追分事件では、「本件ナレーション全体」の中での同一部分の位置づけに言及がなされている。一方、釣りゲーム事件では、ゲーム全体に比較が及んでいるのではなく、あくまで、著作物全体の中の「まとまりのある部分」に限定されており、必ずしも「全体」比較に限られるものではない。

(4) 翻案権侵害の判断例

翻案権侵害の具体的な判断は著作物の類型に応じて様々である。例をあげると、音楽の類否判断例として、東京高判平成14・9・6判時1794号3頁〔記念樹事件〕では旋律を重視しつつ翻案権侵害を肯定している。知財高判平成17・6・14判時1911号138頁〔武蔵事件〕は、映画とテレビドラマの類否について、基本的なストーリー・テーマ、エピソード、場面、人物設定、合戦などの具体的表現、類似する要素の有機的結合について対比し、結論として、共通点はアイデアの類似にすぎないとして翻案権侵害は否定されている。写真の類否については、東京高判平成13・6・21判時1765号96頁〔西瓜写真事件〕があり、撮影対象物の選択、組み合わせ、配置等における創作性が利用されているとして、翻案権侵害が肯定されている。

9 著作権と所有権

著作権法と所有権との関係が問題となった事例として、最判昭和59・1・20民集38巻1号1頁〔顔真卿自書告身帖事件〕がある。本件の書は、今から1200年以上前、中国唐代の建中元年（西暦780年）に書かれたものであり、現行著作権法による保護は存在しない。したがって、本件書の元の所有者の許諾を得て写真撮影した者の承継人から写真の乾板（かつて写真撮影に用い

られた感光材を塗ったガラス板）を入手して本件書を複製した被告の行為は、著作権法上は適法である。これに対して、本件書の真筆の所有者である原告は、被告の行為は書の所有権を侵害するとして、差止請求を行った。

　最高裁は、有体物である美術の著作物の原作品の所有権と、無体物である著作権の区別を明らかにする。すなわち、①美術の著作物の原作品は、それ自体有体物であるが、同時に無体物である美術の著作物を体現しているものというべきところ、所有権は有体物をその客体とする権利であるから、美術の著作物の原作品に対する所有権は、その有体物の面に対する排他的支配権能であるにとどまり、無体物である美術の著作物自体を直接排他的に支配する権能ではないと解するのが相当である。②著作権の消滅後は、著作権者の有していた著作物の複製権等が所有権者に復帰するのではなく、著作物は公有（パブリック・ドメイン）に属し、何人も、著作者の人格的利益を害しない限り、自由にこれを利用しうることになるのである。③もしも、所論のように原作品の所有権者はその所有権に基づいて著作物の複製等を許諾する権利をも慣行として有するとするならば、著作権法が著作物の保護期間を定めた意義は全く没却されてしまうことになる。

　最高裁は、④博物館や美術館において、著作権が現存しない著作物の原作品の観覧や写真撮影について料金を徴収し、あるいは写真撮影をするのに許可を要するとしているのは、原作品の有体物の面に対する所有権に縁由するものと解すべきである。所有権者が無体物である著作物を体現している有体物としての原作品を所有していることから生じる反射的効果にすぎない、と述べている。

　「縁由」「反射的効果」とはやや難解な言い回しであるが、所有権者がその所有物を囲いで遮蔽して外部から撮影不能な状態においた結果第三者がこれを無断撮影できないこと、あるいは、著作権の存しない仏像や美術品の展示、撮影について契約上対価を徴収することは、所有権の直接の効果とはいえない、という意味である。もし、所有権の直接の効果として無断撮影等を禁止できるとすれば、公の場所に遮蔽なく建っている建物の写真を無断で撮影しても、所有権侵害となってしまうであろう。東京地判平成 14・7・3 判時 1793 号 128 頁〔かえでの木事件〕は、①かえでの木および当該かえでの木の

Ⅷ. 著作権　　305

生えている土地の所有者は、かえでの木を撮影した写真を複製、出版する行為に対して、かえでの木の所有権侵害を問うことはできない、②土地所有者として、撮影目的での土地への立ち入りを禁止した場合には、無断立ち入り者については土地所有権侵害に基づく不法行為が成立するとした。

　なお、顔真卿事件から20年を経て、最高裁は再び所有権と知的財産の関係について判示する機会があった。最判平成16・2・13民集58巻2号311頁〔ギャロップレーサー事件〕である。この判決は、顔真卿事件判決を引用しつつ、有体物である競走馬の所有権を根拠として、馬の無体物の面であるところの馬の名称について排他的支配を及ぼすことはできない、と述べた。さらに、競走馬の名称の顧客吸引力について、商標法等の法令の根拠によらずに排他的支配権を認めることも適切でない、とした。

●●●●●●　**参 考 文 献**　●●●●●●
- 小酒禮「**判解**」『最判解民事篇昭和53年度』411頁〔ワンレイニーナイト・イン・トーキョー事件〕
- 柴田義明「**判解**」『最判解民事篇平成23年度（上）』61頁〔ロクラクⅡ事件〕
- 水野武「**判解**」『最判解民事篇昭和63年度』150頁〔クラブキャッツアイ事件〕
- 山田真紀「**判解**」『最判解民事篇平成23年度（上）』40頁〔まねきTV事件〕
- 高部眞規子「**判解**」『最判解民事篇平成14年度（上）』429頁〔中古ソフト事件〕
- 高部眞規子「**判解**」『最判解民事篇平成13年度（下）』549頁〔江差追分事件〕
- 清水利亮「**判解**」『最判解民事篇昭和59年度』1頁〔顔真卿自書告身帖事件〕
- 西田美昭「**複製権の侵害の判断の基本的考え方**」斎藤博＝牧野利秋編『裁判実務大系27　知的財産関係訴訟法』117頁（青林書院、1997年）
- 龍村全「**著作権侵害における『依拠』論と著作権侵害による差止請求の帰責原理**」野村豊弘先生古稀記念『知的財産・コンピュータと法』65頁（商事法務、2016年）
- 上野達弘「**著作権侵害訴訟における依拠性に係る要件事実**」伊藤滋夫編『知的財産法の要件事実』（日本評論社、2016年）
- 三尾美枝子「**著作権侵害（1）依拠性**」小泉直樹＝末吉亙編『実務に効く 知的財産判例精選』157頁（有斐閣、2014年）
- 安藤和宏「**アメリカ著作権法における無意識の依拠に関する一考察**」東洋法学59巻1号231頁（2015年）
- 柴田義明「**著作権侵害の主体**」牧野利秋ほか編『知的財産訴訟実務大系Ⅲ』154頁（青林書院、2014年）
- 柴田義明「**著作権侵害の主体**」高部眞規子編『著作権・商標・不競法関係訴訟の実

務』87 頁（商事法務、2015 年）
- 上野達弘「いわゆる『**カラオケ法理**』**の再検討**」紋谷暢男教授古稀記念『知的財産法と競争法の現代的展開』781 頁（発明協会、2006 年）
- 高部眞規子「**著作権侵害の判断再考**」野村豊弘先生古稀記念『知的財産・コンピュータと法』43 頁（商事法務、2016 年）
- シンポジウム「**翻案**」著作権研究 34 号（2008 年）
- シンポジウム「パロディについて」著作権研究 37 号（2011 年）

Ⅸ ► 著作権の制限

1 私的使用のための複製

（1）私的使用

（a）**趣旨**　　著作物は、個人的にまたは家庭内その他これに準ずる限られた範囲内において使用すること（以下、「私的使用」）を目的とするときは、30 条 1 項 1 号から 3 号に掲げる場合を除き、その使用する者が複製することができる（同条 1 項）。個人の私的な領域における活動の自由を保障する必要性があり、また閉鎖的な私的領域内での零細な利用にとどまるのであれば、著作権者への経済的打撃が少ないことなどに鑑みて規定されたものである。そのため、要件として、著作物の使用範囲を「個人的に又は家庭内その他これに準ずる限られた範囲内において使用することを目的とする」（私的使用目的）ものに限定するとともに、これに加えて、複製行為の主体について「その使用する者が複製する」との限定を付すことによって、個人的または家庭内のような閉鎖的な私的領域における零細な複製のみを許容し、私的複製の過程に外部の者が介入することを排除し、私的複製の量を抑制するとの趣旨・目的を実現しようとしたものである（知財高判平成 26・10・22 判時 2246 号 92 頁〔自炊代行事件〕）。

（b）**私的使用**　　第 1 の要件は、個人的にまたは家庭内その他これに準ずる限られた範囲内において使用すること（「私的使用」）である。「個人的」使用とは、個人的に楽しむ目的でテレビ番組を録画したり、レンタル店から借りてきた CD を録音すること、書籍を複写することなどをいう。これに対して、複製をする者が所属する組織の業務にかかわる使用を目的とする場

合は、ここでいう「個人的」複製には該当しない（著作権審議会第4小委員会〔複写複製関係〕報告書第2章〔昭和51年〕）。たとえば、医師や弁護士が将来の治療や相談に役立てるために複製する場合、個人的な使用とはいえないが、医師や弁護士が一般的な教養を身につけるために行う複写については、個人的使用に該当する。

企業その他の団体において、内部的に業務上使用するために行われる複製は、個人的な使用に当たらないとされた例がある（東京地判昭和52・7・22判タ369号268頁〔舞台装置設計図事件〕）。いわゆる自炊代行事業者が複製の主体として認定された事例において、営利を目的として、顧客である不特定多数の利用者に複製物である電子ファイルを納品・提供するために右事業者によって行われる複製は、「個人的に又は家庭内その他これに準ずる限られた範囲内において使用することを目的とする」ということはできず、本項の適用外であるとされた（前掲知財高判平成26・10・22〔自炊代行事件〕）。

「家庭内」すなわち同一家計で同居している家族に使用させるために複製することも本項によって許容される。

「これに準ずる限られた範囲内」において使用される場合も私的複製と認められる。具体的にどの範囲内であればこれに含まれるかの基準は条文上明らかではないが、典型的には、社内の同好会やサークルのように趣味などを目的として集まった少人数のグループのように、相互に個人的な結合関係のある、特定少数の者を指すと説明されている。

（c）その使用する者　　第2の要件は、その使用する者が複製することである。個人的または家庭内のような閉鎖的な私的領域における零細な複製のみを許容し、私的複製の過程に外部の者が介入することを排除し、私的複製の量を抑制するとの趣旨・目的を実現しようとしたものである。

いわゆる自炊代行事業者が複製の主体として認定された事例において、複製された電子ファイルを私的使用する者は利用者であることから、「その使用する者が複製する」ということはできず、本要件をみたさないとされた（前掲知財高判平成26・10・22〔自炊代行事件〕）。

30条1項に基づき著作物を利用することができる場合には、当該著作物を翻訳、編曲、変形または翻案することができる（43条1号）。その際には、

308　第9章 著作権法

著作物の出所を明示しなければならない（48条3項）。

　30条1項に該当する行為によって作成された複製物であっても、当該権利制限の目的外の目的のために複製物を頒布し、著作物を公衆に提示した場合、複製を行ったものとみなされる（49条1項1号）。43条1号により翻訳、編曲、変形、翻案された著作物が30条の目的外の目的で頒布、公衆に提示された場合、当該二次的著作物の原著作物の著作権者の翻案権侵害となる（49条2項1号）。

（2）30条で許容される複製から除外される場合

　上記のとおり、私的使用目的での複製が権利制限の対象とされる趣旨は、私的な領域における活動の自由を保障する必要性と、閉鎖的な私的領域内での零細な利用にとどまるのであれば、著作権者への経済的打撃が少ないことにあった。著作権法が制定された昭和45年の時点の技術状況においては、家庭内等で私的に行われる複製は「零細」とみなすことができた。その後の複製機器の発達、デジタル技術の進展はめざましく、これに対応するため、公衆提供自動複製機器を用いた複製（30条1項1号）、技術的保護手段の回避によって可能となった複製（同2号）、違法配信を受信して行うデジタル方式の録音録画の場合（同3号）、映画館内における映画の盗撮（映画の盗撮の防止に関する法律4条1項）については私的複製の許容対象から除外され、いわば「例外の例外」として扱われる。

　（a）公衆提供自動複製機器を利用した複製　　公衆の使用に供することを目的として設置されている自動複製機器（複製の機能を有し、これに関する装置の全部または主要な部分が自動化されている機器をいう）を用いて複製する場合は、私的使用目的の複製であっても、30条1項の適用対象から除外される（30条1項1号）。

　このような場合、閉鎖的な私的領域内での零細な利用にとどまる複製を許容する30条1項の趣旨を逸脱し、著作権者への経済的打撃が小さいとはいえないため、同項の適用対象から除外すべく昭和59年改正によって設けられた規定である。

　ただし、著作権法附則5条の2により、当分の間、専ら文書または図画の複製に供される自動複製機器を用いた複製には30条1項1号は適用され

IX. 著作権の制限　　309

ない。たとえば、コンビニに設置されているコピー機を用いて文献を私的使用目的で複製する行為は、著作権者の許諾を要しない。このような経過措置が設けられたのは、昭和59年当時、文献複写の分野に関する権利の集中管理の仕組みが整っていなかったことによる。

公衆提供自動複製機器を利用して自ら複製を行った私的使用目的で複製を行った者に対しては、差止請求など民事的請求のみが可能であり、罰則は科されていない（119条1項括弧書）。個人が行う私的複製には罰則を科すほどの悪質性は認められないという理由に基づく。

一方、営利目的で公衆自動複製機器を著作権の侵害となる著作物の複製に使用させた者には、罰則が科される（119条2項2号）。

(b) 技術的保護手段の回避、復号によって可能となった複製　　技術的保護手段の回避、復号によって可能となったことを知りながら行う複製については、私的使用目的であっても、30条1項の適用対象から除外される（30条1項2号）。

技術的保護手段が付されて市場に提供される著作物等について、その回避によって複製が行われることは、著作物等の提供の前提を覆し、著作権者の利益を不当に害するものであるため、たとえ私的使用目的であっても、30条1項の対象外とするものである。

技術的保護手段とは、電子的方法、磁気的方法その他の人の知覚によって認識することができない方法により、著作者人格権、著作権、実演家人格権、著作隣接権を侵害する行為の防止または抑止をする手段（著作権等を有する者の意思に基づくことなく用いられているものを除く）であって、その方式には、①これに用いられる機器が特定の反応をする信号を著作物、実演、レコードもしくは放送もしくは有線放送に係る音もしくは影像とともに記録媒体に記録し、もしくは送信する方式（非暗号型）、②当該機器が特定の変換を必要とするよう著作物、実演、レコードもしくは放送もしくは有線放送に係る音もしくは影像を変換して記録媒体に記録し、もしくは送信する方式（暗号型）の2つがある（2条1項20号）。

①は、暗号化されていない著作物等に、コピー制御信号を付加して伝送し、記録機器側が信号を検知、反応して複製制御を行う「フラグ型」（例として、

音楽 CD に用いられ、一世代のみのコピーを可能とする SCMS）と、暗号化され
ていない著作物等にエラー信号を付加し、当該信号によって機器の既存機能
を一方的に誤作動させて、再生や複製等を制御する「エラー惹起型」（例と
して、映画の著作物等に用いられる擬似シンクパルス）がある。

　なお、信号に反応しないいわゆる「無反応機」を用いた複製は、回避行為
に当たらない。

　②は、コンテンツ提供事業者が、コンテンツに信号を付すのではなく、ス
クランブル等の方法でコンテンツ自体を暗号化することにより、非正規機器
による再生、複製等から保護する技術をいう（例として、DVD に用いられる
CSS）。

　いずれも、著作権等を有する者の意思に基づくことなく用いられているも
のは除かれる（2 条 1 項 20 号括弧書）。

　なお、ビデオゲームに用いられているアクセス・コントロール技術で、ゲー
ムコンテンツを暗号化しておらず、複製の防止はされないが、その実行の
ためには正規の媒体のみに記録されたセキュリティ信号が必要とされるもの
については、ゲームコンテンツを非正規媒体に複製してもセキュリティ信号
がなく実行不可能であるため、違法な複製を抑止する機能を有しているもの
の、上記①②のいずれのカテゴリーにも該当せず、技術的保護手段には該当
しない。

　非暗号型の技術的保護手段の回避、暗号型の技術的保護手段の復元（復
号）により可能となり、またはその結果に障害が生じないようになった複製
を、その事実を知りながら行う場合には、30 条 1 項は適用されない（同項 2
号）。

　回避等が行われたことにつき複製行為者が知らない場合には、2 号の対象
とならず、私的使用目的の複製については 30 条 1 項が適用される。

　音楽 CD からアナログカセットテープに録音する場合に音楽 CD に記録
されているコピー制御信号が除去されて複製が可能となってしまう場合のよ
うに、記録や送信方式の変換にともなう技術的な制約によってやむを得ず回
避が生ずる場合については、本号の対象とはならず、30 条の適用を受ける
（同条 1 項 2 号括弧内の括弧書）。

Ⅸ. 著作権の制限　　*311*

回避行為となったことを知りながら私的使用目的の複製を行う者については、民事の差止請求のみが可能であり、罰則の適用はない（119条1項）。

技術的保護手段の回避を行うことをその機能とする装置（当該装置の部品一式であって容易に組み立てることができるものを含む）もしくは技術的保護手段の回避を行うことをその機能とするプログラムの複製物を公衆に譲渡し、もしくは貸与し、公衆への譲渡もしくは貸与の目的をもって製造し、輸入し、もしくは所持し、もしくは公衆の使用に供し、または当該プログラムを公衆送信し、もしくは送信可能化する行為（当該装置または当該プログラムが当該機能以外の機能を併せて有する場合にあっては、著作権等を侵害する行為を技術的保護手段の回避により可能とする用途に供するために行うものに限る）をした者、および業として公衆からの求めに応じて技術的保護手段の回避を行った者については、罰則が科される（120条の2第1・2号）。

(c) 違法送信を受信しての録音録画　インターネット上に違法にアップロードされた著作物をその事実を知りながら私的に録音・録画する行為は、私的使用目的であっても著作権侵害となる（30条1項3号）。

携帯電話向けの違法音楽配信サイト、ファイル交換ソフト等によってネット上の海賊版の録音録画が大量流通して権利者の利益が不当に害されることを抑止する目的で平成21年改正により新設された規定である。

本号の対象は録音・録画に限定されている。録音とは「音を物に固定し、又はその固定物を増製すること」（2条1項13号）をいい、録画とは「影像を連続して物に固定し、又はその固定物を増製すること」（同項14号）を指す。本号の対象著作物として想定されているのは音楽の著作物と映画の著作物であるといえるが、厳密には、音楽以外の著作物であっても、たとえば、英会話教材のような言語の著作物であっても「録音」の対象として本号の適用を受け、また、映画の著作物と認められるゲームソフト、演劇・ダンスの影像のような映画の著作物以外も含まれ得る。

なお、動画投稿サイトに投稿された動画コンテンツを視聴する際、PCの内部に動画ファイルのキャッシュが作成されるが、仮に投稿された動画コンテンツが違法に投稿されたものであっても、47条の8（電子計算機における著作物の利用に伴う複製）が適用され、適法となる。当該キャッシュを、キャ

312　　第9章 著作権法

ッシュフォルダから取り出し、独立して視聴する場合は別論である（49条1項7号）。

違法にアップロードされたコンテンツであることを知りながら行われる録音・録画のみを規制しているのは、違法サイトであることを知らないで利用した者についてまで権利侵害とするのは行きすぎであり、また、個々の利用行為による被害は軽微であるなどの配慮に基づくものである。

（d）映画の盗撮の防止に関する法律　　平成19年に制定された「映画の盗撮の防止に関する法律」では、映画の海賊版防止のため、映画館等において権利者の許諾を得ずに映画を撮影すること（盗撮）については、30条1項の対象外として、たとえ私的使用目的であっても権利制限の対象とはならない（同法4条）。

（3）私的録音録画補償金制度

政令で指定されたデジタル方式の録音・録画用機器・記録媒体（主なものとして、MD、CD-R、DVD、ブルーレイ）を用いて私的使用目的の録音・録画をする場合には、利用者は権利者の許諾を得る必要はないが、相当な額の補償金を著作権者に支払わなければならない（30条2項）。この規定は、実演、レコードにも準用され（102条1項）、補償金請求権を有するのは、著作権者、実演家およびレコード製作者である。

具体的には、機器・記録媒体の購入時に、補償金相当額を上乗せした価格を購入者が支払い、これを指定管理団体が当該機器・記録媒体メーカー等から納付を受けて権利者に分配する仕組みである（いわゆる「上乗せ・納付方式」。104条の2から104条の10）。

指定管理団体が私的録音録画補償金の支払を請求する場合には、特定機器または特定記録媒体の製造または輸入を業とする者（製造業者等）は、当該私的録音録画補償金の支払の請求およびその受領に関し協力しなければならない（104条の5）。製造業者等が「上乗せ・納付方式」に協力しない事実関係があれば、その違反について損害賠償義務を負担すべき場合があり得る（知財高判平成23・12・22判時2145号75頁〔東芝私的録音録画補償金事件〕）。

平成4年の本制度導入時点においては、著作権者が利用者による私的利用についてコントロールすることは技術的に困難であった。今日では、技術的

保護手段により、著作権者等は私的利用について物理的にコントロールし、また個別に課金することも一部可能となっている。このような状況変化により、私的録音録画補償金制度はすでに役割を終えたものととらえ、個別の課金システムに移行すれば足りるという議論もある。他方では、デジタル化に伴いむしろ私的利用による著作権者の被害は従前より増大しており、補償金制度は拡充されるべきであるという反論もなされている。

2　付随的・予備的利用

(1) 付随対象著作物の利用

（a）趣旨　　著作物の創作や利用に際しては、たとえば、写真を撮影したところ、本来意図した撮影対象だけでなく、背景に小さくポスターや絵画が写り込む場合、街角の風景をビデオ収録したところ、本来意図した収録対象だけでなく、ポスター、絵画や街中で流れていた音楽がたまたま録り込まれる場合、絵画が背景に小さく写り込んだ写真を、ブログに掲載する場合等が生じる。こうした写り込んでしまった著作物の利用は、通常は著作権者の利益を不当に害するものとはいえないが、著作権侵害に問われるおそれがある。

このため、写真の撮影等の方法によって著作物を創作するにあたって、当該著作物（写真等著作物）に係る写真の撮影等の対象とする事物等から分離することが困難であるため付随して対象となる事物等に係る他の著作物（付随対象著作物）は、当該創作に伴って複製または翻案することができる。ただし、当該付随対象著作物の種類および用途ならびに当該複製または翻案の態様に照らし著作権者の利益を不当に害することとなる場合は、この限りでない（30条の2第1項）。複製または翻案された付随対象著作物は、写真等著作物の利用に伴って利用することができる（同条2項）。本条は、出版権（86条1項）、著作隣接権（102条1項）に準用される。

（b）要件　　本条は「著作物を創作するに当たって」行われる行為を対象にしており、著作物の創作行為に該当しない場合、たとえば、固定カメラによる撮影やスポーツ中継などは該当しない。機械的に行われる映画の盗撮のような違法行為における写り込みまでは保護する必要はないからと説明されている。

「分離することが困難である」とは、ある著作物（写真等著作物）を創作する際に、創作時の状況に照らして、付随して対象となった他の著作物（付随対象著作物）を除いて創作することが、社会通念上困難であると客観的に認められることを指す。たとえば、被写体の背後に絵画が掛かっている場合、絵画を外して写真撮影することは、物理的には困難ではないが社会通念上は困難な例として想定できる。

「軽微な構成部分」であるか否かは、著作物の種類等に照らし、個別の事案に応じて判断されるものであり、あらかじめ定量的な割合が決まっているものではない。

本条は、非営利要件は課されていないため、営利目的の利用において生ずる写り込みについても対象となる。

「翻案」による写り込みの例としては、カラー写真がセピア写真に写り込み色合いが変わる場合、絵画が3Dカメラで撮影した映像に写り込み立体的な表現となる場合がある。

「当該付随対象著作物の種類及び用途並びに当該複製又は翻案の態様に照らし著作権者の利益を不当に害することとなる場合」に当たるかは、著作権者の著作物の利用市場と衝突するか、あるいは将来における著作物の潜在的販路を阻害するかという観点等から判断される。但書が適用されうる例としては、街中を撮影中に、演奏家による演奏が高音質で長時間にわたって録音される場合が想定されている。

（c）いわゆる「写し込み」　　いわゆる「写し込み」行為が30条の2に該当するかが問題となる。「写し込み」の語は、①被写体として写ってしまうことを認識しつつ撮影を続行する行為を指して用いられる場合と、②故意に「写し込む」行為（例としては、映画等の撮影現場において演出意図をもって小道具として用意して撮影する行為、親が子供にミッキーマウスの人形を抱かせて写真に撮る行為）を指す場合があるとされる。

このうち、①については、本条に特段これを除外する規定は見当たらないため、本条但書に該当する場合を除き、対象となると考えられる。一方、②については、「分離することが困難である」の要件との関係が問題となる。文理解釈としては、故意に写し込んでいる以上、「分離することが困難」の

IX. 著作権の制限　　315

要件をみたさないと言わざるをえないであろう。

(2) 検討の過程における利用

許諾を得てまたは裁定を受けて著作物を利用しようとする者は、利用に係る検討の過程において、必要と認められる限度で、当該著作物を利用できる（30条の3）。

たとえば、キャラクターデザインについて利用許諾を受けるか社内で検討するために当該デザインを複製する場合、業務目的であるので私的使用には当たらないが、本条の適用により著作権者の事前の許諾は不要となる。ただし、本条に基づいて作成された複製物を目的外で使用することは権利侵害となる（49条1項1号、同条2項4号）。

(3) 技術の開発または実用化のための試験の用に供するための利用

録音、録画その他の利用に係る技術の開発または実用化のための試験の用に供する場合には、必要と認められる限度において当該著作物を利用できる（30条の4）。

開発中の録音録画技術の性能を試すための素材として、実際に音楽や映画等の著作物を録音、録画するような場合が、本条の適用例である。

本条に基づいて作成された複製物を目的外で利用することは著作権侵害となる（49条1項5号、同条2項6号）。

3 図書館等における複製等

図書館サービスの公共性を尊重し、国会図書館、公共図書館、大学図書館など著作権法施行令1条の3で定める図書館においては、一定の条件の下で権利者の許諾を得なくても自由に著作物を複製することが認められている。

図書館利用者への複写サービス（31条1項1号）、資料保存のための複製（同2号）、他の図書館の求めに応じた絶版等資料の複製（同3号）に加え、平成21年改正により、国会図書館については、納本後直ちに、図書館資料をデジタル化することが認められている（31条2項）。

さらに、平成24年改正により、国会図書館は、絶版等資料について、図書館等に対して自動公衆送信を行うことができるとするとともに、図書館は、利用者の求めに応じて、国会図書館から自動公衆送信された絶版等資料の一

部複製を行うことができることとなった（31条1項3号、同2・3項）。

図書館の利用者の求めに応じて著作物の複製を行うことができる場合（31条1項1号）においては、当該著作物を翻訳することができる（43条2号）。

31条1項に基づき作成された複製物、43条2号に基づき作成された翻訳物を目的外の目的で頒布、公衆に提示した場合には、複製権、翻案権の侵害となる（49条1項1号、同条2項1号）。

31条1項1号に基づき複製された複製物を、当該図書館の利用者に対して提供することは、譲渡権侵害とならない（47条の10）。

4　引用

（1）趣旨

公表された著作物は、引用して利用することができる。この場合において、その引用は、公正な慣行に合致するものであり、かつ、報道、批評、研究その他の引用の目的上正当な範囲で行われるものでなければならない（32条1項）。

引用とは、報道目的の著作物中に報道目的上必要な材料として他人の著作物を引用する場合や、自説を展開するために自己の論文中に他人の論文の一部を引用する場合などのように、他人の著作物の全部または一部を自己の著作物中に採録することをいう（旧著作権法に関する最判昭和55・3・28民集34巻3号244頁〔モンタージュ写真事件〕）。

社会的に著作物の引用は広く行われており、著作物自体が先人の文化遺産を母体として形成されるものであるから、その引用が公正な慣行に合致し、かつ目的上正当な範囲にとどまる限り、著作権者の権利を不当に害することはないとの趣旨に基づく規定である。

（2）引用の要件

第1に、32条に基づき引用することができるのは公表（4条）された著作物に限られる。

第2に、引用する側の作品について著作物性があることは条文上要件とされていない。

「自己ノ著作物中ニ正当ノ範囲内ニ於テ節録引用スルコト」を要件として

Ⅸ. 著作権の制限　*317*

いた旧著作権法（明治32年法）30条1項2号とは異なり、現行32条1項は、引用者が自己の著作物中で他人の著作物を引用した場合を要件として規定していないだけでなく、報道、批評、研究等の目的で他人の著作物を引用する場合において、正当な範囲内で利用されるものである限り、社会的に意義のあるものとして保護するのが現著作権法の趣旨でもあると解されることに照らすと、引用として適法とされるためには、利用者が自己の著作物中で他人の著作物を利用した場合であることは要件でないと解される（知財高判平成22・10・13判時2092号135頁〔絵画鑑定証書事件〕）。

　第3に、引用は、列挙されている「報道、批評、研究」以外を目的とするものも含む。絵画の鑑定証書に鑑定対象の絵画を複製したコピーを添付したことが引用としての利用として許されるかが問題となった事例において、鑑定証書は、そこにコピーが添付されている絵画が真作であることを証する鑑定書であって、鑑定証書に本件各コピーを添付したのは、その鑑定対象である絵画を特定し、かつ、当該鑑定証書の偽造を防ぐためであるところ、そのためには、一般的にみても、鑑定対象である絵画のカラーコピーを添付することが確実であって、添付の必要性・有用性も認められることに加え、著作物の鑑定業務が適正に行われることは、贋作の存在を排除し、著作物の価値を高め、著作権者等の権利の保護を図ることにもつながるものであることなどを併せ考慮すると、著作物の鑑定のために当該著作物の複製を利用することは、著作権法の規定する引用の目的に含まれるとされた（前掲知財高判平成22・10・13〔絵画鑑定証書事件〕）。

　第4に、引用の目的上正当な範囲内であり公正な慣行に合致するかの判断においては、他人の著作物を利用する目的のほか、その方法や態様（量的・質的）、利用される著作物の種類や性質、当該著作物の著作権者に及ぼす影響の有無・程度などが総合考慮される（前掲知財高判平成22・10・13〔絵画鑑定証書事件〕）。

　かつては、適法引用と認められるための要件として、全体としての著作物において、その表現形式上、引用して利用する側の著作物と引用されて利用される側の著作物とを明瞭に区別して認識することができること、および右両著作物の間に前者が主、後者が従の関係があると認められることを要する

とされていた（東京高判昭和 60・10・17 判時 1176 号 33 頁〔藤田嗣治事件〕）。

　これに対して、近時の裁判例においては、引用する側と引用される側の主従性の有無は、引用の成否を直ちに決する要件としてではなく、引用の方法・態様について考慮され得る一事情とみなされる傾向にある。

　たとえば、上記絵画鑑定書事件において、コピーは、いずれもホログラムシールを貼付した表面の鑑定証書の裏面に添付され、表裏一体のものとしてパウチラミネート加工されており、本件各コピー部分のみが分離して利用に供されることは考え難いこと、鑑定証書は、絵画の所有者の直接または間接の依頼に基づき 1 部ずつ作製されたものであり、絵画と所在を共にすることが想定されており、絵画と別に流通することも考え難いことに照らすと、その方法ないし態様としてみて、社会通念上、合理的な範囲内にとどまるものといえ、右の方法ないし態様であれば、絵画の著作権を相続人の許諾なく絵画を複製したカラーコピーが美術書等に添付されて頒布された場合などとは異なり、著作権者が絵画の複製権を利用して経済的利益を得る機会が失われるなどということも考え難いとされ、引用が認められた（前掲知財高判平成22・10・13〔絵画鑑定証書事件〕）。本判決は、主従性の有無については特に言及していない。

　事案によっては、総合考慮の中で、引用される著作物が独立して鑑賞の対象となり得る程度の大きさであるという事情が決め手とされることもある。絵画のオークション用カタログに絵画の写真が複製された事例において、カタログにおいて美術作品を複製する目的が、本件オークションにおける売買の対象作品を特定するとともに、作家名やロット番号以外からは直ちに認識できない作品の真贋、内容を通知し、入札への参加意思や入札額の決定に役立つようにする点にあるところ、カタログには、美術作品の写真に合わせて、ロット番号、作家名、作品名、予想落札価格、作品の情報等が掲載されるが、カタログの各頁に記載された写真の大きさが上記情報等の記載の大きさを上回るものが多く、掲載された写真は、独立して鑑賞の対象となり得る程度の大きさといえ、上記の情報等の掲載に主眼が置かれているとは解し難いこと、オークションでは、カタログの配布とは別に、出品された美術作品を確認できる下見会が行われていることなどに照らすと、上記の情報等と合わせて、

美術作品の写真を本件カタログに記載された程度の大きさで掲載する合理的な必然性は見出せないことから、カタログにおいて美術作品を複製するという利用の方法や態様が、オークションにおける売買という目的との関係で、社会通念に照らして合理的な範囲内のものであるとは認められず、また、公正な慣行に合致することを肯定できる事情も認められないとされた（知財高判平成 28・6・22 判時 2318 号 81 頁〔毎日オークション事件〕）。本判決は、主従性という語は用いていないものの、独立して鑑賞の対象となり得る程度の大きさで、作品情報の特定という目的を超えて複製されていることを考慮して適法引用の成立を否定している。

　他人の著作物を批評し、また揶揄する目的で自己の作品中に収録する行為をパロディと呼ぶことがある。外国の著作権法の中には、明文でパロディを許容する権利制限規定をおく例もある。一方、日本法上は、パロディとは何かについての共通了解もいまだ成立していないため、パロディの引用該当性について論ずることも難しい状況にある。

　32 条の「利用」には、当該引用部分を翻訳することも含まれる（43 条 2 号）。私的使用目的での複製等については 43 条 1 号に基づき、翻訳以外の利用である編曲、変形、翻案による利用も許容されているのに対して、同条 2 号は翻訳以外について言及していないことから、引用による利用は翻訳に限られるという解釈が文理に忠実であるが、裁判例の中には、要約による引用を許容したものもある（東京地判平成 10・10・30 判時 1674 号 132 頁〔血液型と性格事件〕）。

(3) 官公庁広報資料等の転載

　国・地方公共団体の機関等が一般に周知されることを目的として作成し、その著作の名義のもとに公表する広報資料、調査統計資料、報告書等については、転載禁止の表示がない限り、説明の材料として新聞、雑誌等の刊行物に転載できる（32 条 2 項）。これらの著作物の公共性に基づき、「公正な慣行に合致する」こと、および「引用の目的上正当な範囲内」であることのいずれも要さずに転載を認めるものである。

5 教育目的における利用

　教科用図書等への掲載（33条）、教科用拡大図書等の作成のための複製等（33条の2）、学校教育番組の放送等（34条）、学校その他の教育機関における複製等（35条）、試験問題としての複製等（36条）については、教育活動に支障が生じないように、また、試験・検定を実施するために必要な限度で著作権が制限される。

　公表された著作物については、非営利の教育機関における授業の過程において、当該授業を直接受ける者に対して当該著作物をその原作品もしくは複製物を提供し、もしくは提示して利用する場合または当該著作物を非営利目的で上演し、演奏し、上映し、もしくは口述して利用する場合には、当該授業が行われる場所以外の場所において当該授業を同時に受ける者に対して公衆送信（自動公衆送信の場合にあっては、送信可能化を含む）を行うことができる。ただし、当該著作物の種類および用途ならびに当該公衆送信の態様に照らし著作権者の利益を不当に害することとなる場合は、この限りでない（35条2項）。たとえば、インターネットを使った遠隔授業の際に、権利者の許諾なくしてインターネットで教材を配信することや、副会場で各端末画面に映し出すことができる。

　36条1項に基づき複製、公衆送信が許容されている趣旨は、試験検定の実施の公正のため、試験問題の事前漏洩を防ぐ必要があり、著作権者の許諾をあらかじめ得ることが困難なことにある。このため、同条が適用されるのは問題としていかなる著作物を利用するか自体を秘密にする必要がある場合に限られる。小学生の国語教科書に準拠した国語テストについては、当該教科書に掲載された著作物がテストに利用されることは当然予測されるため、問題としていかなる著作物を利用するかについて秘密性は存在せず、36条の適用はない（知財高判平成18・12・6平成18（ネ）10045号〔国語ドリル事件〕）。

　営利目的で試験検定のため著作物を複製、公衆送信する者は、通常の使用料相当額を著作権者に支払う必要がある（36条2項）。

　これらの規定によって作成された複製物の譲渡については譲渡権が制限さ

れ（47条の10）、一定限度で翻案権も制限を受ける（43条）。さらに、教科用図書（33条）、教科用拡大図書（33条の2）、学校教育番組（34条）における利用については、同一性保持権も行使できない（20条2項1号）。

一方、教科用図書、教科用拡大図書、学校教育番組に基づく利用の場合には出所の明示が必要であり（48条1項1・2号）、また、教育機関における複製、試験問題としての複製の場合には明示する慣行がある場合にのみ義務づけられる（同3号）。たとえば、作品の題名や著作者名を解答させるような設問の場合、出所を明示する必要はない。

教科用拡大図書に基づき作成された複製物を目的以外の目的で頒布などする行為については複製権の侵害となり（49条1項1号）、教育機関において43条の規定に基づき作成された二次的著作物の教科用拡大図書、教育機関における複製の目的以外の目的での頒布は翻案権侵害となる（49条2項1号）。

6　視覚障害者等のための利用

公表された著作物は、点字により複製することができる（37条1項）。視覚障害者の福祉のため、点字複製が認められる必要があることによる。著作物を翻訳して点字化することも許される（43条2号）。出所の明示は義務づけられている（48条1項1号）。

点字情報のデジタル化、公衆送信については著作権者の許諾を要しない（37条2項）。

視覚障害者、ディスクレシア（識字障害、読字障害等）などの発達障害のある者のために小説や絵本などの書籍などを元に録音図書や拡大図書を作成したり、色を変更した文書・図画にすることなどを行なうことができる（37条3項、43条4号）。出所の明示は必要である（48条1項2号）。

同じく、聴覚障害者等のために、ニュース番組など放送または有線放送される音声内容をリアルタイム字幕で文字情報にして、コンピュータネットワークを利用して配信することなどについても、著作権者の許諾を要しない（37条の2）。出所の明示は義務付けられている（48条1項2号）。

7　営利を目的としない上演等

（1）非営利の上演等

　公表された著作物は、営利を目的とせず、かつ、聴衆または観衆から料金（いずれの名義をもってするかを問わず、著作物の提供または提示につき受ける対価）を受けない場合には、公に上演し、演奏し、上映し、または口述することができる。ただし、当該上演、演奏、上映または口述について実演家または口述を行う者に対し報酬が支払われる場合は、この限りでない（38条1項）。

　これらの上演等は通常大規模なものではなく、著作権者に大きな不利益がないことを理由とするものである。

　第1に、「営利を目的とせず」とは、著作物の利用行為が直接間接に営利に結びつかない場合に限られる。間接的な営利目的が認められる場合としては、たとえば、宣伝用に行われる映画の無料試写会がある。

　第2に、聴衆または観衆から料金を受けない場合とは、著作物の公の提供・提示行為の見返りとして対価を受けないことをいう。いずれの名義をもってするか問わないため、たとえば、演奏会の入場料は無料であるが、入場できる者は一定の会費を支払った会員に限定されているような場合には、右会費は対価とみなされる。ダンス教室において、入会金と受講料が徴収されており、音楽著作物の利用が不可欠である場合、入会金と受講料は当該音楽著作物の提供の対価の性質を有しているとされた例がある（名古屋地判平成15・2・7判時1840号126頁〔社交ダンス教授所事件〕）。

　第3に、非営利かつ無料であっても、著作物の実演を行う者に報酬（出演料）が支払われる場合は、本項の適用を受けない。

　38条1項に基づき著作物を利用する場合には、出所を明示する慣行がある場合に限り、利用の態様に応じ合理的と認められる方法および程度により明示する必要がある（48条1項3号）。

（2）非営利の有線放送等

　非営利かつ無料の場合には、放送を受けて有線放送で著作物を再送信することができる。専ら当該放送に係る放送対象地域において受信されることを

IX. 著作権の制限　*323*

目的として自動公衆送信（入力型の送信可能化も含む）することもできる（38条2項）。具体例としては、難視聴解消のため行なわれる再送信などがこれに当たる。

（3）非営利または家庭用受信装置による伝達

非営利かつ無料の場合には、放送または有線放送される著作物を受信装置を用いて公に伝達することができる（38条3項）。

通常の家庭用受信装置を用いる場合においては、営利または有料の場合であっても、放送・有線放送等される著作物を公に伝達することができる。飲食店等において、テレビを客に視聴させることはこれに当たる。

（4）非営利かつ無料の貸与

公表された著作物（映画の著作物を除く）は、営利を目的とせず、かつ、その複製物の貸与を受ける者から料金を受けない場合には、その複製物（映画の著作物において複製されている著作物にあっては、当該映画の著作物の複製物を除く）の貸与により公衆に提供することができる（38条4項）。

ただし、貸与される複製物が著作者人格権、著作権、出版権、実演家人格権、著作隣接権を侵害する行為によって作成された物、または、輸入の時点において国内で作成したならば著作者人格権、著作権、出版権、実演家人格権、著作隣接権の侵害となるべき行為によって作成され、国内での頒布目的で輸入された物である場合、情を知ってこれを貸与する行為は侵害とみなされる（113条1項2号）。

（5）映画著作物に関する非営利・無料の貸与

社会教育施設など政令で定める公的施設において、地域の学習活動に資する多様な映像媒体を円滑に利用できるようにするため、貸与に関する頒布権を制限するとともに、権利者の経済的利益を補償するため、施設側に相当な補償金の支払いを義務づけている（38条5項）。

8　報道・国家活動のための利用

（1）時事問題に関する論説の転載等

新聞、雑誌に掲載された政治上、経済上または社会上の時事問題に関する論説については、他の新聞、雑誌に転載したり、放送・有線放送したり、放

送を IP マルチキャスト方式により同時再送信することができる（39 条 1 項）。また、1 項に基づき許容された論説の放送等を受けて受信装置によりその論説を公に伝達することもできる（同条 2 項）。報道に関する社会的要請に適合するように設けられた規定である。

本条にいう時事問題に関する論説は、新聞の社説あるいは雑誌の巻頭言のように、報道機関としての 1 つの主義主張を展開するものである必要があるとされる。

学術的な性格を有する場合や、転載を禁止する旨の表示がある場合は本項の適用対象から除かれる（同項但書）。転載にあたり、翻訳して利用することもできる（43 条 2 号）。利用に際しては、出所を明示する義務がある（48 条 1 項 2 号）。

（2）政治上の演説等の利用

公開して行われた政治上の演説、陳述、裁判手続における公開の陳述は、同一の著作者のものを編集して利用する場合を除いて、だれでも、方法を問わず、利用することができる（40 条 1 項）。

国会議員の質疑、討論、閣僚や政府参考人の答弁、参考人の意見陳述など国もしくは地方公共団体の機関、独立行政法人または地方独立行政法人において行われた公開の演説または陳述については、報道の目的上正当と認められる場合には、新聞・雑誌に掲載し、放送、有線放送などすることができる（40 条 2・3 項）。

40 条 2 項該当の場合については、翻訳により利用することが可能である（43 条 2 号）。

本条に基づく利用に際しては、出所明示義務がある（48 条 1 項 2 号）。

（3）時事の事件の報道のための利用

写真、映画、放送その他の方法によって時事の事件を報道する場合には、事件を構成する著作物や、事件の過程において見られまたは聞かれる著作物は、報道の目的上正当な範囲内において、複製のほか、事件の報道に伴って利用することができる（41 条）。本条該当の場合には、翻訳による利用も可能である（43 条 2 号）。出所を明示する慣行がある場合にのみ、出所明示が義務づけられる（48 条 1 項 3 号）。本条に基づき作成された複製物の目的外

IX. 著作権の制限　　*325*

使用は複製権侵害となる（49条1項1号）。

「時事の事件」とは、たんなる過去の記録ではなく、その日におけるニュースとしての価値をもつ出来事である。絵画展に関する新聞報道のうち、出品される作品コレクションが公開されるにいたった経緯について報じた部分は「時事の事件」に当たるが、絵画展の前売り券の発売日の告知部分はこれに当たらないとされた（東京地判平成10・2・20判時1643号176頁〔バーンズコレクション事件〕）。

「事件を構成する著作物」とは、当該事件の主題、核心となっている著作物をいう。暴力団に対する一斉摘発に関する時事の事件の報道において、取締りの対象となった暴力団組長の継承式を撮影したビデオ放映は「事件を構成する著作物」に当たるとされた例がある（大阪地判平成5・3・23判時1464号139頁〔山口組襲名式ビデオ事件〕）。絵画展に関する新聞報道において、出品される絵画も、当該事件を構成する著作物とされている（前掲東京地判平成10・2・20〔バーンズコレクション事件〕）。

「当該事件の過程において見られ、若しくは聞かれる著作物」とは、事件を視聴覚的に報道しようとすれば不可避的に利用される著作物をいう。展覧会のテレビ報道において、展示絵画作品が写ってしまう場合や、スポーツイベントの報道において、入場行進曲が流れるような場合がこれに当たる。

「報道の目的上正当な範囲内」に当たるかどうかは、具体的な利用態様に照らし、著作物の本来的な利用である鑑賞目的と衝突しないかによって判断される。たとえば、新聞紙上に約10cm×6cmの絵画の写真が通常の紙質で掲載された場合（前掲東京地判平成10・2・20〔バーンズコレクション事件〕）や、7分間の報道中4分超にわたりビデオが流された場合（前掲大阪地判平成5・3・23〔TBS事件〕）は、いずれも正当な範囲内と認められた。

（4）裁判手続等における利用

裁判手続のために必要と認められる場合、および立法または行政の目的のために内部資料として必要と認められる場合には、著作物を複製（42条1項）、翻訳（43条2号）できる。

複製できるのは、公表された著作物に限られず、未公表のものも含まれる。ただし、立法または行政目的の場合は、内部の検討のための資料として用い

る場合に限られ、対外的に公表する場合は除かれる。

42 条 2 項 1 号は、特許審査等における複製について許容している。たとえば、特許審査手続において、特許庁の審査官が、公知の研究論文に出願発明が記載されていることを理由として拒絶査定を行う際、当該研究論文を複製する場合が本号に当たる。さらに、右の拒絶査定に対して、出願人が、意見書を作成する際、当該公知文献を複製することも、同じく本号によって許容される。

42 条 2 項 2 号に基づき複製が許されるのは、たとえば、医薬品の製造販売承認手続において、申請者が他人の論文等を複製して提出する場合である。

42 条に基づき適法とされるのは著作物の複製および翻訳（43 条 2 号）に限られ、公衆送信については対象外である（東京地判平成 20・2・26 平成 19 （ワ）15231 号〔社会保険庁 LAN 事件〕）。

42 条に基づく利用に際しては出所明示の義務がある（48 条 1 項 1 号）。

42 条に基づき作成された複製物を目的外で頒布等する者は複製を行ったものとみなされる（49 条 1 項 1 号）。このため、42 条以外の権利制限規定に別途該当するか、著作権者から複製許諾を得ない限り、複製権侵害が成立する。

（5）情報公開法等による開示のための利用

情報公開法などに基づき、国民や住民からの開示請求の対象となるものには、行政機関などが作成した文書のほか、国民や住民が当該機関に提出した著作物も含まれる。当該開示に必要な限りで、著作権は制限される（42 条の2）。

（6）公文書管理法等による保存等のための利用

国立公文書館等の長または地方公文書館等の長は、公文書管理法 15 条 1 項の規定または公文書管理条例の規定（同項の規定に相当する規定に限る）により歴史公文書等を保存することを目的とする場合には、必要と認められる限度において、当該歴史公文書等に係る著作物を複製することができる（42 条の 3）。

永久保存の目的で、歴史公文書等について、多数の複製物を作成することは、「必要と認められる限度」を超えると説明されている。

Ⅸ. 著作権の制限　　*327*

(7) 国立国会図書館におけるインターネット資料の保存

　国立国会図書館法 25 条の 3 に基づき、国立国会図書館の館長が、国、地方公共団体などが提供するインターネット資料をデジタル化するための複製については、著作権者の許諾を要しない（42 条の 4）。

9　放送事業者による一時的固定

　放送事業者は、録音録画放送の際、放送の技術的な手段として用いられる一時的な録音・録画については権利処理を必要としない（44 条 1 項）。通信衛星放送により提供される音楽ラジオ番組の送信の際、音楽データをサーバーに蓄積することも、本条に当たる（東京地判平成 12・5・16 判時 1751 号 128 頁〔スターデジオ事件〕）。有線放送事業者についても同様の規定がおかれている（同条 2 項）。

　本条に基づき作成が許容されているのは一時的固定物であり、本来放送後には廃棄されるべきものではあるが、ネットワークによる利用期間や放送法上の番組保存義務を考慮し、録音録画の後 6 か月以内に放送が行われた場合はその放送から 6 か月を経過するまで保存できる（44 条 3 項）。この期間を超えて保存した場合は、目的外使用となる（49 条 1 項 2 号）。ただし、政令に基づき公的な記録保存所（放送文化財ライブラリー等）において保存する場合は、6 か月を超えて保存可能である。

10　所有権との調整

(1) 美術の著作物等の原作品の所有者による展示

　美術の著作物もしくは写真の著作物の原作品の所有者またはその同意を得た者は、これらの著作物をその原作品により公に展示することができる（45 条 1 項）。美術や写真の原作品について所有権を取得した者またはその同意を得た者が、その作品を展示することについては、本来的に想定される行為であるためである。

　ただし、美術の著作物の原作品を街路、公園その他一般公衆に開放されている屋外の場所、建造物の外壁その他一般公衆の見やすい屋外の場所に恒常的に設置、すなわち常時継続して公衆の観覧に供する場合には、著作権者に

与える経済的影響が大きいため、原則どおり展示権者の許諾が必要である（同条2項）。

「一般公衆の見やすい屋外の場所」とは、不特定多数の者が見ようとすれば自由にみることができる広く開放された場所をいい、「恒常的に設置」するとは、社会通念上、ある程度の長期にわたり継続して、不特定多数の者の観覧に供する状態におくことをいい、市内を循環する市営バスの車体に描かれた美術の著作物はこれに当たる（東京地判平成13・7・25判時1758号137頁〔バス車体絵画事件〕）。

（2）公開の美術の著作物等の利用

美術の著作物でその原作品が45条2項にいう屋外の場所に恒常的に設置されているものまたは建築の著作物については、権利者の利益を害するおそれがあるものとして46条に列挙されている場合を除き、自由に利用できる（46条）。権利行使を制限しないと一般人の行動の自由が過度に抑制されること、自由利用を許すという社会的慣行の存在、自由利用を許すことが多くの著作権者の意思に沿うといったことを理由とする（前掲東京地判平成13・7・25〔バス車体絵画事件〕）。利用にあたり、出所を明示する慣行がある場合は、出所を明示しなければならない（48条1項3号）。

著作権者の許諾が必要となるのは以下の場合である。

第1に、彫刻のレプリカを作成し、またはそのレプリカを譲渡により公衆に提供する場合（46条1号）。

第2に、建築の著作物を模倣して建築し、またはその複製物の譲渡により公衆に提供する場合（同2号）。

第3に、街路、公園その他一般公衆に開放されている屋外の場所に恒常的に設置するために複製する場合（3号）。

第4に、複製絵画、絵葉書のように、専ら美術の著作物の複製物の販売を目的として複製し、またはその複製物を販売する場合（同4号）。「専ら」といえるかは、著作物を利用した書籍等の体裁、内容、著作物の利用態様、利用目的などを客観的に考慮して判断される（前掲東京地判平成13・7・25〔バス車体絵画事件〕）。バス車体絵画事件においては、幼児教育目的のために作られた書籍の表紙に市営バスの車体に描かれた絵画が複製されたという事例

において、目的に照らして格別不自然な態様ではなく、各種自動車の一例として紹介されたものであり、「専ら」絵画の複製物の販売を目的とするものとはいえないとされた。

(3) 美術の著作物等の展示に伴う複製

美術の著作物または写真の著作物の原作品により、展示権を害することなく、これらの著作物を公に展示する者は、観覧者のためにこれらの著作物の解説または紹介をすることを目的とする小冊子にこれらの著作物を掲載することができる（47 条）。美術作品や写真作品の展示に際して、観覧者のために展示作品の解説・紹介を目的とした小型のカタログ、目録、図録などの小冊子を作成することは通常行われており、著作権者の利益を害するおそれもないため許容されている。

小冊子といえるためには、内容において著作物の解説が主体になっているか、著作物に関する資料的要素が相当にあることが必要であり、また、掲載される作品の複製の質が複製自体の鑑賞を目的とするものではなく、展示された原作品と解説との対応関係を視覚的に明らかにする程度のものであることが前提となる（東京地判平成 9・9・5 判時 1621 号 130 頁〔ダリ事件〕）。紙質、判型、複製態様からみて、観賞用の図書として市場において取引されるものと同様の価値を有するものは小冊子に当たらない。本条に基づく利用に際しては出所の明示が義務付けられる（48 条 1 項 1 号）。

(4) 美術作品等の販売等に伴う利用

美術の著作物または写真の著作物の原作品または複製物の所有者等が、その原作品または複製物を譲渡または貸与しようとする場合には、その申出の用に供するため、当該所有者等は、これらの著作物について複製、公衆送信（送信可能化を含む）することができる（47 条の 2）。

たとえば、美術作品等の所有者や、その委託を受けた者が、ネットオークションなどのサイトにおいて、当該作品のサムネイル画像を掲載し、公衆送信することは本条に該当する。

本条の適用を受けるためには、著作権者の利益を不当に害しないための措置が講じられていることが前提となる（括弧書）。著作権法施行令 7 条の 2 および著作権法施行規則 4 条の 2 は、図画として複製する場合、著作物の

表示について大きさが 50 cm² 以下であること、画素数が 32400 以下であることを本条適用の条件として定めている。

オークションカタログに、縦約 6 cm×横 8.3 cm（表示の大きさは約 49.8 cm²）の絵画の写真を掲載した行為について、著作権法施行規則 4 条の 2 第 1 項 1 号が定める範囲内であるとして、47 条の 2 の適用を認めた例がある（知財高判平成 28・6・22 判時 2318 号 81 頁〔毎日オークション事件〕）。

(5) プログラムの著作物の複製物の所有者による複製

プログラムの著作物の複製物の所有者は、自ら当該著作物を電子計算機において利用するために必要と認められる限度において、当該著作物の複製または翻案（これにより創作した二次的著作物の複製を含む）をすることができる（47 条の 3 第 1 項）。プログラムの違法複製物を、情を知りながら取得して電子計算機で使用する場合（113 条 2 項）には、本項の適用はない。

プログラムをコンピュータで利用するために行う複製（バックアップコピー）、翻案（バージョンアップ）については著作権者の許諾を必要としないことを定める趣旨である。

本条が適用されるのは、当該複製物の所有者が自ら電子計算機で使用するために必要な場合に限られる。たとえば、ベンダが開発したプログラムをリースにより使用するユーザーは、プログラムの複製物の所有者ではないため、本項の適用を受けることがない。

(6) 記録媒体の保守・修理

記録媒体内蔵複製機器（複製の機能を有する機器であって、その複製を機器に内蔵する記録媒体〔以下、「内蔵記録媒体」〕に記録して行うものをいう）の保守または修理を行う場合には、その内蔵記録媒体に記録されている著作物は、必要と認められる限度において、当該内蔵記録媒体以外の記録媒体に一時的に記録し、および当該保守または修理の後に、当該内蔵記録媒体に記録することができる（47 条の 4）。

携帯電話やパソコンを修理する際、修理会社がダウンロードされた音楽コンテンツ等を一時的に機器外に移し、修理後元に戻す行為については、自由に行うことができる。作成された複製物を保存すると、複製を行ったものとみなされる（49 条 1 項 4 号）。

11 情報の処理、送信の過程における蓄積等

情報送信のリクエストが特定のサーバーに集中することで送信が遅滞することを防止したり、サーバーが故障した場合の送信障害を防止するため、あるいはデータが滅失・毀損した場合の復旧の目的で、著作物の複製を行うことができる（47条の5第1項）。

また、送信者と受信者の間で同じ情報が繰り返し送受信される場合に備えて、伝送路のプロキシ・サーバー等に蓄積（キャッシング）しておくこともできる（同条2項）。

目的外で複製物を使用する場合、複製を行ったものとみなされる（49条1項5号）。

コンピュータを用いて、大量の情報の中から、当該情報を構成する言語、音、映像その他の要素にかかる情報を抽出、比較、その他の統計的解析を行うことを目的とする場合、記録媒体への記録または翻案を行うことができる（47条の7）。

複製物を目的外で使用する行為は複製（49条1項5号）、翻案（同条2項6号）を行ったものとみなされる。

コンピュータ内のハードディスクにインストールされているソフトウェアなどを使用する際に作成されるメモリへの蓄積やインターネットを利用する際に作成されるブラウザキャッシュなど、コンピュータ内部の技術的過程で生じる蓄積について、著作権者の許諾は要しない（47条の8）。複製物の目的外使用は複製を行ったものとみなされる（49条1項7号）。

情報通信技術を利用する方法により情報を提供する場合であって、当該提供を円滑かつ効率的に行うための準備に必要な電子計算機による情報処理を行うときは、必要と認められる限度で、記録媒体への記録または翻案を行うことは許される（47条の9）。

12 情報検索エンジンにおける複製等

検索エンジン事業者のクローラーにより自動的に収集される各ウェブサイト情報をストレージサーバーに格納することや、ユーザーの検索要求に応

じて検索結果を表示することは、著作権侵害とならない（47条の6）。

ただし、クローラーで収集してきたウェブサイト情報の中で、著作権者に無断でアップロードされたものがあることを知った場合に、送信を停止しないときは、複製権侵害となる（47条の6但書、49条1項6号）。

●●●●●●● **参 考 文 献** ●●●●●●
- シンポジウム「権利制限」著作権研究 35 号（2008 年）
- シンポジウム「私的複製」著作権研究 40 号（2014 年）
- シンポジウム「パロディについて」著作権研究 37 号（2011 年）
- 池村聡＝壹貫田剛史『**著作権法コンメンタール別冊 平成 24 年改正解説**』（勁草書房、2013 年）
- 奥邨弘司「**技術的保護手段の回避に関連する行為の規制強化**」ジュリスト 1449 号 42 頁（2013 年）
- 菊池絵理「**著作権侵害を阻却する事由**」高部眞規子編『著作権・商標・不競法関係訴訟の実務』137 頁（商事法務、2015 年）
- 上野達弘「**時事の事件の報道—著作権法 41 条をめぐる現代的課題**」土肥一史先生古稀記念『知的財産法のモルゲンロート』587 頁（中央経済社、2017 年）

X ► 保護期間

1 保護期間の原則

著作権の保護は、原則として、著作物の創作の時に始まり（51条1項）、著作者の死後 50 年を経過するまでの間、存続する。

共同著作物については、共同著作者のうち最後に死亡した著作者の死後 50 年まで著作権が存続する（51条2項括弧書）。

著作権法の保護期間の計算は暦年主義が採用されており、翌年の1月1日から計算される（57条、民143条）。

たとえば、ある著作物が 2001 年 2 月 1 日に創作され、その著作者が 2011 年 3 月 2 日に死亡したという場合、この著作物の著作権は、2001 年 2 月 1 日に始まり、2012 年 1 月 1 日から起算して 50 年まで、すなわち、2061 年 12 月 31 日まで存続する。

2 保護期間の例外

(1) 無名または変名の著作物

無名または変名の著作物の著作権は、その著作物の公表後50年を経過するまでの間、存続する。実名の場合と異なり、著作者を特定し、その死亡時を把握することが困難であるため、著作物の公表時を基準としている。

実名とは、その氏名もしくは名称をいい、変名とは、雅号、筆名、略称その他実名に代えて用いられるものをいう（14条括弧書）。無名とは実名、変名以外の匿名をいう。

ただし、その存続期間の満了前にその著作者の死後50年を経過していると認められる無名または変名の著作物の著作権は、その著作者の死後50年を経過したと認められる時において、消滅したものとする（52条1項但書）。

変名の著作物における著作者の変名がその者のものとして周知のものであるとき（52条2項1号）、52条1項所定の期間内に75条1項の実名の登録があったとき、上記期間内にその実名または周知の変名を著作者名として表示してその著作物を公表したときには、52条1項の適用はなく、原則通り死後50年の保護を受ける（52条2項）。

(2) 団体名義の著作物

法人その他の団体が著作の名義を有する著作物の著作権は、その著作物の公表後50年（その著作物がその創作後50年以内に公表されなかったときは、その創作後50年）を経過するまでの間、存続する。法人その他の団体が著作の名義を有する著作物の著作者である個人が53条1項の期間内にその実名または周知の変名を著作者名として表示してその著作物を公表したときは、53条1項は適用されず、原則通り、著作者の死後50年のルールによる（53条2項）。

職務著作であるプログラムの著作物については、当該法人の名義のもとに公表されない場合（公表されないプログラムまたは従業員個人名で公表されたプログラム）であっても、保護期間の計算については、当該団体が著作の名義を有するものとみなして、公表した場合は公表後50年、未公表の場合は創作後50年が適用される（53条3項）。

334　第9章 著作権法

（3）映画の著作物

　①映画の著作物の著作権は、その著作物の公表後 70 年（その著作物がその創作後 70 年以内に公表されなかったときは、その創作後 70 年）を経過するまでの間、存続する（54 条 1 項）。

　映画の著作物の著作権がその存続期間の満了により消滅したときは、当該映画の著作物の利用に関するその原著作物の著作権は、当該映画の著作物の著作権とともに消滅したものとする（54 条 2 項）。たとえば、脚本の著作物を原著作物とする二次的著作物である映画の著作物の著作権が消滅した後は、当該映画の著作物の利用（複製、頒布、公衆送信、上映等）に関する当該脚本の著作者の著作権も消滅したものとされ、許諾を得る必要はない。

　無名または変名の映画の著作物、団体名義の映画の著作物についても、54 条が適用される（54 条 3 項）。

　②現行著作権法が昭和 46 年に施行される前に適用されていた旧著作権法は、映画の著作者、著作権の帰属、映画の著作物の著作権の保護期間に関する現行法 16 条、29 条、54 条に相当する規定を有していなかった。

　この点に関し、最判平成 21・10・8 判時 2064 号 120 頁〔チャップリン事件〕は、旧法下での映画の著作者については、その全体的形成に創作的に寄与した者がだれであるかを基準として判断され、著作者が監督ら自然人である著作物の旧法による著作権の存続期間については、当該自然人が著作者である旨がその実名をもって表示され、当該著作物が公表された場合には、それにより当該著作者の死亡の時点を把握することができる以上、仮に映画製作者たる団体の著作名義の表示があったとしても、当該自然人の著作者の死後から保護期間は計算されると述べている。

　上記の旧法下の映画の著作権の保護期間算定ルールについては、以下の点に留意する必要があろう。

　第 1 に、「映画の著作物の全体的形成に創作的に寄与した者」に該当しうるのは監督に限られない。「全体的形成に創作的に寄与した者」を映画の著作者とする現行法 16 条には、「制作、監督、演出、撮影、美術等を担当」する者が著作者たりうる者として例示されている。旧法下の映画の保護期間の算定においては、「全体的形成に創作に関与」した者を特定したうえで、そ

れらのうちで最後に死亡した者の死後から保護期間を起算するということになる。

第2に、旧法においては、映画の著作権の法定譲渡に関する現行法29条に相当する条文が存在しなかったため、本判決に従って監督ら個々の制作関与者に著作権が発生した場合、映画製作会社への権利移転は契約等により個別に行われる必要がある。もし監督らから映画製作会社への権利承継が否定されると、個々の関与者に映画全体の権利が留保されているという結果となりうる。このことは、制作時以降、映画製作会社名でなされてきた上映等映画の利用行為の前提を覆す事態となりかねない。

第3に、チャップリン事件と同様に旧法下の映画の著作物の保護期間が問題となった最判平成24・1・17判時2144号115頁〔暁の脱走事件〕は、映画が旧法下の団体著作物に該当し（団体名義で公表された著作物と認められた事例として、最判平成19・12・18民集61巻9号3460頁〔シェーン事件〕）、あるいは、職務著作に該当する場合もありうる（これらの場合は映画の公表時点から保護期間は起算される）ことを示唆しているものの、いかなる要件のもとに、監督らが著作者となり、また、映画製作会社等の団体が著作者となるのかという基準については明示されていない。

(4) 継続的刊行物等の公表の時

冊、号、回を追って公表する著作物については、毎冊、毎号または毎回の公表の時から起算される。一部分ずつを逐次公表して完成する著作物については、最終部分の公表の時による（56条1項）。ただし、逐次公表を予定しているものについて、直近の部分の公表時点から3年を経過しても続きが公表されないときは、継続部分の公表を待たず、すでに公表されたもののうち最終の部分が公表された時点から保護期間が起算される（同条2項）。連載を予定していたが途中の回で打ち切りとなった場合、あるいは、著者の都合により3年以上連載が滞った場合などは、2項のルールによることになる。

前掲最判平成9・7・17〔ポパイ・ネクタイ事件〕は、一話完結形式の連載漫画について、後続の漫画は、先行の漫画を原著作物とする二次的著作物に当たり、後続の漫画に登場する人物が、先行する漫画に登場する人物と同一と認められる限り、当該登場人物については、最初に掲載された漫画の著作

336　第9章 著作権法

権の保護期間によるべきであると判示した。二次的著作物について著作権が生ずるのは、原著作物に新たに付け加えられた部分に限られるため、二次的著作物が原著作物からそのまま受け継いでいる部分については、原著作物の公表時点を基準に著作権の保護期間を考えれば足りるという趣旨である。

（5）外国を本国とする著作物または外国人の著作物の保護期間

（a）保護期間の相互主義　　文学的および美術的著作物の保護に関するベルヌ条約パリ改正条約（以下、「ベルヌ条約」）7条8項は、「保護期間は、保護が要求される同盟国の法令の定めるところによる。ただし、その国の法令に別段の定めがない限り、保護期間は、著作物の本国において定められる保護期間を超えることはない。」と規定している（相互主義）。

著作物の本国とは、発行された著作物に関しては第一発行地、発行されない著作物および非同盟国だけで第一発行された著作物については原則としてその著作者が国民であるベルヌ条約同盟国をいう。

これを承けて、58条は、ベルヌ条約により創設された国際同盟の加盟国、著作権に関する世界知的所有権機関条約の締約国または世界貿易機関の加盟国である外国を、それぞれ文学的および美術的著作物の保護に関するベルヌ条約、著作権に関する世界知的所有権機関条約または世界貿易機関を設立するマラケシュ協定の規定に基づいて本国とする著作物（6条1号〔日本国民の著作物〕に該当するものを除く）で、その本国において定められる著作権の存続期間が51条から54条までに定める著作権の存続期間より短いものについては、その本国において定められる著作権の存続期間によるとしている。

このため、たとえば、ベルヌ条約の同盟国において最初に公表された映画について、当該国の著作権法による保護期間が公表後50年である場合、日本著作権法上の当該映画の著作物の保護期間については、公表後70年を定めた54条1項の適用はなく、著作物の本国である当該国における保護期間である公表後50年に限られる。

なお、アメリカ合衆国を本国とし、同国国民を著作者とする著作物については例外的取り扱いを受ける。すなわち、明治39年5月11日に公布された日米著作権条約は、日米両国民の内国民待遇を規定しており（同条約1条）、その後、昭和27年4月28日に公布された平和条約（サンフランシスコ平和

条約) 7 条(a)により日米著作権条約は廃棄されたが、アメリカ合衆国を本国
とし、同国国民を著作者とする著作物に対し、平和条約 12 条(b)(1)(ii)およ
び外務省告示により、昭和 27 年 4 月 28 日から 4 年間、引き続き内国民待
遇が与えられるとともに、昭和 31 年 4 月 27 日までの間、日米著作権条約
が有効であるとみなされた。これらの著作物については、上記 4 年間の経過
と同時に、万国条約特例法 11 条（「日本国との平和条約 25 条に規定する連合
国でこの法律の施行の際万国条約の締約国であるもの及びその国民は、この法律
の施行の際日本国との平和条約 12 条の規定に基づく旧著作権法による保護を受け
ている著作物については、この法律の施行後も引き続き、その保護〔著作権法の
施行の際当該保護を受けている著作物については、同法による保護〕と同一の保
護を受けるものとする」）に基づき、今日にいたるまで引き続き内国民待遇が
与えられており、58 条の相互主義の適用を受けない。具体的には、明治 43
年ないし大正元年の間に本件著作物を創作し大正 2 年にこれをアメリカ合衆
国において発行したローズ・オニールは、日米著作権条約および旧著作権法
により、わが国における本件著作権を取得し、その保護期間は、旧 3 条、
52 条 1 項により、著作者であるローズ・オニールの死後 38 年とされた。日
米著作権条約は、平和条約 7 条(a)により廃棄されたが、平和条約 12 条(b)
(1)(ii)、外務省告示および万国条約特例法 11 条により、内国民待遇が継続
された。ローズ・オニールは、昭和 19 年 4 月 6 日、アメリカ合衆国ミズー
リ州において死亡し、本件著作権の保護期間中である昭和 46 年 1 月 1 日に
施行された現行 51 条により、本件著作権が著作権者であるローズ・オニー
ルの死後 50 年間とされ、また、連合国特例法 4 条 1 項により、本件著作権
の保護期間について 3794 日間の戦時加算がされる結果、平成 17 年 5 月 6
日まで存続することとなるとされた（東京高判平成 13・5・30 判時 1733 号 131
頁〔キューピー事件〕）。

　(b) **戦時加算**　　サンフランシスコ平和条約 15 条(c)は、「(c)(i)日本国は、
公にされ及び公にされなかった連合国及びその国民の著作物に関して 1941
年 12 月 6 日に日本国に存在した文学的及び美術的著作権がその日以後引き
続いて効力を有することを認め、かつ、その日に日本国が当事国であつた条
約又は協定が戦争の発生の時又はその時以後日本国又は当該連合国の国内法

338　　第 9 章 著作権法

によって廃棄され又は停止されたかどうかを問わず、これらの条約及び協定の実施によりその日以後日本国において生じ、又は戦争がなかつたならば生ずるはずであつた権利を承認する。」と規定している。太平洋戦争期間中に日本は連合国の著作物を実際に保護していなかったとの前提のもと、保護期間を加算する義務を負わせる規定である。これに基づき、連合国及び連合国民の著作権の特例に関する法律（戦時加算特例法）4条1項は、「昭和16年12月7日に連合国及び連合国民が有していた著作権は、著作権法に規定する当該著作権に相当する権利の存続期間に、昭和16年12月8日から日本国と当該連合国との間に日本国との平和条約が効力を生ずる日の前日までの期間（当該期間において連合国及び連合国民以外の者が当該著作権を有していた期間があるときは、その期間を除く。）に相当する期間を加算した期間継続する。」と規定する。この規定により、連合国または連合国民が戦前または戦中に取得した著作権の保護期間については、太平洋戦争の開始時から、日本国と当該連合国との間で平和条約が効力を生じた日の前日までの期間に相当する日数（たとえば、アメリカ合衆国民の著作権については、3794日）が保護期間に加算される。

　ドイツ国民リヒャルト・シュトラウスを著作者とする音楽著作物について、同人が連合国であるイギリスの法人に著作権の管理を委託していたとしても、リヒャルト・シュトラウスなど連合国民でない者による日本での権利行使の可能性はあったとして、戦時加算特例法の適用が否定された例がある（東京地判平成18・3・22判時1935号135頁〔リヒャルト・シュトラウス事件〕）。

3　著作権の消滅

　著作権は、保護期間（存続期間）の満了、相続人の不存在（62条1項1号）、著作権者である法人が解散した場合（同項2号）に消滅する。映画の著作物の著作権が相続人の不存在、法人の解散によって消滅した場合には、当該映画の著作物の利用に関するその原著作物の著作権も、当該映画の著作権とともに消滅する（同条2項）。

●●●●●●　**参考文献**　●●●●●●

● 西理香「著作権の保護期間」高部真規子編『著作権・商標・不競法関係訴訟の実務』47 頁（商事法務、2015 年）
● 上野達弘「戦時加算」中山信弘先生古稀記念『はばたき－21 世紀の知的財産法』679 頁（弘文堂、2015 年）

XI ► 権利の取引

1　権利の譲渡

(1) 全部または一部の譲渡

著作権は、他人に譲渡することができる（61 条 1 項）。なお、著作者人格権は、著作者の一身に専属し、譲渡することができない（59 条）。

著作権は、その一部を譲渡することもできる（61 条 1 項）。著作権の一部譲渡の方法としては、複製権、上演権、演奏権などの支分権の一部を譲渡する方法、特定の支分権の一部（たとえば、複製権のうち、録音権）を譲渡する方法、さらに、期限、地域を限定して支分権を譲渡する方法、などが行われている。

著作権は売買、贈与等の当事者の意思表示のみで移転するが、二重譲渡が行われた場合、文化庁に登録しなければ第三者に対抗できない（77 条 1 号）。いわゆる背信的悪意者は対抗要件の欠缺を主張しうる法律上の利害関係を有する第三者には該当しない（知財高判平成 20・3・27 平成 19（ネ）10095 号〔「Von Dutch」ロゴ登録事件〕）。

(2) 譲渡契約の解釈

著作権譲渡契約においても、一般の契約と同様、その内容を確定するためには、まず、当事者の付与した共通の主観的意味を確定し、共通の主観的意味を確定できないときには、当該事情の下で当事者が達成しようとしたと考えられる経済的、社会的目的、慣習、取引慣行、任意規定、条理に従って、社会一般からどのように理解されるかという観点から、表示の客観的意味を確定することになる。

音楽ビジネスの分野においては、レコード、CD などのメディアを問わず、

340　第 9 章 著作権法

一切の権利を譲渡し、権利譲渡後の印税払いとする実態がある。アーティストらとレコード会社が当事者となって締結された専属実演家契約における、レコード原盤についてアーティストの有する「一切の権利」が何らの制限なくレコード会社に譲渡される旨の規定の意義について、契約の文言、契約締結時における音楽配信の状況、契約締結時における著作権法の規定、業界の慣行、対価の相当性に照らし、当該契約締結時点では著作権法上法定されていなかった実演家の送信可能化権についても、「一切の権利」に含まれ、譲渡されていると解釈された例がある（東京地判平成19・4・27平成18（ワ）8752号、16229号〔HEAT WAVE事件〕）。

　映像ビジネスの分野においては、地上波、衛星、ケーブル等のメディアごとに権利を小口化し、譲渡対価は一括払いされる実態がある。テレビ番組の「放送権」を譲渡する旨の契約につき、本件契約成立にいたる交渉において、著作権の譲受人側は譲渡人側に対して相当に強い立場に立ち得る状況にあり、契約締結時すでに著作権法上規定が存在した有線放送について右譲渡契約の対象として明記しようとすれば可能であったにもかかわらず規定しなかったこと、さらに、契約当時は行われていなかった衛星放送については「将来発生する放送形態も含む」と規定することが十分可能であったのに明記しなかったこと、を理由として、本件契約中の「放送権」は有線放送権、衛星放送権を含まないと判断された例がある（東京高判平成15・8・7平成14（ネ）5907号〔怪傑ライオン丸事件〕）。

（3）翻案権の特例

　著作権を譲渡する契約において、27条（翻案権）または28条（二次的著作物について原著作者が有する権利）に規定する権利が譲渡の目的として特掲されていないときは、これらの権利は、譲渡した者に留保されたものと推定される（61条2項）。

　本項の趣旨は、第1に、たとえば、懸賞小説の募集要項において、「すべての著作権」が募集側に移転する旨の規約が存在した場合であっても、一般に想定されているのは当該小説を出版等することにとどまり、さらに映画化、翻訳したりすることまでは含まれないと考えられること、第2に、具体的な二次的著作物の作成・利用が予定されていない段階で、27条、28条に関す

る権利が移転することは著作者の保護に欠けるということにある（文化審議会著作権分科会法制問題小委員会契約・利用ワーキングチーム検討結果報告「5 著作権法第 61 条第 2 項の存置の必要性について」〔文化庁〕）。

本項において「特掲され」たというためには、譲渡の対象にこれらの権利が含まれる旨が契約書等に明記されることが必要であり、契約書に、単に「著作権等一切の権利を譲渡する」というような包括的な記載をするだけでは足りず、譲渡対象権利として、27 条や 28 条の権利を具体的にあげることにより、当該権利が譲渡の対象となっていることを明記する必要がある。

ただし、27 条、28 条の権利について特掲がなされていない場合であっても、契約の趣旨、目的、背景、契約の締結にいたる事情、譲渡に際して授受された対価の額等の事情から、27 条、28 条の権利を含めた著作権が譲渡されたと認められる場合には、本項の推定は覆る。

プログラムの開発委託契約において、翻案権が譲渡の対象として明記されていなかった事例において、右プログラムが将来翻案されることが当然の前提となっていたという認定の下、翻案権の移転が認められた（知財高判平成 18・8・31 判時 2022 号 144 頁〔システム K2 事件〕）。

キャラクターの作成に係る契約書においては、「著作権等一切の権利」が帰属するとだけ記載されており、61 条 2 項の特掲があったとは認められないが、契約書の別紙である仕様書において、キャラクターの立体使用の予定が明記されていることなどを総合考慮すると、立体物を作成する翻案権は、譲渡されたものと認めるのが相当であり、同項の推定を覆すべき事情があるとされた（大阪高決平成 23・3・31 判時 2167 号 81 頁〔ひこにゃん事件〕）。

2　利用許諾

著作権者は、他人に対し、その著作物の利用の許諾をすることができる（63 条 1 項）。「利用」とは、21 条から 27 条に規定されている著作権の内容となっている行為のことをいう。「許諾」とは、著作物の利用を求める者に対して、一定の範囲ないし方法で著作物の利用を認める著作権者の意思表示のことである。

許諾に際しては、利用方法や条件を付して行うこともできる（63 条 2 項）。

「利用方法」としては、たとえば、出版・録音・放送といった利用の態様や、1万部といった利用の数量、東京都内といった利用の地域的限定、文庫本、電子書籍などの利用の方法も含む。「条件」とは、印税額、優先利用権の付与などをいう。

　利用許諾契約の内容について当事者間に争いが生ずる場合には、まず、当事者の付与した共通の主観的意味を確定し、共通の主観的意味を確定できないときには、当該事情の下で当事者が達成しようとしたと考えられる経済的、社会的目的、慣習、取引慣行、任意規定、条理に従って、社会一般によってどのように理解されるかという観点から、表示の客観的意味を確定することになる。

　契約締結当時、すでに、劇場公開のみによって製作費等を回収することは著しく困難となっており、映画製作者は、ビデオ化、テレビ放送などの収入も見込んで製作予算を立案するのが通例となっていた、という映画製作の実態に関する認定を前提として、映画監督と映画製作者との間で、製作される映画を劇場上映のみならずビデオ化、テレビ放送等の二次的利用をするものと明確に位置づけして、映画の脚本および監督業務に対する対価として報酬が合意されたという認定の下、監督からの二次的利用に対する追加報酬の支払い請求が棄却された例がある（前掲東京高判平成10・7・13〔スウィートホーム事件〕）。本件では、監督に対して追加報酬を支払うという慣行が存在したものともいえないとされている。

　利用許諾に際し、特定の利用者に独占的に利用させる旨の契約をなした場合には、著作権者は他の利用希望者からの申し込みに対して利用を許諾しない義務を契約上負う。著作権者がこの義務に違反して第三者に利用許諾を行った場合には、債務不履行となる。

　独占的利用許諾は著作権者と許諾権者の間の債権的な権利にすぎないため、第三者が著作権侵害行為を行った場合でも、独占的許諾権者はこれを差止めることはできない。

　無断利用行為を行う第三者に対して著作権者が有する差止請求権を、独占的許諾権者が代位行使する余地を一般論として述べる裁判例がある（東京地判平成14・1・31判時1818号165頁〔北欧ぬいぐるみ事件〕）。

一方、著作権者と独占的利用権者との間の契約書の案において、「第三者が著作物の権利を侵害した場合には、これに対処します。」との記載がなされていたものの、著作権者が独占的利用権者に対して差止請求権および廃棄請求権を行使すべき義務を負担する旨の条項はなく、各著作権者が、独占的利用権者に対して、第三者が侵害行為を行った場合に、当該著作権者において差止請求権や廃棄請求権を行使すべき義務を負担しているものとは認められず、債権者代位権（民 423 条）の法意を用いて、各著作権者が有する差止請求権および廃棄請求権を独占的利用権者が代位行使することができるものと認めることは困難である。仮にそのような合意の成立が認められるとしても、非弁護士の法律事務の取扱い等を禁止する弁護士法 72 条や、訴訟信託を禁止する信託法 10 条、著作権等管理事業者に種々の義務を負わせた著作権等管理事業法等の趣旨からして、かかる合意に基づく請求を認めることはできないと述べる裁判例がある（東京地判平成 28・9・28 平成 27（ワ）482 号〔スマートフォン用ケース事件〕）。

　利用許諾に基づく地位は第三者に譲渡することができる。ただし、著作権者にとって、利用者が誰であるかは重要であるため、利用権を第三者に譲渡する場合には著作権者の承諾を必要とする（63 条 3 項）。

　放送や有線放送の許諾には契約に別段の定めがない限り録音、録画の許諾は含まない（63 条 4 項）。放送においては、通常、生放送ではなく事前に録音、録画した番組が放送されることが多いが、一般に著作権者は放送事業者に対して経済的弱者の地位にあるとの前提で、著作権者保護の見地から、録音、録画についても明確な許諾がない限り、44 条に該当する場合を除き、著作権侵害となる。本項は著作権者保護のための強行規定と説明されている。

　著作物の送信可能化に関し、許諾時に付される条件の中で、送信可能化の回数と、送信可能化に用いる自動公衆送信装置（サーバー）に関するものについては、この 2 つの条件に違反しても契約違反となるだけで著作権侵害とはならない（63 条 5 項）。

3 裁定許諾

（1）著作権者等不明の場合

　公表された著作物または相当期間にわたり公衆に提供され、もしくは提示されている事実が明らかである著作物は、著作権者の不明その他の理由により相当な努力を払ってもその著作権者と連絡することができない場合として政令で定める場合は、文化庁長官の裁定を受け、かつ、通常の使用料の額に相当するものとして文化庁長官が定める額の補償金を著作権者のために供託して、その裁定に係る利用方法により利用することができる（67条1項）。

　67条1項の政令で定める場合は、著作権者の氏名または名称および住所または居所その他著作権者と連絡するために必要な情報（以下、「権利者情報」）を取得するために次に掲げるすべての措置をとり、かつ、当該措置により取得した権利者情報その他その保有するすべての権利者情報に基づき著作権者と連絡するための措置をとったにもかかわらず、著作権者と連絡することができなかった場合とする（著施令7条の7）。

　①広く権利者情報を掲載していると認められるものとして文化庁長官が定める刊行物その他の資料（ⓐ著作物、実演、レコード、放送または有線放送の種類に応じて作成された名簿その他これに準ずるもの、ⓑ広くウェブサイトの情報を検索する機能を有するウェブサイト、ⓒ過去になされた著作権法裁定に係る著作物、実演、レコード、放送または有線放送に関するデータベース。平成21年文化庁告示26号1条）を閲覧すること。

　②著作権等管理事業者その他の広く権利者情報を保有していると認められる者として文化庁長官が定める者に対し照会すること。

　③時事に関する事項を掲載する日刊新聞紙への掲載その他これに準ずるものとして文化庁長官が定める方法により、公衆に対し広く権利者情報の提供を求めること。

　裁定申請の際、担保金を供託することにより、裁定申請中であっても、利用が認められる（67条の2）。

　権利者不明の実演、レコード、放送、有線放送も裁定制度の対象とされている（103条）。

(2) 放送

公表された著作物を放送しようとする放送事業者が著作権者に許諾を求めたが協議が不成立であるか協議ができない場合、文化庁長官の裁定を受け、通常の使用料相当額の補償金を著作権者に支払うことにより、放送できる（68条）。

(3) 商業用レコード

商業用レコードが日本国内で最初に販売され、かつ、最初の販売の日から3年を経過した場合、音楽の著作物を別の商業用レコードに録音しようとする者が著作権者に対して録音の許諾を求めたが協議が不成立または協議できない場合、文化庁長官の裁定を受け、通常の使用料相当額の補償金を著作権者に支払うことによって録音または譲渡による公衆への提供をすることができる（69条）。

4 出版権

(1) 出版権の設定

複製権等保有者（複製権または公衆送信権を有する者）は、その著作物について、以下の行為を引き受ける者に対し、出版権を設定することができる（79条1項）。

①文書または図画として出版すること、または、電子計算機を用いてその映像面に文書または図画として表示されるようにする方式により記録媒体に記録し、当該記録媒体に記録された複製物により頒布すること（紙媒体による出版やCD-ROM等による出版）。

②電子計算機を用いてその映像面に文書または図画として表示されるようにする方式により記録媒体に記録された複製物を用いて公衆送信（放送または有線放送を除き、自動公衆送信の場合にあっては送信可能化を含む）を行うこと（インターネット送信による電子出版）。

出版権の設定は、移転、変更、消滅、処分の制限は、登録しなければ、第三者に対抗できない（88条1項1号）。第三者としては、複製権等の譲受人、複製権等保有者から出版権の設定・利用許諾を受けた者がこれに当たる。

（2） 出版権の内容

　出版権者は、設定行為で定めるところにより、その出版権の目的である著作物について、次に掲げる権利の全部または一部を専有する（80条1項）。

　①頒布の目的をもって、原作のまま印刷その他の機械的または化学的方法により文書または図画として複製する権利、および、原作のまま電子計算機を用いてその映像面に文書または図画として表示されるようにする方式により記録媒体に記録された電磁的記録として複製する権利（80条1項1号）。

　②原作のまま電子計算機を用いてその映像面に文書または図画として表示されるようにする方式により記録媒体に記録された複製物を用いて公衆送信を行う権利（80条1項2号）。

　出版権が設定された期間内について、複製権等保有者は、自ら出版したり第三者による出版に許諾を与えることはできない。例外として、出版権の存続期間中に当該著作物の著作者が死亡したとき、または、設定行為に別段の定めがある場合を除き、出版権の設定後、最初の出版行為または公衆送信行為があった日から3年を経過したときは、複製権等保有者は、当該著作物について、全集その他の編集物（その著作者の著作物のみを編集したものに限る）に収録して複製し、または公衆送信を行うことができる（80条2項）。著作者の追悼記念や全集等の出版を複製権等保有者に認める趣旨である。

　出版権者は、複製権等保有者の承諾を得た場合に限り、他人に対し、当該著作物の複製または公衆送信を許諾することができる（80条3項）。

　出版権者は、その出版権の侵害に対し、差止請求権（112条）、損害賠償請求権を有する（民709条、著114条）。

（3） 出版の義務

　出版権者は、出版権の内容に応じて、以下の義務を負う。ただし、設定行為に別段の定めがある場合はこの限りではない。

　①原稿の引渡し等を受けてから6月以内にその出版権の目的である著作物について出版行為または公衆送信行為を行う義務（81条1号イ、2号イ）。

　②その出版権の目的である著作物について慣行に従い継続して出版行為または公衆送信行為を行う義務（81条1号ロ、2号ロ）。

(4) 著作物の修正増減

著作者は、その著作物を紙媒体等での出版についての出版権者が改めて複製する場合や、公衆送信による電子出版についての出版権者が公衆送信を行う場合には、正当な範囲内において、当該著作物に修正または増減を加えることができる（82条1項）。著作者の人格的利益に配慮した規定である。

出版権者は、その出版権の目的である著作物を改めて複製しようとするときは、その都度、あらかじめ著作者にその旨を通知しなければならない（82条2項）。

(5) 出版権の消滅

出版権の存続期間は、設定行為によって定めるところによる（83条1項）。設定行為に定めがないときは、その設定後最初の出版行為等があった日から3年を経過した日において消滅する（83条2項）。

次の場合には、出版権の存続期間中であっても、複製権等保有者が出版権者に通知して出版権を消滅できる。

①出版権者が81条1号イまたは2号イの義務（原稿等の引渡しから6月以内の出版・公衆送信行為を行う義務）に違反したとき（84条1項）。

②出版権者が81条1号ロまたは2号ロの義務（慣行に従い継続して出版・公衆送信行為を行う義務）に違反した場合に、3月以上の期間を定めてその履行を催告したが、その期間内に履行されないとき（84条2項）。

③複製権等保有者である著作者が、その著作物の内容が自己の確信に適合しなくなったときであって、その著作物の出版行為等を廃絶するため（84条3項）。

●●●●●● **参 考 文 献** ●●●●●●

- ●文化庁長官官房著作権課「裁定の手引き―権利者が不明な著作物等の利用について」（2016年）
- ●上野達弘＝西口元編著『出版をめぐる法的課題―その理論と実務』（日本評論社、2015年）
- ●内藤篤＝升本喜郎『映画・ゲームビジネスの著作権』（公益社団法人著作権情報センター、第2版、2015年）
- ●前田哲男＝谷口元『音楽ビジネスの著作権』（公益社団法人著作権情報センター、第2版、2016年）

XII ► 著作隣接権

1 著作隣接権の概要

著作権法は、著作物に関する著作者の権利とならんで、実演・レコード・放送・有線放送に関する実演家・レコード製作者・放送事業者・有線放送事業者に著作者の権利を保護する（4章所定の広義の著作隣接権。89〜104条）。

著作物を公衆に伝達する媒体としての実演家、レコード製作者および放送事業者の行為に著作物の創作行為に準じた精神性を認め、著作権に準じた保護を与え、準創作活動を奨励することを目的としている。

広義の著作隣接権のうち、実演家らの財産的利益を保護する排他的権利であって、侵害に対し差止請求権が認められているもののみを著作権法上「著作隣接権」と称する（狭義の著作隣接権。89条6項）。具体的には、実演家の録音権・録画権（91条）、放送権・有線放送権（92条）、送信可能化権（92条の2）、譲渡権（95条の2）、貸与権（95条の3）、レコード製作者の複製権（96条）、送信可能化権（96条の2）、譲渡権（97条の2）、貸与権（97条の3）、放送事業者の複製権（98条）、再放送権・有線放送権（99条）、送信可能化権（99条の2）、テレビジョン放送の伝達権（100条）、有線放送事業者の複製権（100条の2）、放送権・再有線放送権（100条の3）、送信可能化権（100条の4）、有線テレビジョン放送の伝達権（100条の5）である。

著作権法によって権利を与えられるのは、創作的な表現の作り手（著作者）だけではない。他人が創作した表現を実演し、レコード（CD）に吹き込み、放送し、有線放送する者等についても、著作者に与えられる権利と比べると限定的ではあるものの、権利が与えられている。

著作権隣接権についても、著作権と同様、無方式主義が採用されている（89条5項）。

著作隣接権は、実演については、その実演を行った時、レコードに関しては、その音を最初に固定した時、放送については、その放送を行った時、有線放送については、その有線放送を行った時に発生し（101条1項）、それぞれの行為が行われた日の属する年の翌年から起算して50年を経過した時に

XII. 著作隣接権　　349

満了する。ただし、レコードについては、その発行が行われた日の翌年から起算して50年経過した時に満了する。

2　実演家の権利

(1) 実演・実演家

実演とは、著作物を、演劇的に演じ、舞い、演奏し、歌い、口演し、朗詠し、またはその他の方法により演ずること（2条1項3号）および著作物を演じないが芸能的な性質を有するもの（同号括弧書）をいう。著作物を演じないが芸能的な性質を有するものの例としては、奇術、手品があげられる。

実演家とは、俳優、舞踊家、演奏家、歌手その他実演を行う者および実演を指揮し、または演出する者をいう（2条1項4号）。

ファッションショーにおけるモデルのポーズと動作の振り付けの演出、ファッションショー全体について、いずれも実演には該当しないとされた例がある（知財高判平成26・8・28判時2238号91頁〔ファッション・ショー事件〕）。

実演については、著作者について認められる職務著作、共同著作に相当する制度は設けられていない。

(2) 実演家人格権

実演家には、氏名表示権（90条の2第1項）、同一性保持権（90条の3）が与えられている。著作者の同一性保持権（20条）については、著作者の「意に反する」場合には侵害が成立するが、実演家の同一性保持権の侵害は、「名誉又は声望を害する改変」に限定されている。

実演家人格権は、実演家の一身に専属し、譲渡することができない（101条の2）。

実演を公衆に提供し、または提示する者は、その実演家の死後においても、実演家が生存しているとしたならばその実演家人格権の侵害となるべき行為をしてはならない。ただし、その行為の性質および程度、社会的事情の変動その他によりその行為が当該実演家の意を害しないと認められる場合は、この限りでない（101条の3）。死亡した実演家の配偶者、子、父母、孫、祖父母または兄弟姉妹は、101条の3に違反する行為を行う者または行うおそれのある者に対し、差止請求、名誉回復請求を行うことができる（116条）。

3 実演家の財産権とワンチャンス主義による制限

(1) 録音・録画権

　実演家は、その実演を録音・録画する権利を有する（91条1項）。録音とは、音を物に固定し、またはその固定物を増製することをいい（2条1項13号）、録画とは、影像を連続して物に固定し、またはその固定物を増製することをいう（同項14号）。固定物の増製の例としては、劇場用映画のDVD化、音楽CDを携帯音楽プレーヤーのハードディスクに取り込む行為などがある。

　ただし、実演家の録音・録画権については、映画の著作権の帰属に関する29条と同様に、多数の権利者が関与する映画の著作物の利用の円滑化をはかる趣旨で、その権利行使の機会が最初の録音・録画に限定されている。「ワンチャンス主義」と呼ぶ。

　第1に、実演家の許諾を得て映画の著作物に録音・録画された実演をCD・DVD化するなど増製する場合には、実演家の録音・録画権は及ばない（91条2項）。映画DVDのように、音を専ら影像とともに再生することを目的として複製する場合も同様である（同項括弧書）。ただし、録音物に録音する場合、たとえば、サントラ盤CDに録音する場合には、実演家の許諾を要する（同項）。たとえば、劇場用映画にその実演の録音・録画を許諾した俳優、テレビ番組への歌唱の録音・録画を許諾した歌手は、当該映画、テレビ番組がDVD等として増製されることについては、改めて実演家の許諾を得る必要はない。

　第2に、出演時に、実演家による録音・録画の許諾がなく、放送の許諾のみがある場合、実演家による放送の許諾には、契約に別段の定めがない限り、当該実演の録音・録画の許諾は含まれない（103条によって準用される63条4項）。実演の録音・録画の許諾がなされていないため、91条2項のワンチャンス主義の適用はなく、実演家は、自己が出演した放送番組がCD・DVD化等により二次利用されることについて、許諾権を有する。

　なお、この点に関連して、実演の放送について実演家の許諾を得た放送事業者は、契約に別段の定めがある場合および他の番組に使用する目的で録音

する場合を除き（93条1項但書）、その実演を放送のために録音・録画を行うことができるとする93条1項との関係が問題となりうる。しかしながら、①93条1項に基づき放送事業者が行う放送目的での録音・録画行為は実演家の「許諾を得て」（91条2項）行うものではなく、また、そもそも、②93条1項にいう「放送のため」の録音・録画には、DVD化のための録音・録画は含まれないことによりワンチャンス主義の適用はないため、実演家は、自己が出演した放送番組がCD・DVD化等により二次利用されることについて、許諾権を有する。

(2) 放送権・有線放送権

　実演家は、その実演を放送・有線放送する権利を専有する（92条1項）。

　録音・録画権と同様、放送・有線放送権についてもワンチャンス主義の適用を受け、放送される実演が有線放送によって同時再送信される場合（92条2項1号）や、実演家の許諾を得て録音・録画されている実演を放送・有線放送する場合（同項2号）については、実演家の放送・有線放送権は及ばない。

　放送して同時に有線放送が行われる場合（同時再送信）、実演家の有線送信権は制限を受け（92条2項1号）、有線放送事業者は有線放送に係る相当な額の報酬を実演家に支払わなければならない（94条の2）。

　また、実演家の許諾を得て録音・録画されている実演が録音されている商業用レコードを放送・有線放送する場合、放送事業者および有線放送事業者は、実演家に二次使用料を支払わなければならない（95条1項）。

　二次使用料を受ける権利は、国内において実演を業とする者の相当数を構成員とする団体（その連合体を含む）でその同意を得て文化庁長官が指定するもの（公益社団法人日本芸能実演家団体協議会〔芸団協〕が指定されている。昭和46年文化庁告示6号）があるときは、当該団体によってのみ行使することができる（95条5項）。

(3) 送信可能化権

　実演家は、その実演の自動公衆送信のための送信可能化に関する権利を有する（92条の2第1項）。著作者の公衆送信権と異なり、公衆送信には及ばない。

送信可能化権についても、ワンチャンス主義の適用がある（92条の2第2項）。実演家の送信可能化権が及ぶのは、生実演（例、劇場公演）を送信可能化する場合、録音物に固定された実演（例、音楽CD）を送信可能化する場合、公衆送信される実演を受信してネット配信する場合に限定される。

（4）譲渡権・貸与権

実演家は、その実演の録音物・録画物を公衆に譲渡することに関する権利を有する（95条の2第1項）。譲渡権についてもワンチャンス主義の適用があり（同条2項）、さらに、著作権者の譲渡権と同様、消尽する（同条3項）。

実演家は、その実演が録音された商業用レコードを公衆に貸与することに関する権利を有する（95条の3第1項）。

実演家の貸与権は、商業用レコード（2条1項7号）が最初に販売された日から起算して1月以上12月を超えない範囲内において政令で定める期間（著施令57条の2により12月とされている）を経過した商業用レコードの貸与には適用されない（95条の3第2項）。右期間経過後、実演家は、貸レコード業者に対して報酬請求権を有する（95条の3第3項）。

4 レコード製作者の権利

（1）レコード、レコード製作者

レコードとは、蓄音機用音盤、録音テープその他の物に音を固定したもの（音を専ら影像とともに再生することを目的とするものを除く）をいう（2条1項5号）。

レコード製作者とは、レコードに固定されている音を最初に固定した者をいう（2条1項6号）。レコード原盤に音を固定する作業は、実演家による歌唱、演奏を最初にマルチテープに録音し、そのマルチテープをミックスダウンして、マスターテープを作成することによって行われる。この作業を、資金を負担して行い、レコード原盤を作成した者がレコード製作者となる。

（2）複製権

レコード製作者は、そのレコードを複製する権利を専有する（96条）。

レコード製作者の複製権には、ワンチャンス主義の適用はない。

(3) 送信可能化権

レコード製作者は、そのレコードを送信可能化する権利を専有する（96条の2）。レコード製作者の送信可能化権についても、ワンチャンス主義の適用はない。

(4) 商業用レコードの二次使用

放送事業者等は、商業用レコードを用いた放送または有線放送を行った場合、実演家に二次使用料を支払わなければならない（95条1項）。

商業用レコードの二次使用に対する報酬請求権は、文化庁が指定する団体があるときは、当該団体だけが行使できる（97条3項。一般社団法人日本レコード協会が指定を受けている。昭和46年文化庁告示7号）。

(5) 譲渡権・貸与権

レコード製作者は、そのレコードをその複製物の譲渡により公衆に提供する権利を専有する（97条の2第1項）。ただし、譲渡権者またはその許諾を受けた者により公衆に譲渡されたレコードの複製物等について、譲渡権の消尽が認められる（同条2項）。レコード製作者の譲渡権については、ワンチャンス主義の適用はない。

レコード製作者は、そのレコードをそれが複製されている商業用レコードの貸与により公衆に提供する権利を専有する（97条の3第1項）。

実演家の貸与権と同様、貸与権の期間は最大12月までであり、期間経過後、商業用レコードについて、貸レコード業者が貸与により公衆に提供した場合には、レコード製作者は相当の額の報酬を得ることができる（97条の3第3項）。

商業用レコードの貸与に対する報酬請求権は、文化庁が指定する団体があるときは、当該団体だけが行使できる（97条の3第4項。一般社団法人日本レコード協会が指定を受けている。昭和46年文化庁告示7号）。

5 放送事業者の権利

(1) 複製権

放送事業者とは、放送を業として行う者をいう（2条1項9号）。

放送事業者は、その放送またはこれを受信して行う有線放送を受信して、

その放送に係る音または影像を録音し、録画し、または写真その他これに類似する方法により複製する権利を専有する（98条）。

（2）再放送権・有線放送権

放送事業者は、その放送を受信してこれを再放送し、または有線放送する権利を専有する（99条1項）。ただし、放送を受信して有線放送を行う者が法令の規定により行わなければならない有線放送（放送法140条の受信障害区域における再放送義務）については、適用しない（99条2項）。

（3）送信可能化権

放送事業者は、その放送またはこれを受信して行う有線放送を受信して、その放送を送信可能化する権利を専有する（99条の2第1項）。

放送事業者の送信可能化権は、放送を受信して自動公衆送信を行う者が法令の規定により行わなければならない自動公衆送信に係る送信可能化については、適用しない（99条の2第2項）。

（4）テレビジョン放送の伝達権

放送事業者は、そのテレビジョン放送またはこれを受信して行う有線放送を受信して、影像を拡大する特別の装置を用いてその放送を公に伝達する権利を専有する（100条）。影像を拡大する特別の装置とは、超大型テレビジョン受信機をいい、そのような装置を用いて公に伝達する行為については、非営利、無料の場合であっても伝達権が及ぶ（著作者の公の伝達権の制限規定である38条3項は、著作隣接権には準用されない〔102条1項〕）。

6　有線放送事業者の権利

（1）複製権

有線放送事業者とは、有線放送を業として行う者をいう（2条1項9号の3）。有線放送とは、公衆送信のうち、公衆によって同一の内容の送信が同時に受信されることを目的として行う有線電気通信の送信をいう（同項9号の2）。

有線放送事業者は、その有線放送を受信して、その有線放送に係る音または影像を録音し、録画し、または写真その他これに類似する方法により複製する権利を専有する（100条の2）。有線放送事業者の複製権は、その有線放

送を受信して行う放送を受信して複製する行為には及ばない。当該複製行為については、放送事業者の複製権の対象となる。

(2) 放送権・再有線放送権

有線放送事業者は、その有線放送を受信してこれを放送し、または再有線放送する権利を専有する（100条の3）。

(3) 送信可能化権

有線放送事業者は、その有線放送を受信してこれを送信可能化する権利を専有する（100条の4）。

(4) 有線テレビジョン放送の伝達権

有線放送事業者は、その有線テレビジョン放送を受信して、影像を拡大する特別の装置を用いてその有線放送を公に伝達する権利を専有する（100条の5）。

••••••• **参 考 文 献** •••••••

● 公益社団法人日本芸能実演家団体協議会実演家著作隣接権センター（CPRA）編『**実演家概論**』（勁草書房、2013年）
● 金井重彦＝龍村全編著『**エンターテインメント法**』（学陽書房、2011年）

XIII ► 侵害に対する救済

1 差止等

(1) 侵害の停止または予防請求

著作者、著作権者、出版権者、実演家または著作隣接権者は、その著作者人格権、著作権、出版権、実演家人格権または著作隣接権を侵害する者または侵害するおそれがある者に対し、その侵害の停止または予防を請求することができる（112条1項）。

著作権等侵害訴訟において原告が請求原因事実として主張すべきなのは、①原告が著作権者等であること、②被告が原告の著作権等を侵害したことである。そして、②著作権等を侵害することはさらに、ⓐ被告が原告の著作物に依拠したこと、ⓑ被告作品が原告の著作物と同一性を有すること、ⓒ被告

356 第9章 著作権法

が法定の利用行為（複製〔21条〕、翻案〔27条〕等）または113条によって侵害とみなされる行為を行ったこと、をいう。

差止請求の相手方、すなわち著作物等について法定の利用行為を行っている者が誰かについては、物理的、自然的に観察して自明な場合もあれば、物理的、自然的に観察した場合に利用の主体とみられる者とは異なる者について、利用の対象、方法、複製への関与の内容、程度などの諸要素を考慮して、主体と認定されることもある（前掲最判平成23・1・20〔ロクラクⅡ事件〕）。「対象、方法、関与の内容・程度」を考慮して著作物の利用主体の規範的認定を行うべきことは、複製に限らず、送信等他の利用方法についても同様と想定されている（前掲山田「判解」274頁注（19）〔まねきTV事件〕）。

「侵害するおそれ」とは、事実審の口頭弁論終結時点において、侵害が発生する蓋然性が高いと認められる具体的な事実が存在する場合をいう。

請求の根拠となる著作物が口頭弁論終結時に存在しておらず、将来発生することとなる場合であっても、例外的に、差止請求が認められる場合がある。東京高判平成6・10・27判時1524号118頁〔ウォール・ストリート・ジャーナル事件〕は、新聞の著作物について、将来継続してこれまでと同様の一定の編集方針に基づく素材の選択・配列が行われ、これにより創作性を有する編集著作物として発行される蓋然性が高く、他方、これまで当該新聞の発行毎に編集著作権侵害行為が継続的に行われてきており、将来発行される新聞についてもこれまで同様の編集著作権侵害行為が行われることが予想されるという事情の下、将来発生する著作権に基づく差止請求を認めている。

（2）侵害の行為を組成した物等の廃棄等請求

著作者、著作権者、出版権者、実演家または著作隣接権者は、112条1項の規定による請求をするに際し、侵害の行為を組成した物、侵害の行為によって作成された物または専ら侵害の行為に供された機械もしくは器具の廃棄その他の侵害の停止または予防に必要な措置を請求することができる（同条2項）。

レストランにおける無許諾での音楽著作物の生演奏に使用されていたピアノについて、112条2項にいう「専ら侵害の行為に供された機械若しくは器具」に該当するとして撤去請求が認められた事例がある（大阪高判平成20・

9・17 判時 2031 号 132 頁〔デサフィナード事件〕）。ピアノは、本来、原告管理著作物以外の楽曲の用にも供しうるものであるが、現実の使用態様が主として原告管理著作物の無断演奏に供されるもので、その状態が今後も継続するおそれがあることがその理由である。本件においては、さらに、「侵害の停止または予防に必要な措置」として、ピアノの搬入禁止も命ぜられた。本件被告が判決により原告管理著作物の利用を差し止められても、これに従わず、ピアノを撤去されても、再度ピアノを搬入して、原告管理著作物の使用を継続するおそれが高いことによる。

2　損害賠償

(1) 民法の特則としての著作権法

著作権等の侵害による損害賠償請求は、民法 709 条を根拠とするものである。一般に、損害賠償の対象となる財産的損害には、積極的損害（既存の財産が減少することによる損害）と消極的損害（増加するはずであった財産が増加しなかったことによる損害）の二種類があるが、無体物である著作物は侵害行為によって物理的な毀損を受けることがないので、著作権侵害によって生ずる損害としては消極的損害（逸失利益）が主となる。

民法 709 条の要件事実は、①故意または過失、②他人の権利または法律上保護される利益の侵害、③損害の発生、④侵害行為と損害の相当因果関係である。

著作権法には、損害額の推定等（114 条）、具体的態様の明示義務（114 条の 2）、書類の提出（114 条の 3）、鑑定人に対する当事者の説明義務（114 条の 4）、相当な損害額の認定（114 条の 5）の特則が置かれている。

(2) 過失

著作権法には、特許法 103 条のような、過失推定規定は存在しない。特許権は登録によって公示されており、当業者には権利の存在を調査し侵害を回避すべき注意義務が課され、過失が推定されている。一方、著作権は、審査・登録を要さず当然に発生し、その有効性を公示する登録制度がないため、過失の存否は、一般の不法行為の原則に従い、予見可能性があるのにこれを回避する行為義務を怠ったといえるかケイスバイケイスに判断される。一般

論として、行為義務の内容は、損害発生の蓋然性と被侵害利益の重大さ、損害を回避するためのコストとの相関によって決まる。

　上記の原則に従った具体的認定例として、最判平成 13・3・2 民集 55 巻 2 号 185 頁〔ビデオメイツ事件〕がある。同判決は、飲食店が音楽著作権管理団体と著作物使用許諾契約を締結することなく業務用カラオケ装置を利用して音楽著作物を無断上映・歌唱した場合には、当該飲食店に業務用カラオケ装置をリースしたリース業者も、使用料相当額の損害を賠償する義務があるとしたものである。最高裁は、カラオケ装置のリース業者には、カラオケ装置のリース契約を締結した場合において、当該装置が専ら音楽著作物を上映しまたは演奏して公衆に直接見せまたは聞かせるために使用されるものであるときは、リース契約の相手方に対し、当該音楽著作物の著作権者との間で著作物使用許諾契約を締結すべきことを告知するだけでなく、上記相手方が当該著作権者との間で著作物使用許諾契約を締結しまたは申込みをしたことを確認したうえでカラオケ装置を引き渡すべき条理上の注意義務を負うとした。そして、そのような注意義務が認められる理由は、①カラオケ装置により上映または演奏される音楽著作物の大部分が著作権の対象であることに鑑みれば、カラオケ装置は、当該音楽著作物の著作権者の許諾がない限り一般的にカラオケ装置利用店の経営者による前記の著作権侵害を生じさせる蓋然性の高い装置ということができること（損害発生の蓋然性）、②著作権侵害は刑罰法規にも触れる犯罪行為であること（被侵害利益の重大さ）、③カラオケ装置のリース業者は、このように著作権侵害の蓋然性の高いカラオケ装置を賃貸に供することによって営業上の利益を得ているものであること（被侵害利益の重大さ）、④一般にカラオケ装置利用店の経営者が著作物使用許諾契約を締結する率が必ずしも高くないことは公知の事実であって、カラオケ装置のリース業者としては、リース契約の相手方が著作物使用許諾契約を締結しまたは申込みをしたことが確認できない限り、著作権侵害が行われる蓋然性を予見すべきものであること（予見可能性）、⑤カラオケ装置のリース業者は、著作物使用許諾契約を締結しまたは申込みをしたか否かを容易に確認することができ、これによって著作権侵害回避のための措置を講ずることが可能であることを併せ考えれば、上記注意義務を肯定すべきであること（損害を回

避するためのコスト）がそれぞれあげられている。

類似の例として、土地宝典を法務局を備え付け不特定第三者に貸し出し、備え置かれたコピー機による無断複製を放置していた国の行為について、違法複製がなされないようあらかじめ許諾を受ける等の措置をとるか、貸出を受ける者に違法複製を行わないよう注意を喚起するなどの作為義務に違反するとされた（知財高判平成 20・9・30 判時 2024 号 133 頁〔土地宝典事件〕）。

(3) 損害額に関する特則

(a) 侵害者の利益に基づく算定方法　損害額の第 1 の算定方法は、侵害者の譲渡数量×侵害品の単位数量あたりの利益額を損害額と推定する方法である（114 条 2 項）。

114 条 2 項の算定方法は、本来権利者が立証すべき事項であるところの、権利者の単位数量あたりの利益額×侵害行為がなかったならば権利者が販売できたであろう販売数量にかえて、侵害者の利益×侵害者の販売数量をベースにするものであり、権利者の逸失利益の算定方法としては、強固な経験則に支えられたものとはいえない。

2 項の推定を覆す事情としては、①権利者、侵害者のほかに、市場に第三者が存在していた場合、侵害者の利益のすべてを著作権者のうべかりし利益とみることは困難であり、推定は一部覆ることになる。また、②権利者と侵害者の販売能力に差がある場合にも、2 項の「利益」をそのまま損害額とすることはできない。

著作権者が著作物の販売等を行っていない場合であっても、著作権者が侵害者と同様の方法で著作物を利用し、利益を得られる蓋然性があれば、2 項の適用が認められる。たとえば、著作権者である映画会社が、過去に著作権を有する俳優 A 主演のテレビシリーズ「ご存じ金さん捕り物帳」の著作権をパチンコ機に利用していたという事情の下では、原告著作物を含む俳優 B 主演にかかる「遠山の金さんシリーズ」作品についても、パチンコ機に利用して利益を得られる蓋然性があるとされた（東京地判平成 26・4・30 平成 24（ワ）964 号〔遠山の金さん事件〕）。

(b) 侵害者の譲渡数量に基づく算定方法　第 2 の方法として、114 条 1 項は、「その者がその侵害の行為によって作成された物を譲渡し、又はその侵

害の行為を組成する公衆送信（自動公衆送信の場合にあっては、送信可能化を含む）を行ったときは、その譲渡した物の数量」に、「著作権者等がその侵害の行為がなければ販売することができた物（受信複製物を含む）の単位数量当たりの利益」を乗じて得た額を、著作権者等の能力を超えない範囲で損害額とすることができると規定している。

権利者の単位数量あたりの利益×侵害者の譲渡数量をもとにする方法である。1項は損害の額と「することができる」、2項は「推定する」と文言が異なっている。2項が「侵害者の単位数量あたりの利益」×侵害者の販売数量という著作権者にとって他人である侵害者の事情をもとに権利者の受けた損害を算定しようとするものであるのに対して、1項は、「権利者の単位数量あたりの利益」をベースとする点で、2項に比べ、権利者が本来立証すべき事項に経験則上より近いことによる。

1項も、3項とは異なり、損害額と「みなす」という規定ではないため、侵害者側は、1項但書の事情を立証し、本文で算定された額から控除することができる。

1項但書の事情としては、市場における第三者の競合品の存在、侵害品が廉価であること、販売業態の差異等がある。

(c) 使用料相当額に基づく算定方法　侵害者の譲渡数量×権利者が単位数量当たり受けるべき金銭の額に相当する額をもとに算定する方法である（114条3項）。

3項は損害の額としてその賠償を「請求することができる」と規定しており、損害の発生は前提となるものの、使用料相当額は損害賠償の最低保障として機能している。本来、使用料はあくまで利用について著作権者の許諾がある場合の額であり、侵害が発生した場合の損害とすることは、著作権者の救済に欠ける面がある。このため、使用料にある程度上乗せした額を認定可能とするべく「受けるべき金銭の額」との規範的文言が用いられている（既存の契約例にはとらわれず、「受けるべき金銭の額」を認定した例として、東京高判平成16・6・29平成15（ネ）2467号〔国語教科書準拠教材事件〕）。

権利者は、使用料相当額を超える損害額を請求することは可能であるが、その際、侵害者が軽過失の場合は、裁判所はそのことを参酌できる（114条

4 項)。

(d) 相当な損害額の認定　　損害が生じたことが認められる場合であって、損害額を立証するために必要な事実を立証することが当該事実の性質上極めて困難であるときは、裁判所は、口頭弁論の全趣旨および証拠調べの結果に基づき相当な額の損害額を認定することができる（114 条の 5）。放送番組等の複製回数等の事実関係が立証されず、当該事実の性質上極めて困難であるとして、本条が適用された例がある（知財高判平成 24・1・31 判時 2141 号 117 頁〔ロクラク II 事件差戻審〕）。

3　名誉回復等措置

著作者または実演家は、故意または過失によりその著作者人格権または実演家人格権を侵害した者に対し、損害の賠償に代えて、または損害の賠償とともに、著作者または実演家であることを確保し、または訂正その他著作者もしくは実演家の名誉もしくは声望を回復するために適当な措置を請求することができる（115 条）。

著作者人格権、実演家人格権の侵害について、差止請求および損害賠償請求だけでは十分な救済が得られないことから認められたものであり、名誉毀損について回復措置を認めた民法 723 条と同趣旨である。

名誉もしくは声望を回復するための適当な措置の典型例としては、謝罪広告、訂正広告がある。謝罪広告の中にも、侵害態様等によって、被告に文字通り謝罪（お詫び）を命ずるもの（知財高判平成 8・10・2 判時 1590 号 134 頁〔市史事件〕）、改変等の経緯を説明するにとどめるもの（知財高判平成 22・3・25 判時 2086 号 114 頁〔駒込大観音事件〕）、と様々なものが想定できる。

他の適当な措置として、銅像の台座に銅像の真の著作者でない者の氏名が表示され、氏名表示権が侵害された場合に、銅像の所有者ないし管理者に対して真の著作者名を通知すべき旨の請求が認められた例がある（知財高判平成 18・2・27 平成 17（ネ）10100 号〔ジョン万次郎像事件〕）。

4　みなし侵害

（1）国外で作成された海賊版の輸入行為

　国内において頒布する目的をもって、輸入の時において国内で作成したならば著作者人格権、著作権、出版権、実演家人格権または著作隣接権の侵害となるべき行為によって作成された物を輸入する行為は侵害行為とみなされる（113条1項1号）。

　海外で製造されたいわゆる模倣品が日本に輸入される行為を規制する条文である。

　著作権法上に明文の規定はないが、いわゆる属地主義の原則により、わが国の著作権法の効力は、わが国の領域内にのみ及ぶと考えられている。

　このため、日本の著作権法上保護を受ける著作物を、日本の著作権者の許諾を得ずに外国で複製しても、日本の著作権の侵害とはならない。著作者人格権、出版権、実演家人格権、著作隣接権の侵害についても同様である。

　一方、外国で著作権者に無断で作成された海賊版が日本に輸入される場合には、日本国内で無断で作成された複製物が出回るのと同じ意味をもつため、これを抑える必要があるとの趣旨で設けられたのが113条1項1号である。

　同号が対象とするのは、輸入の時において国内で作成したならば日本著作権の侵害となるべき行為によって作成された物に限られる。外国で作成された時点では当該国の著作権者の許諾を得ずに複製等された物であっても、日本への輸入時点までに権利処理がなされていれば本号の対象とはならない。また、国内で作成したならば日本の著作権法の下で侵害となったであろう行為のみを規制するものであるので、たとえば、アメリカ著作権法には存在するが日本の著作権法は対応する制度を有しないフェア・ユース規定（あらかじめ権利制限に該当する場合を限定的に定めておくかわりに、一般条項を個別の事案ごとに適用する規定）に基づいてアメリカにおいて適法に複製された複製物について、仮に日本で作成したならば違法であるため、113条1項1号の適用を受ける。

（2）著作権等侵害行為によって作成された物の頒布等行為

　著作者人格権、著作権、出版権、実演家人格権または著作隣接権を侵害す

る行為によって作成された物（113条1項の輸入に係る物も含む）を、情を知って、頒布し、頒布の目的をもって所持し、もしくは頒布する旨の申出をし、または業として輸出し、もしくは業としての輸出の目的をもって所持する行為は、著作権等侵害行為とみなされる（同項2号）。

　所持、頒布の申出、輸出、輸出目的の所持は、いずれも2条1項19号の頒布行為の定義外の行為であり、譲渡権、頒布権の対象とはならないが、無断譲渡・頒布行為の規制の実効性をあげるため、みなし侵害とされている。

　情を知るとは、侵害である旨の判決が確定する前であっても、仮処分決定、未確定の第1審判決、中間的判断であっても、公権的判断で、その物が著作権を侵害する行為によって作成されたものである旨の判断、あるいは、その物が著作権を侵害する行為によって作成された物であることに直結する判断が示されたことを知れば足りる（東京地判平成7・10・30判時1560号24頁〔システムサイエンス事件〕）。

(3) 違法複製プログラム著作物の使用行為

　プログラムの著作物の著作権を侵害する行為によって作成された複製物を業務上電子計算機において使用する行為は、これらの複製物を使用する権原を取得した時に情を知っていた場合に限り、当該著作権を侵害する行為とみなす（113条2項）。

　本項の対象となるのは、海賊版のプログラムのコピーを作成する行為ではなく、海賊版のプログラムをそれと知りつつ購入し、自己のPCで実行する行為である。

(4) 虚偽の権利管理情報付加行為等

　権利管理情報として虚偽の情報を故意に付加する行為、権利管理情報を故意に除去等する行為、これらの行為が行われた著作物等の複製物を情を知って頒布等する行為はみなし侵害行為となる（113条3項）。

●●●●●●　**参 考 文 献**　●●●●●●
- 髙部眞規子「判解」『最判解民事篇平成13年度』179頁〔ビデオメイツ事件〕
- 田中豊編『判例でみる 音楽著作権訴訟の論点60講』（日本評論社、2010年）
- 小泉直樹「著作権侵害回避の注意義務と過失」コピライト580号2頁（2009年）

XIV ► 著作権侵害罪等

1 著作権侵害罪

　著作権、出版権、著作隣接権を侵害した者（30条1項〔102条1項において準用する場合を含む〕に定める私的使用の目的をもって自ら著作物もしくは実演等の複製を行った者〔公衆の使用に供される自動複製機器を用いて複製を行った者〕を除く）は、10年以下の懲役もしくは1000万円以下の罰金に処し、または懲役と罰金が併科される（119条1項）。

　著作者人格権または実演家人格権を侵害した者は、5万円以下の懲役もしくは500万円以下の罰金が科され、または懲役と罰金が併科される（119条2項）。

　著作権侵害罪は、親告罪とされている（123条1項）。独占的利用許諾を受けた者にも告訴権が認められる（最決平成7・4・4刑集49巻4号563頁〔海賊版ビデオ販売事件〕）。

　著作者等の経済的利益を、単に個人的な法益すなわち生活利益にとどまらず、社会的な法益すなわち法秩序と観念すべきものと捉え、これらの法益侵害を反社会的な行為として処罰するものと説明されている。

　119条1項括弧書きは、30条1項1号に定める私的使用の目的をもって自ら著作物等の複製を行った者を罰則の対象から除いている。個々人の行う複製行為自体は刑事罰を科すほどの悪質な行為とはいえないとの判断に基づくものとされる。

　30条1項に定める私的使用の目的をもって、有償著作物等（録音され、または録画された著作物または実演等〔著作権または著作隣接権の目的となっているものに限る〕であって、有償で公衆に提供され、または提示されているもの〔その提供または提示が著作権または著作隣接権を侵害しないものに限る〕をいう）の著作権または著作隣接権を侵害する自動公衆送信（国外で行われる自動公衆送信であって、国内で行われたとしたならば著作権または著作隣接権の侵害となるべきものを含む）を受信して行うデジタル方式の録音または録画を、自らその事実を知りながら行って著作権または著作隣接権を侵害した者は、2

年以下の懲役もしくは 200 万円以下の罰金に処し、またはこれを併科する
（119 条 3 項）。

著作権侵害罪については国外犯も処罰の対象となる（刑法施行法 27 条 1
号）。

著作権侵害罪については、原則として親告罪とされている（123 条 1 項）。

2 著作者・実演家が存しなくなった後における著作者・実演家の人格的利益の侵害罪

60 条または 101 条の 3 の規定に違反した者は、500 万円以下の罰金に処
する（120 条）。

死亡した著作者または実演家の名誉・声望その他の人格的利益に対する違
法性の追及とともに、著作物、実演という文化的遺産を国家的見地から保護
するという意味合いがあり、個人の法益の保護というよりも、社会公共の法
益の保護という色彩が相当程度に加味されている。

3 技術的保護手段の回避装置・プログラムの譲渡等の罪および権利情報改ざん等の罪

①技術的保護手段の回避を行うことをその機能とする装置（当該装置の部
品一式であって容易に組み立てることができるものを含む）もしくは技術的保護
手段の回避を行うことをその機能とするプログラムの複製物を公衆に譲渡し、
もしくは貸与し、公衆への譲渡もしくは貸与の目的をもって製造し、輸入し、
もしくは所持し、もしくは公衆の使用に供し、または当該プログラムを公衆
送信し、もしくは送信可能化する行為（当該装置または当該プログラムが当該
機能以外の機能を併せて有する場合にあっては、著作権等を侵害する行為を技術
的保護手段の回避により可能とする用途に供するために行うものに限る）をした
者（120 条の 2 第 1 号）、②業として公衆からの求めに応じて技術的保護手段
の回避を行った者（同 2 号）、③営利を目的として、権利管理情報を故意に
除去、改変した者（同 3 号）は、3 年以下の懲役もしくは 300 万円以下の罰
金に処し、またはこれを併科する。

いずれも著作権等の保護・管理技術の働きを妨げて著作権等の侵害のおそ

れを生じさせる権利侵害の準備行為や、本来適法な商業用レコードの輸入等に関するものであり、著作権等の保護の実効性を確保するために処罰するものである。このうち、1・2号については、著作権等が侵害されるおそれを広く一般に生じさせる行為であるとの理由で、非親告罪とされている（123条1項）。

4 商業用レコードの国内還流の罪

営利を目的として、113条5項（国内頒布目的商業用レコードの輸入等の禁止）の規定により著作権または著作隣接権を侵害する行為とみなされる行為を行った者は、3年以下の懲役もしくは300万円以下の罰金に処し、またはこれを併科する（120条の2第4号）。親告罪とされている。

5 著作者名詐称罪

著作者でない者の実名または周知の変名を著作者名として表示した著作物の複製物（原著作物の著作者でない者の実名または周知の変名を原著作物の著作者名として表示した二次的著作物の複製物を含む）を頒布した者は、1年以下の懲役もしくは100万円以下の罰金に処し、またはこれを併科する（121条）。

世人を欺く詐欺的行為の防止の見地およびこれに付随して著作者名義の人格的利益の保護の見地からの罰則であり、非親告罪とされている。

6 外国商業用レコードの無断複製の罪

①国内において商業用レコードの製作を業とする者が、レコード製作者からそのレコード（8条各号のいずれかに該当するものを除く）の原盤の提供を受けて製作した商業用レコード、または、②国外において商業用レコードの製作を業とする者が、実演家等保護条約の締約国の国民、世界貿易機関の加盟国の国民またはレコード保護条約の締約国の国民（当該締約国の法令に基づいて設立された法人および当該締約国に主たる事務所を有する法人を含む）であるレコード製作者からそのレコード（8条各号のいずれかに該当するものを除く）の原盤の提供を受けて製作した商業用レコードを商業用レコードとして複製し、その複製物を頒布し、その複製物を頒布の目的をもって所持し、

またはその複製物を頒布する旨の申出をした者（当該各号の原盤に音を最初に固定した日の属する年の翌年から起算して50年を経過した後において当該複製、頒布、所持または申出を行った者を除く）は、1年以下の懲役もしくは100万円以下の罰金に処し、またはこれを併科する（121条の2）。

　レコード製造業者がレコード製作者との契約によって得べかりし経済的利益を保護法益とする趣旨の規定である。著作隣接権に準ずる形での外国原盤レコードの保護を目的として制定されたが、その後、わが国がWTOに加盟したことにより、本条の適用対象は、条約未加盟国の原盤レコードに限定されている。

7　出所不明示罪

　48条または102条2項（出所の明示）の規定に違反した者は、50万円以下の罰金に処する（122条）。

　出所名示義務違反行為を公益的見地から犯罪とするものであり、非親告罪とされている。

8　秘密保持命令違反の罪

　秘密保持命令に違反した者は、5年以下の懲役もしくは500万円以下の罰金に処し、またはこれを併科する（122条の2）。

　秘密保持命令による営業秘密の保護の実効性を確保する観点から、親告罪（123条1項）とされている。秘密保持命令違反の罪の審理は公開であり、対象となった営業秘密の内容が漏洩するリスクがあるため、起訴を保有者の意思に委ねている。

9　映画の盗撮の防止に関する法律

　映画の盗撮を行った者に対する119条1項の規定の適用については、同項中、私的使用の目的をもって自ら著作物等の複製を行った者を罰則の対象から除いている「著作権法30条1項（著作権法102条1項において準用する場合を含む。）に定める私的使用の目的をもって自ら著作物もしくは実演等の複製を行つた者」の部分は適用されない（映画の盗撮の防止に関する法律4

条）。

10　両罰規定

　両罰規定とは、法人の代表者（法人格を有しない社団または財団の管理人を含む）または法人もしくは人の代理人、使用人その他の従業者が、その法人または人の業務に関し、一定の罪を犯したとき、その行為者を罰するほか、その法人または人に対しても罰金刑を科す規定である。

　124 条 1 項は、① 119 条 1 項・2 項 3 号・4 号、122 条の 2 第 1 項の違反行為をしたときは、3 億円以下の罰金刑、② 119 条 2 項 1 号・2 号、120 条から 122 条までの違反行為については、各本条の罰金計を科している。

　従業者の行為について、他人である事業主としての法人や人が刑罰を受けるのは、事業主の従業者に対する選任監督上の義務違反に基づく過失責任があるためであるとされる。従業者に違反行為があれば事業主に過失があることが事実上推定される（最判昭和 32・11・27 刑集 11 巻 12 号 3113 頁〔キャバレー事件〕）。124 条では法人について重科されており、自然人の 30 倍である 3 億円以下の罰金が科される。

　著作権侵害は、法人の業務として侵害行為が行われている組織的・大規模な侵害が多いこと、法人には自由刑を科せないことを理由としている。

●●●●●●●　**参 考 文 献**　●●●●●●●
- 伊藤栄樹ほか編『**注釈特別刑法〔第 4 巻〕労働法・文教法編**』850 頁〔香城敏麿〕（立花書房、1988 年）
- 平野龍一編集代表『**注解特別刑法 4 巻 経済編**』38 頁〔板東久美子〕（青林書院新社、1982 年）
- 桑野雄一郎「**著作権侵害の罪の客観的構成要件**」島大法学 54 巻 1・2 号 138 頁（2010 年）
- 小泉直樹「**著作権法上の罰則について**」コピライト 656 号 2 頁（2015 年）

第10章 不正競争防止法

I ▶ 不正競争防止法の目的

　不正競争防止法は、事業者間の公正な競争およびこれに関する国際約束の的確な実施を確保するため、不正競争の防止および不正競争に係る損害賠償に関する措置等を講じ、もって国民経済の健全な発展に寄与することを目的とする（1条）。

　本法の保護法益は、事業者の営業上の利益という私益と、公正な競争秩序という公益であり、営業の自由の保障の下で自由競争が行われる取引社会を前提に、経済活動を行う事業者間の競争が自由競争の範囲を逸脱して濫用的に行われ、あるいは、社会全体の公正な競争秩序を破壊するものである場合に、これを不正競争として防止しようとするものである（最判平成18・1・20民集60巻1号137頁〔天理教豊文教会事件〕）。

II ▶ 混同惹起行為

　他人の商品等表示（人の業務に係る氏名、商号、商標、標章、商品の容器もしくは包装その他の商品または営業を表示するもの。以下同じ）として需要者の間に広く認識されているものと同一もしくは類似の商品等表示を使用し、またはその商品等表示を使用した商品を譲渡し、引き渡し、譲渡もしくは引渡しのために展示し、輸出し、輸入し、もしくは電気通信回線を通じて提供して、他人の商品または営業と混同を生じさせる行為は2条1項所定の「不正競争」に当たる（2条1項1号）。不正競争によって営業上の利益を侵害され、または侵害されるおそれがある者は、その営業上の利益を侵害する者または

侵害するおそれがある者に対し、その侵害の停止または予防、侵害の行為を組成した物の廃棄、侵害の行為に供した設備の除却その他の侵害の停止または予防に必要な行為を請求することができる（3条）。また、故意または過失により不正競争を行って他人の営業上の利益を侵害した者は、これによって生じた損害を賠償する責任を負う（4条）。不正の目的をもって2条1項1号該当の行為を行う者には、罰則が科される（21条2項1号）。

　周知な商品等表示に化体された他人の営業上の信用を冒用することを防止し、公正な競争秩序を維持することを趣旨とする。

1　他人の商品等表示

(1) 他人

　「他人」とは、自然人、法人などの商品等の主体となるものをいう。「他人」に該当するかどうかは、当該商品等表示の内容や態様、当該商品の広告・宣伝の規模や内容、品質保証表示のあり方などに照らし、当該商品等表示が何人のものとして需要者に認識されているかによって定まる（東京高判平成16・11・24平成14（ネ）6311号〔ファイアーエムブレム事件〕。本件では、テレビゲームの人気シリーズについて、製造販売を他社に独占的に委託した者の他人性が否定されている）。

　「他人」には、特定の表示に関する商品化契約によって結束した同表示の使用許諾者、使用権者および再使用権者のグループのように、同表示のもつ出所識別機能、品質保証機能および顧客吸引力を保護発展させるという共通の目的のもとに結束しているものと評価することのできるようなグループも含まれる〔旧法事件〕（最判昭和59・5・29民集38巻7号920頁〔フットボール事件〕）。

　団体またはグループが共通に使用していた標章について、団体またはグループが分裂あるいは関係を解消した場合の当該標章の表示主体が、分裂・関係解消後は誰になるのか争われることがある。グループを構成する事業者間で、あらかじめ分裂した場合に関する取決めをしていた場合や、明示的合意や書面が存在しなくても、黙示的に合意が成立していたと認められる場合には、当該取決めないし合意に従うことになる。

372　第10章 不正競争防止法

そのような取決めや合意がない場合に、同一の商品等表示を使用していた複数の事業者（企業）からなるグループが分裂したときにおいて、その中の特定の事業者が当該商品等表示の独占的な表示主体であるといえるためには、①需要者に対する関係（対外的関係）およびグループ内部における関係（対内的関係）において、当該商品等表示の周知性、著名性の獲得がほとんどその特定の事業者の行為に基づいており、当該商品等表示に対する信用がその特定の事業者に集中して帰属していること、②それ故、グループの構成員である他の事業者において、その特定の事業者から使用許諾を得たうえで当該商品等表示を使用しなければ、当該商品等表示によって培われた特定の事業者に対する信用にただ乗りすることとなる関係にあることを要する。一方、各対外的および対内的関係において、当該商品等表示の周知性、著名性の獲得が、グループ内の複数の者の行為に基づいており、当該商品等表示に対する信用が、グループ内の特定の事業者に集中して帰属しているとはいえず、グループ内の複数の事業者に共に帰属しているような場合には、それらの事業者の間では、相互に他の事業者からの使用許諾を得たうえで当該商品等表示を使用しなければ、当該商品等表示に対する信用にただ乗りすることとなる関係にはならないから、グループ内の特定の事業者だけが当該商品等表示の表示主体であるとはいえず、グループ内の複数の事業者がいずれも表示主体であり、互いに「他人の」商品等表示に当たらず、不正競争行為と主張することはできない（大阪高判平成 17・6・21 平成 15（ネ）1823 号〔アザレ（大阪）事件〕）。

（2）商品・営業

「商品」とは、市場における流通の対象となる有体物または無体物である。無体物であっても、その経済的な価値が社会的に承認され、独立して取引の対象とされている場合には、「商品」に該当する〔旧法事件〕（東京高決平成 5・12・24 判時 1505 号 136 頁〔モリサワタイプフェイス事件〕）。

「営業」とは、広く経済的対価を得ることを目的とする事業を指し、病院等の医療事業、予備校の経営や慈善事業等をも含むものであって、私立学校の経営もこれに含まれる（東京地判平成 13・7・19 判時 1815 号 148 頁〔呉青山学院事件〕）。社会通念上営利事業といえないものであるからといって、当然

に不競法の適用を免れるものではないが、他方、そもそも取引社会における事業活動と評価できないようなものについてまで、規律が及ぶものではない。たとえば、宗教法人の本来的な宗教活動およびこれと密接不可分の関係にある事業は「営業」に含まれない（前掲最判平成18・1・20〔天理教豊文教会事件〕）。

(3) 商品等表示

「商品等表示」とは、人の業務に係る氏名、商号、商標、標章、商品の容器もしくは包装その他の商品または営業を表示するものをいう（2条1項1号括弧書）。

(a) **商品の形態**　　商品の形態は、本来的には商品の機能・効用の発揮や美観の向上等の見地から選択されるものであり、商品の出所を表示することを目的として選択されるものではないが、特定の商品の形態が、他の同種の商品と識別しうる独自の特徴を有し、かつ、その形態が長期間継続的・独占的に使用され、または短期間でも効果的な宣伝広告等がされた結果、出所識別機能を獲得するとともに、需要者の間に広く認識されるにいたることがあり得るというべきである。このような商品の形態は、2条1項1号の他人の商品表示として需要者の間に広く認識されているものといえるから、同号によって保護される他人の周知の商品等表示に該当するものと解される（東京地判平成22・9・17平成20（ワ）25956号〔角質除去具事件〕）。

(b) **不可避的形態**　　2条1項1号は、周知な商品等表示のもつ出所表示機能を保護するため、実質的に競合する複数の商品の自由な競争関係の存在を前提に、商品の出所について混同を生じさせる出所表示の使用等を禁ずるものである。同種の商品に共通してその特有の機能および効用を発揮させるために不可避的に採用せざるを得ない商品形態にまで商品等表示としての保護を与えた場合、同号が商品等表示の例として掲げる「人の業務に係る氏名、商号、商標、標章、商品の容器若しくは包装」のように、商品そのものとは別の媒体に出所識別機能を委ねる場合とは異なり、同号が目的とする出所表示機能の保護を超えて、共通の機能および効用を奏する同種の商品の市場への参入を阻害することとなってしまうが、このような事態は、実質的に競合する複数の商品の自由な競争のもとにおける出所の混同の防止を図る同号の

趣旨に反する。したがって、同種の商品に共通してその特有の機能および効用を発揮するために不可避的に採用せざるを得ない形態は、同号にいう「商品等表示」に該当しない（東京高判平成13・12・19判時1781号142頁〔ルービック・キューブ事件〕）。

（c）**色彩**　単一の色彩が特定の商品に関する商品表示として不競法上保護されるべき場合があるとしても、当該色彩とそれが施された商品との結びつきが強度なものであることはもちろんとして、①当該色彩をその商品に使用することの新規性、特異性、②当該色彩使用の継続性、③当該色彩の使用に関する宣伝広告とその浸透度、④取引者や需要者である消費者が商品を識別、選択する際に当該色彩が果たす役割の大きさ等も十分検討したうえで決せられねばならず、それが認められるのは、自ずと極めて限られる（大阪高判平成9・3・27知的裁集29巻1号368頁〔it'sシリーズ事件〕）。

（d）**題号**　書籍の題号は、普通は、出所の識別表示として用いられるものではなく、その書籍の内容を表示するものとして用いられるものである。そして、需要者も、普通の場合は、書籍の題号を、その書籍の内容を表示するものとして認識するが、出所の識別表示としては認識しない。もっとも、書籍の題号として用いられている表示であっても、使用された結果、需要者が何人かの業務に係る商品または営業であることを認識することができるような自他識別力または出所識別機能を備えるにいたったと認められるような特段の事情がある場合については、商品等表示性を認めることができることもありうる（東京地判平成26・8・29平成25（ワ）28859号〔巻くだけダイエット事件〕）。

（e）**店舗外観**　店舗外観は、それ自体は営業主体を識別させるために選択されるものではないが、特徴的な店舗外観の長年にわたる使用等により、第二次的に店舗外観全体も特定の営業主体を識別する営業表示性を取得する場合もありうる。しかし、仮に店舗外観全体について周知営業表示性が認められたとしても、これを前提に店舗外観全体の類否を検討するにあたっては、単に、店舗外観を全体として見た場合の漠然とした印象、雰囲気や、当該店舗外観に関するコンセプトに似ている点があるというだけでは足りず、少なくとも需要者の目を惹く特徴的ないし主要な構成部分が同一であるか著しく

類似しており、その結果、飲食店の利用者たる需要者において、当該店舗の営業主体が同一であるとの誤認混同を生じさせる客観的なおそれがあることを要する（大阪地判平成19・7・3判時2003号130頁〔ごはんや食堂事件〕）。

2 周知性

(1) 意義

周知性は全国的に認められる必要はなく、一地方（たとえば中部地方）において広く知られている場合をも含む〔旧法事件〕（最決昭和34・5・20刑集13巻5号755頁〔ニューアマモト事件〕）。飲食店の営業表示のように需要者が原則として地域住民に限られている事案においては、周知性が認められる地方は狭くてもよいが、被告が現に営業を行っている地域において原告の商品等表示の周知性が認められる必要がある（横浜地判昭和58・12・9判タ514号259頁〔勝烈庵事件〕においては、とんかつ料理店の営業表示について、横浜駅周辺地域における周知性が認められ、距離的近接性、生活圏としての密接性、一体性を考慮すると、その周知性は鎌倉市大船には及ぶが、静岡県富士市にまでは及ばないとされた）。

周知表示といえるためには、当該商品等表示について特定の者の商品や営業を表示していることが知られていることを要するが、その特定人が誰であるかが明確に知られている必要はない。

自己の商品表示が周知の商品等表示に当たると主張する甲が、これと類似の商品表示の使用等をする乙に対してその差止め等を請求するには、甲の商品表示は、不正競争行為と目される乙の行為が甲の請求との関係で問題になる時点、すなわち、差止請求については現在（事実審の口頭弁論終結時）、損害賠償の請求については乙が損害賠償請求の対象とされている類似の商品表示の使用等をした各時点において、周知性を備えていることを要し、かつ、これをもって足りる〔旧法事件〕（最判昭和63・7・19民集42巻6号489頁〔アースベルト事件〕）。

広く認識された他人の営業であることを示す表示には、営業主体がこれを使用ないし宣伝した結果、当該営業主体の営業であることを示す表示として広く認識されるにいたった表示だけでなく、第三者により特定の営業主体の

営業であることを示す表示として用いられ、右表示として広く認識されるにいたったものも含まれる〔旧法事件〕（最判平成5・12・16判時1480号146頁〔アメックス事件〕）。

（2）保護主体の承継

　不競法は、権利の発生や変動についての一般的な規定を欠いており、また、当該権利についての登記や登録制度に関する規定も設けていないのであるから、同法は、不法行為に関する訴えの特別法として、同法所定の要件を充足する保護主体に対し、差止請求権や損害賠償請求権等を認めたにとどまり、上記保護主体に、譲渡可能な差止請求権や損害賠償請求権自体を付与したものではない。仮に、同法の認める保護主体性を譲渡可能なものと解すると、同保護主体性は、性質上、重畳的に譲渡されることが十分想定され、しかも、登記や登録制度がないことから、第三者に不測の損害を与えるおそれが生じることになり、妥当性を欠くことになる。ただし、不競法によって保護される地位は、営業と一体となって構成されるものであり、当該営業がすべて譲渡されたにもかかわらず、その営業について獲得された不競法上の保護主体性は譲渡できないと解することは、経済活動の実態に合致するものではないと考えられ、事業の実体を伴う営業譲渡が重畳的になされることは一般的には想定し難く、また、営業譲渡に伴い不競法上の保護主体性が譲渡される場合には、譲渡人の競業避止義務の存在などにより、第三者に不測の損害を与える可能性が少ないことを考慮すると、営業譲渡がなされた場合には、当該営業と一体として構成される不競法上の保護主体性も承継されることがあり得る（東京地判平成18・12・27判時2034号101頁〔宇宙戦艦ヤマト事件〕）。

3　類似性

　ある営業表示が他人の営業表示と類似のものか否かを判断するにあたっては、取引の実情のもとにおいて、取引者、需要者が、両者の外観、称呼、または観念に基づく印象、記憶、連想等から両者を全体的に類似のものとして受け取るおそれがあるか否かを基準とする〔旧法事件〕（最判昭和58・10・7民集37巻8号1082頁〔日本ウーマン・パワー事件〕）。

　ある商品表示が他人の商品表示と類似のものに当たるか否かの判断につい

ても、営業表示の類似判断の場合と同一の基準による〔旧法事件〕（前掲最判昭和59・5・29〔フットボール事件〕）。

4　使用

「商品等表示を使用」に該当するというためには、単に、他人の周知の商品等表示と同一または類似の表示、あるいは、他人の著名な商品等表示と同一または類似の表示を商品に付しているというだけでは足りず、それが商品の出所を表示し、自他商品を識別する機能を果たす態様で用いられていることを要する。たとえば、「朝バナナ」というダイエット方法に関する書籍の題号および内容に「朝バナナ」という用語を使用していても、それは、単に書籍の内容を示すためのものにすぎず、一般的な読者も、「朝バナナ」という表示を、書籍の内容を示す表示と理解するのが通常であり、「朝バナナ」という表示は、2条1項1・2号所定の行為、すなわち、他人の商品等表示と同一もしくは類似のものを使用した行為には該当しない（東京地判平成21・11・12平成21（ワ）657号〔朝バナナ事件〕）。

5　譲渡、引き渡し、譲渡もしくは引き渡しのために展示等

譲渡とは、有償または無償で当該商品の所有権を他人に移転することをいう。引き渡しとは、有償または無償で、所有権の移転を伴わず、商品の占有を移転する行為をいう。

6　混同のおそれ

混同を生じさせる行為には、類似表示使用者の商品・営業の出所が周知商品等表示主体であると誤信される場合（狭義の混同）のみならず、両者間に、①いわゆる親会社、子会社の関係や系列関係などの緊密な営業上の関係が存するものと誤信させる行為〔旧法事件〕（前掲最判昭和58・10・7〔日本ウーマン・パワー事件〕）、あるいは、②同一の商品化事業を営むグループに属する関係が存するものと誤信させる行為（前掲最判昭和59・5・29〔フットボール事件〕）も包まれる（広義の混同）。混同を生ぜしめる行為というためには両者間に競争関係があることを要しない。

2条1項1号に規定する「混同を生じさせる行為」は、旧法下の判例が旧法1条1項2号の「混同ヲ生ゼシムル行為」について判示するのと同様、広義の混同惹起行為をも含む（最判平成10・9・10判時1655号160頁〔スナックシャネル事件〕）。

周知の商品等表示主体と類似表示の使用者との間に使用許諾関係がある商品であると誤信することも、2条1項1号の混同に含まれることがある（前掲東京高判平成16・11・24〔ファイアーエムブレム事件〕、東京地判平成16・7・2判時1890号127頁〔ラ ヴォーグ南青山事件〕）。企業がその周知な商品等表示の使用を許諾しており、需要者が、使用者の商品・営業について当該企業が品質管理をしていると考える場合には、使用許諾関係の誤信によって緊密な営業関係の誤信が生じうる。

一方、赤穂義士ゆかりの泉岳寺が、都営地下鉄「泉岳寺」駅の使用差止めを求めた事案において、宗教法人が都営地下鉄事業を行うことは法的にありえず、一般人が、東京都による泉岳寺駅名称の使用について、宗教法人泉岳寺側において何らかの明示または黙示の許可、許諾があったものと誤信するおそれがあることが、直ちに泉岳寺と東京都との営業の混同をもたらすものとは解されないとされた（東京高判平成8・7・24判時1597号129頁〔泉岳寺事件〕）。宗教法人が地下鉄事業について品質管理するとの誤認が生じる余地はなく、仮に駅名について使用許諾関係の誤信が生じたとしても、緊密な営業上の関係についての誤信が生じているとは言い難い。

7　適用除外

2条1項1号の不正競争行為に当たる類似表示の使用等が行われても、19条1項1号（普通名称等の使用）・2号（自己の氏名の使用）・3号（先使用）に定める行為に該当する場合には、差止請求、損害賠償請求、刑事罰に関する規定は適用されない。

（1）普通名称等の使用

醸造酢について使用される「くろす」「黒酢」等の表示が黒味を帯びた食酢の性状を表現する普通名称とされた事例がある（鹿児島地判昭和61・10・14判タ626号208頁〔黒酢事件〕）。

普通名称の商品等出所表示への転換を認めるにあたっては、たとえば、同業他者が消滅し、当該特定の者のみが当該名称を使用して当該商品ないしサービスを提供するような事態が継続し、あるいは、何らかの事情により当該商品ないしサービスが一旦、全く提供されなくなり、一時、人々の脳裏から当該名称が消え去った後、当該特定の者が当該名称を自己の商品等表示（商標）として当該商品ないしサービスの提供を再開するなどの事態が生じ、当該名称が当該特定の者の商品等表示（商標）と認識されるようになったこと等を要する（大阪高判平成 19・10・11 判時 1986 号 132 頁〔正露丸 I 事件〕）。

(2) 自己の氏名の使用

「自己の氏名」を不正の目的でなく使用する場合を適用除外としている趣旨は、人が自己の氏名を使用することには人格権的な側面があることに配慮したものであるから、「自己の氏名」とは自然人の氏名をいい、法人の商号は含まれないとした裁判例がある（大阪高判平成 13・9・27 平成 12（ネ）3740 号〔和田八事件〕）。

一方、「氏名」は、自然人の氏名に限定して解すべきものではなく、法人の名称も含むとした裁判例もある（東京地判平成 14・10・15 判時 1821 号 132 頁〔バドワイザー事件〕）。理由は以下のとおりである。法人であっても、創業地や本店所在地の地名、創業者の氏名等をその名称に用いる必要がある場合は少なくないものであるから、そのような名称を不正競争の目的なく使用する場合には、これを不競法の適用の対象から除外する必要性が存在する。他方、著名ないし周知の商品等表示の権利者の側としても、地名ないし人名を含む名称を自己の商品ないし営業を示すものとして使用する場合には、当該地名ないし人名を含む名称が他の企業の名称として使用される可能性があることは当然に予測すべきものであるから、そのような名称が周知性ないし著名性を取得した場合に、他人が当該名称を自己の名称として不正競争の目的なく使用する行為を甘受すべきものとしても、予測を裏切ることになるわけではない。また、そのように解しても、「不正の目的」がある場合は、不競法の適用の対象となるのであるから、権利者に格別の不利益を強いるものでもない。そのように解さないと、本来、当該商品の産地等を表示するもの（商標 3 条 1 項 3 号）やありふれた名称を表示するもの（同項 4 号）として商

標登録を受けられない名称が、特別顕著性を取得したという理由で商標登録された場合（同条 2 項参照）においては、商標権の効力が及ばない法人の名称（商標 26 条 1 項 1 号）に対しても、不競法上の請求が妨げられないということになるが、そのように解すると、そのような商標については、周知性、著名性を容易には認めるべきではないという考えを招くこととなり、かえって、権利者の保護に欠けることになりかねない。

（3）先使用

不競法が旧来表示善意先使用者の保護規定を設けたゆえんは、公正取引秩序維持のため周知表示につきその使用者のほとんど独占的な使用を認める反面、他方ではこれと同一または類似の旧来表示善意先使用者については例外的に右独占の外に置き当該旧来表示の使用を認めるのが周知表示独占使用権者との関係上公平であり妥当であると考えたからにほかならない。そして、このような両者の調和を意図した法意によると、一時的に表示変更はあるものの、変更表示内にはとにかくも旧来表示を構成する文字は一回の例外を除きすべて有意的に使用されており、かつ、その変更自体も自らの発意によるものでなく前記のようなやむをえない事情によるものであったと認められるような場合には、全体としては同一表示の継続使用がある〔旧法事件〕（大阪地判昭和 55・3・18 判時 969 号 95 頁〔日本少林寺拳法事件〕）。

8　請求権者

2 条 1 項 1 号に基づいて差止めや損害賠償を請求することができるのは、1 号の不正競争行為によって営業上の利益を侵害された者または侵害されるおそれがある者である（3 条、4 条）。

「他人」すなわち商品等表示主体は、請求権者に当たる。営業上の利益を害されるおそれがある者には、周知表示の商品化事業に携わる周知表示の使用許諾者および許諾を受けた使用権者であって、同項 1 号または 2 号に該当する行為により、再使用権者に対する管理統制、周知表示による商品の出所識別機能、品質保証機能および顧客吸引力を害されるおそれのある者も含まれる〔旧法事件〕（前掲最判昭和 59・5・29〔フットボール事件〕）。

Ⅲ ► 著名表示冒用行為

自己の商品等表示として他人の著名な商品等表示と同一もしくは類似のものを使用し、またはその商品等表示を使用した商品を譲渡し、引き渡し、譲渡もしくは引渡しのために展示し、輸出し、輸入し、もしくは電気通信回線を通じて提供する行為は2条1項所定の「不正競争」に当たる（同項2号）。不正競争によって営業上の利益を侵害され、または侵害されるおそれがある者は、その営業上の利益を侵害する者または侵害するおそれがある者に対し、その侵害の停止または予防、侵害の行為を組成した物の廃棄、侵害の行為に供した設備の除却その他の侵害の停止または予防に必要な行為を請求することができる（3条）。また、故意または過失により不正競争を行って他人の営業上の利益を侵害した者は、これによって生じた損害を賠償する責任を負う（4条）。不正の利益を得る目的で、または信用もしくは名声を害する目的で2条1項2号該当の行為を行う者には、罰則が科される（21条2項2号）。

著名表示の冒用事例においては、高い信用・名声・評判を有する著名表示の財産的価値が侵害されていることから、混同を要件とすることなく不正競争と位置づける趣旨である。

1　著名性

2条1項2号は、混同を要件とすることなく不正競争とするものであるため、対象となる表示は、単に周知である以上の知名度が求められ、通常の経済活動において、相当の注意を払うことなくその表示の使用を避けることができる程度に知られていることが必要である。

ある商品の表示が取引者または需要者の間に浸透し、混同の要件（2条1項1号）を充足することなくして法的保護を受け得る、著名の程度に到達するためには、特段の事情が存する場合を除き、一定程度の時間の経過を要する（東京地判平成20・12・26判時2032号11頁〔黒烏龍茶事件〕）。

2　自己の商品等表示としての使用

　2条1項2号の趣旨は、著名な商品等表示について、その顧客吸引力を利用するただ乗りを防止するとともに、その出所表示機能および品質表示機能が稀釈化により害されることを防止するところにあるため、同号は、自己の「商品等表示」として他人の著名な商品等表示と同一もしくは類似のものを使用する行為を不正競争行為としている。たとえば、玩具銃（モデルガン）やそのパッケージに実銃の名称・表示と同一または類似の表示を付すことは、当該モデルガンの内容を説明するために使用されているにすぎず、「商品等表示」としての「使用」に当たらない（東京地判平成12・6・29判時1728号101頁〔モデルガン事件〕）。

　また、各地の飲食店の基本情報や口コミを集積し、一般消費者の利用に供するウェブサイトを運営管理する者が、右ウェブサイトに口コミ対象となる店舗の名称を表示する行為は、ユーザー会員が口コミを投稿し、一般消費者が右ウェブサイトを利用するにあたって、店舗を特定等するために用いているもので、自己の商品等表示として使用していると認められない（札幌地判平成26・9・4平成25（ワ）886号〔食べログ事件〕）。

3　類似性

　ある商品等表示が2条1項1号にいう他人の商品等表示と類似しているか否かについては、取引の実情のもとにおいて、需要者または取引者が、両者の外観、称呼または観念に基づく印象、記憶、連想等から両者を全体的に類似のものと受け取るおそれがあるか否かを基準とし、需要者または取引者が、時と所を異にして両者を観察した場合にどのように認識するかという観察方法（離隔的観察）によって、判断される（最判昭和58・10・7民集37巻8号1082頁〔日本ウーマン・パワー事件〕）。2条1項2号における類似性の判断基準も、同項1号におけるそれと基本的には同様であるが、両規定の趣旨に鑑み、1号においては、混同が発生する可能性があるのか否かが重視されるべきであるのに対し、2号については、著名な商品等表示とそれを有する著名な事業主との一対一の対応関係を崩し、稀釈化を引き起こすような程度に

類似しているような表示か否か、すなわち、容易に著名な商品等表示を想起させるほど類似しているような表示か否かを検討すべきものである（前掲東京地判平成20・12・26〔黒烏龍茶事件〕）。

4　適用除外

2条1項2号に関する適用除外として、普通名称等の使用（19条1項1号）、自己の氏名の使用（同項2号）および先使用（同項4号）がある。

5　請求権者

2条1項2号所定の不正競争行為に対して3条、4条に基づき差止めおよび損害賠償を求め得る主体は、当該著名商品等表示に化体された信用・名声を自らの信用・名声とする者、すなわち当該著名商品等表示により取引者または需要者から当該商品の製造者もしくは販売元または当該営業の主宰者として認識される者である。著名表示が企業グループとしての表示である場合には、中核企業はもちろんのこと、当該企業グループに属する企業であれば、不競法上の請求の主体となり得るし、フランチャイズ契約により結束した企業グループにおいては、フランチャイズチェーンの主宰者たるフランチャイザーおよびその傘下のフランチャイジーが、請求の主体となり得る。しかし、単に流通業者として当該著名商品等表示の付された商品の流通に関与しただけの者は、これに含まれない（東京地判平成12・7・18判時1729号116頁〔リズシャルメル事件〕）。

Ⅳ ► 商品形態模倣行為

他人の商品の形態（当該商品の機能を確保するために不可欠な形態を除く）を模倣した商品を譲渡し、貸し渡し、譲渡もしくは貸渡しのために展示し、輸出し、または輸入する行為は2条1項所定の「不正競争」に当たる（2条1項3号）。不正競争によって営業上の利益を侵害され、または侵害されるおそれがある者は、その営業上の利益を侵害する者または侵害するおそれがある者に対し、その侵害の停止または予防、侵害の行為を組成した物の廃棄、

侵害の行為に供した設備の除却その他の侵害の停止または予防に必要な行為を請求することができる（3条）。また、故意または過失により不正競争を行って他人の営業上の利益を侵害した者は、これによって生じた損害を賠償する責任を負う（4条）。不正の利益を得る目的で2条1項3号該当の行為を行う者には、罰則が科される（21条2項3号）。

　他人が資金、労力を投下して商品化した商品の形態を他に選択肢があるにもかかわらず、ことさら模倣した商品を自らの商品として市場に提供し、その他人と競争する行為は、模倣者においては商品化のための資金、労力や投資のリスクを軽減することができる一方で、先行者である他人の市場における利益を減少させるものであり、事業者間の競争上不正な行為として位置付ける趣旨である（東京地判平成27・11・11平成26（ワ）25645号〔防災用キャリーバッグ事件〕）。

1　商品の形態

　商品の形態とは、需要者が通常の用法に従った使用に際して知覚によって認識することができる商品の外部および内部の形状ならびにその形状に結合した模様、色彩、光沢および質感をいう（2条4項）。

　「商品」とは、「譲渡し、貸し渡し、譲渡若しくは貸渡しのために展示し、輸出し、又は輸入する」対象となるものであること、すなわち、それ自体独立して譲渡等の対象となるものであることが必要であり、商品の形態の一部分が独立した譲渡等の対象ではなく、販売の単位となる商品の一部分を構成しているにすぎない場合には、当該一部分に商品の形態上の特徴があって、その模倣が全体としての「商品の形態」の模倣と評価しうるなどの特段の事情がない限り、当該一部分の形態をもって「商品の形態」ということはできない（東京地判平成25・4・12平成23（ワ）8046号〔キャディバッグ事件〕）。

　商品の容器や包装についても、商品と一体となっていて、商品自体と容易に切り離せない態様で結びついている場合には、2条1項3号の「商品の形態」に含まれる（大阪地判平成14・4・9判時1826号132頁〔ワイヤーブラシ事件〕）。

　商品全体の形態が同種の商品と比べて何の特徴もないありふれた形態であ

る場合には、特段の資金や労力をかけることなく作り出すことができるものであるから、このようなありふれた形態は、そもそも、2条1項3号により保護される「（他人の）商品の形態」に該当しない（前掲東京地判平成27・11・11〔防災用キャリーバッグ事件〕）。

　「他人の商品」とは、資金または労力を投下して取引の対象となしうること、すなわち、「商品化」を完了した物品であり、当該物品が販売されているまでの必要はない。取引の対象としうる商品化は、客観的に確認できるものであって、かつ、販売に向けたものであるべきであり、量産品製造または量産態勢の整備をする段階にいたっているまでの必要はないとしても、商品としての本来の機能が発揮できるなど販売を可能とする段階にいたっており、かつ、それが外見的に明らかになっている必要がある。商品展示会に出展された商品は、特段の事情のない限り、開発、商品化を完了し、販売を可能とする段階にいたったことが外見的に明らかになった物品である（知財高判平成28・11・30判時2338号96頁〔加湿器事件〕）。

2　模倣

　「模倣する」とは、他人の商品の形態に依拠して、これと実質的に同一の形態の商品を作り出すことをいう（2条5項）。依拠とは、他人の商品形態を知り、これと形態が同一といえる程に酷似している形態の商品を作り出すことを認識していることをいう（東京高判平成10・2・26判時1644号153頁〔ドラゴン・キーホルダー事件〕）。

　「実質的に同一の形態」であるか否かは、当該商品の需要者が通常の用法

被告加湿器

原告加湿器

に従った使用に際して知覚によって認識できる、同種の商品の属する分野や同種の商品の形状の特徴との比較等を考慮して判断される。前掲知財高判平成28・11・30〔加湿器事件〕は、前頁の原告加湿器と被告加湿器の形態は実質的に同一であるとした。

3 譲渡等する行為

「貸し渡し」とは、単なる占有の移転ではなく、賃貸借などの権利を設定したうえでの占有の移転をいう。模倣商品の提供行為の規制は事業者の営業上の利益を保護するためのものであることによる。これに対して、混同惹起行為の規制は一般公衆の混同を防ぐ趣旨をも含むものであるため、現実的な占有の移転である「引き渡し」または「引き渡しのために展示し」の時点で差止めることを認めたものとされる。

模倣行為自体は2条1項3号の規制対象とされていない。試験研究のための模倣行為までも対象とすると規制が過度になるからである。

4 適用除外

(1) 当該商品の機能を確保するために不可欠な形態

当該商品の機能を確保するために不可欠な形態は2条1項3号の保護対象から除外される（同号括弧書）。商品としての機能および効用を果たすために不可避的に採用しなければならない商品形態を特定の者に独占させることは、商品の形態ではなく同一の機能および効用を有するその種の商品そのも

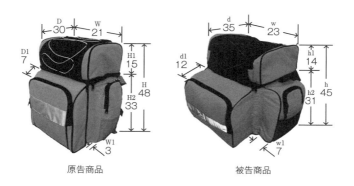

原告商品　　　　　　　　　　被告商品

のの独占を招来することとなり、事業者間の自由な競争を阻害することになりかねないことから、かかる形態を同号の「商品の形態」から除外したものである（前掲東京地判平成27・11・11〔防災用キャリーバッグ事件〕。防災用品を収納運搬する防災用バッグの形状の特徴のうち、リュック・キャリー兼用型の防災用バッグであればその機能に不可欠な形態については、「当該商品の機能を確保するために不可欠な形態」に該当する）。

(2) 保護期間の制限

日本国内において最初に販売された日から起算して3年を経過した商品について、その商品の形態を模倣した商品を譲渡し、貸し渡し、譲渡もしくは貸渡しのために展示し、輸出し、または輸入する行為は2条1項3号の保護対象から除外される（19条1項5号イ）。形態模倣が、先行開発者に投下資本の回収の機会を提供するものである一方、商品形態の創作的価値の有無を問うことなく模倣商品の譲渡等を禁止していることから、禁止期間が長期にわたった場合には、知的創作に関する知的財産法が厳格な保護要件を設けている趣旨を没却しかねず、また、後行開発者の同種商品の開発意欲を過度に抑制してしまうことから、両者のバランスをとって、先行開発者が投下資本の回収を終了し通常期待しうる利益を上げられる期間として定められたものである（前掲知財高判平成28・11・30〔加湿器事件〕）。

保護期間の始期については明示的な規定は存在しない。2条1項3号の保護を受ける「商品の形態」とは、資金または労力を投下して取引の対象となしうること、すなわち、「商品化」を完了した物品であれば足りる。当該物品が販売されているまでの必要はない。取引の対象としうる商品化は、客観的に確認できるものであって、かつ、販売に向けたものであるべきであり、量産品製造または量産態勢の整備をする段階にいたっているまでの必要はないとしても、商品としての本来の機能が発揮できるなど販売を可能とする段階にいたっており、かつ、それが外見的に明らかになっている必要がある。商品展示会に出展された商品は、特段の事情のない限り、開発、商品化を完了し、販売を可能とする段階にいたったことが外見的に明らかになった物品である（前掲知財高判平成28・11・30〔加湿器事件〕）。

（3）模倣された商品の善意取得者の保護

　他人の商品の形態を模倣した商品を譲り受けた者（その譲り受けた時にその商品が他人の商品の形態を模倣した商品であることを知らず、かつ、知らないことにつき重大な過失がない者に限る）がその商品を譲渡し、貸し渡し、譲渡もしくは貸渡しのために展示し、輸出し、または輸入する行為は2条1項3号の対象から除外される（19条1項5号ロ）。模倣商品を譲り受けた者が、その譲り受けた時に（海外で製造された商品の場合には、輸入時が同号にいう「譲り受けた時」となる。大阪高判平成16・7・30平成15（ネ）3005号〔イオンブラシ事件〕）、取引上当然払うべき通常の注意義務を尽くしても模倣の事実を知り得なかった場合には、取引安全の見地から不正競争行為に当たらないとするものである。19条1項5号ロの存在理由については、2条1項3号による保護について登録による公示が要求されていないことからも説明されている。2条1項3号と同様に公示制度を有しない著作権法にも19条1項5号ロと類似の善意者保護規定が存在する（著113条1項2号、同条2項）。

　19条1項5号ロの適用が否定されるのは、通常の注意義務を果たせば容易にそれが模倣商品であることを知ることができたのにその義務を著しく怠っており、悪意の場合とほぼ同視できるほどの場合とされる。同号の善意・無重過失の判断においては、①原告商品についての宣伝広告等、②被告は専門業者であったか、適切な調査を行ったか、③被告商品が原告商品とどの程度類似しているか、が考慮される。

　たとえば、原告商品は、著名な一般女性誌に紹介記事が掲載され、少なくとも業界内では掲載以前から話題になっていたものと推認されること、被告代表者は、被告商品の輸入前の時点で原告商品を知っており、しかも原告商品と被告商品との形態は同一なのであるから、被告は、被告商品を輸入するに際し、被告商品の形態が原告商品の形態を模倣したものではないかとの疑問を当然抱くべきであり、また、その疑問を払拭するに足りる調査を行ってしかるべきであったとして、被告が被告商品を輸入するにあたり、少なくともその形態が原告商品の形態を模倣したものであることを知らなかったことについて重大な過失がないとはいえないとされた（大阪地判平成18・1・23平成15（ワ）13847号〔ヌーブラⅡ事件〕）。

5 請求権者

2条1項3号の請求主体に関する先例の立場は分かれている。第1に、形態模倣の対象とされた商品を、自ら開発・商品化して市場に置いた者に限られるとするもの（東京地判平成11・1・28判時1677号127頁〔スーパーラップ型キャディバッグ事件〕）、第2に、自ら資金、労力を投下して商品化した先行者のみならず、先行者から独占的な販売権を与えられている者（独占的販売権者）のように、自己の利益を守るために、模倣による不正競争を阻止して先行者の商品形態の独占を維持することが必要であり、商品形態の独占について強い利害関係を有する者も、2条1項3号の請求主体となりうるとするもの（大阪地判平成16・9・13判時1899号142頁〔ヌーブラ事件〕）がある。

それぞれの立場の論拠としては以下が考えられる。まず、自ら開発・商品化した者に限定する立場は、商品化のために資金や労力を投下した者の開発利益を、当該商品の形態を模倣するという行為を競争上不正な行為とすることにより保護するという3号の立法趣旨を重視する。一方、この見解が独占的販売権者には請求主体を認めるべきではないとする理由は、第1に、契約上の地位にすぎない独占的販売権を形態模倣の保護の基準とすべきではないこと、第2に、たんに流通に関与しただけの者に請求主体を認めるべきではないこと等にある。

これに対して、自己の利益を守るために、模倣による不正競争を阻止して先行者の商品形態の独占を維持することが必要であり、商品形態の独占について強い利害関係を有する者にも請求主体を認める立場の根拠は、第1に、不競法上、請求主体となりうるためには「営業上の利益」の被侵害者であれば足り、開発・商品化した者に限るとの立法趣旨による限定は文言上存在しないこと、第2に、新たに商品化・市場化した者の事業の承継者、ライセンシーについて、他人の商品の形態を模倣行為から保護すべきこと、である。

2条1項3号は、創作や営業上の信用といった知的財産の価値自体にではなく、市場先行の利益自体に着目する点でユニークなものであり、少なくとも理論上は、自ら開発・商品化した者に限らず、開発・商品化した者により築かれた市場先行の利益によって裨益する者についても模倣による営業上の

利益侵害を認めることに障害はない。条文もまたそのような運用の余地を許容しているといえる。あとは、差止め・損害賠償請求を認めるだけの利益侵害があるかの具体的な判断の問題となる。その際、販売権が独占的であるか、という点は考慮要因とはなるものの、独占でなければ直ちに営業上の利益侵害が一切否定されるというものではなかろう。

V ▬ 営業秘密侵害行為

不競法上の営業秘密に係る不正競争行為には、①保有者から不正な手段で取得し、その後転々流通する過程で起こる不正行為（不正取得類型。2条1項4～6号）、②保有者からは正当に示された営業秘密を不正に使用・開示し、その後転々流通する過程で起こる不正行為（信義則違反類型。同項7～9号）、③①②の不正使用行為により生じた物が転々流通する過程で起こる不正行為（営業秘密侵害品譲渡等類型。同項10号）がある。

不正競争によって営業上の利益を侵害され、または侵害されるおそれがある者は、その営業上の利益を侵害する者または侵害するおそれがある者に対し、その侵害の停止または予防、侵害の行為を組成した物の廃棄、侵害の行為に供した設備の除却その他の侵害の停止または予防に必要な行為を請求することができる（3条）。また、故意または過失により不正競争を行って他人の営業上の利益を侵害した者は、これによって生じた損害を賠償する責任を負う（4条）。

裁判所は、不正競争による営業上の利益の侵害に係る訴訟においては、当事者の申立てにより、当事者に対し、当該侵害行為について立証するため、または当該侵害の行為による損害の計算をするため必要な書類の提出を命ずることができる。ただし、その書類の所持者においてその提出を拒むことについて正当な理由があるときは、この限りでない（7条）。

当事者間の衡平の観点から模索的な文書提出命令の申立ては許されるべきではないことや、当事者が文書提出命令に従わない場合の制裁の存在（民訴224条）等を考慮すると、そこにおける証拠調べの必要性があるというためには、その前提として、侵害行為があったことについての合理的疑いが一応

認められることが必要である。営業秘密の保護に関しては、民事訴訟法および不競法上の手当てがされていることからすれば、提出が求められる文書に相手方の営業秘密を含むものがあっても、それだけでは原則として「正当な理由」があるとはいえない（東京地決平成27・7・27判時2280号120頁〔新日鐵住金事件〕）。

特に違法性の高いと認められる侵害行為については、罰則が科される（21条1項各号、同条2項6号、同条3項各号、同条4項）。

1　営業秘密

「営業秘密」とは、秘密として管理されている生産方法、販売方法その他の事業活動に有用な技術上または営業上の情報であって、公然と知られていないものをいう（2条6項）。

(1)　秘密管理性

営業秘密は、情報という無形なものであり、占有によって保有者を明らかにすることが出来ず、秘密であるところに価値が存在するため、公示になじまない。また、その保有形態も様々であるため、営業秘密として保護される情報は、それがどの保有者の営業秘密であるのかがわかるようになっていることを要件としなければ、自らの行為が差止めの対象となり得るかについての予見可能性が害される。このような趣旨から、営業秘密として保護を受けるためには、外部者および従業員から認識可能な程度に客観的に秘密として管理されていることを必要とする。必要とされる管理の内容や程度は、当該営業秘密に関する従業員の多寡、業態、従業員の職務、情報の性質、執務室の状況その他の事情によって異なる。

たとえば、図面図表ならびにその電子データが記録されたフロッピーディスクが、工場のロッカー内に保管されていた事例において、①守衛の配置等により外部の者の工場内への入構が制限されており、計器室の建物出入口の扉に「関係者以外立入禁止」の表示が付されることにより、本件樹脂の製造に関係ない従業員の立入りも制限されていた、さらに、②フロッピーディスクが入れられたケースの表面には、持ち出しを禁止する旨が記載されたシールが貼付されており、しかも、本件情報は世界的にも稀少な情報であって、

そのことを工場の本件樹脂の製造に関係する従業員が認識していたことは当然であり、本件樹脂の製造に関係する従業員においても、本件樹脂の製造技術に係る情報が秘密であることは認識されており、このことは、当業界の外部の者にとっても同様であることは明らかであるとされた（知財高判平成23・9・27平成22（ネ）10039号、10056号〔ポリカーボネート樹脂製造装置事件〕）。

入室が制限された施錠付きの部屋に保管され、その利用は、営業本部所属の従業員と所定の申請手続を経た営業部所属の従業員等に限定されている本件顧客情報について、営業部所属の従業員によって契約内容報告書の写しとして保管されてはいるものの、これは、顧客からの問い合わせに迅速に対応したり買増し営業が見込める顧客を絞り込んだりするという営業上の必要性に基づくものである上、原告らは、各部内に常備された本件就業規則で秘密保持義務を規定するとともに退職時に秘密保持に関する誓約書を提出させたり、各種の情報セキュリティを実施してISMS認証等を取得し、毎年行われる審査に合格したり従業員に対する、「ISO27001ハンドブック」の配布やこれに基づく研修・試験といった周知・教育のための措置を実施したりしていたのであるから、原告らは、従業員に対して、本件顧客情報が秘密であると容易に認識しうるようにしていたものといえるとされた（知財高判平成24・7・4平成23（ネ）10084号〔投資用マンション顧客情報事件〕）。

一般に、商用ソフトウェアにおいては、コンパイルした実行形式のみを配布したり、ソースコードを顧客の稼働環境に納品しても、これを開示しない措置をとったりすることが多く、このような販売形態を取っているソフトウェアの開発においては、通常、開発者にとって、ソースコードは営業秘密に該当すると認識されていると考えられる。ソフトウェア開発に携わる者の一般的理解として、ソースコードを正当な理由なく第三者に開示してはならないことは当然に認識していたものと考えられるから、その秘密管理性を一応肯定することができるとされた（大阪地判平成25・7・16判時2264号94頁〔ソースコード事件〕）。

（2）有用性

不競法は、秘密として管理されている情報のうちで、財やサービスの生産、

販売、研究開発に役立つなど事業活動にとって有用なものに限り保護の対象としているが、この趣旨は、事業者の有する秘密であればどのようなものでも保護されるというのではなく、保護されることに一定の社会的意義と必要性のあるものに保護の対象を限定するということにある。

　このような趣旨からすれば、犯罪の手口や脱税の方法等を教示し、あるいは麻薬・覚せい剤等の禁制品の製造方法や入手方法を示す情報のような公序良俗に反する内容の情報は、法的な保護の対象に値しないものとして、営業秘密としての保護を受けない。「公共土木工事に関する埼玉県庁土木部技術管理課作成の平成11年度4月1日時点の土木工事設計単価に係る単価表の単価等の情報のうち非公開とされているもの」なる情報について、右情報は埼玉県庁の中でも上記部署に属する者のみが知りうる情報で非公開の扱いとされており、これについて公共土木工事に入札しようとする業者が事前に知ることができれば、その業者にとっては県や市町村等が設定した予定価格に近い落札可能な範囲における最も有利な価格で落札することができ、その点において情報としての有用性を有するものではあるが、地方公共団体の実施する公共土木工事につき、公正な入札手続を通じて適正な受注価格が形成されることを妨げるものであり、企業間の公正な競争と地方財政の適正な運用という公共の利益に反する性質を有するものと認められるから、不競法の趣旨に照らし、営業秘密として保護されるべき要件を欠くものとされた（東京地判平成14・2・14平成12（ワ）9499号〔公共土木工事単価表事件〕）。

（3）非公知性

　非公知の状態とは、当該情報が合理的な努力の範囲内で入手可能な刊行物に記載されていない等、保有者の管理下以外では一般的に入手することができない状態をいう。

　合計約6000枚に上るセラミックコンデンサー積層機および印刷機の設計図に係る電子データについて、リバースエンジニアリングによって、本件電子データと同じ情報を得るのは困難であり、また、仮にリバースエンジニアリングによって本件電子データに近い情報を得ようとすれば、専門家により、多額の費用をかけ、長期間にわたって分析することが必要であるものと推認されるとして、非公知性が認められた（大阪地判平成15・2・27平成13（ワ）

394　第10章 不正競争防止法

10308 号〔セラミックコンデンサー事件〕)。

これに対し、一般的な技術的手段を用いれば市場で流通している製品自体から再製することが容易な情報は、「公然と知られていないもの」ということはできない(知財高判平成23・7・21 判時 2132 号 118 頁〔光通風雨戸事件〕)。

2 営業秘密に関する不正競争行為

(1) 不正取得、使用、開示

第 1 に、窃取、詐欺、強迫その他の不正の手段により営業秘密を取得する行為(以下、「不正取得行為」)または不正取得行為により取得した営業秘密を使用し、もしくは開示する行為(秘密を保持しつつ特定の者に示すことを含む。以下同じ)は営業秘密侵害行為となる(2 条 1 項 4 号)。

たとえば、営業秘密が記録された記録媒体を窃取する行為、保有者のサーバーに不正アクセスし、蔵置されている営業秘密が記録されているデータを自己のパソコンに送付して取得する行為などが不正取得行為に当たる。

営業秘密の「使用」について、営業秘密として保護されるのは、本件ソースコードそれ自体であるから、たとえば、これをそのまま複製した場合や、異なる環境に移植する場合に逐一翻訳したような場合などが「使用」に該当するものというべきであり、ソースコードの記述そのものとは異なる抽象化、一般化された情報の使用はこれに当たらないとした事例がある(前掲大阪地判平成 25・7・16〔ソースコード事件〕。7 号に関する事例)。

(2) 不正取得された営業秘密の悪意・重過失による取得、使用、開示

第 2 に、その営業秘密について不正取得行為が介在したことを知って、もしくは重大な過失により知らないで営業秘密を取得し、またはその取得した営業秘密を使用し、もしくは開示する行為は営業秘密侵害行為となる(2 条 1 項 5 号)。

「介在」とは、自らが取得する前のいずれかの時点で不正取得行為がなされたことをいい、直接的に取得する場合だけでなく、間接的に取得する場合も含む。

第 3 に、その取得した後にその営業秘密について不正取得行為が介在したことを知って、または重大な過失により知らないでその取得した営業秘密を

使用し、または開示する行為は営業秘密侵害行為に当たる（2条1項6号）。

たとえば、営業秘密を取得した後、当該営業秘密について不正取得行為が介在した事実を報道によって知りながら使用または開示する行為がこれに当たる。

(3) 営業秘密の保有者から示された営業秘密の不正使用、開示

第4に、営業秘密を保有する事業者（以下、「保有者」）からその営業秘密を示された場合において、不正の利益を得る目的で、またはその保有者に損害を加える目的で、その営業秘密を使用し、または開示する行為は営業秘密侵害行為となる（2条1項7号）。

雇用関係、下請関係、ライセンス契約等に基づいて保有者から正当に示された営業秘密を、不正な目的で利用する行為を規制するものである。

これに対して、ドラッグストアを営む会社が製薬会社の発売に係る医薬品等の商品の仕入れ価格を示してその価格で消費者に販売した事例において、仕入価格（卸売価格）は、右ドラッグストアが売買契約の当事者たる買主としての地位に基づき、売主である製薬会社との間の売買契約締結行為ないし売買価格の合意を通じて原始的に取得し、自らの固有の情報として保有していたものであって、右製薬会社から示されたものに当たらないとして、2条1項7号該当性が否定された（東京地判平成14・2・5判時1802号145頁〔ダイコク「原価セール」事件〕）。

従業員が業務に際して自ら創出した秘密情報が、会社が「保有」し、従業員が会社から「示された」営業秘密に当たるかは、当該情報が具体的に形成・取得された一連の経緯・目的、使用者による情報の収集および管理状況、使用者・従業員間の規約・合意等の具体的事情を考慮のうえ、当該情報が管理されており、従業者によって秘密保持義務を負うものと認識されているか、によって判断される。

知財高判平成24・7・4平成23（ネ）10084号〔投資用マンション顧客情報事件〕は、顧客の氏名、年齢、住所、電話番号、勤務先名・所在地、年収、所有物件、借入状況、賃貸状況等から構成される情報について、まず、従業員が業務上取得した情報であるから、これを従業員が自己の所有する携帯電話や記憶に残したか否かにかかわらず、勤務先である会社に当然に帰属する

とした。

　そのうえで、右情報の管理体制について詳細に検討し、従業員は、右情報について会社に対して秘密保持義務を負っているということを認識しており、結論的には、従業員が右情報を取得したのは、会社から示されたことによるものといえるとされた。同様に、札幌地決平成6・7・8判例不正競業法1250ノ228ノ28〔エーアンドネイチャー事件〕は、従業員の集客活動によって得られた顧客情報は、当該従業員を通じて、顧客情報として会社に蓄積され、一旦秘密情報として管理された以上、当該従業員に対して開示されたものである、としている。

　なお、収集された情報の管理状況によっては、そもそも営業秘密として保護を受けることができない。営業秘密として保護が求められている顧客情報の中に、あらかじめ事業者のもとにすべてあって従業員に示すことになる顧客情報だけではなく、従業員が日々の営業活動において取得して原告に提供することにより原告が保有し蓄積する顧客情報となるものも含まれている場合、退職後に使用が許されなくなる事業者の「営業秘密」であると従業員に認識させ、退職従業員にその自由な使用を禁ずるためには、日々の営業の場面で、上記顧客情報が「営業秘密」であると従業員らにとって明確に認識できるような形で管理されている必要があり、そのように認識可能でない情報は2条6項にいう秘密管理性をみたさない（大阪地判平成22・10・21平成20（ワ）8763号〔不動産売買顧客情報事件〕）。

　「不正の利益を得る目的」とは、公序良俗または信義則に反する形で不当な利益を図る目的のことをいい、保有者と競争関係にある事業を行い自ら利益を得ることだけでなく、たとえば、従業者が会社から開示された営業秘密を転職先の会社に開示して不正な利益を得させる場合のように、第三者に行わせることによって不正な利益を得ることも含む。

　「その保有者に損害を加える目的」とは、営業秘密の保有者に対し、財産上の損害、信用の失墜その他の有形無形の不当な損害を加える目的をいい、損害が現実に生じることは必要ではない。

(4) 不正開示された営業秘密の悪意・重過失による取得、使用、開示

　第5に、その営業秘密について不正開示行為（2条1項7号に規定する場合において同号に規定する目的でその営業秘密を開示する行為または秘密を守る法律上の義務に違反してその営業秘密を開示する行為。以下同じ）であることもしくはその営業秘密について不正開示行為が介在したことを知って、もしくは重大な過失により知らないで営業秘密を取得し、またはその取得した営業秘密を使用し、もしくは開示する行為は営業秘密侵害行為となる（2条1項8号）。

　8号の対象となるのは、第二次取得者が転得によりその営業秘密を取得するまでの過程のいずれかの段階において不正開示行為が介在した場合（「介在したことを知って」）に加えて、不正開示行為の直接の相手方として営業秘密を取得した場合（「不正開示行為であったこと……を知って」）も含む。

　秘密を守る法律上の義務を負う場合としては、弁護士、公認会計士、税理士等の法令上の守秘義務のほか、契約上の守秘義務がある。たとえば、弁護士が職務上知り得た顧客の営業秘密を第三者に不正開示し、当該第三者が右不正開示された情報であることについて悪意・重過失で取得、使用、開示する行為は、図利加害目的が認められず7号には該当しない場合であっても、8号の不正競争行為に該当する。

　第6に、その取得した後にその営業秘密について不正開示行為があったこともしくはその営業秘密について不正開示行為が介在したことを知って、または重大な過失により知らないでその取得した営業秘密を使用し、または開示する行為は営業秘密侵害行為となる（2条1項9号）。

　営業秘密を取得した後に、保有者から警告を受けて不正開示行為が介在していた事実を知りながら、営業秘密を使用または開示する行為は9号に該当する。

(5) 営業秘密侵害品の譲渡等

　第7に、2条1項4号から9号までに掲げる行為（技術上の秘密〔営業秘密のうち、技術上の情報であるもの。以下同じ〕を使用する行為に限る。以下、「不正使用行為」）により生じた物を譲渡し、引き渡し、譲渡もしくは引渡しのために展示し、輸出し、輸入し、または電気通信回線を通じて提供する行為

398　　第10章　不正競争防止法

（当該物を譲り受けた者（その譲り受けた時に当該物が不正使用行為により生じた物であることを知らず、かつ、知らないことにつき重大な過失がない者に限る）が当該物を譲渡し、引き渡し、譲渡もしくは引渡しのために展示し、輸出し、輸入し、または電気通信回線を通じて提供する行為を除く）は営業秘密侵害行為となる（2条1項10号）。

　不正に取得した技術上の秘密を利用して製造された営業秘密侵害物品を製造した者がその物を譲渡等する行為、または、当該物品を譲り受けた者が、その譲り受けた時に、その物が営業秘密侵害物品であることにつき悪意または重過失であった場合に、その物を譲渡等する行為を不正競争とするものである。

3　技術上の秘密を取得した者の当該技術上の秘密を使用する行為等の推定

　技術上の秘密（生産方法その他政令で定める情報に係るものに限る）について2条1項4・5・8号に規定する行為（営業秘密を取得する行為に限る）があった場合において、その行為をした者が当該技術上の秘密を使用する行為により生ずる物の生産その他技術上の秘密を使用したことが明らかな行為として政令で定める行為（以下、「生産等」）をしたときは、その者は、それぞれ当該各号に規定する行為（営業秘密を使用する行為に限る）として生産等をしたものと推定する（5条の2）。

　営業秘密の使用行為の立証責任は当該営業秘密の被侵害者の側にあるのが原則であるが、使用行為が侵害者の施設内等で行われる場合、使用の立証に関する証拠を収集することが困難な場合も多いため立証責任を一部転換する規定である。

　4・5・8号該当の場合は、営業秘密の取得時点で、それが営業秘密であることについて悪意または重過失があるため、6・7・8号の場合と比べて相対的に不正使用が行われている蓋然性が高いため、使用行為が推定されている。

　5条の2による推定の対象となるのは、現に被侵害者が営業秘密を用いて生産している物のみならず、その営業秘密を転用して実際に生産できる物も含まれる。

4 差止請求権の消滅時効・除斥期間

　営業秘密を使用する行為に対する差止請求権は、その行為を行う者がその行為を継続する場合において、その行為により営業上の利益を侵害され、または侵害されるおそれがある保有者がその事実およびその行為を行う者を知った時から3年間行わないときは、時効によって消滅する。その行為の開始の時から20年を経過したときも、同様とする（15条）。

　営業秘密を使用した生産等が長期間継続した後に差止請求権の行使を認めることは取引関係上望ましくなく、また、侵害を長期間放置している保有者に対しては法的保護を与える必要性が減少する、という見地から、3年の消滅時効、20年の除斥期間が定められている。

　4条但書は、15条によって差止請求権が消滅した後の営業秘密の使用行為により生じた損害について、損害賠償請求権は生じないと規定している。差止請求権が時効または除斥期間により消滅するまでの不正使用による損害については4条但書の適用はなく（4条但書の反対解釈）、民法の不法行為の時効規定（民724条）により、被害者等が損害および加害者を知った時から3年間行使しないとき、または不法行為の時から20年を経過したときには、損害賠償請求権が消滅する。

　たとえば、営業秘密の不正使用行為が25年間継続している時点で不正行為の存在を知り、損害賠償請求を行う場合、20年を経過するまでに行われた使用行為から生じた損害の賠償請求を行うことが可能であるが（4条但書の反対解釈）、民法724条の20年の除斥期間の適用を受ける結果、不正使用行為の開始から5年目までに行われた不正使用行為によって生じた損害についての賠償請求権は消滅し、結論的には、不正使用行為の開始から5年目以降20年目までの使用行為から生じた損害の賠償請求を行うことが可能となる。

5 適用除外

(1) 事後的悪意重過失の場合の取引権原の範囲内での使用・開示

　取引によって営業秘密を取得した者（その取得した時にその営業秘密につい

400　第10章 不正競争防止法

て不正開示行為であることまたはその営業秘密について不正取得行為もしくは不正開示行為が介在したことを知らず、かつ、知らないことにつき重大な過失がない者に限る）がその取引によって取得した権原の範囲内においてその営業秘密を使用し、または開示する行為については、営業秘密侵害行為とならない（19条1項6号）。

　2条1項6・9号は、営業秘密の取得時に譲受人が不正取得行為・不正開示行為について善意・無過失であっても、事後的に悪意・重過失に転じた場合に、営業秘密侵害行為とするものである。このような規制により情報の自由な流通が阻害され、取引の安全が妨げられるおそれがあるため、取引行為によって善意無過失で営業秘密を取得した者が事後的に悪意重過失に転じた場合については、その取引によって取得した権原の範囲内においてその営業秘密を使用・開示する行為については、営業秘密侵害行為から除外するものである。

　19条1項6号にいう「取引」とは、民法192条におけるのと同様、売買、贈与等の契約、代物弁済、競売を指し、その典型は営業秘密に関する譲渡やライセンス契約である。雇用、相続、合併等は含まれない。このため、企業が、営業秘密を熟知した他社従業員を中途採用で雇用し、当該営業秘密を取得したところ、事後的に当該営業秘密が不正に開示されたものであることを知った場合、直ちに6号の適用を受けることはない。右雇用の際に、営業秘密についての評価を行い、対価を支払った等、営業秘密に関する取引行為が存在したといえる場合には、適用を認める余地があろう。

　「取引によって取得した権原の範囲内」とは、たとえば、ライセンス契約に定められた有効期間、使用目的等の限定の範囲内においてのみ、との趣旨である。

（2）営業秘密侵害品の譲渡等

　営業秘密侵害に対する差止請求権が時効・除斥期間（15条）により消滅した後にその営業秘密を使用する行為により生じた物を譲渡し、引き渡し、譲渡もしくは引渡しのために展示し、輸出し、輸入し、または電気通信回線を通じて提供する行為は営業秘密侵害行為とならない（19条1項7号）。

　差止請求権が時効・除斥期間により消滅した後は、営業秘密の使用行為そ

V. 営業秘密侵害行為　　*401*

のものは差止請求権の対象とならないことに伴い、当該使用行為によって生産された営業秘密侵害品の譲渡等についても、規制しないこととしたものである。

6　罰則

(1) 処罰の対象

営業秘密侵害罪の類型は、次のとおりである。

(a) 不正の利益を得る目的または営業秘密の保有者に損害を加える目的（以下、「図利加害目的」）で、詐欺等行為または管理侵害行為によって、営業秘密を不正に取得する行為（21条1項1号）　　不正の利益を得る目的とは、公序良俗違反または信義則に反する形で不当な利益を図る目的をいい、保有者に損害を加える目的とは、営業秘密の保有者に対し、財産上の損害、信用の失墜その他の有形無形の不当な損害を加えることをいう。

主として営業秘密保有者のために行った行為については図利加害目的に当たらない。

公益の実現を図る目的で、事業者の不正情報を内部告発する行為、労働者の正当な権利の実現を図る目的で、労使交渉により取得した使用者の営業秘密を労働組合内部に開示する行為、残業目的で、権限を有する上司の許可を得ずに、営業秘密が記載された文書等を自宅に持ち帰る行為、等は図利加害目的に当たらない。

営業秘密が記録されたデータベースにアクセスするための識別符号および同データベース内に電磁的記録として蔵置された営業秘密を閲覧・編集する権限を付与されるなどして、営業秘密を示されるとともに、在職中においては個人所有の電磁的記録媒体等への前記営業秘密の複製禁止等の内部規則を遵守することはもとより、退職後も工場で知った営業秘密を保持すべき任務を負っていたにもかかわらず、不正の競争の目的で、前記データベース内に蔵置された電磁的記録を閲覧・編集するための端末として貸与されていたコンピュータに、工場外への持ち出しが禁止されていた可搬型記録媒体を接続するなどし、前記データベース内に蔵置されたNAND型フラッシュメモリの開発等に係る営業秘密が記録されたファイルを含む多数の電磁的記録を、

前記可搬型記録媒体内に順次複写し、もって前記営業秘密記録媒体の管理に係る任務に背いて NAND 型フラッシュメモリの開発等に係る営業秘密が記録された多数の電磁的記録の複製を作成した行為が、図利加害目的で、詐欺等行為または管理侵害行為によって、営業秘密を不正に取得する行為に当たるとされた（東京地判平成 27・3・9 判時 2276 号 143 頁〔NAND 型フラッシュメモリ事件〕）。

　（b）不正に取得した営業秘密を、図利加害目的で、使用または開示する行為（21 条 1 項 2 号）　　営業秘密を不正領得した従業員が、大韓民国所在の株式会社において、不特定多数の同社従業員に対し、前記複製に係るファイル内の営業秘密を用いて被告人が作成したファイルをスライド映写して開示し、同社従業員に対し、前記複製に係るファイルを添付した電子メールを、同社管理のコンピュータ・ネットワークを介して送信して開示した行為が、不正に取得した営業秘密を、図利加害目的で、国外において使用または開示する行為に当たるとされた（前掲東京地判平成 27・3・9〔NAND 型フラッシュメモリ事件〕）。

　（c）営業秘密を保有者から示された者が、図利加害目的で、その営業秘密の管理に係る任務に背き、（イ）記録媒体などの横領、（ロ）複製の作製、（ハ）消去義務違反および仮装、のいずれかの方法により営業秘密を領得する行為（21 条 1 項 3 号）　　営業秘密の領得とは、営業秘密の保有者から示された者が、その営業秘密を管理する任務に背いて、権限なく営業秘密を保有者の管理支配外におく意思の発現行為をいう。媒体の横領とは、持ち出しが禁止されたファイルを無断で外部に持ち出す行為などのように、保有者から預かった営業秘密が記録された媒体等または営業秘密が化体された物件を自己の物のように利用・処分する行為をいう。

　（d）営業秘密を保有者から示された者が、21 条 1 項 3 号の方法によって領得した営業秘密を、図利加害目的で、その営業秘密の管理に係る任務に背き、使用または開示する行為（21 条 1 項 4 号）　　退職者については、21 条 1 項 5 号においては処罰対象から除外されているが、4 号については、たとえ退職者であっても違法性が高いため、処罰対象とされている。

　（e）営業秘密を保有者から示された現職の役員または従業者が、図利加害目的

V. 営業秘密侵害行為　　*403*

で、その営業秘密の管理に係る任務に背き、営業秘密を使用または開示する行為（21条1項5号）　　退職者については、転職の自由に配慮して、処罰対象とされていない。

(f) 営業秘密を保有者から示された退職者が、図利加害目的で、在職中に、その営業秘密の管理に係る任務に背いて営業秘密の開示の申込をし、またその営業秘密の使用もしくは開示について請託を受け、退職後に使用または開示する行為（21条1項6号）　　在職中に不正開示の申込み等がなされており、当罰性が認められる。

(g) 図利加害目的で、上記(b)、(d)〜(f)の罪に当たる開示によって取得した営業秘密を、使用または開示する行為（二次的な転得者を対象。21条1項7号）営業秘密にアクセスする正当な権限を有していない者による取得等行為を処罰対象としている。

(h) 図利加害目的で、上記(b)、(d)〜(g)の罪に当たる開示が介在したことを知って営業秘密を取得し、それを使用または開示する行為（三次以降の転得者をすべて対象。21条1項8号）　　三次以降の取得者による不正な使用、開示行為を対象としている。

(i) 図利加害目的で、(b)、(d)〜(h)の罪に当たる使用によって生産された物を、譲渡・輸出入等する行為（21条1項9号）　　営業秘密侵害品の譲渡等行為を罰するものである。

(j) 海外重罰（日本国外で使用する目的での上記(a)または(c)の行為〔21条3項1号〕、日本国外で使用する目的をもつ相手方に、それを知って上記(b)、(d)〜(h)に当たる開示をする行為〔同項2号〕、日本国外で上記(b)、(d)〜(h)に当たる使用をする行為〔同項3号〕）　　日本国内外において事業を行う保有者の営業秘密について、日本国外において21条1項2号、同項4号から8号までに規定する不正使用行為を行った者を海外重罰の対象とする。

(k) 未遂罪（21条4項）　　営業秘密の領得に関する罪（21条1項3号および同条3項1号）以外のすべての営業秘密侵害罪の未遂犯が処罰対象となる。

(l) 国外犯（21条6項。同条1項1号〜8号、3項1・2号の行為が対象となる）営業秘密侵害罪の一部については、日本国外で行われた場合であっても処罰対象となる。

（m）**非親告罪**（21条5項）　平成27年改正により、営業秘密侵害罪は非
親告罪化された。

（2）任意的没収・追徴

①営業秘密侵害罪（21条1項、3項、4項）の犯罪行為により生じた財産、
②右行為により得た財産、③右行為の報酬として得た財産、④①〜③の財産
の果実として得た財産、⑤①〜③の財産の対価として得た財産、その他①〜
③の財産の保有・処分に基づき得た財産は没収対象となる（21条10項）。犯
人が、没収対象となる財産を費消してしまったり、事情を知らない第三者に
譲渡してしまった場合など、没収対象となる財産を没収できない場合には、
その財産の価額を犯人から追徴できる（21条12項）。

（3）刑事訴訟手続の特例

営業秘密侵害罪に係る刑事訴訟において、営業秘密の内容が公開の法廷で
明らかにされることを防ぐため、秘匿決定・呼称等の決定（23条1〜4項。
裁判所は、被害企業等の申出に応じて、営業秘密の内容を特定させることとなる
事項を公開法廷で明らかにしない旨の決定をすることができ、秘匿決定をした場
合には、営業秘密の内容を特定させる名称等に代わる呼称等を定めることができ
る）、公判期日外の証人尋問等（26条。裁判所は、秘匿決定した場合、公判期日
外において証人等の尋問または被告人質問を行うことができる）の措置が導入さ
れている。

Ⅵ ► 技術的制限手段無効化装置等の提供行為

第1に、音楽、映像等のコンテンツ提供事業者が、記録媒体または視聴等
機器の購入者や所持者のすべてに対して、音楽、映像等を視聴（プログラム
については実行）または記録を一律に禁止するために技術的制限手段（2条7
項）を用いる場合に、その技術的手段の効果を妨げる機能（無効化機能）を
有する装置等を譲渡等する行為は不正競争に当たる（2条1項11号）。例と
しては、映画のDVDなどの記録媒体の中にコンテンツとともに記録されて
いる制御用の信号を用いて当該コンテンツの録画を制限する方式、所定の手
続を踏んで製造・販売されている視聴等機器以外の機器では解読することが

Ⅵ. 技術的制限手段無効化装置等の提供行為　　405

できない形式でコンテンツを暗号化している方式に対して、それらの効果を妨げるキャンセラーを販売等する行為が該当する。承認を受けたプログラムを除きプログラム一般（前者のプログラム）の実行を制限するために、技術的制限手段を特定のプログラム（後者のプログラム）とともに記録媒体に記録するような形態（「検知→可能方式」）も、技術的制限手段に含まれる（知財高判平成26・6・12平成25（ネ）10067号〔マジコン事件〕）。

　当該装置または当該プログラムが無効化機能以外の機能を併せて有する場合にあっては、影像の視聴等を当該技術的制限手段の効果を妨げることにより可能とする用途に供するために行うものに限る（2条1項11号括弧書）。無効化機能とそれ以外の機能を併有する装置等については、無効化の用途に供するために提供する行為に限って規制の対象とする趣旨である。

　本来の機能として無効化以外の機能を有する装置であって、記録や視聴等の制限をするために付されている信号を検知しない装置（いわゆる無反応機器）は、無効化する「用途に供するために」提供されるものではないため、規制の対象外である。

　第2に、音楽、映像等のコンテンツ提供事業者が、契約の相手方または契約により特定された者以外の者によるコンテンツの視聴、記録を制限するために技術的制限手段を用いている場合に、その技術的制限手段の効果を妨げる機能を有する装置等を譲渡等する行為は不正競争に当たる（2条1項12号）。たとえば、衛星放送または有料ケーブルテレビジョン放送におけるペイパービューサービス等契約者以外の者によってはスクランブルを解除できないように暗号化されている場合に、この技術の効果を妨げる解除装置を販売等する行為がこれに該当する。

　不正競争によって営業上の利益を侵害され、または侵害されるおそれがある者は、その営業上の利益を侵害する者または侵害するおそれがある者に対し、その侵害の停止または予防、侵害の行為を組成した物の廃棄、侵害の行為に供した設備の除却その他の侵害の停止または予防に必要な行為を請求することができる（3条）。また、故意または過失により不正競争を行って他人の営業上の利益を侵害した者は、これによって生じた損害を賠償する責任を負う（4条）。不正の利益を得る目的で、または営業上技術的制限手段を

406　第10章　不正競争防止法

用いる者に損害を加える目的で、11号または12号に該当する行為を行う者には、罰則が科される（21条2項4号）。

技術的制限手段の試験または研究のために用いられる装置もしくはプログラムを記録した記録媒体もしくは記憶した機器を譲渡し、引き渡し、譲渡もしくは引渡しのために展示し、輸出し、もしくは輸入し、または当該プログラムを電気通信回線を通じて提供する行為については適用除外とされる（19条1項8号）。既存の技術的制限手段の試験または機能向上のための研究を行うにあたり、自ら当該技術的制限手段を作成するのではなく、第三者から提供を受けることがある。試験または研究を阻害しないため、右提供行為は不正競争としての規制対象から除外する趣旨である。

Ⅶ ► ドメイン名に係る不正行為

不正の利益を得る目的で、または他人に損害を加える目的で、他人の特定商品等表示（人の業務に係る氏名、商号、商標、標章その他の商品または役務を表示するもの）と同一もしくは類似のドメイン名を使用する権利を取得し、もしくは保有し、またはそのドメイン名を使用する行為は不正競争に当たる（2条1項13号）。「ドメイン名」とは、インターネットにおいて、個々の電子計算機を識別するために割り当てられる番号、記号または文字の組合せに対応する文字、番号、記号その他の符号またはこれらの結合をいう（2条9項）。

「不正の利益を得る目的」とは、公序良俗に反する態様で、自己の利益を不当に図る目的がある場合をいい、単に、ドメイン名の取得、使用等の過程で些細な違反があった場合等を含まない。また、「他人に損害を加える目的」とは、他人に対して財産上の損害、信用の失墜等の有形無形の損害を加える目的のある場合を指し、たとえば、①自己の保有するドメイン名を不当に高額な値段で転売する目的、②他人の顧客吸引力を不正に利用して事業を行う目的、または、③当該ドメイン名のウェブサイトに中傷記事や猥褻な情報等を掲載して当該ドメイン名と関連性を推測される企業に損害を加える目的、を有する場合などがこれに当たる（東京地判平成14・7・15判時1796号145

頁〔mp3 事件〕)。

2条1項13号に該当する行為によって営業上の利益を侵害され、または侵害されるおそれがある者は、その営業上の利益を侵害する者または侵害するおそれがある者に対し、その侵害の停止または予防、侵害の行為を組成した物の廃棄、侵害の行為に供した設備の除却その他の侵害の停止または予防に必要な行為を請求することができる（3条）。

差止めの内容としては、ドメイン名の使用禁止、ドメイン名の登録抹消が可能であるが、ドメイン名の移転については不正競争行為として列挙されている「取得、保有、使用」の差止めとしては困難であろう。

故意または過失により不正競争を行って他人の営業上の利益を侵害した者は、これによって生じた損害を賠償する責任を負う（4条）。2条1項13号該当行為については、罰則の対象とはされていない。

なお、ドメイン名の登録者がその開設するウェブサイト上で商品の販売や役務の提供について需要者たる閲覧者に対して広告等による情報を提供し、あるいは注文を受け付けているような場合には、ドメイン名が当該ウェブサイトにおいて表示されている商品や役務の出所を識別する機能をも有する場合がありうることになり、そのような場合においては、ドメイン名が、不競法2条1項1・2号にいう「商品等表示」に該当する（東京地判平成13・4・24判時1755号43頁〔J-PHONE 事件〕)。

Ⅷ ► 誤認惹起行為

商品もしくは役務もしくはその広告もしくは取引に用いる書類もしくは通信にその商品の原産地、品質、内容、製造方法、用途もしくは数量もしくはその役務の質、内容、用途もしくは数量について誤認させるような表示をし、またはその表示をした商品を譲渡し、引き渡し、譲渡もしくは引渡しのために展示し、輸出し、輸入し、もしくは電気通信回線を通じて提供し、もしくはその表示をして役務を提供する行為は不正競争に当たる（2条1項14号）。

誤認を与える表示を行って需要を不当に喚起し、競争上優位に立つ行為を防止することにより、公正な競争秩序を維持する趣旨の規定である。

不正競争によって営業上の利益を侵害され、または侵害されるおそれがある者は、その営業上の利益を侵害する者または侵害するおそれがある者に対し、その侵害の停止または予防、侵害の行為を組成した物の廃棄、侵害の行為に供した設備の除却その他の侵害の停止または予防に必要な行為を請求することができる（3条）。また、故意または過失により不正競争を行って他人の営業上の利益を侵害した者は、これによって生じた損害を賠償する責任を負う（4条）。誤認表示を行った者には、罰則が科される（21条2項5号）。食肉の加工や卸売等を行う株式会社の代表取締役であった被告人が、従業員らと共謀の上、牛肉に豚肉等の他の畜肉を加えるなどして製造した挽肉等を梱包した段ボール箱に、牛肉のみを原料とするかのようなシールを貼付するなどして、商品の品質および内容を誤認させるような表示をし、これを取引業者に引き渡した行為が、誤認惹起行為罪に当たるとされた（札幌地判平成20・3・19平成19（わ）1454号〔ミートホープ事件〕）。

1　原産地

「原産地」とは、産出地のほか、製造または加工地も含む。天然の産物であってもダイヤモンドのように加工のいかんによって商品価値が大きく左右されるものについては、その加工地が一般に「原産地」とされる（東京高判昭和53・5・23昭和52（う）522号〔原石ベルギーダイヤモンド事件〕。旧5条1項に関する事件）。

2　品質等

商品の「価格」については2条1項14号に列挙されていないため、価格に関する誤認表示が同号の不正競争に当たるかが問題となりうる。一般に商品の品質、内容は、それらの実体を直接表示することによって示されるばかりでなく、価格の高低によっても表示され、商品の価格の高低はその商品の品質、内容の優劣を示すものと一般に理解されている。たとえば、市価に相当する「販売価格」を極めて高く表示して商品の品質、内容が右価格に相応する優良なものであることを示したうえ、原石を直輸入する等流通経路を短縮することによって「販売価格」の2分の1ないし3分の1に近い「展示

会価格」で即売する旨を表示して廉価で販売することについての合理的説明
をし、さらに品質についても一流保険会社による保証があるかのように表示
し、その商品を購入しようとする者に対し、「販売価格」に相当する優良な
品物が、信用のおける品質保証書付で、大幅に値引きされて販売されるよう
にみせかけた場合、かかる商品の価格等の表示は、全体的にみて実質的には
商品の品質、内容についての表示と異なるところがないと認められるのであ
って、かかる表示もまた商品の品質、内容についての表示に該当すると解す
るのが相当であるとした裁判例がある（前掲東京高判昭和 53・5・23〔原石ベ
ルギーダイヤモンド事件〕。旧 5 条 1 項に関する事件）。

　一方、平成 5 年改正の際、価格を誤認表示規制の対象とすることが検討さ
れたが結論的には見送られたという事情をも考慮しつつ、事業者が商品の価
格を安くすること自体は、独立して商取引の目的たり得ないことは明らかで
あるから、不競法にいう「役務」には当たらないとした裁判例もある（前橋
地判平成 16・5・7 判時 1904 号 139 頁〔家電量販店比較広告事件〕）。

　価格に関する表示一般を 2 条 1 項 14 号の対象とみることは困難であるが、
前掲東京高判昭和 53・5・23〔原石ベルギーダイヤモンド事件〕におけるよう
に、少なくとも、価格に関する表示によって、間接的に品質、内容等の誤認
が生ずる場合には、本号の適用ないし類推適用を認める余地はあろう。

3　誤認表示

　「誤認させるような表示」に該当するかどうかは、当該表示の内容や取引
界の実情等を考慮したうえで、取引者・需要者に誤認を生じさせるおそれが
あるかどうかという観点から判断される。

　実際には、販売量、品質、内容等が限定されているのに、その限定を明瞭
に記載せずになされる商品の広告（いわゆる「おとり広告」。たとえば、在庫は
少量の中古品、展示現品しかないのに、その旨を明瞭に表示せずにする広告）は、
誤認表示に該当しうる（名古屋地判昭和 57・10・15 判タ 490 号 155 頁〔ヤマハ
特約店事件〕。旧法 5 条 1 項に関する事例）。

　ガムの広告における「一般的なキシリトールガム（原告商品を指す）に比
べ約 5 倍の再石灰効果を実現」という比較広告について、右表示は客観的事

実に沿わないものであるとして、品質誤認表示に当たるとされた（知財高判平成 18・10・18 平成 17（ネ）10059 号〔キシリトールガム事件〕）。

　故人である著名ミュージシャンの氏名および肖像を使用する権利を有しない者が、ウェブサイト上で右故人の氏名および肖像を用いたビジネスアイディアを募集するなどの「広告」を行う行為は、右故人の氏名および肖像の使用権を第三者に許諾する「役務」の「質、内容」について「誤認させるような表示」に該当する（東京地判平成 27・8・31 平成 25（ワ）23293 号〔マイケル・ジャクソン遺産財団事件〕）。

　誤認表示に該当しないとされた例として、被告が、その販売する香水の価格表において、被告の各香水を掲げる一方、「香りのタイプ」なる表題のもとに、被告の各香水に対応させて原告らの各香水を掲げており、また、その香水に関するパンフレットにおいて、被告の各香水に対応するものとして、「この香りは、世界の名香のタイプで言えば……」との表題のもとに、原告らの各香水を掲げた事例がある。本件において、被告による右広告中の各表示は、いずれも被告の各香水とこれに対応して掲げられた原告らの各香水とが、香りの調子または香りのタイプの点において同じであるとの趣旨を表現しているにすぎず、両者の香りそのものが同一であるとまで断じているわけではないことが明らかであるから、これに接する需要者が、直ちに原告らのいう商品の内容に関する誤認、すなわち、被告の各香水とこれに対応して掲げられた原告らの各香水とが同一の香りを有すると認識するとは経験則上到底考えることができないとされた（東京地判昭和 55・1・28 無体裁集 12 巻 1 号 1 頁〔香りのタイプ事件〕）。

　商品・営業の普通名称または慣用表示を普通に用いられる方法で使用する場合には、2 条 1 項 14 号に基づく差止請求等は認められない（19 条 1 項 1 号）。

　2 条 1 項 14 号に基づき差止めまたは損害賠償請求を行うことができるのは、本号の不正競争によって営業上の利益を害されるおそれがある者に限られ、消費者や消費者団体は本号に基づく請求を行うことができない。

IX ▸ 信用毀損行為

　競争関係にある他人の営業上の信用を害する虚偽の事実を告知し、または流布する行為は不正競争に当たる（2条1項15号〔平成27年改正前の14号〕）。

　不正競争によって営業上の利益を侵害され、または侵害されるおそれがある者は、その営業上の利益を侵害する者または侵害するおそれがある者に対し、その侵害の停止または予防、侵害の行為を組成した物の廃棄、侵害の行為に供した設備の除却その他の侵害の停止または予防に必要な行為を請求することができる（3条）。また、故意または過失により不正競争を行って他人の営業上の利益を侵害した者は、これによって生じた損害を賠償する責任を負う（4条）。2条1項15号違反の行為については、罰則の対象とはされていない。

　「競争関係」とは、双方の営業につき、その需要者または取引者を共通にする可能性があることで足りる（東京地判平成18・8・8平成17（ワ）3056号〔ハンガークリップ事件〕）。

　15号の適用の前提として、当該告知等の行為によって信用を害される他人が特定されていることが必要である。当該他人の名称自体が明示されていなくても、当該告知等の内容および業界内周知の情報から、当該告知等の相手方となった取引先において、「他人」が誰を指すのか理解できるのであれば、それで足りる（東京地判平成18・7・6判時1951号106頁〔養魚用飼料添加物事件〕）。

　「虚偽」であるかどうかは、その受け手が、陳述ないし掲載された事実について真実と反するような誤解をするかどうかによって決すべきであり、具体的には、受け手がどのような者であって、どの程度の予備知識を有していたか、当該陳述ないし掲載がどのような状況で行われたか等の点を踏まえつつ、当該受け手の普通の注意と聞き方ないし読み方を基準として判断されるべきである（東京高判平成14・6・26判時1792号115頁〔パチスロ機記者会見事件〕）。

　権利者が、取引先に対し、競業者が権利を侵害している旨を告知したとき、

その内容が「虚偽」であるかは、裁判所が当該権利侵害を認定するかどうかによる。裁判所が侵害を認めれば、告知の内容は「虚偽」に当たらず、権利侵害を否定したときは、告知の内容は「虚偽」に当たることになる。

　ただし、特許権者の権利行使の一環としての警告書の送付行為は、それが特許の無効あるいは技術的範囲の解釈により、最終的に侵害行為とは認められないとの判断が確定し、不競法上の虚偽事実の告知または流布に当たると解されるとしても、直ちに2条1項15号の適用が認められるべきではなく、特許権者の権利行使を不必要に萎縮させないことと、営業上の信用を害される競業者の利益の保護との両方の要素を考慮しながら、その故意または過失の有無については、事案に応じて判断される（前掲東京地判平成18・7・6〔養魚用飼料添加物事件〕）。

X ► 代理人等の商標無断使用行為

　パリ条約の同盟国、世界貿易機関の加盟国または商標法条約の締約国において商標に関する権利（商標権に相当する権利に限る。以下、単に「権利」）を有する者の代理人もしくは代表者またはその行為の日前1年以内に代理人もしくは代表者であった者が、正当な理由がないのに、その権利を有する者の承諾を得ないでその権利に係る商標と同一もしくは類似の商標をその権利に係る商品もしくは役務と同一もしくは類似の商品もしくは役務に使用し、または当該商標を使用したその権利に係る商品と同一もしくは類似の商品を譲渡し、引き渡し、譲渡もしくは引渡しのために展示し、輸出し、輸入し、もしくは電気通信回線を通じて提供し、もしくは当該商標を使用してその権利に係る役務と同一もしくは類似の役務を提供する行為は不正競争に当たる（2条1項16号）。本号に基づき、外国において商標権を有する者は、日本国内において商標権を有していないとしても、また、その商標が日本国内において周知性を獲得していない場合であっても、その代理人等の日本国内における無断使用行為を差止め、損害賠償請求を行うことができる。

　2条1項16号の趣旨は、外国の商標所有者の信頼を広く保護するところにあり、本号にいう「代理人」の意義は、法律上の代理権の存否を要件とす

X. 代理人等の商標無断使用行為　　413

ることなく広く解されるべきであり、同盟国商標権者との間に特定商品の包括的な代理店関係を有する者に限ることなく、何らかの基礎となる代理関係があれば足りる（大阪地判平成 12・12・14 平成 9（ワ）11649 号〔D フラクション事件〕）。

XI ► 国際約束に基づく禁止行為

1 外国の国旗等の商業上の利用禁止

外国の国旗、国の紋章その他の外国の記章は商標として使用する行為（16条 1 項）、国の紋章について、商品の原産地を誤認させるような方法で使用する行為（同条 2 項）、外国の政府もしくは地方公共団体の監督用、証明用の印章、記号と同一もしくは類似のものの商標としての使用（同条 3 項）については、罰則が科される（21 条 2 項 7 号）。パリ条約 6 条の 3 の規定（国の紋章等の保護）を実施するための規定であり、保護法益は外国の威信、外国の国民の名誉感情である。

2 国際機関の標章の商業上の使用禁止

国際機関の公益を保護するため、これらの機関と関係があると誤認させるような方法で国際機関を表す標章の商標としての使用（17 条）については、罰則が科される（21 条 2 項 7 号）。

3 外国公務員等に対する不正の利益の供与等の禁止

何人も、外国公務員等に対し、国際的な商取引に関して営業上の不正の利益を得るために、その外国公務員等に、その職務に関する行為をさせもしくはさせないこと、またはその地位を利用して他の外国公務員等にその職務に関する行為をさせもしくはさせないようにあっせんをさせることを目的として、金銭その他の利益を供与し、またはその申込みもしくは約束をする行為（18 条）については、罰則が科される（21 条 2 項 7 号）。OECD（経済協力開発機構）の「国際商取引における外国公務員に対する贈賄の防止に関する条約」を国内的に実施するため規定されたものである。

414　第 10 章　不正競争防止法

18 条 1 項違反の行為については、いわゆる属人主義を定める刑法 3 条の例に従い、日本国民がこの罪を国外で犯した場合であっても、適用される（21 条 8 項）。

ベトナム、インドネシア等の各国において、鉄道関連事業に関するコンサルタント契約の締結、履行等に関し有利な取り計らいを受けるべく、外国公務員等にその職務に関する行為をさせることを目的として賄賂を供与した行為について、18 条違反の罪に当たるとされた例がある（東京地判平成 27・2・4 平成 26（特わ）970 号〔日本交通技術事件〕）。

●●●●●●●　**参 考 文 献**　●●●●●●

- 経済産業省知的財産政策室編『**逐条解説不正競争防止法—平成 27 年改正版**』（商事法務、2016 年）
- 経済産業省知的財産政策室編『**営業秘密保護の手引き**』（商事法務、2016 年）
- 小野昌延編著『**新・注解不正競争防止法（上巻）（下巻）**』（青林書院、第 3 版、2012 年）
- 山本庸幸『**要説不正競争防止法**』（発明協会、第 4 版、2006 年）
- 通商産業省知的財産政策室監修『**営業秘密—逐条解説改正不正競争防止法**』（有斐閣、1990 年）
- 産業構造審議会知的財産分科会営業秘密の保護・活用に関する小委員会「**中間とりまとめ**」（2015 年）
- 知的財産裁判実務研究会編『**知的財産訴訟の実務**』（法曹会、改訂版、2014 年）
- 宮坂昌利「**判解**」『最判解民事篇平成 18 年度』123 頁〔天理教豊文教会事件〕
- 清水利亮「**判解**」『最判解民事篇昭和 59 年度』306 頁〔フットボール事件〕
- 水野武「**判解**」『最判解民事篇昭和 63 年度』253 頁〔アースベルト事件〕
- 石井彦壽「**判解**」『最判解民事篇昭和 58 年度』402 頁〔日本ウーマンパワー事件〕
- 清永利亮「**判解**」『最判解民事篇昭和 59 年度』306 頁〔フットボール事件〕
- 牧野利秋ほか編『**知的財産訴訟実務大系 II —特許法・実用新案法（2）意匠法、商標法、不正競争防止法**』（青林書院、2014 年）
- 小野昌延 = 松村信夫『**新・不正競争防止法概説**』（青林書院、第 2 版、2015 年）
- 田村善之『**不正競争法概説**』（有斐閣、第 2 版、2003 年）
- 竹田稔『**知的財産権侵害要論 不正競争編**』（発明協会、第 3 版、2009 年）
- 渋谷達紀『**不正競争防止法**』（発明推進協会、2014 年）
- 小泉直樹『**模倣の自由と不正競争**』（有斐閣、1994 年）
- 小泉直樹 = 末吉亙編『**実務に効く 知的財産判例精選**』（有斐閣、2014 年）
- 青山紘一『**企業秘密事件 判決の総括**』（経済産業調査会、2016 年）

- 松村信夫『新・不正競業訴訟の法理と実務』（民事法研究会、2014 年）
- 田村善之「裁判例にみる不正競争防止法 2 条 1 項 1 号における規範的判断の浸食」中山信弘先生還暦記念『知的財産法の理論と現代的課題』402 頁（弘文堂、2005 年）
- 宮脇正晴「著名商標の保護」日本工業所有権法学会年報 31 号 99 頁（2007 年）
- 茶園成樹「混同要件」高林龍ほか編集代表『現代知的財産法講座 I』405 頁（日本評論社、2012 年）
- 田村善之「分業体制下における不正競争防止法 2 条 1 項 1 号・2 号の請求権者—対内関係的アプローチと対外関係的アプローチの相克」知的財産法政策学研究 40 号 75 頁（2012 年）
- 宮川美津子「不正競争防止法による顧客吸引力保護の限界—死者のパブリシティ権の保護を事例として」牧野利秋先生傘寿記念『知的財産権—法理と提言』932 頁（青林書院、2013 年）
- 田村善之「商品形態のデッド・コピー規制の動向—制度趣旨からみた法改正と裁判例の評価」知的財産法政策学研究 25 号 33 頁（2009 年）
- 小泉直樹「改正不正競争防止法における商品形態模倣規制」日本工業所有権法学会年報 18 号 34 頁（1994 年）
- 牧野利秋「形態模倣行為に対する請求の主体」『松田治躬先生古稀記念論文集』45 頁（東洋法規出版、2011 年）
- 髙部眞規子「不正競争防止法の守備範囲」牧野利秋先生傘寿記念『知的財産権—法理と提言』897 頁（青林書院、2013 年）
- 小泉直樹「ダイリューション」ジュリスト 1005 号 29 頁（1992 年）
- 大寄麻代「営業秘密をめぐる差止請求権の帰属主体について—従業員が自ら開発・取得した営業秘密の利用・開示を企業が差し止めることはできるか」牧野利秋ほか編『知的財産法の理論と実務 第 3 巻』357 頁（新日本法規出版、2007 年）
- 山根崇邦「不正競争防止法 2 条 1 項 7 号の『その営業秘密を示された場合』の再構成—投資用マンション事件を契機として」L & T 61 号 57 頁（2013 年）
- 玉井克哉「営業秘密侵害罪における図利加害の目的」警察学論集 68 巻 12 号 34 頁（2015 年）
- 和久井理子「営業誹謗行為と独占禁止法」根岸哲先生古稀祝賀『競争法の理論と課題』307 頁（有斐閣、2013 年）

第11章 渉外知的財産法

Ⅰ 属地主義と国際条約

1 属地主義

　①各国の知的財産権の成立、移転、効力などについては当該国の法律によって定められ、②知的財産権の効力は当該国の領域内においてのみ認められる（属地主義。特許権について、最判平成 9・7・1 民集 51 巻 6 号 2299 頁〔BBS 事件〕）。上記①は、知的財産権の成立した地に着目して準拠法を決定する旨の国際私法上の原則を定めたものであり、②は、ある国の知的財産法は他国を拘束しない、という公法的法律関係としての属地主義を定めたものとされる。

　属地主義の下では、たとえば、日本の著作権法に基づく著作権の効力は日本の領域内についてのみ認められ、外国の領域における複製等を日本法に基づき禁ずることはできない。

　なお、わが国の特許権に関して特許権者がわが国の国内で権利を行使する場合において、権利行使の対象とされている製品が当該特許権者等により国外において譲渡されたという事情を、特許権者による特許権の行使の可否の判断にあたってどのように考慮するかは、専らわが国の特許法の解釈の問題というべきであり、属地主義の原則とは無関係である（前掲最判平成 9・7・1〔BBS 事件〕）。

2 国際条約

　属地主義の下では、各国は、外国人を自国法上どのように扱うかについても原則的に自由に定めることができる。

一方、知的財産権の国際的保護に関する主要な条約である工業所有権の保護に関するパリ条約と、文学的および美術的著作物の保護に関するベルヌ条約は、属地主義を前提とし、各国の知的財産権がそれぞれ独立であることを定めながら（独立の原則。パリ条約4条の2、ベルヌ条約5条2項）、同盟国の国民に対して自国民と同等の待遇を与えることを義務づけている（内国民待遇。パリ条約2条、ベルヌ条約5条1項）。内国民待遇によって、同盟国は、自国法において外国人を自国民よりも不利に扱うことを禁止される。両条約が定める各国法における保護の最低水準とあいまって、知的財産権の国際的保護が図られることになる。

Ⅱ ► 国際裁判管轄

1　知的財産権の取引に関する訴え

　①被告の普通裁判籍所在地（民訴3条の2）、②契約上の債務に関する訴え等であってその履行地が国内にある場合（民訴3条の3第1号）、③金銭の支払を請求する訴えであって差し押さえることができる被告の財産が国内にある場合（同条3号）、④被告の事業所または営業所が国内にあり、その事業所または営業所における業務に関する場合（同条4号）、⑤日本において事業を行う者の、日本における業務に関するものである場合（同条5号）には、原則として、いずれも国際裁判管轄が認められる（民訴3条の9）。⑥併合管轄（民訴3条の6）、管轄について合意がある場合（民訴3条の7）および⑦被告が応訴した場合（民訴3条の8）にも管轄が認められる。知的財産権の取引に関する場合も、上記の場合に国際裁判管轄が認められる。

　ただし、⑧知的財産権の登録に関する訴えについては、公益性の高い公示制度と不可分の関係を有し、登録国の裁判所がより迅速適正に審理判断することができる等の理由により、登録すべき地を管轄する国が専属管轄を有する（民訴3条の5第2項）。このため、日本の知的財産権の移転登録を請求する訴えは、日本の専属管轄に属する。外国の知的財産権の移転登録を請求する訴えについては、当該国の国際裁判管轄に専属し、日本の裁判所には国際裁判管轄は認められない。

418　第11章 渉外知的財産法

2 知的財産権の存否または効力に関する訴え

設定の登録により発生する知的財産権の存否または効力に関する訴えについては、登録国裁判所に専属管轄権が認められる（民訴3条の5第3項）。日本の知的財産権の存否や有効性が訴訟物として争われる訴え（具体的には審決取消訴訟）は、日本の裁判所の専属管轄に属する。

日本の裁判所が国際裁判管轄を有する外国特許権の侵害に係る訴えにおいて、被告が無効の抗弁を主張することは、知的財産の存否に関する「訴え」には抗弁の主張は含まれないと解されるため、許される。

3 知的財産権の侵害に係る訴え

①被告の普通裁判籍所在地を管轄する国の裁判所（民訴3条の2）、②被告の事務所または営業所が国内にあり、その事務所または営業所における業務に関するものである場合（民訴3条の3第4号）、③日本において事業を行う者の、日本における業務に関するものである場合（同条5号）の当該国の裁判所、④不法行為地（同条8号）について、国際裁判管轄が認められる。

②国内に所在する事務所または営業所の業務に関する侵害訴訟（民訴3条の3第4号）については、ある業務の中心となる事務所または営業所がその国にある以上、当該業務についての本拠地とみることができ、証拠の収集という観点からも、その所在地にある国の裁判所に当該業務に関する紛争を審理させることが便宜であると考えられるため、国際裁判管轄が認められている。

たとえば、日本国内に事務所を置いて日本および韓国の業務を行っている米国法人Yが、日本で日本特許権を侵害した場合、あるいは、日本国内に事務所を置いて日本および韓国の業務を行っている米国法人Yが、韓国において韓国特許権を侵害した場合がこれに当たる。

③日本において事業を行う者の、日本における業務に関するものである場合（民訴3条の3第5号）は、日本に事務所または営業所を置かずに事業を行う者による日本における業務に関する紛争については、日本の裁判所に国際裁判管轄を認めるのが相当であるとの理由による規定である。

たとえば、韓国法人 Y が、その事業として、インターネット上のウェブサイトにおいて日本語という日本でしか使用されない言語で製品を販売しており、日本に所在する購入申込者に対して当該製品を送付するサービスを実施している場合、同号に当たりうる（知財高判平成 22・9・15 判タ 1340 号 265頁〔モータ事件。本件においては、譲渡の申出行為による特許権侵害の結果が日本国内で発生しているとして、国際裁判管轄に関する規定を有していなかった改正前民訴 5 条 9 号の不法行為地管轄が肯定された〕）。

④不法行為地が国内にある場合（民訴 3 条の 3 第 8 号）は、不法行為があった地には訴訟資料、証拠方法等が所在していることが多く、不法行為地での提訴を認めることは被害者にとっても便宜であるとの理由による規定である。

第 1 に、民事訴訟法 3 条の 3 第 8 号にいう「不法行為に関する訴え」には、知的財産権侵害に基づく損害賠償請求のほか、差止請求も含まれる（特許権侵害訴訟について、前掲知財高判平成 22・9・15〔モータ事件〕、不正競争防止法上の営業秘密の侵害に基づく訴訟について、最決平成 16・4・8 民集 58 巻 4号 825 頁〔ミーリングチャック事件〕）。特許権者である被告から、原告が被告特許権を侵害する旨のわが国の小売店に対してされた告知が不正競争防止法 2 条 1 項 14 号（現 15 号）の不正競争に当たるとして差止めおよび損害賠償を求める訴えについては、わが国が不法行為地に基づく国際裁判管轄を有するとされた（東京地判平成 27・2・18 判時 2257 号 87 頁〔ブルーレイディスク事件〕）。

第 2 に、民事訴訟法 3 条の 3 第 8 号にいう不法行為地には結果発生地と加害行為地との双方を含む。

外国法人が、ウェブサイトを通じて日本の需要者向けに製品の譲渡の申出行為を行っているとの認定のもとに、申出の発信行為またはその受領という結果が、わが国において生じたものとして不法行為地管轄が認められた事例がある（前掲知財高判平成 22・9・15〔モータ事件〕）。

国境を越えて発生する営業秘密侵害行為について、結果発生地をどことみるかという問題がある。候補としては、①営業秘密が取得および使用されることによって当該営業秘密の保有者の優位性が失われた市場地、②営業秘密

が取得および使用されることによって損害が発生した営業所等の所在地、③営業秘密が管理されている地等が考えられる。

加害行為地については、原告が、被告の元従業員であるデンバーが設立した訴外会社を通じて、デンバーの被告に対する雇用契約上の秘密保持義務違反に当たることを知りながら、被告の専有ファイル情報を違法に入手したという事案において、不法行為の加害行為とされているもののうち専有ファイル情報の入手という「重要な行為」が日本の東京で行われたことによりわが国の国際裁判管轄を肯定した事例がある（東京地中間判平成元・5・30判時1348号91頁〔宮越機工事件〕）。最終的な入手行為にいたる秘密情報の取得の根拠となる契約の締結、当該契約締結に向けた交渉などの前提行為が行われた地も「重要な行為」が行われた地に当たるかは必ずしも明らかではない。

第3に、加害行為の存在、損害の発生および因果関係は管轄原因事実であるとともに本案の請求原因事実でもあるため、国際裁判管轄の判断の際に、どこまで立ち入った審理を行うかという問題がある。この点については、原則として、被告がわが国においてした行為により原告の法益について損害が生じたとの客観的事実関係が証明されれば足り、違法性阻却事由のないことの立証までは必要ないとされる（いわゆる客観的事実証明説。最判平成13・6・8民集55巻4号727頁〔ウルトラマン事件〕）。具体的には、特許権侵害に基づく損害賠償請求の場合、原告が特許権を有し、被告が被告製品を製造販売等しており、被告の行為により原告に損害が発生したこと（事実的因果関係）までを証明すれば管轄は肯定され、被告製品が原告特許権の技術的範囲に属するかや、相当因果関係の存否については本案における審理に委ねられる。

Ⅲ ► 準拠法

1 知的財産権の侵害

法の適用に関する通則法（以下、「通則法」）には、知的財産権に関する明文の準拠法決定規則はない。

特許権に基づく差止請求および廃棄請求については、特許権の効力に関する問題であり、当該特許権が登録された国の法が準拠法となる（最判平成

Ⅲ. 準拠法　　421

14・9・26 民集 56 巻 7 号 1551 頁〔カードリーダー事件〕)。損害賠償請求については、法律関係の性質は不法行為であり、通則法 17 条による(前掲最判平成 14・9・26〔カードリーダー事件〕)。

著作権について、ベルヌ条約 5 条 2 項 3 文は、「保護の範囲及び著作者の権利を保全するため著作者に保障される救済の方法は、この条約の規定によるほか、専ら、保護が要求される同盟国の法令の定めるところによる」と規定しており、この規定により、著作物の利用がされ、その結果、当該著作物に係る著作権について保護が要求される地(利用行為地)の法(保護国法)が準拠法となる(知財高判平成 21・10・28 判時 2061 号 75 頁〔苦菜花事件〕)。著作権侵害に基づく差止請求等の準拠法は、著作権の効力に関するものとして、保護国法となる。損害賠償請求については、不法行為と性質決定され、通則法 17 条により、加害行為の結果発生地が準拠法となる(前掲知財高判平成 21・10・28〔苦菜花事件〕)。

国境を越えて発生する営業秘密侵害行為について、結果発生地をどことみるかという問題がある。候補としては、①営業秘密が取得および使用されることによって当該営業秘密の保有者の優位性が失われた市場地、②営業秘密が取得および使用されることによって損害が発生した営業所等の所在地、③営業秘密が管理されている地等が考えられる。

2 知的財産権の帰属

知的財産権の帰属については、条理に基づき保護国法(登録国法)が準拠法となる。

職務発明から生じる特許を受ける権利の帰属については、特許権についての属地主義の原則に照らし、当該特許を受ける権利について特許権が登録される国の法律(登録国法)が準拠法となる(最判平成 18・10・17 民集 60 巻 8 号 2853 頁〔日立製作所事件〕)。

職務著作については、法人その他使用者と被用者の雇用契約の準拠法国における著作権法の職務著作に関する規定による(東京高判平成 13・5・30 判時 1797 号 131 頁〔キューピー事件〕)。

3 知的財産権の譲渡および許諾

　著作権の譲渡の準拠法については、譲渡の原因関係である契約等については通則法 7 条に基づき当事者の合意等により決定され、目的である著作権の物権類似の支配関係の変動については通則法 13 条 2 項の趣旨に基づき保護国法が準拠法となる（前掲東京高判平成 13・5・30〔キューピー事件〕、前掲知財高判平成 21・10・28〔苦菜花事件〕）。

　外国の特許を受ける権利の譲渡に伴って譲受人に対しその対価を請求できるかどうか、その対価はいくらであるかなどの特許を受ける権利の譲渡の対価は、譲渡当事者における譲渡の原因関係である契約その他の債権的法律関係の効力の問題であり、通則法 7 条 1 項により、第一次的には当事者の意思によって定まる。譲渡の対象となる特許を受ける権利が諸外国においてどのように扱われ、どのような効力を有するかは、特許権の属地主義の原則に照らし、当該特許を受ける権利に基づいて特許権が登録される国の法が準拠法となる（前掲最判平成 18・10・17〔日立製作所事件〕）。

Ⅳ ► 外国の知的財産に関する保護

1 外国人による特許権の享有

　日本においては、外国人は、法令または条約の規定により禁止される場合を除き、原則として私権を享有する（内外国人平等。民 3 条 2 項）。特許制度を有していない国や外国人を差別している国の国民に日本の特許権の権利の享有を認めることは不平等であるため、特許法 25 条は、外国人の権利の享有に制限を加えている。すなわち、外国人が日本国内に住所等を有している場合や、その者の属する国において日本国民に対しその国民と同一の条件により特許権の享有を認めているとき、条約に別段の定めがあるときにのみ、特許権の享有は認められる（特 25 条。新案 2 条の 5 第 3 項、意匠 68 条 3 項、商標 77 条 3 項は同条を準用している。種苗 10 条にも特 25 条と同旨の規定がある）。特許法 25 条の適用において、当該外国がわが国によって承認されていることは必要ない（最判昭和 52・2・14 判時 841 号 26 頁〔東ドイツ事件〕）。

2 外国著作物に対する保護

日本において最初に発行された著作物（著6条2号）、条約上保護の義務を負う著作物（同条3号）は日本の著作権法による保護を受ける。わが国が承認していない国についてはベルヌ条約上保護の義務を負うものではなく、著作権法6条3号の適用はない（最判平成23・12・8民集65巻9号3275頁〔北朝鮮事件〕）。

●●●●●●● **参 考 文 献** ●●●●●●●

- 髙部眞規子「**判解**」『最判解民事篇平成14年度（下）』687頁〔カードリーダー事件〕
- 髙部眞規子「**判解**」『最判解民事篇平成13年度（下）』475頁〔ウルトラマン事件〕
- 文化審議会著作権分科会国際小委員会「**国際裁判管轄・準拠法ワーキングチーム報告書**」（2010年）
- 井上泰人「**著作権をめぐる渉外的論点**」髙部眞規子編『著作権・商標・不競法関係訴訟の実務』155頁（商事法務、2015年）
- 井上泰人「**国際裁判管轄**」牧野利秋ほか編『知的財産訴訟実務大系 III』419頁（青林書院、2014年）
- 出口耕自「**国際不正競争の準拠法**」日本国際経済法学会年報23号106頁（2014年）
- 飯塚卓也「**営業秘密の国際的侵害行為に関する適用準拠法**」高林龍ほか編『現代知的財産法講座 II 知的財産法の実務的発展』448頁（日本評論社、2012年）
- 嶋拓哉「**国際的な不正競争行為を巡る法の適用関係について—抵触法上の通常連結と特別連結を巡って**」知的財産法政策学研究37号253頁（2012年）
- 「**国際裁判管轄（3）**」ジュリスト1495号84頁（2016年）
- 道垣内正人＝古田啓昌編『**実務に効く 国際ビジネス判例精選**』（有斐閣、2015年）

事 項 索 引

●あ

RGB アドベンチャー事件 …………………… *257*
アイデア ……………………………………… *227*
アバスチン事件 ……………………………… *68*
新たに製造の再抗弁 ………………………… *90*
ありふれた氏・名称のみからなる商標 …… *174*
ありふれた表現 ……………………………… *227*
安定性 ………………………………………… *153*

●い

異議申立て …………………………………… *194*
依拠 …………………………………… *279, 386*
育成者権 ……………………………………… *157*
育成者権侵害 ………………………………… *158*
意識的除外 …………………………………… *75*
意匠 …………………………………………… *135*
　――の実施 ………………………………… *145*
　――の類似 ………………………………… *138*
意匠権 ………………………………………… *145*
意匠権侵害 …………………………………… *146*
意匠登録出願手続 …………………………… *142*
意匠法 ………………………………………… *135*
一意匠一出願の原則 ………………………… *143*
一品製作 ……………………………………… *231*
移転 …………………………………………… *115*
移転請求 ……………………………………… *31*
意に反して …………………………………… *15*
意に反する改変 ……………………………… *270*
違法送信を受信しての録音録画 …………… *312*
医療行為 ……………………………………… *11*
インカメラ手続 ……………………………… *112*
インクタンク事件 …………………………… *87*
印刷用書体 …………………………………… *233*
引用 …………………………………………… *317*

●え

映画製作者 …………………………………… *262*
映画の著作権の法定帰属 …………………… *262*
映画の著作者 ………………………………… *261*
映画の著作物 ………………………… *238, 335*
　――に関する非営利・無料の貸与 ……… *324*
映画の盗撮の防止に関する法律 …………… *313*

●お

永久機関 ……………………………………… *7*
営業 …………………………………………… *373*
営業秘密 ……………………………………… *392*
　――に関する不正競争行為 ……………… *395*
　――の保有者 ……………………………… *396*
営業秘密侵害行為 …………………………… *391*
営業秘密侵害罪 ……………………………… *402*
営業秘密侵害品の譲渡等 ……………… *398, 401*
営利を目的としない上演等 ………………… *323*
役務 …………………………………………… *165*
江差追分事件 ………………………………… *300*
演奏による著作物利用の主体 ……………… *284*
延長登録された特許権の効力 ……………… *68*
延長登録制度 ………………………………… *66*

●お

応用美術 ……………………………………… *232*
公に ……………………………………… *292-294*
公の上演・演奏 ……………………………… *283*
公の秩序または善良の風俗を害するおそれが
　ある商標 …………………………………… *179*
音楽の著作物 ………………………………… *230*

●か

外国公務員等に対する不正の利益の供与等の
　禁止 ………………………………………… *414*
外国人 ………………………………………… *41*
　――による特許権の享有 ………………… *423*
外国著作物に対する保護 …………………… *424*
外国の国旗等の商業上の利用禁止 ………… *414*
回路配置利用権 ……………………………… *129*
拡大先願 ……………………………………… *19*
駆け込み使用 ………………………………… *196*
過失 ……………………………………… *104, 358*
貸渡し ………………………………………… *65*
画面デザイン ………………………………… *135*
カラオケ法理 ………………………………… *286*
仮専用実施権 ………………………………… *27*
仮通常実施権 ………………………………… *27*
簡潔性要件 …………………………………… *44*
官公庁広報資料等の転載 …………………… *320*
刊行物記載等 ………………………………… *12*

425

顔真卿自書告身帖事件······················· 304
関税法による水際措置······················· 114
間接侵害··························· 77, 126
間接の間接侵害······························ 80
完全独占通常実施権························· 117
慣用商標·································· 170
還流レコード······························ 298

●き

機械の設計図······························ 237
記載要件·································· 21
技術常識·································· 58
技術上の秘密を取得した者の当該技術上の
　秘密を使用する行為等の推定·············· 399
技術的思想·································· 10
記述的商標································ 170
技術的制限手段無効化装置等の提供行為··· 405
技術的範囲の解釈··························· 70
技術の保護手段の回避、復号によって可能と
　なった複製····························· 310
技術の開発または実用化のための試験の用に
　供するための利用······················· 316
北朝鮮事件································ 251
機能的クレーム····························· 72
脚本···································· 278
キャッシュ································ 312
キャッチフレーズ························· 175
キャッチボール現象························· 57
キャラクター······················ 230, 234
キャンディ・キャンディ事件··············· 245
教育目的における利用····················· 321
共同出願·································· 28
共同著作物································ 254
　　──に関する権利関係················· 255
共同発明·································· 27
業としての実施····························· 63
業務に従事する者························· 257
共有··································· 116
　　──に係る特許権に対する無効審判について
　　　の審決取消訴訟····················· 55
虚偽···································· 412
拒絶査定不服審判··························· 51
拒絶理由の通知····························· 49
キルビー事件······························ 96
記録媒体の保守・修理····················· 331
極めて簡単で、かつ、ありふれた標章のみ

からなる商標····························· 174
均一性··································· 152
均等侵害·································· 73
均等の5要件······························ 73

●く

具体的態様の明示義務····················· 110
区別性··································· 152
組物の意匠································ 143
クラシカルオーサー······················· 261
クラブ・キャッツアイ事件················· 284

●け

警告···································· 125
刑事訴訟手続の特例······················· 405
刑事罰··································· 114
形成力··································· 60
継続して3年以上························· 196
継続的刊行物等の公表の時················· 336
契約、勤務規則その他の定め··············· 34
結合商標の類否判断······················· 190
言語の著作物······························ 229
原作品··································· 294
原産地··································· 409
建築芸術·································· 235
建築の設計図······························ 237
建築の著作物······························ 235
　　──の特則···························· 236
建築物··································· 278
　　──の増築、改築、修繕または模様替えに
　　　よる改変·························· 272
原著作物と二次的著作物の権利関係········· 244
検討の過程における利用··················· 316
現物主義·································· 159
権利の主体································ 24
権利付与法································· 4
権利濫用の抗弁···························· 100

●こ

考案···································· 123
行為規制法································· 5
公開代償説································· 7
公開の美術の著作物等の利用··············· 329
工業上の利用可能性······················· 136
公共の機関の標章と紛らわしい等公益性に
　反する商標···························· 176

公衆‥‥‥‥ *265, 284, 289, 290, 295, 297, 300*
　──に直接見せまたは聞かせる‥‥‥‥ *283*
公衆送信‥‥‥‥‥‥‥‥‥‥‥‥‥‥‥ *288*
公衆送信権‥‥‥‥‥‥‥‥‥‥‥‥‥‥ *288*
公衆送信・送信可能化による著作物利用の主体
　‥‥‥‥‥‥‥‥‥‥‥‥‥‥‥‥‥‥‥ *289*
公衆提供自動複製機器を利用した複製‥‥‥ *309*
公衆伝達権‥‥‥‥‥‥‥‥‥‥‥‥‥‥ *292*
口述権‥‥‥‥‥‥‥‥‥‥‥‥‥‥‥‥ *293*
公序良俗‥‥‥‥‥‥‥‥‥‥‥‥‥‥‥‥ *20*
　──を害するおそれがある意匠‥‥‥‥ *138*
公然知られた意匠‥‥‥‥‥‥‥‥‥‥‥ *136*
拘束力‥‥‥‥‥‥‥‥‥‥‥‥‥‥‥‥‥ *60*
公知‥‥‥‥‥‥‥‥‥‥‥‥‥‥‥‥‥‥ *12*
　──の擬制‥‥‥‥‥‥‥‥‥‥‥‥‥‥ *19*
公表‥‥‥‥‥‥‥‥‥‥‥‥‥‥‥ *265, 317*
公表権‥‥‥‥‥‥‥‥‥‥‥‥‥‥‥‥ *265*
公文書管理法等による保存等のための利用
　‥‥‥‥‥‥‥‥‥‥‥‥‥‥‥‥‥‥‥ *327*
抗弁‥‥‥‥‥‥‥‥‥‥‥‥‥‥‥‥‥‥ *84*
公用‥‥‥‥‥‥‥‥‥‥‥‥‥‥‥‥‥‥ *12*
国外で作成された海賊版の輸入行為‥‥‥‥ *363*
国際裁判管轄‥‥‥‥‥‥‥‥‥‥‥‥‥ *418*
国際信義に反する商標‥‥‥‥‥‥‥‥‥ *180*
国内優先権制度‥‥‥‥‥‥‥‥‥‥‥‥‥ *45*
国立国会図書館におけるインターネット資料
　の保存‥‥‥‥‥‥‥‥‥‥‥‥‥‥‥ *328*
故人のパブリシティ権‥‥‥‥‥‥‥‥‥ *218*
小僧寿し事件‥‥‥‥‥‥‥‥‥‥‥‥‥ *191*
固定‥‥‥‥‥‥‥‥‥‥‥‥‥‥‥‥‥ *239*
誤認惹起行為‥‥‥‥‥‥‥‥‥‥‥‥‥ *408*
誤認表示‥‥‥‥‥‥‥‥‥‥‥‥‥‥‥ *410*
小分け‥‥‥‥‥‥‥‥‥‥‥‥‥‥‥‥ *208*
混同
　狭義の──‥‥‥‥‥‥‥‥‥‥‥‥‥ *378*
　広義の──‥‥‥‥‥‥‥‥‥‥ *186, 378*
　──のおそれ‥‥‥‥‥‥‥‥‥‥‥‥ *378*
混同惹起行為‥‥‥‥‥‥‥‥‥‥‥‥‥ *371*

●さ
サーバー‥‥‥‥‥‥‥‥‥‥‥‥‥‥‥ *332*
債権者代位‥‥‥‥‥‥‥‥‥‥‥‥‥‥ *344*
再審事由に関する主張の制限‥‥‥‥‥‥‥ *97*
裁定許諾‥‥‥‥‥‥‥‥‥‥‥‥‥‥‥ *345*
裁定実施権‥‥‥‥‥‥‥‥‥‥‥‥‥‥ *117*
裁判手続等における利用‥‥‥‥‥‥‥‥ *326*

再放送権‥‥‥‥‥‥‥‥‥‥‥‥‥‥‥ *355*
再有線放送権‥‥‥‥‥‥‥‥‥‥‥‥‥ *356*
差止‥‥‥‥‥‥‥‥‥‥‥‥‥‥‥‥‥ *356*
差止請求‥‥‥‥‥‥‥‥‥‥‥‥‥‥‥ *102*
　──の相方‥‥‥‥‥‥‥‥‥‥‥ *210, 357*
差止請求権の消滅時効・除斥期間‥‥‥‥‥ *400*
サポート要件‥‥‥‥‥‥‥‥‥‥‥‥‥‥ *21*
産業上の利用可能性‥‥‥‥‥‥‥‥‥‥‥ *11*

●し
視覚障害者等のための利用‥‥‥‥‥‥‥ *322*
視覚を通じて起こさせる美感‥‥‥‥‥‥ *139*
自家増殖‥‥‥‥‥‥‥‥‥‥‥‥‥‥‥ *160*
色彩‥‥‥‥‥‥‥‥‥‥‥‥‥‥‥‥‥ *375*
指揮命令‥‥‥‥‥‥‥‥‥‥‥‥‥‥‥ *258*
試験または研究のためにする実施‥‥‥‥‥ *85*
事件を構成する著作物‥‥‥‥‥‥‥‥‥ *326*
事後的悪意重過失の場合の取引権原の範囲内
　での使用・開示‥‥‥‥‥‥‥‥‥‥‥ *400*
自己の業務に係る商品または役務について
　使用をする商標であること‥‥‥‥‥‥ *168*
自己の氏名等‥‥‥‥‥‥‥‥‥‥‥‥‥ *203*
自己の氏名の使用‥‥‥‥‥‥‥‥‥‥‥ *380*
自己の商品等表示としての使用‥‥‥‥‥ *383*
事実の伝達にすぎない雑報‥‥‥‥‥‥‥ *229*
時事の事件‥‥‥‥‥‥‥‥‥‥‥‥‥‥ *326*
　──の報道のための利用‥‥‥‥‥‥‥ *325*
時事の報道‥‥‥‥‥‥‥‥‥‥‥‥‥‥ *229*
時事問題に関する論説の転載等‥‥‥‥‥ *324*
自然法則の利用‥‥‥‥‥‥‥‥‥‥‥‥‥ *7*
自他商品・役務識別力‥‥‥‥‥‥‥‥‥ *169*
質権‥‥‥‥‥‥‥‥‥‥‥‥‥‥‥‥‥‥ *26*
実演‥‥‥‥‥‥‥‥‥‥‥‥‥‥‥‥‥ *350*
実演家‥‥‥‥‥‥‥‥‥‥‥‥‥‥‥‥ *350*
　──の権利‥‥‥‥‥‥‥‥‥‥‥‥‥ *350*
実演家人格権‥‥‥‥‥‥‥‥‥‥‥‥‥ *350*
実施‥‥‥‥‥‥‥‥‥‥‥‥‥‥‥‥‥‥ *63*
　──の能力‥‥‥‥‥‥‥‥‥‥‥‥‥ *108*
実施可能要件‥‥‥‥‥‥‥‥‥‥‥‥‥‥ *21*
実施許諾の対象となっている特許について無効
　審決が確定した場合の既払い実施料‥‥‥ *119*
実施権‥‥‥‥‥‥‥‥‥‥‥‥‥‥‥‥ *116*
実質的に同一の形態‥‥‥‥‥‥‥‥‥‥ *386*
実名‥‥‥‥‥‥‥‥‥‥‥‥‥‥‥ *268, 334*
実用新案技術評価‥‥‥‥‥‥‥‥‥‥‥ *125*
実用新案権の侵害‥‥‥‥‥‥‥‥‥‥‥ *126*

事項索引　　*427*

実用新案登録手続 …… 123	使用による識別性 …… 174
実用新案の技術的範囲 …… 126	商標 …… 163
実用新案法 …… 123	——の使用 …… 166, 204
私的使用のための複製 …… 307	——の定義 …… 163
私的領域における改変 …… 271	——の類似 …… 189
私的録音録画補償金制度 …… 313	商標機能論による違法性阻却 …… 208
自動公衆送信 …… 288	商標権 …… 201
シフト補正の禁止 …… 50	——の効力の制限の抗弁 …… 203
氏名表示権 …… 267	——の存続期間 …… 201
氏名表示を省略できる場合 …… 269	——の濫用 …… 206
社会通念上同一の商標 …… 197	商標登録無効の抗弁 …… 202
写真の著作物 …… 240	商標法 …… 163
周知技術 …… 58	商品 …… 163, 373
周知性 …… 376	——の機能を確保するために不可欠な形態
周知の変名 …… 268	…… 387
主体 …… 218	——の形態 …… 374, 385
主張立証責任 …… 75	——の品質または役務の質の誤認を生ずる
出願公開 …… 46	おそれがある商標 …… 183
出版権 …… 346	商品・役務の類似 …… 192
——の消滅 …… 348	商品形態模倣行為 …… 384
——の設定 …… 346	商品等が当然に備える特徴 …… 204
——の内容 …… 347	——のうち政令で定めるもののみからなる
出版の義務 …… 347	商標 …… 183
種苗法 …… 151	商品等表示 …… 374
需要者 …… 139	情報検索エンジンにおける複製等 …… 332
——が何人かの業務に係る商品または役務	情報公開法等による開示のための利用 …… 327
であることを認識することができない	情報公開法との調整 …… 267, 269
商標 …… 175	情報の処理、送信の過程における蓄積等 …… 332
準拠法 …… 421	情報の選択または体系的な構成 …… 249
準公知 …… 19, 153	使用料相当額に基づく算定方法 …… 361
純粋美術と同視できる美的鑑賞性 …… 232	職務上 …… 259
書 …… 234	職務著作 …… 257
使用 …… 378	職務発明 …… 32
使用意思 …… 168	——の成立要件 …… 32
上映 …… 287	所持 …… 81
上映権 …… 287	除斥期間 …… 202
渉外知的財産法 …… 417	職権証拠調べ …… 52
商業用レコード …… 346, 354	書類の提出 …… 110
使用権者による不正使用取消審判 …… 199	人為的な取決め …… 7
上告審継続中に審決が確定した場合 …… 99	侵害 …… 221
小冊子 …… 330	——に対する救済 …… 102
消尽 …… 87, 132, 147, 160, 297	——の行為がなければ販売することが
譲渡 …… 340	できた物 …… 107
——の申出 …… 65	——の行為に供した設備 …… 104
譲渡権 …… 297, 353, 354	——の行為を組成した物 …… 103
——と複製権 …… 299	——の行為を組成した物等の廃棄等請求 ·· 357

428 　事項索引

──の停止または予防請求 ･････････････････ *356*
──の予防に必要な行為 ･････････････ *104*
侵害者の譲渡数量に基づく算定方法 ･･･････ *360*
侵害者の利益に基づく算定方法 ･･････････････ *360*
侵害組成物廃棄等請求 ････････････････････ *103*
新規事項の追加の禁止 ･･････････････････････ *49*
新規性 ･･････････････････････････ *12, 136*
──の判断方法 ･･････････････････････ *14*
新規性喪失事由 ･････････････････････････ *12*
新規性喪失の例外 ･･････････････････ *15, 137*
審決取消訴訟 ･･･････････････ *54, 145, 200*
審査 ･･････････････････････････････････ *48*
審査経過禁反言 ････････････････････････ *71*
審査請求 ･･････････････････････････････ *48*
真正商品 ････････････････････････････ *208*
審判 ･･････････････････････････････････ *144*
進歩性 ･･････････････････････････････ *16*
──の判断方法 ･･････････････････････ *17*
信用回復措置請求権 ･･････････････････････ *114*
信用毀損行為 ･･･････････････････････ *412*
審理の対象 ･･････････････････････････ *56*

●す
推定 ･････････････････････････････ *104*
図面 ･････････････････････････････ *42*

●せ
請求権者 ････････････････ *381, 384, 390*
生産方法の推定 ････････････････････ *110*
政治上の演説等の利用 ･･････････････ *325*
正当な理由 ･･････････････････････ *198*
雪月花事件 ･････････････････････ *281*
設定登録 ･･････････････････････････ *49*
先願 ･･････････････････ *18, 138, 155*
──に基づく通常実施権 ･･････････ *148*
先願主義 ･･････････････････ *18, 193*
先行技術文献情報開示制度 ･････････ *43*
戦時加算 ･･････････････････････ *338*
先使用権 ･･････････････ *94, 148, 206*
専属管轄 ･･････････････････････ *418*
全体の形成に創作的に寄与した者 ･･･････ *261*
全体比較論 ･･････････････････ *304*
選択の幅 ･･････････････････ *226*
選択の余地 ･･････････････････ *226*
選択発明 ･･････････････････ *17*
専用権 ･･････････････････ *67, 201*

専用実施権 ･･････････････････････ *121*
専用使用権 ･･･････････････････ *205*
専用品型間接侵害 ･･････････････ *78*

●そ
創作 ･･････････････････････ *10*
創作性 ･････････････････ *225*
創作非容易性 ･･････････････ *136*
送信可能化権 ･･･････････ *352, 354-356*
相当な損害額の認定 ･･････････ *112, 362*
相当の対価 ･･････････････ *35*
相当の利益 ･･････････ *35, 38*
属地主義 ･･････････････ *417*
その使用する者 ･･････････ *308*
ソルダーレジスト事件 ･･････････ *49*
損害計算のための鑑定 ･･････････ *112*
損害賠償 ･･････････ *104, 211, 358*

●た
代位行使 ･･････････････ *118*
題号 ･･･････････････ *229, 375*
第5要件 ･････････････ *75*
タイプフェイス ･･････････ *233*
大法廷判決 ･･････････ *56*
貸与権 ･･････････ *299, 353, 354*
代理人等の商標無断使用行為 ･･･････ *413*
高橋是清 ･････････････ *1*
多機能品型間接侵害 ･････････ *79*
他人 ･･････････････ *372*
──の業務に係る商品または役務と混同を
生ずるおそれのある商標 ･････････ *186*
──の周知商標と同一・類似の商標 ･･ *185*
──の商品 ･･････････ *386*
──の商品等表示 ･･････････ *372*
──の著名商標を不正の目的で使用する商標
･･････････ *187*
──の登録商標または周知・著名商標等と
紛らわしい商標 ･･････････ *183*
単位数量当たりの利益の額 ･･････････ *106*
団体名義の著作物 ･･････････ *334*

●ち
地域団体商標 ･･････････ *204, 213*
地図または学術的な性質を有する図面、図表、
模型の著作物 ･･････････ *236*
知的財産基本法 ･･････････ *4*

事項索引　　*429*

知的財産権
　——の帰属 ………………………………… 422
　——の譲渡および許諾 …………………… 423
　——の侵害 ………………………………… 421
　——の侵害に係る訴え …………………… 419
　——の存否または効力に関する訴え ……… 419
　——の登録に関する訴え ………………… 418
　——の取引に関する訴え ………………… 418
中古ゲームソフト事件 …………………… 296
チュッパチャプス事件 …………………… 210
直接侵害 ……………………………………… 77
著作権 ……………………………………… 277
　——と所有権 ……………………………… 304
　——の消滅 ………………………………… 339
　——の制限 ………………………………… 307
著作権者等不明の場合 …………………… 345
著作権侵害罪等 …………………………… 365
著作権等侵害行為によって作成された物の
　頒布等行為 ……………………………… 363
著作権法 …………………………………… 225
著作者 ……………………………………… 253
　——が存しなくなった後における人格的
　　利益の保護 …………………………… 274
著作者人格権 ……………………………… 264
著作者人格権不行使特約 ………………… 275
著作者名としての表示 …………………… 268
著作物の修正増減 ………………………… 348
著作物の定義 ……………………………… 225
著作物の例示 ……………………………… 228
著作隣接権 ………………………………… 349
著名性 ……………………………………… 382
著名表示冒用行為 ………………………… 382
地理的表示 ………………………………… 205

●つ
通常実施権 ………………………………… 116
　——の対外的効力 ………………………… 118
通常使用権 ………………………………… 205

●て
手足 ………………………………………… 283
庭園 ………………………………………… 235
訂正審判 …………………………………… 52
訂正の再抗弁 ……………………………… 97
デザイン文字 ……………………………… 233
データベースの著作物 …………………… 248

テレビジョン放送の伝達権 ……………… 355
展示権 ……………………………………… 293
店舗外観 …………………………………… 375

●と
同一性 ……………………………………… 281
同一性保持権 ……………………………… 270
　——の制限 ………………………………… 272
同一の事実および同一の証拠 ……… 53, 195
同意の推定 ………………………………… 266
当該事件の過程において見られ、もしくは
　聞かれる著作物 ………………………… 326
動機づけ …………………………………… 17
当業者 ………………………………… 16, 136
同日出願 …………………………………… 18
当然対抗制度 ……………………………… 120
当然取消 …………………………………… 58
動的意匠 …………………………………… 143
登録要件 ……………………………… 123, 135
ときめきメモリアル事件 ………………… 271
独占的通常実施権 ………………………… 117
独占適用性 ………………………………… 171
独占の利益 ………………………………… 35
図書館等における複製等 ………………… 316
特許異議 …………………………………… 54
特許権
　——の効力 ………………………………… 63
　——の効力の制限 ………………………… 85
　——の消滅事由 …………………………… 69
　——の存続期間 …………………………… 66
　——の利用 ………………………………… 115
特許権侵害 ………………………………… 70
　——による損害額 ………………………… 105
特許権侵害差止訴訟の請求原因 ………… 84
特許査定 …………………………………… 49
特許出願 …………………………………… 42
　——に係る発明の内容を知らないで ……… 95
特許出願時から日本国内にある物等 …… 87
特許請求の範囲 ……………………… 21, 42
特許製品につき加工や部材の交換がされた場合
　………………………………………… 89
特許製品の部材が譲渡された場合 ……… 90
特許庁長官等の処分に対する取消訴訟 …… 61
特許登録手続 ……………………………… 42
特許発明の技術的範囲 …………………… 70
特許発明の本質的部分 …………………… 75

特許法102条1項‥‥‥‥‥‥‥‥‥‥ 105
特許法102条2項‥‥‥‥‥‥‥‥‥‥ 108
特許法102条3項‥‥‥‥‥‥‥‥‥‥ 109
特許要件‥‥‥‥‥‥‥‥‥‥‥‥‥‥‥ 7
特許を受ける権利‥‥‥‥‥‥‥‥‥‥ 26
　──の共有‥‥‥‥‥‥‥‥‥‥‥ 27
　──の取得等‥‥‥‥‥‥‥‥‥‥ 34
　──を有する者自身の行為に起因して新規性
　　を喪失した場合‥‥‥‥‥‥‥‥ 15
特掲‥‥‥‥‥‥‥‥‥‥‥‥‥‥‥ 341
ドメイン名に係る不正行為‥‥‥‥‥ 407
取消事由と立証責任‥‥‥‥‥‥‥‥‥ 58

●に
二次的著作物‥‥‥‥‥‥‥‥‥‥‥ 243
　──に関して原著作者が有する権利‥‥‥ 245
日本国内において一般に流通しているもの‥‥ 80
日本国内において最初に販売された日から
　起算して3年を経過した商品‥‥‥‥ 388
任意的没収・追徴‥‥‥‥‥‥‥‥‥ 405

●ね
ネットオークション‥‥‥‥‥‥‥‥ 330

●の
農林水産植物‥‥‥‥‥‥‥‥‥‥‥ 151
ノベルティ・グッズ‥‥‥‥‥‥‥‥ 164
のみ品‥‥‥‥‥‥‥‥‥‥‥‥‥‥‥ 78

●は
排他権‥‥‥‥‥‥‥‥‥‥‥‥‥‥‥ 67
発意‥‥‥‥‥‥‥‥‥‥‥‥‥‥‥ 262
発見‥‥‥‥‥‥‥‥‥‥‥‥‥‥‥‥ 10
発行‥‥‥‥‥‥‥‥‥‥‥‥‥‥‥ 265
発明‥‥‥‥‥‥‥‥‥‥‥‥‥‥‥‥ 7
　──のカテゴリ‥‥‥‥‥‥‥‥‥ 103
　──の実施に用いられることを知りながら‥‥ 80
　──の種類‥‥‥‥‥‥‥‥‥‥‥ 10
　──の詳細な説明‥‥‥‥‥‥‥‥ 21
　──の単一性‥‥‥‥‥‥‥‥‥‥ 45
　──の要旨認定‥‥‥‥‥‥‥‥‥ 14
発明者‥‥‥‥‥‥‥‥‥‥‥‥‥‥‥ 24
　──の権利‥‥‥‥‥‥‥‥‥‥‥ 26
　──の認定‥‥‥‥‥‥‥‥‥‥‥ 25
発明者名誉権‥‥‥‥‥‥‥‥‥‥‥‥ 28
発明の課題の解決に不可欠なもの‥‥‥ 79

発明未完成‥‥‥‥‥‥‥‥‥‥‥‥‥ 10
パブリシティ権‥‥‥‥‥‥‥‥‥‥ 217
　──の譲渡性‥‥‥‥‥‥‥‥‥‥ 219
パラメータ特許事件‥‥‥‥‥‥‥‥‥ 22
パロディ‥‥‥‥‥‥‥‥‥‥‥‥‥ 320
判決の効力‥‥‥‥‥‥‥‥‥‥‥‥‥ 59
販売することができないとする事情‥‥ 106
頒布‥‥‥‥‥‥‥‥‥‥‥‥‥‥‥ 294
反復可能‥‥‥‥‥‥‥‥‥‥‥‥‥‥ 7
頒布権‥‥‥‥‥‥‥‥‥‥‥‥‥‥ 295
　──の消尽‥‥‥‥‥‥‥‥‥‥‥ 296

●ひ
BBS事件‥‥‥‥‥‥‥‥‥‥‥‥ 417
非営利かつ無料の貸与‥‥‥‥‥‥‥ 324
非営利の上演‥‥‥‥‥‥‥‥‥‥‥ 323
非営利の有線放送‥‥‥‥‥‥‥‥‥ 323
非営利または家庭用受信装置による伝達‥‥ 324
非公知性‥‥‥‥‥‥‥‥‥‥‥‥‥ 394
美術工芸品‥‥‥‥‥‥‥‥‥‥‥‥ 231
美術作品等の販売等に伴う利用‥‥‥‥ 330
美術の著作物‥‥‥‥‥‥‥‥‥‥‥ 231
美術の著作物等の原作品の所有者による展示
　‥‥‥‥‥‥‥‥‥‥‥‥‥‥‥‥ 328
美術の著作物等の展示に伴う複製‥‥‥ 330
人の精神活動‥‥‥‥‥‥‥‥‥‥‥‥ 7
秘密管理性‥‥‥‥‥‥‥‥‥‥‥‥ 392
秘密保持命令‥‥‥‥‥‥‥‥‥‥‥ 113
表現上の本質的な特徴の同一性‥‥‥‥ 300
表現性‥‥‥‥‥‥‥‥‥‥‥‥‥‥ 227
氷山印事件‥‥‥‥‥‥‥‥‥‥‥‥ 189
剽窃的な出願‥‥‥‥‥‥‥‥‥‥‥ 181
標準必須特許‥‥‥‥‥‥‥‥‥‥‥ 100
ピンク・レディー事件‥‥‥‥‥‥‥ 217
品質等‥‥‥‥‥‥‥‥‥‥‥‥‥‥ 409
品種‥‥‥‥‥‥‥‥‥‥‥‥‥‥‥ 151
品種登録出願手続‥‥‥‥‥‥‥‥‥ 155
品種名称の適切性‥‥‥‥‥‥‥‥‥ 153

●ふ
不可避的形態‥‥‥‥‥‥‥‥‥‥‥ 374
福澤諭吉‥‥‥‥‥‥‥‥‥‥‥‥‥‥ 1
複数主体の関与‥‥‥‥‥‥‥‥‥‥‥ 83
複数の請求項に係る特許権の一体不可分‥‥ 43
複製‥‥‥‥‥‥‥‥‥‥‥‥‥‥‥ 277
　──による著作物利用の主体‥‥‥ 281

事項索引　　431

複製権·······················277, 353-355
不合理···································39
不使用取消審判·························196
付随対象著作物の利用··················314
不正競争防止法·························371
不正使用による取消審判················199
普通名称···························169, 204
普通名称等の使用······················379
物品····································135
　──の形状、構造または組合せ·········123
　──の構造···························123
舞踏または無言劇の著作物··············231
不当利得返還請求権····················114
不登録意匠····························138
不登録事由····························176
部分意匠······························141
ブラウザキャッシュ····················332
FRAND宣言····························100
プログラムの著作物····················242
プログラムの著作物の複製物の所有者による
　複製································331
プロダクト・バイ・プロセス・クレーム··· 72
文学・学術・美術・音楽の範囲··········228
分割····································50
文献公知発明···························43

●へ

並行輸入·································91
　──の抗弁···························209
編集著作物····························248
変名·······························268, 334

●ほ

防護標章······························213
法人等の著作名義······················260
法人等の発意··························257
放送·······························288, 346
放送権····························352, 356
放送事業者····························354
　──による一時的固定················328
　──の権利··························354
包袋禁反言·····························71
法定通常実施権······················31, 33
報道の目的上正当な範囲内··············326
冒認····································29
方法の使用に用いる物··················80

方法の発明·······························10
保護期間······························333
　──の相互主義······················337
保護国法······························422
保護主体の承継························377
保護を受ける著作物····················250
補償金請求権···························46
補正····································49
ポパイ・ネクタイ事件·············281, 336
ポパイ・マフラー事件··················207
ボールスプライン事件···················74
翻案····································243
翻案権································300
翻案権侵害····························300
本質的な特徴の直接感得················300

●ま

マキサカルシトール製剤事件··············76
まねきTV事件··························289

●み

未譲渡性······························154
みなし公知····························137
みなし侵害····························363
みなし著作者人格権侵害················273

●む

無効審判···························52, 194
無効の抗弁·····························96
無審査制度····························124
無名または変名の著作物················333

●め

明確性要件·····························22
明細書······························21, 42
名誉回復等措置························362
メリヤス編機事件·······················53

●も

黙示の許諾·····························91
モダンオーサー························261
専ら肖像等の有する顧客吸引力の利用を目的
　とするといえる場合··················221
物の使用······························64
物の譲渡等·····························65
物の生産···························64, 79

432　事項索引

物の発明 ················· 10
物を生産する方法の発明 ············· 10
模倣 ··················· 386
——された商品の善意取得者の保護 ······· 389
文言侵害 ··············· 70

●ゆ
有形的再製 ··············· 277
有線テレビジョン放送の伝達権 ········· 356
有線放送 ················ 288
有線放送権 ·············· 352, 355
有線放送事業者の権利 ·········· 355
有用性 ················· 393
輸出 ··················· 64, 65
輸入 ··················· 65

●よ
用途発明 ················ 63
要約書 ················· 42

●り
リーチサイト ············· 291
利害関係人 ·············· 194
リツイート ·············· 292
立体商標 ··············· 192
リバースエンジニアリング ········· 131

リパーゼ事件 ············· 14
利用許諾 ················ 342
利用発明 ················ 66
リンク ················· 291

●る
類似性 ················· 377, 383

●れ
歴史上の人物名からなる商標 ········· 179
レコード ················ 353
レコード製作者 ············· 353
——の権利 ·············· 353

●ろ
労働契約法の適用 ············ 39
録音 ·················· 312
録音・録画権 ·············· 351
録画 ·················· 312
ロクラクⅡ事件 ············· 281
ロゴ ·················· 234

●わ
ワンチャンス主義 ············ 351
ワン・レイニー・ナイト・イン・トーキョー
事件 ················· 278

事項索引　433

判 例 索 引

昭和 26 年～63 年

東京高判昭和 26・7・31 行集 2 巻 8 号 1273 頁〔カット事件〕……………………………… 123

特許庁抗告審決昭和 31・10・9 昭和 29 年 825 号〔ごまの蠅事件〕……………………… 179

最判昭和 32・11・27 刑集 11 巻 12 号 3113 頁〔キャバレー事件〕………………………… 369

最決昭和 34・5・20 刑集 13 巻 5 号 755 頁〔ニューアマモト事件〕……………………… 376

最判昭和 35・9・13 民集 14 巻 11 号 2135 頁〔蛇の目事件〕……………………………… 189

大阪地判昭和 36・5・4 判タ 119 号 41 頁〔多孔性成形体事件〕………………………… 83

最判昭和 36・6・27 民集 15 巻 6 号 1730 頁〔橘正宗事件〕……………………………… 192

東京地判昭和 38・6・5 判タ 146 号 146 頁〔自動連続給粉機事件〕…………………… 30

最判昭和 38・10・4 民集 17 巻 9 号 1155 頁〔サンヨウタイヤ事件〕…………………… 192

最判昭和 38・12・5 民集 17 巻 12 号 1621 頁〔リラ宝塚事件〕………………………… 190

東京地判昭和 40・8・31 判タ 185 号 209 頁〔カム装置事件〕…………………………… 119

最判昭和 43・2・27 民集 22 巻 2 号 399 頁〔氷山印事件〕……………………………… 189

最判昭和 44・1・28 民集 23 巻 1 号 54 頁〔原子力エネルギー発生装置事件〕………… 10

最判昭和 44・10・17 民集 23 巻 10 号 1777 頁〔地球儀型トランジスターラジオ事件〕… 95

東京高判昭和 47・4・26 判タ 278 号 180 頁〔農用牽引車の進行停止装置事件〕……… 15

最判昭和 48・4・20 民集 27 巻 3 号 580 頁〔墜道管押抜工法事件〕…………………… 117

仙台高秋田支判昭和 48・12・19 判時 753 号 28 頁〔蹄鉄事件〕………………………… 116

最判昭和 49・3・19 民集 28 巻 2 号 308 号〔可撓伸縮ホース事件〕……………… 137, 140

最判昭和 49・4・25 昭和 47(行ツ)33 号〔保土ヶ谷化学社標事件〕……………… 190, 191

最大判昭和 51・3・10 民集 30 巻 2 号 79 頁〔メリヤス編機事件〕……………53, 56-58, 200

最判昭和 51・4・30 判タ 360 号 148 頁〔気体レーザ放電装置事件〕…………………… 17

東京地判昭和 51・6・29 判時 817 号 23 頁〔マーク・レスター事件〕…………… 221, 224

最判昭和 52・2・14 判時 841 号 26 頁〔東ドイツ事件〕…………………………… 41, 423

東京地判昭和 52・7・22 判タ 369 号 268 頁〔舞台装置設計図事件〕…………………… 308

最判昭和 52・10・13 民集 31 巻 6 号 805 頁〔薬物製品事件〕…………………………… 10, 25

東京高判昭和 53・5・23 昭和 52(う)522 号〔原石ベルギーダイヤモンド事件〕………… 409, 410

最判昭和 53・9・7 民集 32 巻 6 号 1145 頁〔ワン・レイニー・ナイト・イン・トーキョー事件〕

…………………………………………………………………………………………… 278-280

富山地判昭和 53・9・22 判タ 375 号 144 頁〔住宅地図事件〕…………………………… 237

最判昭和 54・4・10 判時 927 号 233 頁〔ワイキキ事件〕……………………………… 171

神戸地姫路支判昭和 54・7・9 無体裁集 11 巻 2 号 371 頁〔仏壇彫刻事件〕…………… 232

最判昭和 55・1・24 民集 34 巻 1 号 80 頁〔食品包装容器事件〕……………………… 58

東京地判昭和 55・1・28 無体裁集 12 巻 1 号 1 頁〔香りのタイプ事件〕……………… 411

大阪地判昭和 55・3・18 判時 969 号 95 頁〔日本少林寺拳法事件〕…………………… 381

最判昭和 55・3・28 民集 34 巻 3 号 244 頁〔モンタージュ写真事件〕………………… 317

東京地判昭和 55・9・17 判時 975 号 3 頁〔地のさざめごと事件〕…………………… 253

東京地判昭和 56・2・25 判時 1007 号 72 頁〔一眼レフカメラ事件〕………………… 78

最判昭和 56・6・30 民集 35 巻 4 号 848 頁〔長押事件〕……………………………… 126

名古屋地判昭和 57・10・15 判タ 490 号 155 頁〔ヤマハ特約店事件〕………………… 410

最判昭和 57・11・12 民集 36 巻 11 号 2233 頁〔月の友の会事件〕……………… 183, 203

東京高判昭和 58・6・16 無体裁集 15 巻 2 号 501 頁〔DCC 事件〕……………… 185, 206

最判昭和58・10・7民集37巻8号1082頁〔日本ウーマン・パワー事件〕………… *377, 378, 383*

横浜地判昭和58・12・9判タ514号259頁〔勝烈庵事件〕……………………………… *376*

最判昭和59・1・20民集38巻1号1頁〔顔真卿自書告身帖事件〕……………………… *304, 306*

大阪地判昭和59・2・28判タ536号418頁〔ポパイ・マフラー事件第1審〕…………… *202*

最判昭和59・5・29民集38巻7号920頁〔フットボール事件〕………………… *372, 378, 381*

東京地判昭和59・9・28判時1129号120頁〔パックマン事件〕……………………… *239, 287*

大阪地判昭和59・12・20判時1138号137頁〔パンチパーマブラシ事件〕…………… *118*

横浜地判昭和60・3・22判時1159号147頁〔シャネルバッグ事件〕………………… *223*

東京高判昭和60・10・17判時1176号33頁〔藤田嗣治事件〕………………………… *319*

東京高判昭和60・12・4判時1190号143頁〔新潟鉄工事件〕………………………… *260*

最判昭和61・1・23判時1186号131頁〔ジョージア事件〕…………………………… *171*

最判昭和61・4・22判時1207号114頁〔ユーハイム・コンフェクト事件〕………… *199*

最判昭和61・5・30民集40巻4号725頁〔モンタージュ写真事件第2次上告審〕… *265, 273*

最判昭和61・7・17民集40巻5号961頁〔第二次箱尺事件〕………………………… *14*

最判昭和61・10・3民集40巻6号1068頁〔ウォーキングビーム事件〕…………… *94-96*

鹿児島地判昭和61・10・14判タ626号208頁〔黒酢事件〕…………………………… *379*

富山地判昭和61・10・31判時1218号128頁〔藤岡弘事件〕………………………… *224*

大阪地判昭和62・8・26判時1251号129頁〔BOSS事件〕…………………………… *164*

最判昭和63・2・16民集42巻2号27頁〔NHK日本語読み事件〕…………………… *217*

最判昭和63・3・15民集42巻3号199頁〔クラブ・キャッツアイ事件〕………… *284-286*

最判昭和63・7・19民集42巻6号489頁〔アースベルト事件〕……………………… *47, 376*

平成元年～10年

東京地中間判平成元・5・30判時1348号91頁〔宮越機工事件〕…………………… *421*

最判平成元・11・10民集43巻10号1116頁〔第三級環式アミン事件〕……………… *16*

東京高判平成2・2・13判時1348号139頁〔錦鯉飼育法事件〕……………………… *10*

最判平成2・7・20民集44巻5号876頁〔ポパイ・マフラー事件〕………………… *207*

最判平成3・3・8民集45巻3号123頁〔リパーゼ事件〕……………………………… *14*

福島地決平成3・4・9知的裁集23巻1号228頁〔シノブ設計事件〕……………… *235*

最判平成3・4・23民集45巻4号538頁〔シェトア事件〕…………………………… *200*

東京高判平成3・12・19判時1422号123頁〔法政大学懸賞論文事件〕…………… *270, 272*

最判平成4・4・28民集46巻4号245頁〔高速旋回式バレル研磨法事件〕……… *54, 60, 61*

大阪地判平成4・4・30判時1436号104頁〔丸棒矯正機設計図事件〕……………… *237*

東京地判平成4・5・27知的裁集24巻2号412頁〔Nintendo事件〕………………… *209*

最判平成4・9・22判時1437号139頁〔大森林事件〕………………………………… *191*

東京地判平成5・1・22知的裁集25巻1号1頁〔双眼鏡事件〕……………………… *127*

東京地判平成5・1・25判時1508号147頁〔ブランカ事件〕………………………… *269*

大阪地判平成5・3・23判時1464号139頁〔山口組襲名式ビデオ事件〕………… *253, 326*

最判平成5・3・30判時1461号3頁〔智恵子抄事件〕………………………………… *253*

東京高判平成5・7・22判時1491号131頁〔ゼルダ事件〕…………………………… *206*

東京高判平成5・9・9判時1477号27頁〔三沢市勢映画製作事件〕……………… *240, 263*

最判平成5・9・10民集47巻7号5009頁〔SEIKO EYE事件〕……………………… *191*

最判平成5・12・16判時1480号146頁〔アメックス事件〕…………………………… *377*

東京高決平成5・12・24判時1505号136頁〔モリサワタイプフェイス事件〕……… *373*

大阪地判平成6・2・24判時1522号139頁〔マグアンプ事件〕……………………… *208*

大阪高判平成6・2・25判時1500号180頁〔脳波数理解析論文事件〕……………… *227*

判例索引　　*435*

東京地判平成6・4・25判時1509号130頁〔日本の城の基礎知識事件〕………………… 226, 227
大阪地判平成6・4・28判時1542号115頁〔マホービン事件〕…………………………………33
東京地判平成6・7・1判時1501号79頁〔101匹ワンチャン事件〕…………………………… 297
札幌地決平成6・7・8判例不正競業法1250ノ228ノ28〔エーアンドネイチャー事件〕……… 397
東京高判平成6・10・27判時1524号118頁〔ウォール・ストリート・ジャーナル事件〕…… 249, 357
東京高判平成7・1・31判時1525号150頁〔会社パンフ事件〕………………………………… 249
最判平成7・3・7民集49巻3号944頁〔磁気治療器事件〕……………………… 28, 55, 200
大阪高判平成7・3・28知的裁集27巻1号210頁〔商品カタログ事件〕…………………… 249
最決平成7・4・4刑集49巻4号563頁〔海賊版ビデオ販売事件〕…………………………… 365
大阪地判平成7・7・11判時1544号110頁〔Y's事件〕……………………………………… 208
東京地判平成7・10・30判時1560号24頁〔システムサイエンス事件〕…………………… 364
東京地判平成7・12・18判時1567号126頁〔ラストメッセージin最終号事件〕…………… 227
東京高判平成8・1・25判時1568号119頁〔Asahiロゴマーク事件〕……………………… 234
東京地判平成8・2・23判時1561号123頁〔やっぱりブスが好き事件〕…………………… 271
大阪地判平成8・5・30判時1591号99頁〔クロコダイル事件〕…………………………… 209
東京高判平成8・7・24判時1597号129頁〔泉岳寺事件〕………………………………… 379
東京地判平成8・9・27判時1645号134頁〔四進レクチャー事件〕………………… 258, 259
知財高判平成8・10・2判時1590号134頁〔市史事件〕…………………………………… 362
最判平成9・3・11民集51巻3号1055頁〔小僧寿し事件〕………………………… 191, 212
大阪高判平成9・3・27知的裁集29巻1号368頁〔it'sシリーズ事件〕…………………… 375
東京地判平成9・4・25判時1605号136頁〔スモーキングスタンド事件〕………………… 237
最判平成9・7・1民集51巻6号2299頁〔BBS事件〕…………… 92, 93, 296, 297, 417
最判平成9・7・17民集51巻6号2714頁〔ポパイ・ネクタイ事件〕…………… 234, 245, 281, 336
東京地判平成9・9・5判時1621号130頁〔ダリ事件〕…………………………………… 330
東京地判平成10・2・20判時1643号176頁〔バーンズコレクション事件〕………………… 326
最判平成10・2・24民集52巻1号113頁〔ボールスプライン事件〕………………………… 74
東京高判平成10・2・26判時1644号153頁〔ドラゴン・キーホルダー事件〕……………… 386
東京地判平成10・3・23判時1637号121頁〔抗高血圧剤事件〕…………………………… 102
東京地判平成10・5・29判時1663号129頁〔O脚補正器具事件〕………………………… 119
東京高判平成10・7・13知的裁集30巻3号427頁〔スウィートホーム事件〕……… 273, 343
最判平成10・7・17判時1651号56頁〔「諸君！」事件〕…………………………………… 270
東京地判平成10・7・22判時1651号130頁〔オールウェイズ・コカコーラ事件〕………… 198
東京高判平成10・8・4判時1667号131頁〔俳句の添削事件〕…………………………… 271
最判平成10・9・10判時1655号160頁〔スナックシャネル事件〕………………………… 379
大阪地判平成10・9・17判時1664号122頁〔徐放性ジクロフェナクナトリウム製剤事件〕……… 75
東京地判平成10・10・29判時1658号166頁〔SMAP大研究事件〕……………… 253, 258, 259
東京地判平成10・10・30判時1674号132頁〔血液型と性格事件〕………………………… 320
東京地判平成10・11・20知的裁集30巻4号841頁〔アダージェット振付事件〕…………… 231
東京高判平成10・11・26判時1678号133頁〔だれでもできる在宅介護事件〕…………… 253, 254
東京地判平成10・11・30判時1679号153頁〔版画写真事件〕…………………… 226, 242
東京地判平成10・12・22判時1674号152頁〔磁気媒体リーダー事件〕…………………… 72

平成11年～15年
東京地判平成11・1・28判時1677号127頁〔スーパーラップ型キャディバッグ事件〕………… 390
東京地判平成11・1・29判時1680号119頁〔古文単語語呂合わせ事件第1審〕……………… 280
東京地判平成11・2・25判時1677号130頁〔松本清張小説リスト事件〕………………… 248

最判平成11・3・9民集53巻3号303頁〔大径角形鋼管事件〕···················· *57*

東京高判平成11・3・18判時1684号112頁〔三国志III事件〕················· *239*

最判平成11・4・16民集53巻4号627頁〔膵臓疾患治療剤事件〕··············· *85*

東京高判平成11・6・15判時1697号96頁〔スミターマル事件〕··············· *107*

東京高判平成11・6・24判時1698号120頁〔茶福豆事件〕···················· *170*

最判平成11・7・16民集53巻6号957頁〔生理活性物質測定法事件〕··········· *103, 104*

東京地判平成11・7・16判時1698号132頁〔悪路脱出具事件〕················ *109*

東京高判平成11・9・21判時1702号140頁〔恐竜イラスト事件〕··············· *276*

大阪地判平成11・9・21判時1732号137頁〔装飾文字「趣」事件〕············· *234*

東京高判平成11・9・30判タ1018号259頁〔古文単語語呂合わせ事件控訴審〕··· *280*

東京地判平成11・10・21判時1701号152頁〔ヴィラージュ事件第1審〕········· *164*

東京高判平成11・10・28判時1701号146頁〔知恵蔵事件〕···················· *248*

東京高判平成11・11・29判時1710号141頁〔母衣旗事件〕···················· *181*

東京高判平成11・11・30判時1713号108頁〔特許管理士事件〕················ *180*

東京高判平成11・12・22判時1710号147頁〔ドゥーセラム事件〕·············· *181*

最判平成12・2・29民集54巻2号709頁〔黄桃の育種増殖法事件〕············· *7*

東京高判平成12・2・29判時1715号76頁〔中田英寿事件〕···················· *266*

東京地判平成12・3・17判時1714号128頁〔タウンページ事件〕··············· *250*

東京地判平成12・3・23判時1717号140頁〔色画用紙見本帳事件〕············· *248*

東京高判平成12・3・30判時1726号162頁〔キャンディ・キャンディ事件控訴審〕··· *246*

最判平成12・4・11民集54巻4号1368頁〔キルビー事件〕···················· *96*

東京高判平成12・4・25判時1724号124頁〔脱ゴーマニズム宣言事件〕········· *273*

東京地判平成12・4・25平成11（ワ）12918号〔ちぎれ雲事件〕··············· *268*

東京地判平成12・5・16判時1751号128頁〔スターデジオ事件〕··············· *328*

東京高判平成12・5・17平成12（行コ）22号〔照明装置付歯鏡事件〕·········· *125*

東京高判平成12・5・23判時1725号165頁〔三島由紀夫手紙事件〕············· *229, 274*

東京地判平成12・6・29判時1728号101頁〔モデルガン事件〕················· *383*

最判平成12・7・11民集54巻6号1848頁〔レールデュタン事件〕··············· *186*

東京地判平成12・7・18判時1729号116頁〔リズシャルメル事件〕············· *384*

最判平成12・9・7民集54巻7号2481頁〔ゴナ書体事件〕····················· *233*

東京高判平成12・9・28判タ1056号275頁〔ヴィラージュ事件控訴審〕········· *164, 166*

東京地判平成12・9・28平成11（ワ）7209号〔戦後日本経済の50年事件〕····· *256*

大阪地判平成12・10・24判タ1081号241頁〔製パン機事件〕················· *63, 78, 82*

大阪地判平成12・12・14平成9（ワ）11649号〔Dフラクション事件〕········· *414*

東京高判平成12・12・25平成11（行ケ）368号〔6本ロールカレンダー事件〕··· *13*

東京高判平成13・1・23判時1751号122頁〔ケロケロケロッピ事件〕··········· *234*

最判平成13・2・13民集55巻1号87頁〔ときめきメモリアル事件〕············· *270, 271*

東京地判平成13・2・28判時1749号138頁〔DALE CARNEGIE事件〕········· *198*

最判平成13・3・2民集55巻2号185頁〔ビデオメイツ事件〕·················· *359*

大阪高判平成13・3・29民集56巻4号867頁〔中古ゲームソフト大阪事件控訴審〕··· *239*

東京地判平成13・3・30判時1753号128頁〔連続壁体の造成工法事件〕········· *71*

東京地判平成13・4・24判時1755号43頁〔J-PHONE事件〕·················· *408*

東京地中間判平成13・5・25判時1774号132頁〔翼システム事件〕············· *250*

東京高判平成13・5・30判時1797号131頁〔キューピー事件〕················· *338, 422, 423*

最判平成13・6・8民集55巻4号727頁〔ウルトラマン事件〕·················· *421*

東京高判平成13・6・21判時1765号96頁〔西瓜写真事件〕···················· *241, 242, 304*

判例索引　　*437*

最判平成 13・6・28 民集 55 巻 4 号 837 頁〔江差追分事件〕······················· 244, 278, 300-304
東京地判平成 13・7・2 平成 11（ワ）17262 号〔宇宙戦艦ヤマト事件 I〕······················ 276
東京地判平成 13・7・19 判時 1815 号 148 頁〔呉青山学院事件〕······················ 373
東京地判平成 13・7・25 判時 1758 号 137 頁〔バス車体絵画事件〕······················ 329
東京地判平成 13・9・20 判時 1764 号 112 頁〔電着画像の形成方法事件〕······················ 83
大阪高判平成 13・9・27 平成 12（ネ）3740 号〔和田八事件〕······················ 380
最判平成 13・10・25 判時 1767 号 115 頁〔キャンディ・キャンディ事件〕······················ 245
東京高判平成 13・10・30 判時 1773 号 127 頁〔交通標語事件〕······················ 225
東京高判平成 13・12・19 判時 1781 号 142 頁〔ルービック・キューブ事件〕······················ 375
東京地判平成 14・1・31 判時 1791 号 142 頁〔ビデオソフト事件〕······················ 296
東京地判平成 14・1・31 判時 1818 号 165 頁〔北欧ぬいぐるみ事件〕······················ 343
東京地判平成 14・2・5 判時 1802 号 145 頁〔ダイコク「原価セール」事件〕······················ 396
東京地判平成 14・2・14 平成 12（ワ）9499 号〔公共土木工事単価表事件〕······················ 394
東京高判平成 14・2・18 判時 1786 号 136 頁〔雪月花事件〕······················ 281
東京地中間判平成 14・2・21 平成 12（ワ）9426 号〔オフィス・キャスター事件〕······················ 250
最判平成 14・2・22 民集 56 巻 2 号 348 頁〔ETNIES 事件〕······················ 56, 200
東京高判平成 14・2・28 平成 11（行ケ）430 号〔製紙機フェルト事件〕······················ 44
東京地判平成 14・3・25 判時 1789 号 141 頁〔宇宙戦艦ヤマト事件 II〕······················ 261
大阪地判平成 14・4・9 判時 1826 号 132 頁〔ワイヤーブラシ事件〕······················ 385
東京高判平成 14・4・11 判時 1828 号 99 頁〔外科手術の光学的表示事件〕······················ 12
最判平成 14・4・25 民集 56 巻 4 号 808 頁〔中古ゲームソフト事件〕······················ 239, 296
大阪地判平成 14・5・23 判時 1825 号 116 頁〔希土類の回収方法事件〕······················ 29
東京高判平成 14・6・26 判時 1792 号 115 頁〔パチスロ機記者会見事件〕······················ 412
東京地判平成 14・7・3 判時 1793 号 128 頁〔かえでの木事件〕······················ 305
東京地判平成 14・7・15 判時 1796 号 145 頁〔mp3 事件〕······················ 408
東京地判平成 14・7・17 判時 1799 号 155 頁〔ブラジャー事件〕······················ 32
東京高判平成 14・7・31 判時 1802 号 139 頁〔ダリ事件〕······················ 180
東京高判平成 14・9・6 判時 1794 号 3 頁〔記念樹事件〕······················ 230, 244, 304
東京地中間判平成 14・9・19 判時 1802 号 30 頁〔青色発光ダイオード事件中間判決〕······················ 34
最判平成 14・9・26 民集 56 巻 7 号 1551 頁〔カードリーダー事件〕······················ 421, 422
東京地判平成 14・10・3 平成 12（ワ）17298 号〔蕎麦麺の製造方法事件〕······················ 119
東京地判平成 14・10・15 判時 1821 号 132 頁〔バドワイザー事件〕······················ 380
東京高判平成 14・11・27 判時 1814 号 140 頁〔古河市兵衛の生涯事件〕······················ 273
福岡高判平成 14・12・26 平成 11（ネ）358 号〔日本舞踊事件〕······················ 231
名古屋地判平成 15・2・7 判時 1840 号 126 頁〔社交ダンス教授所事件〕······················ 284, 323
最判平成 15・2・27 民集 57 巻 2 号 125 頁〔フレッドペリー事件〕······················ 209
大阪地判平成 15・2・27 平成 13（ワ）10308 号〔セラミックコンデンサー事件〕······················ 394
最判平成 15・4・11 判時 1822 号 133 頁〔RGB アドベンチャー事件〕······················ 257
最判平成 15・4・22 民集 57 巻 4 号 477 頁〔オリンパス事件〕······················ 34-36
大阪高判平成 15・5・27 平成 15（ネ）320 号〔育苗ポット事件〕······················ 118
東京地決平成 15・6・11 判時 1840 号 106 頁〔ノグチ・ルーム移築事件〕······················ 235, 272, 275
東京高判平成 15・8・7 平成 14（ネ）5907 号〔怪傑ライオン丸事件〕······················ 341
東京高判平成 15・9・25 平成 15（ネ）1107 号〔マクロス事件 II〕······················ 262
大阪地判平成 15・10・30 判時 1861 号 110 頁〔グルニエ・ダイン事件〕······················ 236
東京高判平成 15・11・20 平成 14（行ケ）593 号〔Manhattan Passage 事件〕······················ 187
東京地判平成 15・12・19 判時 1847 号 70 頁〔記念樹事件第 1 審〕······················ 271

平成 16 年～20 年

最判平成 16・2・13 民集 58 巻 2 号 311 頁〔ギャロップレーサー事件〕··················· *218, 306*

東京地判平成 16・2・20 平成 14（ワ）12858 号〔玩具銃事件〕·························· *47*

最決平成 16・4・8 民集 58 巻 4 号 825 頁〔ミーリングチャック事件〕················· *420*

東京地判平成 16・4・23 判時 1892 号 89 頁〔プリント基板用治具に用いるクリップ事件〕········ *79*

東京地判平成 16・4・28 判時 1866 号 224 頁〔雨水等貯留浸透タンク事件〕············· *118*

前橋地判平成 16・5・7 判時 1904 号 139 頁〔家電量販店比較広告事件〕················ *410*

最判平成 16・6・8 判時 1867 号 108 頁〔LEONARD KAMHOUT 事件〕················ *184*

東京地判平成 16・6・18 判時 1881 号 101 頁〔NTT リース事件〕················· *284, 295*

東京地判平成 16・6・23 判時 1872 号 109 頁〔ブラザー事件〕······················ *204*

東京高判平成 16・6・29 平成 15（ネ）2467 号〔国語教科書準拠教材事件〕············· *361*

東京地判平成 16・7・2 判時 1890 号 127 頁〔ラ ヴォーグ南青山事件〕··············· *379*

大阪高判平成 16・7・30 平成 15（ネ）3005 号〔イオンブラシ事件〕·················· *389*

東京地判平成 16・8・17 判時 1873 号 153 頁〔切削オーバーレイ工法事件〕············ *84*

東京地判平成 16・8・31 判時 1883 号 87 頁〔インクボトル事件控訴審〕·············· *209*

大阪地判平成 16・9・13 判時 1899 号 142 頁〔ヌーブラ事件〕······················ *390*

東京地判平成 16・10・29 判時 1902 号 135 頁〔ラップフィルム摘み具事件〕··········· *147*

東京地判平成 16・11・12 平成 16（ワ）12686 号〔知的財産権入門事件〕··········· *273, 276*

東京高判平成 16・11・24 平成 14（ネ）6311 号〔ファイアーエムブレム事件〕········ *372, 379*

東京高判平成 16・12・21 判時 1891 号 139 頁〔回路シミュレーション事件〕··········· *10*

大阪地判平成 17・1・17 判時 1913 号 154 頁〔ツーユー評判記事件〕·············· *259, 269*

東京地判平成 17・2・10 判時 1906 号 144 頁〔プラニュート顆粒事件〕··············· *13*

名古屋地判平成 17・4・28 判時 1917 号 142 頁〔移載装置事件〕···················· *95*

知財高判平成 17・6・9 平成 17（行ケ）10342 号〔FLAVAN 事件〕················· *171*

知財高判平成 17・6・14 判時 1911 号 138 頁〔武蔵事件〕························· *304*

最判平成 17・6・17 民集 59 巻 5 号 1074 頁〔生体高分子──リガンド分子の安定複合体構造の探索
　方法事件〕·· *103, 121*

大阪高判平成 17・6・21 平成 15（ネ）1823 号〔アザレ（大阪）事件〕··············· *373*

東京地判平成 17・7・5 判時 1912 号 119 頁〔芸北の晩秋事件〕················· *155, 157*

最判平成 17・7・11 判時 1907 号 125 頁〔RUDOLPH VALENTINO 事件〕············· *195*

最判平成 17・7・22 判時 1908 号 164 頁〔国際自由学園事件〕······················ *184*

大阪高判平成 17・7・28 判時 1928 号 116 頁〔チョコエッグ事件〕·················· *232*

東京地判平成 17・9・13 判時 1916 号 133 頁〔分割錠剤事件〕······················ *25*

知財高判平成 17・9・30 判時 1904 号 47 頁〔一太郎事件〕······················ *79, 80*

知財高判平成 17・10・6 平成 17（ネ）10049 号〔YOL 事件〕·················· *225, 229*

最判平成 17・11・10 民集 59 巻 9 号 2428 頁〔和歌山毒入りカレー事件〕············· *217*

知財高判平成 17・11・11 判時 1911 号 48 頁〔パラメータ特許事件〕················ *22*

知財高判平成 17・12・20 判時 1922 号 130 頁〔PAPA JOHN'S 事件〕··············· *199*

最判平成 18・1・20 民集 60 巻 1 号 137 頁〔天理教豊文教会事件〕··········· *218, 371, 374*

大阪地判平成 18・1・23 平成 15（ワ）13847 号〔ヌーブラⅡ事件〕·················· *389*

知財高判平成 18・1・31 判時 1922 号 30 頁〔インクタンク事件控訴審〕·············· *89*

知財高判平成 18・1・31 平成 17（行ケ）10527 号〔がんばれ！ニッポン！事件〕········ *198*

知財高判平成 18・2・27 平成 17（ネ）10100 号、10116 号〔ジョン万次郎像事件〕····· *253, 276, 362*

東京地判平成 18・3・22 判時 1935 号 135 頁〔リヒャルト・シュトラウス事件〕········· *339*

知財高判平成 18・3・29 判タ 1234 号 295 頁〔スメルゲット事件〕················· *241*

東京地判平成 18・7・6 判時 1951 号 106 頁〔養魚用飼料添加物事件〕············ *412, 413*

判例索引　　**439**

知財高判平成 18・7・11 判時 2017 号 128 頁〔おしゃれ増毛装置事件〕……………………58
東京地判平成 18・8・8 平成 17（ワ）3056 号〔ハンガークリップ事件〕……………………412
知財高判平成 18・8・31 判時 2022 号 144 頁〔システム K2 事件〕……………………342
知財高判平成 18・9・13 判時 1956 号 148 頁〔グッドバイ・キャロル事件〕……………261
知財高判平成 18・9・25 平成 17（ネ）10047 号〔椅子式マッサージ機事件〕……………109
知財高判平成 18・9・26 平成 18（ネ）10037 号、10050 号〔江戸考古学研究事典事件〕…………244
最判平成 18・10・17 民集 60 巻 8 号 2853 頁〔日立製作所事件〕……………36, 39, 422, 423
知財高判平成 18・10・18 平成 17（ネ）10059 号〔キシリトールガム事件〕……………411
知財高判平成 18・10・19 平成 18（ネ）10027 号〔空調機器講習資料事件〕……………271
知財高判平成 18・11・21 判時 1989 号 105 頁〔シロスタゾール事件控訴審〕……………64
知財高判平成 18・12・6 平成 18（ネ）10045 号〔国語ドリル事件〕……………………321
知財高判平成 18・12・21 判時 1961 号 150 頁〔エリンギ・ホクト 2 号事件〕……………152, 161
知財高判平成 18・12・26 判時 2019 号 92 頁〔宇宙開発事業団プログラム事件〕……………257, 260
東京地判平成 18・12・27 判時 2034 号 101 頁〔宇宙戦艦ヤマト事件〕……………………377
東京地判平成 18・12・27 判タ 1275 号 265 頁〔CR フィーバー大ヤマト事件〕……………262
知財高判平成 19・1・31 平成 18（行ケ）10317 号〔プーリー事件〕……………………141
東京地判平成 19・3・23 平成 17（ワ）13753 号〔ガラス多孔体事件第 1 審〕……………28, 29
東京地判平成 19・4・27 平成 18（ワ）8752 号、16229 号〔HEAT WAVE 事件〕……………341
知財高判平成 19・5・31 判時 1977 号 144 頁〔東京アウトサイダーズ事件〕……………242
知財高判平成 19・6・27 判時 1984 号 3 頁〔ミニマグライト事件〕……………………172
大阪地判平成 19・7・3 判時 2003 号 130 頁〔ごはんや食堂事件〕……………………376
知財高判平成 19・9・27 平成 19（行ケ）10008 号〔東京メトロ事件〕……………………165
大阪高判平成 19・10・11 判時 1986 号 132 頁〔正露丸 I 事件〕……………………380
最判平成 19・11・8 民集 61 巻 8 号 2989 頁〔インクタンク事件〕……………87, 90, 94, 147
知財高判平成 19・11・22 平成 19（行ケ）10127 号〔新しいタイプの居酒屋事件〕……………175
最判平成 19・12・18 民集 61 巻 9 号 3460 頁〔シェーン事件〕……………………336
東京地判平成 20・1・17 平成 19（ワ）17559 号〔生海苔異物分離除去装置事件〕……………72
東京地判平成 20・1・29 平成 19（ワ）18805 号〔香り供給装置事件〕……………………33
知財高判平成 20・1・31 平成 18（行ケ）10388 号〔商品陳列台事件〕……………………136
知財高判平成 20・2・25 平成 18（ネ）10072 号〔プロ野球選手肖像権事件〕……………219
東京地判平成 20・2・26 平成 19（ワ）15231 号〔社会保険庁 LAN 事件〕……………………327
札幌地判平成 20・3・19 平成 19（わ）1454 号〔ミートホープ事件〕……………………409
知財高判平成 20・3・27 平成 19（ネ）10095 号〔「Von Dutch」ロゴ登録事件〕……………340
知財高判平成 20・3・31 平成 19（行ケ）10344 号〔ピレリ事件〕……………………139
最判平成 20・4・24 民集 62 巻 5 号 1262 頁〔ナイフの加工装置事件〕……………97, 99
知財高判平成 20・5・29 判時 2006 号 36 頁〔コカコーラボトル事件〕……………………172
知財高判平成 20・5・29 判時 2018 号 146 頁〔ガラス多孔体事件控訴審〕……………25, 26
知財高判平成 20・5・30 判時 2009 号 47 頁〔ソルダーレジスト事件〕……………………49
知財高判平成 20・6・4 平成 19（行ケ）10373 号〔熱伝導性シリコーンゴム組成物事件〕…………18
知財高判平成 20・6・24 判時 2026 号 123 頁〔双方向歯科治療ネットワーク事件〕……………9
知財高判平成 20・6・26 判時 2038 号 97 頁〔CONMAR 事件〕……………………182
知財高判平成 20・6・30 判時 2056 号 133 頁〔GuyLian チョコレート事件〕……………174
最判平成 20・7・10 民集 62 巻 7 号 1905 頁〔発光ダイオードモジュール事件〕……………43
知財高判平成 20・7・17 判時 2011 号 137 頁〔ライブドア裁判傍聴記事件〕……………225
知財高判平成 20・8・26 判時 2041 号 124 頁〔対訳辞書事件〕……………………9
東京地判平成 20・8・29 判時 2026 号 138 頁〔しいたけ育成者権事件〕……………………162

最判平成 20・9・8 判時 2021 号 92 頁〔つつみのおひなっこや事件〕 ………………… *189, 190*

大阪高判平成 20・9・17 判時 2031 号 132 頁〔デサフィナード事件〕……………………… *357*

知財高判平成 20・9・30 判時 2024 号 133 頁〔土地宝典事件〕………………………………… *360*

東京地判平成 20・12・26 判時 2032 号 11 頁〔黒烏龍茶事件〕…………………………… *382, 384*

平成 21 年～25 年

最決平成 21・1・27 民集 63 巻 1 号 271 頁〔液晶モニター事件〕……………………………… *113*

知財高判平成 21・1・28 判時 2043 号 117 頁〔回路用接続部材事件〕………………………… *17*

知財高判平成 21・1・28 判時 2044 号 130 頁〔石風呂事件〕………………………………… *119*

知財高判平成 21・2・26 判時 2053 号 74 頁〔キヤノン事件〕…………………………………… *36*

大阪地判平成 21・3・26 判時 2076 号 119 頁〔マンション読本事件〕……………………… *281*

知財高判平成 21・6・25 判時 2084 号 50 頁〔ブラザー工業事件〕…………………………… *37*

知財高判平成 21・8・25 判時 2059 号 125 頁〔切削方法事件〕……………………………… *97*

東京地判平成 21・8・28 平成 20（ワ）4692 号〔手あそび歌事件〕………………………… *231*

最判平成 21・10・8 判時 2064 号 120 頁〔チャップリン事件〕……………………………… *335*

東京地判平成 21・10・8 平成 19（ワ）3493 号〔経口投与用吸着剤事件〕………………… *108*

知財高判平成 21・10・28 判時 2061 号 75 頁〔苦菜花事件〕…………………………… *422, 423*

東京地判平成 21・11・12 平成 21（ワ）657 号〔朝バナナ事件〕…………………………… *378*

知財高判平成 21・11・19 判時 2072 号 129 頁〔リチウム二次電池事件〕………………… *59*

知財高判平成 22・1・13 平成 21（行ケ）10274 号〔ローリングストーンズ事件〕……… *186*

大阪高判平成 22・1・22 判時 2077 号 145 頁〔招福巻事件〕………………………………… *170*

大阪地判平成 22・1・28 判時 2094 号 103 頁〔組合せ計量装置事件〕……………………… *113*

知財高判平成 22・3・25 判時 2086 号 114 頁〔駒込大観音事件控訴審〕………… *270, 273, 362*

知財高判平成 22・3・29 判時 2080 号 80 頁〔SIDAMO 事件〕……………………………… *195*

東京地判平成 22・4・28 平成 21（ワ）25633 号〔ラーメン「我闘」事件〕……………… *219*

知財高判平成 22・5・27 判時 2099 号 125 頁〔ニューロレポート事件〕………………… *226*

知財高判平成 22・6・30 判タ 1338 号 244 頁〔紅いもタルト事件〕………………………… *171*

知財高判平成 22・8・31 判時 2090 号 119 頁〔伸縮性トップシートを有する吸収性物品事件〕… *24, 44*

東京地判平成 22・9・10 判時 2108 号 135 頁〔「やわらかい生活」事件〕………………… *247*

知財高判平成 22・9・15 判タ 1340 号 265 頁〔モータ事件〕…………………………… *65, 420*

東京地判平成 22・9・17 平成 20（ワ）25956 号〔角質除去具事件〕……………………… *374*

東京地判平成 22・9・30 判時 2109 号 129 頁〔ピースマーク事件〕……………………… *205*

知財高判平成 22・10・13 判時 2092 号 135 頁〔絵画鑑定証書事件〕………………… *318, 319*

東京地判平成 22・10・21 平成 21（ワ）4331 号〔ペ・ヨンジュン事件〕………………… *222*

大阪地判平成 22・10・21 平成 20（ワ）8763 号〔不動産売買顧客情報事件〕…………… *397*

知財高判平成 22・11・15 判時 2111 号 109 頁〔喜多方ラーメン事件〕………………… *214*

知財高判平成 22・11・16 判時 2113 号 135 頁〔ヤクルト容器事件〕……………………… *172*

東京地判平成 22・11・25 判時 2111 号 122 頁〔塾なのに家庭教師事件〕………………… *205*

知財高判平成 22・11・30 判時 2116 号 107 頁〔貝係止具事件〕……………………… *30, 59*

最判平成 23・1・18 民集 65 巻 1 号 121 頁〔まねき TV 事件〕………………… *284, 289-292*

最判平成 23・1・20 民集 65 巻 1 号 399 頁〔ロクラク II 事件〕…… *281-283, 286, 287, 291, 292, 357*

知財高判平成 23・3・23 判時 2109 号 117 頁〔「やわらかい生活」事件控訴審〕………… *247*

大阪高決平成 23・3・31 判時 2167 号 81 頁〔ひこにゃん事件〕…………………………… *342*

知財高判平成 23・5・10 平成 23（ネ）10010 号〔廃墟写真事件〕………………………… *241*

東京地判平成 23・6・10 平成 20（ワ）19874 号〔医療用器具事件〕……………………… *81*

知財高判平成 23・6・29 判時 2122 号 33 頁〔Y チェア事件〕……………………………… *172*

知財高判平成 23・7・21 判時 2132 号 118 頁〔光通風雨戸事件〕‥‥‥‥‥‥‥‥‥‥ 395

大阪地判平成 23・9・15 平成 22（ワ）9966 号〔マニキュア用やすり事件〕‥‥‥‥‥ 139

知財高判平成 23・9・27 平成 22（ネ）10039 号、10056 号〔ポリカーボネート樹脂製造装置事件〕
‥‥‥‥‥‥‥‥‥‥‥‥‥‥‥‥‥‥‥‥‥‥‥‥‥‥‥‥‥‥‥‥‥‥‥ 393

最判平成 23・12・8 民集 65 巻 9 号 3275 頁〔北朝鮮事件〕‥‥‥‥‥‥‥‥ 251, 424

知財高判平成 23・12・15 判時 2140 号 66 頁〔MULTI-TOUCH 事件〕‥‥‥‥‥‥‥ 172

最判平成 23・12・20 民集 65 巻 9 号 3568 頁〔ARIKA 事件〕‥‥‥‥‥‥‥‥‥‥ 193

知財高判平成 23・12・22 判時 2145 号 75 頁〔東芝私的録音録画補償金事件〕‥‥‥ 313

知財高判平成 23・12・22 判時 2152 号 69 頁〔飛灰事件〕‥‥‥‥‥‥‥‥‥‥‥ 112

東京地判平成 24・1・12 平成 22（ワ）10785 号〔ゆうメール事件〕‥‥‥‥‥‥‥ 193

最判平成 24・1・17 判時 2144 号 115 頁〔暁の脱走事件〕‥‥‥‥‥‥‥‥‥‥‥ 336

知財高判平成 24・1・31 判時 2141 号 117 頁〔ロクラク II 事件差戻審〕‥‥‥‥‥ 362

最判平成 24・2・2 民集 66 巻 2 号 89 頁〔ピンク・レディー事件〕‥‥‥‥ 217–219, 221–223

知財高判平成 24・2・14 判時 2161 号 86 頁〔チュッパチャプス事件〕‥‥‥‥‥‥ 210

東京地判平成 24・2・28 平成 20（ワ）9300 号〔Shall we ダンス？事件〕‥‥‥‥‥ 231

東京地判平成 24・2・28 平成 22（ワ）11604 号〔グレイブガーデンみどりの森事件〕‥‥‥‥ 169

大阪地判平成 24・3・22 平成 21（ワ）15096 号〔炉内ヒータ事件〕‥‥‥‥‥‥ 64, 65

知財高判平成 24・5・31 判時 2170 号 107 頁〔アールシータバーン事件〕‥‥‥‥‥ 169

知財高判平成 24・6・27 判時 2159 号 109 頁〔ターザン事件〕‥‥‥‥‥‥‥‥‥ 181

知財高判平成 24・7・4 平成 23（ネ）10084 号〔投資用マンション顧客情報事件〕‥‥‥‥ 393, 396

知財高判平成 24・8・8 判時 2165 号 42 頁〔釣りゲーム事件〕‥‥‥‥ 227, 228, 303, 304

大阪地判平成 24・9・27 判時 2188 号 108 頁〔ピオグリタゾン大阪事件〕‥‥‥‥ 64, 79

知財高判平成 24・10・25 平成 23（行ケ）10359 号〔AO 事件〕‥‥‥‥‥‥‥‥‥ 174

知財高判平成 24・10・25 平成 24（ネ）10008 号〔テレビ CM 事件〕‥‥‥‥‥‥‥ 262

知財高判平成 24・10・30 判時 2184 号 130 頁〔日南市章事件〕‥‥‥‥‥‥‥‥‥ 178

知財高判平成 24・11・15 判時 2185 号 107 頁〔漢検事件〕‥‥‥‥‥‥‥‥‥‥‥ 182

知財高判平成 25・1・10 判時 2189 号 115 頁〔スプレー式の薬剤事件〕‥‥‥‥‥‥ 175

知財高判平成 25・1・24 判時 2177 号 114 頁〔あずきバー事件〕‥‥‥‥‥‥‥‥‥ 172

知財高判平成 25・2・1 判時 2179 号 36 頁〔ごみ貯蔵機器事件〕‥‥‥‥‥‥‥‥‥ 108

知財高判平成 25・2・6 判時 2189 号 121 頁〔数検事件〕‥‥‥‥‥‥‥‥‥‥‥‥ 182

東京地判平成 25・2・28 平成 23（ワ）19435 号、19436 号〔ピオグリタゾン東京事件〕‥‥‥‥‥ 80

知財高判平成 25・3・25 判時 2219 号 100 頁〔ファッションウォーカー事件〕‥‥‥‥ 197

東京地判平成 25・4・12 平成 23（ワ）8046 号〔キャディバッグ事件〕‥‥‥‥‥‥‥ 385

東京地判平成 25・4・26 判タ 1416 号 276 頁〔ENJOY MAX 事件〕‥‥‥‥‥ 222, 223

知財高判平成 25・5・30 判時 2195 号 125 頁〔御用邸事件〕‥‥‥‥‥‥‥‥‥‥‥ 179

大阪地判平成 25・6・20 判時 2218 号 112 頁〔ロケットニュース 24 事件〕‥‥‥‥ 239, 291

知財高判平成 25・6・27 平成 24（行ケ）10454 号〔KUMA 事件〕‥‥‥‥‥‥‥‥‥ 181

大阪地判平成 25・7・16 判時 2264 号 94 頁〔ソースコード事件〕‥‥‥‥‥‥ 393, 395

大阪地決平成 25・9・6 判時 2222 号 93 頁〔新梅田シティ庭園事件〕‥‥‥‥‥ 235, 272

知財高判平成 25・12・11 平成 25（ネ）10064 号〔漫画 on web 事件〕‥‥‥‥‥‥‥ 274

知財高判平成 25・12・17 平成 25（行ケ）10158 号〔LADY GAGA 事件〕‥‥‥‥‥‥ 172

知財高判平成 25・12・25 平成 25（ネ）10076 号〔ホンダ CB750FOUR 事件〕‥‥‥‥ 276

平成 26 年〜

福岡高判平成 26・1・29 判時 2273 号 116 頁〔博多織事件控訴審〕‥‥‥‥‥‥ 204, 214

東京地判平成 26・1・31 平成 24（ワ）24872 号〔ピエラレジェンヌ事件〕‥‥‥‥‥‥ 182

知財高判平成26・3・12判時2229号85頁〔ディスクパブリッシャーソフト事件〕…………… 243
知財高判平成26・3・13判時2227号120頁〔「KAMUI」事件〕…………………………… 53, 196
知財高判平成26・3・26判時2239号104頁〔遠山の金さん事件〕………………………… 179
知財高判平成26・3・27平成25（行ケ）10315号〔シール事件〕………………… 136, 137
東京地判平成26・4・30平成24（ワ）964号〔遠山の金さん事件〕……………………… 360
知財高判平成26・5・16判時2224号146頁〔アップル・サムスン（損害賠償請求）事件〕… 91, 100
知財高決平成26・5・16判時2224号89頁〔アップル・サムスン（差止請求）事件〕………… 101
東京地判平成26・5・21平成25（ワ）31446号〔エルメス・バーキン事件〕……………… 192
知財高判平成26・6・12平成25（ネ）10067号〔マジコン事件〕………………………… 406
東京地判平成26・7・30平成25（ワ）28434号〔時計修理規約事件〕…………………… 229
知財高判平成26・8・28判時2238号91頁〔ファッション・ショー事件〕………… 231-233, 350
大阪地判平成26・8・28判時2269号94頁〔メロン熊事件〕……………………………… 207
東京地判平成26・8・29平成25（ワ）28859号〔巻くだけダイエット事件〕……………… 375
札幌地判平成26・9・4平成25（ワ）886号〔食べログ事件〕…………………………… 383
東京地判平成26・9・11平成26（ワ）3672号〔傾斜測定装置事件〕……………………… 29
知財高判平成26・10・22判時2246号92頁〔自炊代行事件〕………… 281, 283, 307, 308
東京地判平成26・12・4平成24（ワ）25506号〔極真事件〕……………………………… 212
東京地判平成27・1・29判時2249号86頁〔IKEA事件〕…………………………… 167, 205
東京地判平成27・2・4平成26（特わ）970号〔日本交通技術事件〕……………………… 415
東京地判平成27・2・18判時2257号87頁〔ブルーレイディスク事件〕…………………… 420
東京地判平成27・3・9判時2276号143頁〔NAND型フラッシュメモリ事件〕…………… 403
東京地判平成27・3・25平成25（ワ）13862号〔インディアンモトサイクル事件〕………… 207
知財高判平成27・4・14判時2267号91頁〔TRIPP TRAPP事件〕…………………… 231-233
東京地判平成27・5・15平成26（ワ）12985号〔包装用箱事件〕………………………… 141
知財高判平成27・5・25平成26（ネ）10130号〔マンション設計図事件〕………………… 237
最判平成27・6・5民集69巻4号904頁〔プラバスタチンナトリウム事件〕………… 23, 73, 127
知財高判平成27・6・10平成26（行コ）10004号〔レクサン事件〕………………………… 62
知財高判平成27・6・24判時2274号103頁〔袋入り抗菌剤事件〕………………………… 26
知財高判平成27・6・24平成27（ネ）10002号〔なめこ育成者権事件〕…………………… 159
東京地決平成27・7・27判時2280号120頁〔新日鐵住金事件〕………………………… 392
知財高判平成27・8・3平成27（行ケ）10023号〔のらや事件〕………………………… 181
東京地判平成27・8・31平成25（ワ）23293号〔マイケル・ジャクソン遺産財団事件〕… 220, 411
知財高判平成27・9・30平成27（行ケ）10032号〔ヨーロピアン事件〕…………………… 198
東京地決平成27・10・26平成27（ヨ）22071号〔判例解説雑誌事件仮処分事件〕………… 256
知財高判平成27・11・5平成26（ネ）10082号〔4H型単結晶炭化珪素の製造方法事件〕………… 14
東京地判平成27・11・11平成26（ワ）25645号〔防災用キャリーバッグ事件〕……… 385, 386, 388
最判平成27・11・17民集69巻7号1912頁〔アバスチン事件〕…………………………… 68
知財高判平成27・11・19平成25（ネ）10051号〔オフセット輪転機版胴事件〕…………… 108
知財高判平成27・11・26判時2296号116頁〔アイライト事件〕………………………… 198
東京地判平成27・12・9平成27（ワ）14747号〔ヘアスタイル写真事件〕………………… 241
知財高判平成28・2・24判タ1437号130頁〔省エネ行動シート事件〕……………………… 9
知財高判平成28・3・25判時2306号87頁〔マキサカルシトール製剤事件控訴審〕………… 75, 77
知財高判平成28・3・28判タ1428号53頁〔アイピーコム事件〕………………………… 112
東京地判平成28・5・19平成27（ワ）21850号〔テレビ番組子供ダンスコーナー音楽事件〕…… 230
知財高判平成28・6・1判タ1433号142頁〔破袋機とその駆動方法事件〕………………… 107
知財高判平成28・6・22判時2318号81頁〔毎日オークション事件〕……………… 320, 331

判例索引　　443

知財高判平成 28・7・28 平成 28（ネ）10023 号〔メニエール病治療薬事件〕··························· 64
知財高判平成 28・8・10 平成 28（行ケ）10066 号〔山岸一雄事件〕······························· 184
東京地判平成 28・9・15 平成 27（ワ）17928 号〔リツイート事件〕······························· 292
知財高判平成 28・9・21 判時 2341 号 127 頁〔容器付冷菓事件〕·································· 143
東京地判平成 28・9・28 平成 27（ワ）482 号〔スマートフォン用ケース事件〕···················· 344
知財高判平成 28・10・19 平成 28（ネ）10041 号〔ライブハウス事件〕···················· 282, 287
知財高決平成 28・11・11 判時 2323 号 23 頁〔判例解説雑誌事件保全抗告審〕·············· 253, 254
知財高判平成 28・11・30 判時 2338 号 96 頁〔加湿器事件〕····························386-388
知財高判平成 28・11・30 平成 28（行ケ）10117 号〔筋力トレーニング方法事件〕···················· 20
知財高判平成 29・1・20 平成 28（ネ）10046 号〔オキサリプラティヌム事件〕···················· 69
知財高判平成 29・2・2 平成 27（行ケ）10249 号、10017 号、10070 号〔新規な葉酸代謝拮抗薬の組
　み合わせ療法事件〕·· 21, 22
最判平成 29・2・28 民集 71 巻 2 号 221 頁〔エマックス事件〕······················· 203, 208
最判平成 29・3・24 民集 71 巻 3 号 359 頁〔マキサカルシトール製剤事件上告審〕··············· 76, 77
最判平成 29・7・10 民集 71 巻 6 号 861 頁〔シートカッター事件〕···························· 99

【著者紹介】

小泉 直樹（こいずみ・なおき）

昭和60年　東京大学法学部第一類（私法コース）卒業
同　　年　東京大学法学部助手（無体財産権法専攻）
昭和63年　神戸大学法学部助教授
平成9年　同教授
平成12年　上智大学法学部教授
平成16年　慶應義塾大学大学院法務研究科（法科大学院）教授
平成17年　TMI総合法律事務所客員弁護士

主著　『模倣の自由と不正競争』（有斐閣）、『アメリカ著作権制度―原理
　　　と政策』（弘文堂）、『知的財産法入門』（岩波書店）、『特許法・著
　　　作権法』（有斐閣）

　　https://k-ris.keio.ac.jp/Profiles/83/0008209/profile.html
　　http://www.tmi.gr.jp/staff/n_koizumi.html

知的財産法

2018（平成30）年3月15日　初版1刷発行

著　者　小泉　直樹
発行者　鯉渕　友南
発行所　株式会社　弘文堂　　101-0062 東京都千代田区神田駿河台1の7
　　　　　　　　　　　　　　TEL 03（3294）4801　振替 00120-6-53909
　　　　　　　　　　　　　　http://www.koubundou.co.jp
装　丁　青山修作
印　刷　三陽社
製　本　井上製本所

© 2018 Naoki Koizumi. Printed in Japan

JCOPY 〈（社）出版者著作権管理機構　委託出版物〉
本書の無断複写は著作権法上での例外を除き禁じられています。複写される場合は、
そのつど事前に、（社）出版者著作権管理機構（電話 03-3513-6969、FAX 03-3513-
6979、e-mail : info@jcopy.or.jp）の許諾を得てください。
また本書を代行業者等の第三者に依頼してスキャンやデジタル化することは、たとえ
個人や家庭内での利用であっても一切認められておりません。

ISBN 978-4-335-35729-9

━━━━━━ 演習ノートシリーズ ━━━━━━

憲法演習ノート
・・・・・・・憲法を楽しむ21問

宍戸常寿=編著／大河内美紀・齊藤愛・柴田憲司・西村裕一・
松本哲治・村山健太郎・横大道聡=著　　　　　3000円

民法演習ノートⅢ
・・・・・・・家族法 21問

窪田充見・佐久間毅・沖野眞已=編著／磯谷文明・浦野由紀子・
小池泰・西希代子=著　　　　　　　　　　　3200円

刑法演習ノート
・・・・・・・刑法を楽しむ21問 ［第2版］

只木誠=編著／北川佳世子・十河太朗・髙橋直哉・安田拓人・
安廣文夫・和田俊憲=著　　　　　　　　　　3000円

租税法演習ノート
・・・・・・・租税法を楽しむ21問 ［第3版］

佐藤英明=編著／岡村忠生・渋谷雅弘・髙橋祐介・谷口勢津夫・
増井良啓・渡辺徹也=著　　　　　　　　　　2800円

知的財産法演習ノート
・・・・・・・知的財産法を楽しむ23問 ［第4版］

小泉直樹・駒田泰土=編著／鈴木將文・井関涼子・奥邨弘司・
上野達弘・宮脇正晴=著　　　　　　　　　　3000円

倒産法演習ノート
・・・・・・・倒産法を楽しむ22問 ［第3版］

山本和彦=編著／岡正晶・小林信明・中西正・笠井正俊・沖野眞已・
水元宏典=著　　　　　　　　　　　　　　　3300円

労働法演習ノート
・・・・・・・労働法を楽しむ25問

大内伸哉=編著／石田信平・魚住泰宏・梶川敦子・竹内（奥野）寿・
本庄淳志・山川和義=著　　　　　　　　　　3200円

━━━━━━ 弘文堂 ━━━━━━

＊定価（税抜）は、2018年2月現在のものです。

弘文堂ケースブックシリーズ

理論と実務との架橋をめざす、新しい法曹教育が法科大学院で行われています。その新しい法曹教育に資するよう、各科目の基本的な概念や理論を、相当のスペースをとって引用した主要な判例と関連づけながら整理した教材。設問を使って、双方向型の講義が実現可能となる待望のケースブックシリーズ。

ケースブック憲法
[第4版]
長谷部恭男・中島徹・赤坂正浩
阪口正二郎・本秀紀 編著

ケースブック行政法
[第5版]
稲葉馨・下井康史・中原茂樹
野呂充 編

ケースブック租税法
[第5版]
金子宏・佐藤英明・増井良啓
渋谷雅弘 編著

ケースブック刑法
[第5版]
笠井治・前田雅英 編

ケースブック会社法
[第5版]
丸山秀平・野村修也・大杉謙一
松井秀征・高橋美加・河村賢治 著

ケースブック民事訴訟法
[第4版]
長谷部由起子・山本弘・松下淳一
山本和彦・笠井正俊・菱田雄郷 編著

ケースブック刑事訴訟法
[第3版]
笠井治・前田雅英 編

ケースブック労働法
[第8版]
菅野和夫 監修　土田道夫・山川隆一
大内伸哉・野川　忍・川田琢之 編著

ケースブック知的財産法
[第3版]
小泉直樹・高林龍・井上由里子・佐藤恵太
駒田泰土・島並良・上野達弘 編著

ケースブック独占禁止法
[第3版]
金井貴嗣・川濵昇・泉水文雄 編著

弘 文 堂

2018年2月現在

法律学講座双書

法　学　入　門	三ケ月　　章
法　哲　学　概　論	碧　海　純　一
憲　　　　　法	鵜　飼　信　成
憲　　　　　法	伊　藤　正　己
行　政　法(上・中・下)	田　中　二　郎
行　政　法(上・＊下)	小　早　川　光　郎
租　　税　　法	金　子　　宏
民　法　総　則	四宮和夫・能見善久
債　権　総　論	平　井　宜　雄
債　権　各　論Ⅰ(上)	平　井　宜　雄
債　権　各　論Ⅱ	平　井　宜　雄
親族法・相続法	有　泉　　亨
商　法　総　則	石　井　照　久
商　法　総　則	鴻　　常　夫
会　　社　　法	鈴　木　竹　雄
会　　社　　法	神　田　秀　樹
手形法・小切手法	石　井　照　久
＊手形法・小切手法	岩　原　紳　作
商行為法・保険法・海商法	鈴　木　竹　雄
商　取　引　法	江　頭　憲治郎
民　事　訴　訟　法	兼子一・竹下守夫
民　事　訴　訟　法	三ケ月　　章
民　事　執　行　法	三ケ月　　章
刑　　　　　法	藤　木　英　雄
刑　法　総　論	西　田　典　之
刑　法　各　論	西　田　典　之
刑事訴訟法(上・下)	松　尾　浩　也
労　　働　　法	菅　野　和　夫
＊社　会　保　障　法	岩　村　正　彦
国際法概論(上・下)	高　野　雄　一
国　際　私　法	江　川　英　文
特　　許　　法	中　山　信　弘

＊印未刊